中国物流业发展
动力机制
与路径选择

THE IMPETUS MECHANISM
AND PATH SELECTION OF CHINA'S
LOGISTICS
INDUSTRY DEVELOPMENT

梁红艳　著

社会科学文献出版社
SOCIAL SCIENCES ACADEMIC PRESS (CHINA)

前　言

　　党的十九大明确指出，我国经济已由高速增长阶段转向高质量发展阶段，正处在转变发展方式、优化经济结构、转换增长动力的攻关期，并提出了建设现代化经济体系的战略目标。现代物流业和现代供应链是现代化经济体系的重要组成部分，是新时代中国特色社会主义建设的重要支撑，也是社会主义现代化强国的必备条件。物流业作为支撑国民经济发展的基础性、战略性、先导性产业，在新时代面临着新要求、新任务。如何发展新时代的新物流，是摆在我们面前的新课题、新任务。

　　伴随着改革开放进程，我国物流业从探索起步到创新发展，在供给推动、市场拉动、技术驱动与政策促进的综合作用下，取得了巨大成就。一是物流业规模扩张、发展质量和效益明显提升。2017 年，我国社会物流总额 252.8 万亿元，相当于同期 GDP 总量的 3.27 倍；全社会货运量达到 472 亿吨，全社会货物周转量达 19.3 万亿吨公里，比改革开放初期分别增长 14 倍和 18 倍；全年快递业务件量超过 400 亿件，连续四年稳居世界第一；社会物流总费用与 GDP 的比率下降为 14.6%，比有记录的 1991 年下降近 10 个百分点。二是物流企业群体趋于成熟。通过改革国有企业、引进外资企业、发展民营企业，我国物流市场出现了多种所有制企业参与竞争、繁荣发展的局面。目前，全国物流相关法人单位已近 40 万家，其中 A 级物流企业 5355 家。各类物流企业坚持创新驱动，转换发展动能，服务能力和运行效率不断提升，基本符合市场需要的物流企业群体趋于成熟。三是物流基础设施跨越式发展。截至

2017 年底，全国铁路营业里程达 12.7 万公里，其中高铁 2.5 万公里；公路总里程 477.35 万公里，其中高速公路 13.6 万公里；港口万吨级以上泊位达 1913 个；民航运输机场 229 个；规模以上物流园区超过 1600 家，物流交通基础设施网络与运作基础设施网络基本成型。

经过四十年的发展，我国物流业多项指标排名居世界前列，在规模上已成为世界"物流大国"。但我国物流业在运行质量和效率、服务能力和水平、行业和地区结构等方面，还有许多不平衡、不协调、不充分的地方，与现代化经济体系建设和人民对美好生活向往的物流需求还有许多方面不相适应，打造世界"物流强国"还有很长的路要走。当前，国内外形势正在发生深刻的变化，新时代的新机遇和新挑战对我国物流业进一步深化改革、扩大开放，全面提升国家物流竞争力提出了新课题。我们要深刻理解我国经济发展的阶段性特征，结合物流业发展的实际，把建设物流强国作为战略目标，把促进物流业高质量发展作为根本途径。

那么，我们需要思考新时代的物流业如何进一步深化改革和创新驱动，加快结构调整和动力转换，实现高质量发展。根据经济增长理论，一个国家（或地区）经济发展的潜在增长速度由两类因素共同决定。首先是生产要素投入的增长速度，在其他条件保持不变时，劳动力、物质资本、人力资本等生产要素快速增长，有利于潜在增长率的提升。其次是全要素生产率增长速度，其含义是即使生产要素投入不再增加，要素配置效率提高或者生产技术进步也能够使全要素生产率得到提升，进而提高潜在增长率。与各种通过增加要素投入提高潜在增长率的措施相比，提高全要素生产率对经济潜在增长率的影响是显著且可持续的。据此，本书指出，中国物流业的转型升级需要重塑产业发展的动力机制，需要从传统的要素驱动转向以提高全要素生产率推动高质量发展，实现物流业增长的动能转换。

围绕"以提高全要素生产率推动物流业高质量发展"这一动能转换核心思路，本书重点分析两大问题：一是我国物流业生产效率如何，有着怎样的演变特征，对物流业增长的贡献情况如何。二是应如何提高物流业全要素生产率，从而推动物流业高质量发展，即中国物流业高质量发展的实现路径有哪些？针对这两大问题，本书的结构安排如下。

（1）第一章主要分析中国物流业的成长轨迹与基本特征，考察中国物流业的发展现状，总结其发展成就，并剖析其存在的主要问题。

（2）第二章主要从需求、供给、创新与制度四个方面分析中国物流业发展的动力源泉，并探讨在当前新的经济阶段下，实现中国物流业高质量且可持续增长的关键动力机制及其实现路径。

（3）第三章重点研究中国省际物流业全要素生产率的变化趋势及其贡献，主要包括中国物流业生产率水平、演变特征及其区域差异性，生产率变化对物流业增长的贡献。

（4）第四章至第八章重点研究中国物流业高质量发展的实现路径。理论上，全要素生产率的主要来源包括技术进步和制度改革。根据相关理论，结合物流业的产业特征与发展实际，本书从区域空间结构配置、产业互动协同、技术创新驱动与企业组织形式四个方面，探寻如何通过技术进步与制度改革来提高物流业全要素生产率，进而实现物流业高质量发展。

①第一条路径是站在区域物流的角度，讨论如何通过制度变革来优化区域空间结构配置，从而实现物流业高质量发展。第四章与第五章都是从区域空间结构配置的角度展开分析，其中，第四章重点研究物流业的空间分布体系，第五章重点研究物流业的区域空间结构。

②第二条路径是站在物流产业的角度，讨论如何通过制度变革促进产业互动融合，从而实现物流业高质量发展。第六章重点研究物流业与其他产业之间的互动融合关系，主要考察物流业与制造业之间的互动关系。

③第三条路径是站在物流产业的角度，讨论如何通过技术创新驱动来实现物流业高质量发展。第七章从物流业与信息业融合出发，探讨两业融合的理论机制，测算两业融合程度，并检验两业融合对物流业生产

率的影响。

④第四条路径是站在物流企业的角度，讨论如何通过制度变革推动我国物流企业之间形成优质的战略联盟关系，从而实现物流业高质量发展。第八章基于战略联盟中的关系质量，分析中国物流企业战略联盟发展进程中，联盟关系质量对联盟绩效的影响，以及关系质量影响联盟绩效的内部机理与调节因素。

本书是教育部人文社会科学青年基金项目"中国生产性服务业发展的影响因素及其空间效应研究"（14YJC790074）、福建省社会科学研究基地重大项目"供给侧改革下我国物流业发展的动力机制研究"（2016JDZ049）的研究成果，并得到福建省社会科学研究基地——福州大学物流研究中心的资助，在社会科学文献出版社编辑的帮助下得以出版，在此致以真心的谢意。

本书第五章第三节、第七章、第八章的主要内容是我指导的硕士生董慧丽、郑丽升、刘翊、王栋的研究成果；在本书研究和写作过程中，参考了国内外大量的文献资料，吸收并借鉴了众多专家学者的研究成果。谨此一并致谢。

鉴于作者的学术水平所限，书中不足之处恳请读者不吝指正。

梁红艳

2018 年深秋

目　录

第一章 中国物流业发展的脉络、现状与问题

现代物流业是以信息技术和供应链管理为核心，融合运输业、仓储业、货代业、流通加工业等一体化发展的复合型服务业，不仅具有促进生产、拉动消费、保持国民经济平稳增长的作用，而且在推动制造产业结构升级、服务业态模式创新、加快经济发展方式转变等方面具有积极作用，是国民经济发展的动脉，是支撑国民经济发展的基础性、战略性产业。物流业正成为全球经济发展的重要热点和新的经济增长点，也是衡量一个国家生产力发展水平的重要标志。在"十一五"时期，特别是 2009 年国务院印发《物流业调整和振兴规划》以后，我国物流业保持较快增长，现代产业体系初步形成，已成为国民经济的重要组成部分。本章主要分析中国物流业的成长轨迹与基本特征，考察中国物流业的发展现状，总结其发展成就，并剖析其存在的主要问题。

一 中国物流业的发展脉络

物流是物品从供应地向接收地的实体流动过程中，根据实际需要，将运输、储存、采购、装卸搬运、包装、流通加工、配送、信息处理等功能有机结合起来满足用户需求的过程。纵观物流业的演变历程，其本质是从运输、仓储等分散活动到系统协同，直至形成服务集成体系。物流业是国民经济的重要支撑产业和新的经济增长点，然而国内外至今对

物流业还没有统一的界定。2011年，我国在《国民经济行业分类》（GB/T4754-2011）中明确地给出了行业的定义："一个行业（或产业）是指从事相同性质的经济活动的所有单位的集合。"据此，我们认为物流业是从事物流服务活动的企业的集合，而且是一个复合型的第三产业。

虽然汉朝张骞在2000年前疏通了东西方陆上商贸物流之路，600年前郑和下西洋率先开启了全球远洋航运，创造了全球海运物流之路，但理论上，真正意义的现代物流业产生于市场经济体制下高度发达的商品经济中。因此，中国经济的发展状况是物流市场产生与发展的基础，即把握了中国经济发展状况才能准确把握中国物流业的发展脉络。潘斌（2017）以改革开放为临界点对中国物流业市场结构的演变历程进行了梳理与分析。本书按照潘斌（2017）的梳理，分析中国物流业的发展脉络。

1952～1978年，中国实行计划经济，对物流的概念没有明确的认识。物流资源的配置基本上都是由国家相关部门计划和安排部署，在此阶段我国主要发展了交通运输业。交通运输业虽然承担着部分物流活动，但交通基础设施差，交通运输能力严重不足，严重制约了中国交通运输业的发展。绝大部分工商企业主要依靠企业内部组织完成一系列物流活动，其经营模式是"大而全，小而全"，且全部物流职能由当时的交通部、铁道部和邮电部共同承担完成。因此，在改革开放前，可以说中国基本上不存在适应经济发展的物流业。如果将当时的交通运输、邮电业称为物流业的话，那么当时的物流业是完全垄断的。

1978年至今，物流业经过概念引入、具体实践后凸显了其在经济发展中的重要地位。中国交通运输业在逐渐转变成重要的物流业的同时进行了相应的改革，物流业市场结构也随之发生变化，即由国家相关部委单一管控垄断的交通运输体系转变为"四足鼎立"的竞争格局。中国物流业的演变与中国经济改革相伴而行，具体而言，改革开放以来中国物流业成长与变迁的大致轨迹可以划分为以下几个阶段。

第一阶段：1978～1987年，物流业萌芽形成与中国流通体制的重建时期。1978年，中国从日本引入"物流"概念，至此开启了对物流的初步认识，并拉开了以"计划经济为主，市场调节为辅"的中国流通体制改革篇章。随着经济体制改革的不断深入，中国商品流通体制也发生了根本性的变化，过去从事物流的企业（如交通运输企业、邮政企业等）也逐步摆脱了计划体制的束缚，率先引入市场机制，提出"有河大家行船，有路大家走车"的口号，运输市场开启了多元发展之路，竞争机制不断形成。截至1984年底，许多物资流通企业依据自身实际情况实现了上缴利润包干、亏损包干、"三保一挂"、"目标利润包干"等形式的责任制，较为典型的是中国邮政法律地位的正式确立。① 另外，根据在这一时期国家发布的《外商投资产业指导目录》，外商独资或合资的物流企业一直被禁止在中国设立与开办。因此，当时中国物流业虽然已经开始了市场化改革，但由于运作过程中社会化、市场化程度低，依然只是由改革开放之前的交通部、邮电部、铁道部来共同垄断，可以认为物流市场中的垄断格局并未发生实质性改变。

　　第二阶段：1988～1997年，民营、合资物流企业出现，物流业市场探索和初步实践的时期。鉴于当时发展滞后的中国公路、水路等交通基础设施，1992年、1995年交通部发布了《关于深化改革、扩大开放、加快交通发展的若干意见》和《关于加快培育和发展道路运输市场的若干意见》，并在1998年实施了交通部与直属企业全面脱钩政策，希望进一步解放和发展运输生产力，通过改善运输结构，加快推进交通运输的市场化。与此同时，中国也相继成立了大量涉及交通运输的股份有限公司。1992年12月，中远航运股份有限公司和中国长江航运（集团）公司的成立，标志着股份制交通运输企业开始进入中国物流业市场。此外，1993年申通快递和顺丰速递这两家民营物流企业相继成立，物流企业间的竞争态势开始形成。此后，国家将邮电部撤销，建立了国家邮政局，隶属于信息产业部，积极推进了企业结构的调整。物流业市场化改革也在这一系列改革举措中不断推进。另外，1992年后，中国允许

---

① 1986年《中华人民共和国邮政法》颁布实施。

外资限制性进入。1995 年，马士基（Maersk）在中国成立了第一个物流分拨中心，开始了其全面控制中国物流分拨网络的重要一步；联合包裹服务公司（UPS）也于 1996 年与中国外运首次成立合资公司，并于 1998 年开始在中国进行运营。交通运输和邮政业的体制改革，促进了中国国有经济的市场化发展，同时民营物流企业的成立和外资的限制性进入导致新的竞争力量不断涌入，交通运输和邮政业面临的竞争越来越强烈，至此中国物流业初步形成了多元化竞争格局。但是，由于国有体制改革尚未全面展开，这个阶段承担物流职能的交通运输和邮政企业依然是物流业的主导力量，可以认为该阶段的物流市场为寡头垄断格局。

第三阶段：1998 ~ 2004 年，随着企业结构调整的深化，物流市场进入竞争萌芽时期。这一阶段，国家继续深化企业结构调整，1998 年中国邮政进行了一项重大体制改革——邮政与电信分离，开始独立运营。为了改变主要依靠单一运输方式的交通发展状况，中国开始构建综合交通运输体系，2004 年，国务院批准实施了《国家高速公路网规划》；2006 年，交通部通过了《全国沿海港口布局规划》；2007 年，交通部通过了《全国内河航道与港口布局规划》等。2001 年，为了持续推动我国物流业的发展，国家经贸等六部委联合发布了推进现代物流发展的若干意见。2004 年，国家发展和改革委员会联合商务部等九部委共同出台了《关于促进我国现代物流业发展的意见》，主要目的是促使物流业转型，推动物流业逐步发展成为能够拉动经济增长、促进创新的主导产业。

第四阶段：2005 年至今，根据 WTO 协议，2005 年底，外资物流企业进入全面开放的中国，物流业进入产业提升阶段，物流业市场进入全面竞争阶段。在这一阶段，外资物流企业以各种优势加速业务整合和规模扩张，中国物流业市场竞争异常激烈。为了应对机遇与挑战，国家铁路局直接管理站段于 2005 年 3 月实施了结构性调整，这一改革直面运输市场，统一配置运力资源，优化了运输组织，并对运输生产力布局进行了大规模调整，提高了运输效率和效益，从根本上改变了长期以来我国铁路运力资源分散的状态。2006 年，国务院批准成立了中国邮政集团公司，以持续推进"政企分开"。2008 年，新成立的交通运输部开启了中国高速铁路时代，首条高速铁路通车运营。2010 年，正式成立了中国邮政速递物流股份有限公司（国有股份制公司）。为进一步推动综合交通运输体系建设，2013 年十二届全国人大一次会议上提出了大部制改革方案《国务院机构改革和职能转变方案》，并于 2013 年 3 月 14日被批准通过，该方案规划并确定铁路、公路、水路、民航的发展由交通运输部统筹。至此，集成的现代物流服务体系取代了传统发展模式，中国物流业在国民经济中的地位不断巩固①。

综上所述，随着中国经济体制的推进，中国物流业市场结构持续发生变化，市场竞争态势不断增强，逐步形成了"四足鼎立"的竞争格局：一是从传统国有企业转型而来的物流企业，如中国外运物流发展有限公司（简称中外运）、中邮物流有限责任公司（简称中邮物流）、中国远洋物流有限公司（简称中远物流）、中海集团物流有限公司（简称中海物流）、中国物资储运集团有限公司（简称中国储运）等，占市场主导地位；二是新兴民营物流企业，如深圳市怡亚通供应链股份有限公司（简称怡亚通）、锦程国际物流集团股份有限公司（简称锦程国际）、新时代国际运输服务有限公司（简称新时代国际）、深圳市飞马国际供应链股份有限公司（简称飞马国际）、江苏新宁现代物流股份有限公司（简称新宁物流）等，市场份额快速上升；三是外资物流企业，如敦豪航空货运公司（简称 DHL）、德迅（中国）货运代理有限公司（简称德迅（中国））、嘉里大通物流有限公司（简称嘉里大通物流）、丹沙中福货运代理有限公司（简称丹沙中福）等，市场份额逐步扩大，并主要占据高端市场；四是源自生产流通企业的物流企业，如青岛海尔物流有

①　"十一五"计划明确表明要发展现代物流业，是物流业发展的一个里程碑。2009 年发布《物流业调整和振兴规划》，使物流业迎来了发展的全新时代。2014 年国务院发布《物流业发展中长期规划（2014—2020 年）》，将物流业定位为国民经济发展的支柱型产业，进一步提高了物流业的地位。

限公司（简称海尔物流）、神华物资集团有限公司等，利用其与生产企业的密切联系开展供应链物流服务。

二 中国物流业的发展现状

物流绩效是指物流产业总体运行的效率及物流产业提供物流服务的能力。本节主要从世界银行物流绩效指数和中国物流业运行绩效两方面来剖析我国物流业市场绩效，总结我国物流业发展的成就。

（一）世界银行物流绩效指数

2007 年，世界银行与国际运输代理协会等机构公布了全球大部分国家或地区的物流绩效指数（Logistics Performance Index，LPI）。物流绩效指数是在综合评价清关效率、基础设施水平、国际交通运输便捷程度、物流服务的质量与能力、货物跟踪追查能力以及交货及时性这些指标的基础上得来的。综合指数及各类细分指数的范围均从 1 至 5，分数越高代表绩效越好。截至目前，世界银行已于 2007 年、2010 年、2012年、2014 年、2016 年、2018 年发布了 6 份物流绩效指数报告，分别针对 150 个、155 个、155 个、160 个、160 个、160 个国家或地区展开评价。

物流绩效指数排名居前 10 位的国家或地区如表 1－1 所示。可以看出，物流绩效指数排名居前 10 位的国家或地区总体上表现稳定，主要集中在欧洲国家、美国、日本与我国香港地区。2018 年，全球物流绩效指数排名前 10 的国家依次为：德国、瑞典、比利时、奥地利、日本、新西兰、新加坡、丹麦、英国、芬兰。在物流绩效排名最高的国家，基础设施是首要因素，其次是物流服务的改善以及海关和边境口岸管理。正如世界银行国际贸易局副局长莫纳·哈达德所说："在物流绩效排名最高的国家，基础设施是推动改善的首要因素，其次是物流服务的改善以及海关和边境口岸管理。所有绩效排名高的国家都显示出公共与私营部门之间合作紧密，在发展物流服务、基础设施和高效率物流方面采取了综合性方式。"物流绩效最差的经济体往往是内陆国家、岛国或冲突后国家。2018 年，物流绩效指数排名后 10 位的国家依次为：中非共和国、津巴布韦、海地、利比亚、厄立特里亚、塞拉利昂、尼日尔、布隆迪、安哥拉、阿富汗。

表 1 - 1　2007～2018 年全球物流绩效排名前 10 位的国家或地区

排名	2007 年		2010 年		2012 年	
	国家或地区	LPI	国家或地区	LPI	国家或地区	LPI
1	新加坡	4.19	德国	4.11	新加坡	4.13
2	荷兰	4.18	新加坡	4.09	中国香港	4.12
3	德国	4.10	瑞典	4.08	芬兰	4.05
4	瑞典	4.08	荷兰	4.07	德国	4.03
5	奥地利	4.06	卢森堡	3.98	荷兰	4.02
6	日本	4.02	日本	3.97	丹麦	4.02
7	瑞士	4.02	瑞士	3.97	比利时	3.98
8	中国香港	4.00	英国	3.95	日本	3.93
9	英国	3.99	比利时	3.94	美国	3.93
10	加拿大	3.92	挪威	3.94	英国	3.90
排名	2014 年		2016 年		2018 年	
	国家或地区	LPI	国家或地区	LPI	国家或地区	LPI
1	德国	4.12	德国	4.23	德国	4.20
2	荷兰	4.05	卢森堡	4.22	瑞典	4.05
3	比利时	4.04	瑞典	4.20	比利时	4.04
4	英国	4.01	荷兰	4.19	奥地利	4.03
5	新加坡	4.00	新加坡	4.14	日本	4.03
6	瑞典	3.96	比利时	4.11	新西兰	4.02
7	挪威	3.96	奥地利	4.10	新加坡	4.00
8	卢森堡	3.95	英国	4.07	丹麦	3.99
9	美国	3.92	中国香港	4.07	英国	3.99
10	日本	3.91	美国	3.99	芬兰	3.97

资料来源：世界银行发布的 2007～2018 年全球物流绩效指数报告。

　　中国物流绩效历年得分情况如表 1 - 2 所示。可以看出，2007 ~ 2018 年，中国物流绩效指数不断上升，综合绩效排名从 2007 年的第 30 位上升至 2018 年的第 26 位，说明中国物流运行效率不断提升。从分项目上看，"国际交通运输便捷程度"排名上升最快，从 2007 年的第 28 位上升至 2016 年的第 12 位，尽管 2018 年该项排名退后至第 18 位，但总体呈上升趋势。这说明我国国际物流通道的建设得到了快速发展。"基础设施水平"与"交货及时性"排名也得到了较大提升，"基础设施水平"排名从 2007 年的第 30 位上升至 2018 年的第 20 位，"交货及时性"排名从 2007 年的第 36 位上升至 2018 年的第 27 位。但我国"清关效率""物流服务的质量和能力""货物跟踪追查能力"等方面并未得到显著改善，与发达国家或地区的物流水平相比仍存在明显差距。

表 1 - 2　2007 ~ 2018 年中国物流绩效指数及排名

指标	2007 年		2010 年		2012 年		2014 年		2016 年		2018 年	
	得分	排名	得分	排名	得分	排名	得分	排名	得分	排名	得分	排名
综合绩效（Overall LPI）	3.32	30	3.49	27	3.52	26	3.53	28	3.66	27	3.61	26
清关效率（Customs）	2.99	35	3.16	32	3.25	30	3.21	38	3.32	31	3.29	31
基础设施水平（Infrastructure）	3.20	30	3.54	27	3.61	26	3.67	23	3.75	23	3.75	20
国际交通运输便捷程度（International Shipments）	3.31	28	3.31	27	3.46	23	3.50	22	3.70	12	3.54	18
物流服务的质量与能力（Logistics Quality and Competence）	3.40	27	3.49	29	3.47	28	3.46	35	3.62	27	3.59	27
货物跟踪追查能力（Tracking and Tracing）	3.37	31	3.55	30	3.52	31	3.50	29	3.68	28	3.65	27
国内物流成本（Domestic Logistics Costs）	2.97	72										
交货及时性（Timeliness）	3.68	36	3.91	36	3.80	30	3.87	36	3.90	31	3.84	27

资料来源：世界银行发布的 2007 ~ 2018 年全球物流绩效调查报告。

（二）中国物流业运行绩效

1. 物流业发展规模

随着经济快速发展，中国物流业市场规模持续扩大。1991～2017年，中国物流业增加值情况如图1－1、图1－2所示；中国物流业货运量、货物周转量情况如图1－3、图1－4、图1－5所示。

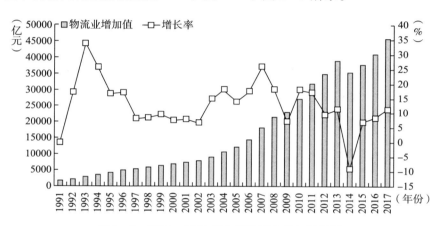

图1－1　1991～2017年中国物流业增加值情况

资料来源：根据历年《中国物流年鉴》整理。

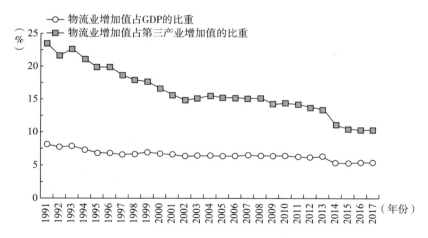

图1－2　1991～2017年中国物流业增加值占GDP与第三产业增加值的比重

资料来源：根据历年《中国物流年鉴》整理。

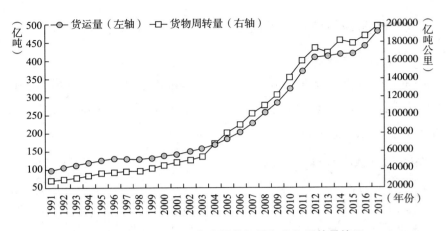

图1-3 1991~2017年中国货运量和货物周转量情况

资料来源：根据历年《中国统计年鉴》整理。

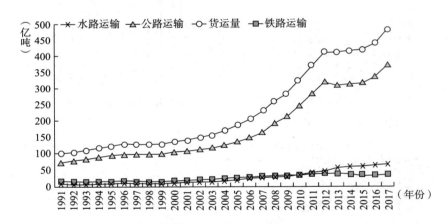

图1-4 1991~2017年中国各类运输方式的货运量

资料来源：根据历年《中国统计年鉴》整理。

根据图1-1，1991~2017年，中国物流业增加值快速增长。物流业增加值的增长率经历了1991~2007年上升、下降、平稳、上升的状态，2007年之后又呈现"下降、上升、下降、上升"的频繁波动，总体来看，2007年之后，物流业增加值的增长率呈下降趋势。

根据图1-2，物流业在国民经济发展中的地位日益凸显。随着中国经济规模的持续扩大，1991~2017年，物流业增加值占GDP的比重

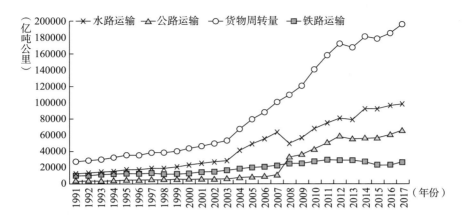

图 1 – 5　1991～2017 年中国各类运输方式的货物周转量情况

资料来源：根据历年《中国统计年鉴》整理。

相对平稳，但总体呈下降趋势，从 1991 年的 8.394% 持续下降到 2017 年的 5.550%。而作为重要的生产性服务业，随着我国服务经济的快速发展，1991～2017 年，物流业增加值占第三产业增加值的比重表现出更为明显的下降趋势，从 1991 年 24.397% 下降到 2017 年的 10.720%。

根据图 1 – 3，1991～2017 年，中国货运量和货物周转量保持快速增长势头。根据图 1 – 4，在各类运输方式中，公路运输货运量占中国货运量的比重最高，水路运输和铁路运输货运量规模相当，2011 年之后，水路运输货运量开始超过铁路货运量。根据图 1 – 5，在各类运输方式中，水路运输货物周转量占全社会货物周转量的比重最高，公路运输和铁路运输的货物周转量规模相当，2008 年之后，公路运输货物周转量超过铁路运输。

中国已经成为名副其实的交通大国，也是全世界运输最繁忙的国家。2017 年，中国全社会完成货运量 472 亿吨，货物周转量 19.3 万亿吨公里，有效地支撑了经济社会的发展。近几年，交通运输部加快推进多式联运，推广甩挂运输，试点无车承运等，努力推动运输行业的转型升级，取得了积极的成效。例如，2017 年，多式联运上升为国家战略，交通运输部、国家发改委先后确定了两批共 46 个示范项目。首批 16 家示范工程企业累计开通示范线路 140 余条，完成集装箱多式联运量 60 万标准箱。2014 年以来，重点港口集装箱铁水联运量年均增长 16.8%。2017 年，国家铁路全年货物发送量达 29.18 亿吨，较上年增长 10.1%。全年重型卡车销量首次突破 100 万辆，车辆大型化、标准化、现代化步伐加快。全国四批共 209 个甩挂运输试点项目深入推进，试点企业货运车辆平均里程利用率超过 80%。挂车租赁、卡车航班、大车队等新模式不断涌现。但从当前交通运输服务情况看，中国交通运输行业依然存在不少问题，主要集中在以下四个方面。

（1）综合运输体系结构不合理。公路货运量在全社会货运量中占比过高，2008～2017 年，公路货运量占比由 74.1% 上升到 78%，铁路货运量虽然有所增加，但是占比由 13.2% 下降到 7.8%。2008 年铁路货运量为 33 亿吨，2017 年铁路货运量为 36.9 亿吨，增长了 12%，但是公路货运量增长了约 91%。可见，中国交通运输结构尚不合理。如京津冀地区铁矿石的疏港运输，铁矿石是大宗物资，90% 以上仍通过公路进行疏港。

（2）各种运输方式的比较优势未能得到充分发挥。一方面，部分区域铁路运输能力不足，港口和大型企业铁路专用线建设滞后，通达性不高，所以公路运输成为部分企业唯一的选择，公路运输承担了大量的大宗物资中长途运输任务，而铁路运输和水路运输低成本、低能耗的优势没有得到充分的发挥。另一方面，公路运输不同程度存在车辆非法改装、超限超载以及过度竞争的问题，造成铁路的运价和公路的运价倒挂，降低了铁路的比较优势。

（3）综合运输组织化水平不高。主要体现在信息资源共享不足，标准规范和运输服务规则不衔接，跨方式、一体化运输组织程度低，多式联运市场主体少，发展严重滞后。例如，中国目前沿海港口铁水联运所占比重仅为 2% 左右，而世界发达国家铁水联运所占比重基本上在 20% 左右，还有很大差距。

（4）基础设施衔接不畅。各种运输方式规划建设、统筹协调不够，枢纽站场、集疏运体系不完善，"连而不畅、邻而不接"的问题突出，跨方式运输衔接不畅，倒装次数过多，影响了运输效率，也增加了物流成本。

　　针对上述问题，加快推进运输结构的调整成为我国当前十分重要的工作。2018 年 6 月 27 日，国务院第 14 次常务会议研究了调整运输结构、提高综合运输效率等有关工作。党中央、国务院高度重视运输结构调整工作。中央经济工作会议、中央财经委员会第一次会议先后对调整运输结构工作作出重要部署。习近平总书记强调，要调整运输结构，减少公路运输量，增加铁路运输量，减少公路特别是大宗产品公路货运量，提高沿海港口集装箱铁路集疏港比例。李克强总理指出，要采取综合举措，提高大宗货物和长距离运输的铁路货运比例，特别是打通海铁联运"最后一公里"，大幅提高集装箱海铁联运比例。2018 年 6 月 27日，国务院常务会议审议并原则通过交通运输部提出的三年行动计划工作思路和任务措施。这一行动计划的总体思路是，以深化交通运输供给侧结构性改革为主线，以京津冀及周边地区、长三角地区、汾渭平原为主战场，以推进大宗货物运输"公转铁、公转水"为主攻方向，按照标本兼治、综合施策、远近结合、重点突破，政策引导、系统推进的原则，通过三年集中攻坚，实现全国铁路货运量较 2017 年增加 11 亿吨（增长 30%）、水路货运量较 2017 年增加 5 亿吨（增长 7.5%）、沿海港口大宗货物公路货运量减少 4.4 亿吨的目标。

　　2. 物流运行质量

　　随着物流业的不断发展，我国社会物流需求显著增加，运行效率有所提高。社会物流总费用占 GDP 的比重是业界常用于评价物流运行质量的一个指标。1991 ~ 2017 年，中国社会物流总费用及其占GDP 的比重如表 1 - 3 与图 1 - 6 所示。由表 1 - 3 与图 1 - 6 可知，我国社会物流总费用呈增加趋势，但社会物流总费用占 GDP 的比重呈下降趋势，从 2012 年的 17.40% 下降到 2017 年的 14.67%，累计下降 2.73 个百分点，即每万元 GDP 所消耗的物流总费用从 2012 年的1740 元降至 2017 年的 1467 元，下降 273 元。社会物流成本持续降低的原因有以下几点。

表 1−3　1991～2017 年中国社会物流总费用及其占 GDP 的比重

年份	社会物流总费用（亿元）	占 GDP 的比重（%）	年份	社会物流总费用（亿元）	占 GDP 的比重（%）
1991	5128	23.55	2005	33860	18.08
1992	6137	22.57	2006	38414	17.75
1993	7898	22.14	2007	45406	17.86
1994	10338	21.26	2008	54542	17.76
1995	12884	21.00	2009	60826	17.42
1996	14993	20.88	2010	70984	17.19
1997	16667	20.91	2011	84000	17.17
1998	17021	19.98	2012	94000	17.40
1999	17814	19.67	2013	102000	17.14
2000	19230	19.18	2014	106000	16.46
2001	20619	18.60	2015	108000	15.96
2002	22741	18.68	2016	111000	14.99
2003	25695	18.70	2017	121000	14.67
2004	30002	18.54			

资料来源：历年《中国第三产业统计年鉴》及国家发改委、国家统计局和中国物流与采购联合会联合发布的历年《全国物流运行情况通报》。

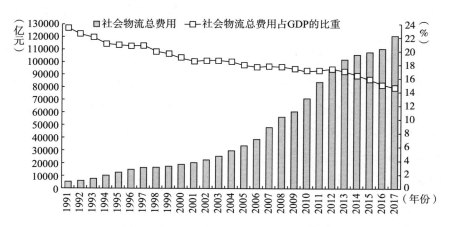

图 1−6　1991～2017 年中国社会物流总费用及其占 GDP 的比重

资料来源：根据历年《中国物流年鉴》《中国统计年鉴》整理。

一是经济结构持续调整。我国服务业占 GDP 的比重从 2012 年的 45.41% 上升至 2017 年的 51.77%。历史数据表明，服务业占 GDP 的比重每上升 1 个百分点，物流总费用占 GDP 的比重下降 0.3 ~ 0.4 个百分点。经济结构的调整，使社会物流总费用占 GDP 的比重下降了 1.91 ~ 2.54 个百分点。

二是物流运作水平持续提升。近年来，我国物流业加快提升自身运作水平，使社会物流总费用占 GDP 的比重不断下降。以工业为例，我国规模以上工业企业库存率在 9% 左右，远高于发达国家 5% 的水平。近年来，随着物流业与制造业深化融合，库存管理更加精细，工业企业库存率逐步降低，带来占压资金、仓储等成本下降。在物流总费用中，资金占用成本（利息费用）占 GDP 的比重从 2012 年的 2.6% 降至 2017 年的约 1.9%，下降约 0.7 个百分点。保管费用占 GDP 的比重由 2012 年的 6.12% 左右下降到 4.73%，下降约 1.39 个百分点。从中国仓储指数来看，2017 年，除 7 月份跌落至 50% 以下的收缩区间外，其余各月均保持在扩张区间，全年该指数保持在 52.4% 的较高水平，高于 2016 年 1.1 个百分点，反映整个经济活动中库存呈下降趋势，上下游产业处于去库存阶段。

三是政府着力降低制度性成本。按照党中央国务院关于推进供给侧结构性改革和降低实体经济成本的部署，2016 年以来，国家发改委会同有关部门聚焦物流成本高、效率低的突出问题，分别报国务院同意并以国办的名义印发了两个文件，一是《物流业降本增效专项行动方案（2016—2018 年）》，二是《关于进一步推进物流降本增效促进实体经济发展的意见》。各相关部门和地方扎实推进政策落实，结合实际出台了一系列细化措施，着力解决制约行业发展的关键问题，降低制度性交易成本。从物流成本构成来看，管理费用占 GDP 比重从 2012 年的 2.23% 下降到 2017 年的 1.94%，下降 0.29 个百分点。

表 1-4 给出了 2004 ~ 2017 年中国社会物流总费用中运输费用、保管费用和管理费用的占比，其中，运输费用占比最高，其次是保管费用，

最后是管理费用。2017 年，运输费用为 6.6 万亿元，占 54.55%；保管费用为 3.9 万亿元，占 32.23%；管理费用为 1.6 万亿元，占 13.22%。图 1－7 显示运输费用占比持续小幅提高，管理费用占比基本保持稳定的小幅波动性上升态势，保管费用则连续小幅下降，这表明货物流转速度

表 1－4　2004～2017 年中国社会物流总费用分项占比

单位：%

年份	运输费用占比	保管费用占比	管理费用占比	年份	运输费用占比	保管费用占比	管理费用占比
2004	56.8730	29.0822	14.0448	2011	52.3810	34.5238	13.0952
2005	55.0473	31.3999	13.5529	2012	52.1277	35.1064	12.7660
2006	54.7130	32.0994	13.1876	2013	52.9412	35.2941	11.7647
2007	54.4157	32.9097	12.6745	2014	52.8302	34.9057	12.2642
2008	52.5632	34.7035	12.7333	2015	53.7037	34.2593	12.0370
2009	55.2632	32.8947	11.8421	2016	54.0541	33.3333	12.6126
2010	53.5211	33.8028	12.6761	2017	54.5455	32.2314	13.2231

资料来源：国家发改委、国家统计局和中国物流与采购联合会联合发布的历年《全国物流运行情况通报》。

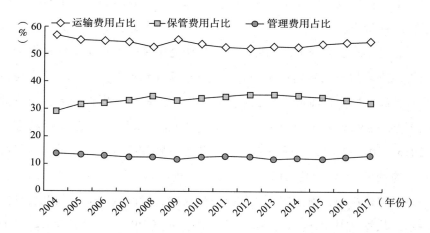

图 1－7　2004～2017 年中国社会物流总费用分项费用占比

数据来源：国家发改委、国家统计局和中国物流与采购联合会联合发布的历年《全国物流运行情况通报》。

在提升，库存、资金占用时间及相关费用有所下降，但由于运输结构不合理，公路运输占比较高，多式联运发展滞后，运输费用居高不下。

3. 物流业景气指数

2013 年 3 月，中国物流与采购联合会正式公布了我国第一个统计和测量物流绩效的指数，即"中国物流业景气指数"（LPI）。中国物流业景气指数主要由业务总量、新订单、从业人员、库存周转次数、设备利用率、平均库存量、资金周转率、主营业务成本、主营业务利润、物流服务价格、固定资产投资完成额、业务活动预期 12 个分项指数和一个合成指数构成。其中合成指数由业务总量、新订单、从业人员、库存周转次数、设备利用率 5 项指数加权合成，反映物流业经济发展的总体变化情况，由中国物流与采购联合会于每月 5 日公布。根据物流业的行业特点，自 2014 年 6 月起，以物流业业务总量指数代表物流业景气指数，反映物流业的总体变化。2012 年 1 月至 2017 年 12 月中国物流业景气指数如表 1-5 所示，2014 年 1 月至 2017 年 12 月中国物流业景气指数的变化如图 1-8 所示。

表 1-5　2012 年 1 月至 2017 年 12 月中国物流业景气指数

单位：%

时间	LPI	时间	LPI	时间	LPI
2012 年 1 月	53.3	2013 年 1 月	51.3	2014 年 1 月	51.5
2012 年 2 月	55.8	2013 年 2 月	50.4	2014 年 2 月	51.9
2012 年 3 月	59.5	2013 年 3 月	55.9	2014 年 3 月	53.0
2012 年 4 月	58.0	2013 年 4 月	54.8	2014 年 4 月	57.7
2012 年 5 月	54.2	2013 年 5 月	53.2	2014 年 5 月	55.2
2012 年 6 月	56.7	2013 年 6 月	53.1	2014 年 6 月	56.7
2012 年 7 月	53.3	2013 年 7 月	52.4	2014 年 7 月	56.8
2012 年 8 月	52.7	2013 年 8 月	52.9	2014 年 8 月	54.1
2012 年 9 月	52.9	2013 年 9 月	53.3	2014 年 9 月	56.4
2012 年 10 月	52.6	2013 年 10 月	53.6	2014 年 10 月	54.9
2012 年 11 月	54.5	2013 年 11 月	53.0	2014 年 11 月	56.5
2012 年 12 月	53.8	2013 年 12 月	52.4	2014 年 12 月	57.5

续表

时间	LPI	时间	LPI	时间	LPI
2015 年 1 月	56.3	2016 年 1 月	53.3	2017 年 1 月	52.5
2015 年 2 月	54.9	2016 年 2 月	50.0	2017 年 2 月	53.2
2015 年 3 月	58.0	2016 年 3 月	52.9	2017 年 3 月	55.4
2015 年 4 月	58.6	2016 年 4 月	54.2	2017 年 4 月	58.2
2015 年 5 月	58.0	2016 年 5 月	54.2	2017 年 5 月	57.7
2015 年 6 月	55.7	2016 年 6 月	55.5	2017 年 6 月	55.8
2015 年 7 月	52.2	2016 年 7 月	54.8	2017 年 7 月	53.8
2015 年 8 月	52.0	2016 年 8 月	54.3	2017 年 8 月	53.5
2015 年 9 月	52.2	2016 年 9 月	59.0	2017 年 9 月	54.3
2015 年 10 月	53.5	2016 年 10 月	59.2	2017 年 10 月	54.0
2015 年 11 月	54.2	2016 年 11 月	59.3	2017 年 11 月	58.6
2015 年 12 月	55.0	2016 年 12 月	56.0	2017 年 12 月	56.6

资料来源：中国物流与采购联合会发布的《中国物流业景气指数及分析报告》。

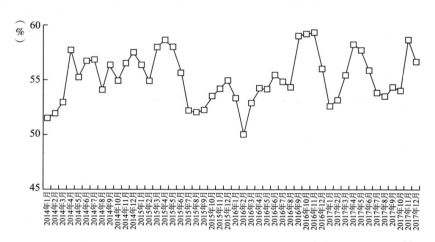

图 1-8 2014 年 1 月至 2017 年 12 月中国物流业景气指数走势

资料来源：中国物流与采购联合会发布的《中国物流业景气指数及分析报告》。

2012 年 1 月至 2017 年 12 月，中国物流业景气指数均超过 50% 的评价标准线，均值为 54.76，说明中国物流产业处于产业扩张期。从趋势上看，部分月份中国物流业景气指数低于 55%，其他时间处于高于 55% 的高景气区间。随着物流市场需求扩大和物流设备利用效率不断改善，企业效益稳中有升。2017年物流业景气指数中反映企业效益的主营业务利润指数平均为51.6%，同比提高1.7个百分点，显示在物流需求回升的同时，企业效益趋于改善。根据中国物流与采购联合会的报告，东部地区是物流活动最活跃的地区，物流经济发展迅速，物流业景气指数平均值高于全国平均水平；中西部地区略低于全国平均水平。另外，从行业物流来看，受电子商务爆发式增长的影响，以快递为主的邮政物流业增长突出，明显高于其他物流行业，并且稳定性较好，反映出随着居民收入水平提高和消费方式改变，与人民生活密切相关的民生物流呈现快速发展势头。

综上所述，总体上中国物流市场运行绩效不断提升，这一方面得益于中国宏观经济发展良好，为物流业发展提供了良好的环境，同时各级政府重视物流业发展，制定并落实了有利的政策；另一方面得益于中国物流基础设施不断完善，物流信息化程度、物流技术水平和物流管理水平不断提高。但是，与发达国家物流绩效水平相比，中国物流业在服务质量、服务创新、供应链物流等方面还存在较大差距。

三　中国物流业发展存在的问题与展望

改革开放以来，我国物流业快速发展，多项指标排名居世界前列，现代物流服务体系初具规模，规模总量居世界第一。但我国物流业在运行质量和效率、综合物流服务能力和水平、行业和地区结构、治理体系等方面，还有许多不平衡、不协调、不充分的地方，与现代化经济体系建设和人民对美好生活向往的物流需求还有许多方面不相适应。

党的十九大明确提出了决胜全面建成小康社会，开启全面建设社会主义现代化国家新征程的宏伟目标。作为现代化经济体系的重要支撑和现代化强国的必要条件，物流业要坚定不移地贯彻"创新、协调、绿色、开放、共享"的新发展理念，全面推进物流高质量发展，不断拓展中国特色物流发展道路，实现"物流强国"建设的伟大目标。在以高质量发展为核心目标建设现代化经济体系的背景下，传统的以数量规模、要素驱动为特征的粗放发展方式难以为继，适应发展需要的体制政策环境还有待进一步改善。未来一段时期，我国物流业将进入以质量和效益提升为核心的发展新阶段，必须坚持深化供给侧结构性改革，降低全产业链物流成本，提高物流供给质量，不断增强实体经济竞争力；必须坚持效率改进，质量提升和创新驱动，积极引入新技术、新模式、新理念，提高全要素生产率，逐步释放行业发展新动能，全面建成高效协同、开放创新、绿色智慧的现代化"物流强国"。

本章小结

本章梳理了中国物流业的发展历程，分析了中国物流业市场经历的四个主要阶段，从国家相关部委管控垄断的交通运输体系转变为当前"四足鼎立"的竞争格局，但传统国有企业转型而来的物流企业仍拥有绝对的市场优势，使得中国物流业一直呈现低度集中寡占型的市场结构特征。此外，通过对世界银行公布的物流绩效指数进行分析，发现中国物流业绩效指数不断提高，但是与发达国家或地区的物流水平相比仍存在明显差距。同时，从物流业发展规模、物流运行质量以及物流业景气指数三个方面分析了物流业总体运行绩效，结果显示，中国物流业发展规模持续扩大，社会物流总费用占 GDP 的比重持续回落，物流业景气指数均超过 50% 的评价标准线，这些都说明当前中国物流业保持良好的发展势头，处于产业扩张期。

在政策推动、市场拉动和技术驱动下，我国物流业快速发展，规模总量居世界第一，但是发展质量还不高。未来，我国物流业将进入以质量和效益提升为核心的发展新阶段。

参考文献

[1] 潘斌. 物流业市场结构对中国工业发展的影响研究 [D]. 北京：中央财经大学，2017.

第二章 中国物流业发展的动力机制及其实现路径

　　2015 年 11 月，习近平总书记在中央财经领导小组会议上提出，在适度扩大总需求的同时，着力加强供给侧结构性改革，着力提高供给体系质量和效率，增强经济持续增长动力，推动我国社会生产力水平实现整体跃升。目前我国物流服务需求旺盛，个性化需求快速增长，但物流服务有效供给能力不足，如制造业精益物流、电商物流、城市共同配送、冷链物流、农产品物流、危化品物流、特种运输、医药物流、应急物流等。2017 年，我国物流总费用占 GDP 的比重为 14.67%，取得了近年来连续下降的可喜成绩，不过仍明显高于发达国家的 8% ~ 10%；2018 年，中国全球物流绩效指数居第 26 位，远落后于新加坡、德国等发达国家。此外，降低物流成本是我国企业发展的普遍诉求。当前，我国制造业、流通业的物流费用率约为 9.1%、7.8%，而发达国家一般不超过 5%。这些都说明，我国物流业的供给结构、供给质量与供给效率还存在较大的提升空间。那么，推进我国物流业供给侧结构性改革的着力点与具体措施有哪些，我国物流业发展的动力机制有哪些？厘清产业发展的关键动力，对促进我国物流业高质高效发展具有重要意义。

　　产业发展的动力是产业成长的关键，也一直是理论界关注的重点问题。陆国庆（2002）认为，需求、分工、技术、供给四个动力圈共同构成了产业演进的互动良性回馈，并通过系统的整体效应和网络效应促进产业的演进。向吉英（2005）提出了以市场需求、技术创新、政策和投资为要件的产业成长外源动力机制，并将产业成长的内源动力机制简化为企业的竞争与协作。李文超和王晓燕（2011）提出主导性高技术产业成长由科技创新、市场需求、企业竞争和政府行为四个动力因素的协同作用促成。吴爱东和陈燕（2012）分析提出基于物联网的金融服务业创新是技术创新、制度创新和需求拉动这三种力量相互作用和协同作用的结果。曲永军和周晓斐（2015）提出后发地区战略性新兴产业的成长动力是由政府推动力、需求拉动力、创新带动力和企业驱动力构成的一个复杂的动态动力系统。概括起来，需求、供给、创新与制度基本构成了产业发展的动力系统。

关于物流业发展的动力机制，既有研究从需求、供给、创新与制度四个方面展开分析。一是"需求视角"，认为经济发展水平、城镇化水平、产业结构对我国物流业发展具有重要影响（袁丹和雷宏振，2015；吴旭晓，2015），并指出我国工商企业物流服务投入的"内部化"、物流外包的"低端化"与"滞后化"阻碍了我国物流业发展（樊文静，2013；张林，2015）。二是"供给视角"，认为人力资本和固定资产投资（黄福华，2009；姚娟和庄玉良，2013；陈恒等，2015）、信息技术和交通基础设施（罗峰，2007；王健和梁红艳，2013）、标准化（张宝友和朱卫平，2013）、区位及区域资源禀赋（刘秉镰和余泳泽，2010；余泳泽和武鹏，2010）等要素对我国物流业发展影响显著。三是"创新视角"。王之泰（2013）指出，应推动我国物流领域的创新，在加强技术创新的同时，重视体制和管理创新，进一步深化国家物流管理体制创新、物流行业组织体制创新、物流企业制度创新、物流运行方式创新，以提高物流业效率。丁俊发（2015）提出要以创新推动物流业的发展，并指出模式创新、企业创新与技术创新形成的创新驱动已成为我国物流业发展的新动力。四是"体制视角"，认为条块分割、多头管理的政府管理体制，产业政策体系的缺失，市场化程度不高、信用缺失的市场制度等体制因素阻碍了我国物流业的发展（王之泰，2002；夏春玉，2004；莫鸿等，2008；吴爱东，2010；何黎明，2013）。部分研究还分析了对外开放程度（田刚和李南，2011；谢守红和蔡海亚，2015）、FDI 规模与质量（姚娟和庄玉良，2012；张宝友等，2013）以及环境规制（李煜和骆温平，2014；廖敏和洪国彬，2015）等外部因素对物流业发展的影响。

　　基于已有研究，本章从需求拉动、供给推动、创新驱动与制度促进四个方面分析中国物流业发展的动力机制（见图 2 - 1），并探讨在当前新的经济阶段下，实现中国物流业有效且可持续增长的关键动力机制及其实现路径。

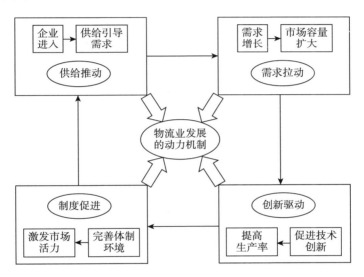

图 2 - 1　中国物流业发展的动力机制体系

一　中国物流业发展的主要动力机制

（一）物流需求规模与结构

1991~2017 年，中国社会物流总额保持快速增长趋势（见图 2 - 2）。2017 年，中国社会物流总额为 252.8 万亿元，按可比价格计算，比上年增长 6.7%，增速比上年提高 0.6 个百分点。1991~2013 年，全国物流需求系数整体呈增长趋势，2013 年之后出现下降（见图 2 - 2）。1991 年物流需求系数为 1.371，增长至 2013 年的 3.350，之后下降至 2017 年的 3.065，这意味着，近年来，每单位 GDP 产出需要约 3 单位的物流总额来支持。可见，社会经济发展对物流的需求不断增加。

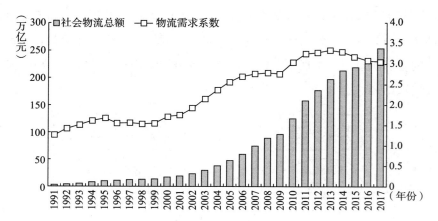

图 2 - 2 1991 ~ 2017 年中国社会物流总额与物流需求系数

资料来源：历年《中国第三产业统计年鉴》及国家发改委、国家统计局和中国物流与采购联合会联合发布的历年《全国物流运行情况通报》。

根据中国物流与采购联合会的统计，社会物流总额由工业品物流、进口货物物流、农产品物流、再生资源物流、单位与居民物品物流这五项构成。表 2 - 1 显示了 2006 ~ 2017 年工业品物流、进口货物物流和农产品物流及其他（再生资源物流、单位与居民物品物流）在社会物流总额中的占比。其中，工业品物流占比呈上升趋势，说明中国工业发展与工业品物流需求是一致的。进口货物物流占比呈下降趋势，2017 年有所提升。在全球经济温和复苏、内需稳中向好的形势下，进口货物物流在 2017 年有所增长。占比保持相对稳定的是社会物流总额中的农产品物流及其他，这说明不健全的农产品流通市场阻碍了涉农物流的快速成长。但其中的单位与居民物品物流快速发展，成为物流需求增长的重要推动力量。

表 2 - 1 2006 ~ 2017 年中国社会物流总额分项占比

单位：%

年份	工业品物流占比	进口货物物流占比	农产品物流及其他占比
2006	86.73	10.62	2.65
2007	87.91	9.64	2.45
2008	88.83	8.74	2.43
2009	90.39	7.09	2.52
2010	90.19	7.50	2.31
2011	90.66	7.07	2.27
2012	91.37	6.49	2.14
2013	91.76	6.12	2.12
2014	92.22	5.62	2.16
2015	93.07	4.74	2.19
2016	93.16	4.57	2.27
2017	92.76	4.94	2.30

资料来源：国家发改委、国家统计局和中国物流与采购联合会联合发布的历年《全国物流运行情况通报》。

1. 工业品物流

2017 年，工业品物流总额为 235 万亿元，同比增长 6.6%，占社会物流总额的 92.8%。这表明中国工业的快速发展极大地带动了物流业发展，工业品物流是物流服务的主要需求方。1991 ~ 2017 年，我国第二产业增加值占 GDP 的比重为 40% ~ 50%。2012 年，第二产业增加值占 GDP 的比重为 45.38%，第三产业占比为 45.41%，第三产业增加值占比首次超过第二产业（见图 2 - 3）。由图 2 - 4 可知，工业增加值持续扩大，其增长率波动较大，近几年呈上升趋势。

作为工业主体的制造业是我国经济发展的重要组成部分。在全球经济一体化背景下，中国凭借巨大的市场容量、低成本生产要素、相当实力的产业基础和生产能力等综合优势，成为承接全球制造业转移的主要国家之一，逐渐形成了加工、组装环节的比较优势和竞争优势，融入国际产业分工体系。因此，中国制造业迅速崛起，在全球的地位不断提

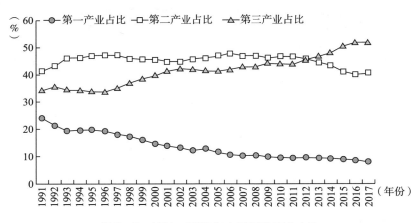

图 2 - 3　1991~2017 年中国三次产业占比

资料来源：根据历年《中国统计年鉴》整理。

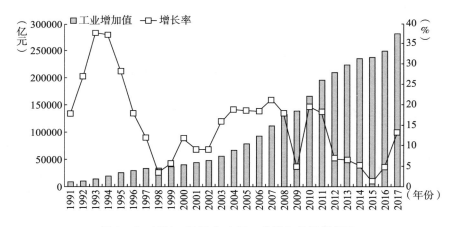

图 2 - 4　1991~2017 年中国工业增加值及增长率

资料来源：根据历年《中国统计年鉴》整理。

升。根据国际货币基金组织（IMF）官方数据库，1990~2009 年，世界制造业增加值从 46090 亿美元增加到 96620 亿美元。在此期间，美国制造业增加值从 10410 亿美元增加到 17790 亿美元，占世界制造业增加值的比重从 22.59% 下降到 18.41%；日本制造业增加值从 8100 亿美元增加到 10506 亿美元，占世界制造业增加值的比重从 17.57% 下降到 10.87%；德国制造业增加值从 4380 亿美元增加到 5679 亿美元，占世界制造业增加值的比重从 9.50% 下降到 5.88%；法国制造业增加值从 2000 亿美元增加到 2536 亿美元，占世界制造业增加值的比重从 4.34% 下降到 2.62%；英国制造业增加值从 2060 亿美元增加到 2176 亿美元，占世界制造业增加值的比重从 4.47% 下降到 2.25%。而中国制造业则经历了一个在规模上追赶和超过主要发达经济体的过程。1990 年，中国制造业增加值仅为 1450 亿美元，占世界制造业增加值的 3.15%，远远低于美国、日本、德国，与法国、英国也有一定的差距。自 1990 年以来，中国制造业增加值先后在 2006 年和 2009 年突破 1 万亿美元和 2 万亿美元，在 1993 年超过法国、英国，2006 年超过日本成为世界制造业第二大国，2008 年超过美国成为世界制造业第一大国。2009 年，中国制造业增加值达到 20499 亿美元，占世界制造业增加值的比重增长到 21.22%。2010 年，世界制造业增加值达到 10 万亿美元，其中中国占世界制造业增加值的 19.8%，高于美国的 19.4%。中国已稳居世界制造业生产规模第一的位置，结束了美国从 1895 年以来一直保持制造业生产规模世界第一的历史。

随着中国市场经济的不断深化，工业化进程加快推进，工业结构调整升级加速了物流需求的释放，这可以通过工业物流需求系数来反映。表 2-2 为 2006~2017 年我国工业物流需求系数，反映了工业发展对物流的依赖程度。从中可以发现，中国工业发展对物流的依赖程度呈逐年递增的态势，从 2006 年的 5.604 增长到 2017 年的 8.375。这说明，中国工业与物流业的互动融合态势逐渐增强，二者之间形成了一种持续的强依赖关系。

表 2-2　2006~2017 年每单位工业增加值的物流需求系数

年份	2006	2007	2008	2009	2010	2011	2012	2013	2014	2015	2016	2017
工业增加值（万亿元）	9.22	11.17	13.17	13.81	16.51	19.51	20.89	22.23	23.39	23.65	24.79	28.00
工业物流总额（万亿元）	51.69	66.11	79.86	87.41	113.1	143.60	162.00	181.50	196.90	204.00	214.00	234.50

续表

年份	2006	2007	2008	2009	2010	2011	2012	2013	2014	2015	2016	2017
工业物流 需求系数	5.604	5.919	6.063	6.330	6.849	7.359	7.755	8.163	8.420	8.626	8.633	8.375

资料来源：历年《中国统计年鉴》和国家发改委、国家统计局和中国物流与采购联合会联合发布的历年《全国物流运行情况通报》。

2. 单位与居民物品物流

单位与居民物品物流需求对全社会物流需求的贡献率持续提高，成为中国物流需求增长的重要驱动力。2017 年单位与居民物品物流总额为 1.0 万亿元，同比增长 29.9%，高于社会物流总额增速。其中，网络消费驱动的物流需求是单位与居民物品物流总额的主要来源。图 2-5 给出了 2008~2017 年中国网络零售市场交易情况。社会消费品零售总额从 1997 年的 31252.9 亿元，增加到 2008 年的 114830.1 亿元，又增加到 2017 年的 366261.6 亿元，年均增长率达 13.76%；网络零售市场交易规模从 2008 年的 1300 亿元增加到 2017 年的 71751 亿元，年均增长率达 56.15%；网络零售市场交易规模占社会消费品零售总额的比重从 2008 年的 1.13% 增长到 2017 年的 19.59%，表明网络零售已成为单位与居民物品消费的重要方式。

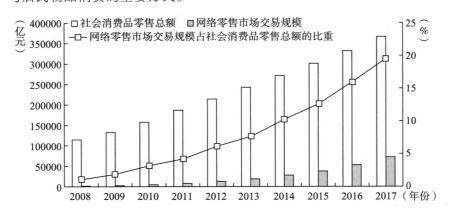

图 2-5　2008~2017 年中国网络零售市场交易规模及其占比情况

资料来源：根据历年《中国统计年鉴》整理。

2017 年，网络零售市场交易规模达 7.1751 万亿元，其中实物商品网络零售交易规模超过 5 万亿元，带动电商物流需求高速增长。2017 年电商物流行业整体向好，总业务量指数平均达到 143.4 点，表明全年电商物流业务量同比增速超过 40%，以 2015 年 1 月为基期，2017 年总业务量定基指数达到 354.1 点。2017 年 12 月，中国快递物流指数为 106.3%；全年快递业务量达 401 亿件，同比增长 28%。此外，与消费相关的快速消费品、医药、汽车、服装等其他细分市场物流也保持良好增势。

3. 进口货物物流

图 2-6 给出了 1991~2017 年中国货物进出口总额及其变化情况。可以看出，我国货物进出口总额保持快速增长趋势，其中，受 2008 年国际金融危机的影响，2009 年出现下降，另外，2015 年与 2016 年也出现了下降的现象，其中，2015 年我国货物进出口总额的增长率为 -8.10%，2016 年增长率为 -6.77%。不过，2017 年世界经济温和复苏，国内经济稳中向好，推动了我国货物进出口的增长。2017 年全年货物进出口总额为 41071.64 亿美元，较 2016 年增长 11.44%，扭转了此前连续两年下降的局面。2017 年，我国货物进出口状况的改善主要得益

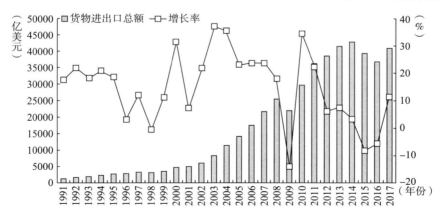

图 2-6　1991~2017 年中国货物进出口总额及增长率

资料来源：根据历年《中国统计年鉴》整理。

于以下因素：一是外部需求回暖。2017 年以来，全球经济回暖，国际市场需求持续回升，为中国外贸增长提供了有利的外部条件。二是国内需求平稳增长。中国经济保持了稳中向好、稳中有进的发展态势，带动了大宗商品进口需求。三是政策效应持续显现。2013 年以来，中国政府出台了一系列促进外贸稳增长、调结构的政策文件。商务部会同各地区、各有关部门狠抓政策落实，切实为企业减负助力，营造良好的发展环境，提振了企业进出口信心。四是企业转换动力与调整结构的步伐加快。

图 2 - 7 给出了 1991 ~ 2017 年中国货物出口总额及增长率情况。可以看出，我国货物出口总额的变化与货物进出口总额的变化非常相似。观测期内，我国货物出口总额保持快速增长趋势，2009 年、2015 年、2016 年也出现了明显的下降现象。2015 年，我国货物出口总额的增长率为 -2.94%，2016 年增长率为 -7.73%，不过 2017 年货物出口总额为 22633.71 亿美元，较 2016 年增长 7.90%，扭转了此前连续两年下降的局面。

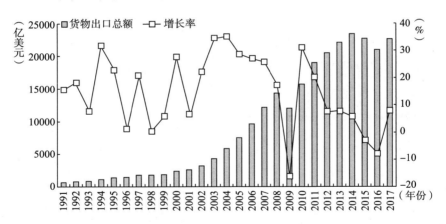

图 2 - 7　1991 ~ 2017 年中国货物出口总额及增长率

资料来源：根据历年《中国统计年鉴》整理。

图 2 - 8 给出了 1991 ~ 2017 年中国货物进口总额及增长率情况。可以看出，1991 ~ 2017 年，我国货物进口总额保持快速增长趋势，在 1998 年、2009 年、2015 年与 2016 年呈现下降现象，其他年份均保持快速增长趋势。2015 年，我国货物进口总额的增长率为 -14.27%，2016

年为 -5.46%，2017 年全年货物进口总额达 18437.93 亿美元，较 2016 年增长 16.11%，同样也彻底地扭转了此前连续两年下降的局面。进口贸易的快速增长，带动了进口货物物流需求。2008~2017 年，我国进口货物物流总额呈先上升后下降的趋势，从 2008 年的 7.86 万亿元，增加至 2013 年的 12.1 万亿元，之后出现下降，但 2017 年进口物流需求形势较好，扭转了 2016 年大幅下降的局面，全年增长 8.7%。从占比来看，进口货物物流总额占全社会物流总额的比重呈下降趋势，从 2006 年占比10.62%，下降至 2008 年的 8.74%，又降至 2017 年的 4.94%。

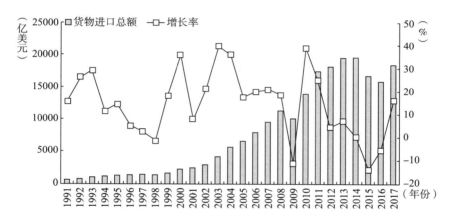

图 2-8　1991~2017 年中国货物进口总额及增长率

资料来源：根据历年《中国统计年鉴》整理。

（二）物流供给能力

图 2-9 给出了 2003~2017 年中国物流业全社会固定资产投资额的变化情况。可以看出，观测期内，除 2011 年出现下降外，其他年份均保持快速增长趋势。2003 年，全年物流业全社会固定资产投资额为 0.63 万亿元；2017 年物流相关固定资产投资结构质量不断提升，围绕促转型、补短板等方面的有效投资保持较快增长，物流业全社会固定资产投资额为 6.14 万亿元。

大规模的固定资产投资对物流业的供给能力具有重要影响。以下从

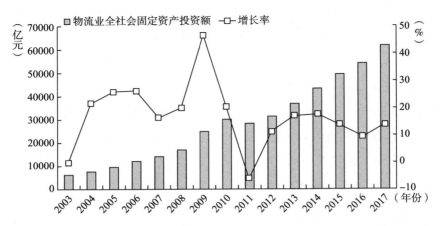

图 2 - 9   2003 ~ 2017 年中国物流业全社会固定资产投资额及增长率

资料来源：根据历年《中国统计年鉴》整理。

物流企业、物流交通基础设施与物流运作基础设施三个方面分析我国物流业的供给能力。

1. 物流企业

随着改革开放的不断深入，传统运输业、仓储业加速向现代物流业转型，制造业物流、商贸物流、电子商务物流和国际物流等领域的专业化、社会化服务能力显著增强，服务水平不断提升，现代物流服务体系初步建立。物流企业的一体化运作、网络化经营能力不断提高，信息化和供应链管理水平明显提升，一批具有国际竞争力的大型综合物流企业集团和物流服务品牌出现。随着市场竞争的加剧，物流企业资产重组和资源整合步伐进一步加快，形成了一批所有制多元化、服务网络化和管理现代化的物流企业。比如，中国远洋海运集团有限公司收购东方海外（国际）有限公司，中国外运长航集团有限公司和招商局集团有限公司完成物流资产重组整合，中国铁路总公司 18 个铁路局完成公司制改革，东方航空物流有限公司、中国国际货运航空有限公司央企混改启动，普洛斯集团完成私有化，海航集团有限公司收购扩充物流板块，顺丰控股股份有限公司与联合包裹速递服务公司（UPS）成立合资公司，百世物流科技（中国）有限公司赴美成功上市，京东物流正式独立运营等。2017 年，

8 家物流企业跻身国内主板，5 家在境外上市，45 家登陆"新三板"。上市企业加大网络建设、设备购置和基础设施投资，不断增强自身实力。

据不完全统计，2013 年底，中国共有各类物流企业 24800 家。根据 CCTV 调查，2015 年底，中国国内拥有物流类业务的企业法人单位超过 30 万家。2017 年，物流相关法人单位近 40 万家，已成为重要的服务产业之一。按照《物流企业分类与评估指标》，中国物流与采购联合会从企业的经营状况、资产、设备设施、管理及服务、人员素质和信息化水平六个方面，对相关申报企业进行评估与分级。至 2018 年 8 月，已完成 26 批 A 级物流企业的综合评估，已向社会陆续通告了 26 批共 5355 家 A 级物流企业，其中 5A 级物流企业 267 家，一批综合实力强、引领行业发展的标杆型物流企业出现。表 2 - 3 给出了 2005 年全国第 1 批，以及 2018 年全国第 26 批 5A 级物流企业的基本情况。

表 2 - 3　2005 年（第 1 批）、2018 年（第 26 批）
全国 5A 级物流企业基本情况

时间/批次	企业名称	成立时间	企业类型	备注
2005 年（第 1 批）	中国远洋物流有限公司	2002 年	传统国有企业转型的物流企业	
	中海集团物流有限公司	1998 年	传统国有企业转型的物流企业	
	中国物资储运总公司	20 世纪60 年代初	传统国有企业转型的物流企业	
	中铁快运股份有限公司	1997 年	传统国有企业转型的物流企业	
	中铁现代物流科技股份有限公司	2002 年	传统国有企业转型的物流企业	
	嘉里大通物流有限公司	1985 年	外资物流企业	第一家合资国际货运代理企业
	黑龙江省华宇物流集团有限公司	2001 年	新兴民营物流企业	
	远成集团有限公司	1988 年	新兴民营物流企业	
	安吉天地汽车物流有限公司	2002 年	外资物流企业	外资投份 50%

续表

时间/批次	企业名称	成立时间	企业类型	备注
2018年（第26批）	北京京邦达贸易有限公司	2012年	新兴民营物流企业	
	上海则一供应链管理有限公司	2015年	新兴民营物流企业	
	上海锦江航运（集团）有限公司	1983年	传统国有企业转型的物流企业	4A升5A
	山西能源交通投资有限公司	2009年	传统国有企业转型的物流企业	
	江苏百盟投资有限公司	2011年	新兴民营物流企业	4A升5A
	心怡科技股份有限公司	2004年	新兴民营物流企业	4A升5A
	浙江德清升华临杭物流有限公司	2010年	新兴民营物流企业	
	宁波顺丰速运有限公司	2008年	外资物流企业	4A升5A
	宁波港东南物流集团有限公司	2008年	传统国有企业转型的物流企业	4A升5A
	马钢集团物流有限公司	2015年	传统国有企业转型的物流企业	
	河南省顺丰速运有限公司	2003年	外资物流企业	4A升5A
	湖北顺丰速运有限公司	2013年	外资物流企业	4A升5A
	深圳市赤湾东方物流有限公司	1986年	传统国有企业转型的物流企业	
	东风车城物流股份有限公司	1993年	传统国有企业转型的物流企业	4A升5A
	深圳市怡亚通供应链股份有限公司	1997年	新兴民营物流企业	
	跨越速运集团有限公司	2007年	新兴民营物流企业	4A升5A
	广西北部湾国际港务集团有限公司	2007年	传统国有企业转型的物流企业	
	四川长虹民生物流股份有限公司	2007年	传统国有企业转型的物流企业	4A升5A
	云南农垦物流有限公司	2008年	传统国有企业转型的物流企业	4A升5A
	云南腾晋物流股份有限公司	2009年	传统国有企业转型的物流企业	4A升5A

资料来源：中国物流与采购联合会网站、各企业官网。

目前，在中国物流业市场中，少数大型物流企业占据大部分市场份额，而数量多且规模小的中小型物流企业占据较小的市场份额，具有明显的寡占现象。自 2005 年以来，中国物流与采购联合会进行年度统计调查并依据主营业务收入发布当年前 50 强物流企业名单，即"中国物流企业 50 强"。表 2 - 4、表 2 - 5 分别给出了 2005 年、2017 年中国物流企业 20 强的基本信息。

从 2005 年有相应的排名开始，除源自生产流通企业的物流企业外，其他类型物流企业的主营业务收入都表现为增长趋势，其中传统国有企业转型的物流企业主营业务收入增长趋势显著，不过市场竞争的加剧导致传统国有企业转型的物流企业主营业务收入从 2014 年开始趋于平缓，新兴民营物流企业和外资物流企业的份额出现小幅增加。以 2014 年物流企业 50 强为例，传统国有企业转型的物流企业有 33 个，占比为 66%，新兴民营物流企业和外资物流企业均为 8 个，各占 16%，源自生产流通企业的物流企业占比仅为 2%。物流企业 50 强在 2014 年的主营业务收入为 0.823 万亿元，占当年物流业增加值的 24.21%。其中，传统国有企业转型的物流企业、新兴民营物流企业、外资物流企业和源自生产流通企业的物流企业所占比重分别为 19.50%、2.81%、1.83% 和 0.07%。2017 年，中国物流企业 50 强的主营业务收入达 0.830 万亿元，进入门槛提高到 28.5 亿元，这意味着物流业市场集中度进一步提高。尽管新兴民营物流企业和外资物流企业因其所占市场份额不断上升而逐渐成为物流业市场中重要的竞争力量，但传统国有企业转型的物流企业仍占有最高的市场份额。

表 2 - 4　2005 年中国物流企业 20 强基本信息

排名	企业名称	企业类型	2004 年物流业务收入（万元）
1	中国远洋运输（集团）公司	传统国有企业转型的物流企业	9347026
2	中国海运（集团）总公司	传统国有企业转型的物流企业	4230347
3	中国对外贸易运输（集团）总公司	传统国有企业转型的物流企业	3435213

续表

排名	企业名称	企业类型	2004 年物流业务 收入（万元）
4	中国物资储运总公司	传统国有企业转型的物流企业	580606
5	五矿国际货运有限责任公司	传统国有企业转型的物流企业	567100
6	锦程国际物流集团股份有限公司	新兴民营物流企业	532095
7	中国国际货运航空有限公司	传统国有企业转型的物流企业	475164
8	山东海丰国际航运集团有限公司	新兴民营物流企业	441993
9	嘉里大通物流有限公司	外资物流企业	353768
10	广东南粤物流股份有限公司	传统国有企业转型的物流企业	272049
11	中国货运航空有限公司	传统国有企业转型的物流企业	264349
12	远成集团有限公司	新兴民营物流企业	262479
13	大连港集团有限公司	传统国有企业转型的物流企业	226509
14	天津大田集团有限公司	新兴民营物流企业	204981
15	中邮物流有限责任公司	传统国有企业转型的物流企业	197000
16	中铁快运股份有限公司	传统国有企业转型的物流企业	172988
17	安吉天地汽车物流有限公司	外资物流企业	169648
18	黑龙江省华宇物流集团有限公司	新兴民营物流企业	157322
19	中铁特货运输有限责任公司	传统国有企业转型的物流企业	150624
20	青岛海尔物流有限公司	源自生产流通企业的物流企业	150491

注：①2009 年 3 月，中国对外贸易运输（集团）总公司与中国长江航运（集团）总公司重组，中国对外贸易运输（集团）总公司更名为"中国外运长航集团有限公司"作为重组后的母公司。②2015 年 12 月 11 日，中国远洋运输（集团）总公司与中国海运（集团）总公司实施重组，新集团名称为"中国远洋海运集团有限公司"。③"嘉里大通物流有限公司"是"嘉里物流（中国）投资有限公司"的前身。④"中国货运航空有限公司"于 2010 年重组成由东航控股的国有企业。⑤"中铁特货运输有限责任公司"2005 年并入"中铁快运股份有限公司"。⑥2017 年 12 月 29 日，中国物资储运总公司更名为"中国物资储运集团有限公司"。

资料来源：根据中国物流与采购联合会网站公布的排名整理、补充而得。

表 2-5　2017 年中国物流企业 20 强基本信息

排名	企业名称	企业类型	2016 年物流业务 收入（万元）
1	中国远洋海运集团有限公司	传统国有企业转型的物流企业	14084015.40
2	中国外运长航集团有限公司	传统国有企业转型的物流企业	7643274.00
3	冀中能源国际物流集团有限公司	传统国有企业转型的物流企业	7290000.00

排名	企业名称	企业类型	2016年物流业务收入（万元）
4	厦门象屿股份有限公司	传统国有企业转型的物流企业	7144011.40
5	顺丰控股股份有限公司	外资物流企业	5748269.80
6	河北省物流产业集团有限公司	传统国有企业转型的物流企业	2860090.80
7	天津港（集团）有限公司	传统国有企业转型的物流企业	2802000.00
8	山东物流集团有限公司	新兴民营物流企业	2745895.10
9	中铁物资集团有限公司	传统国有企业转型的物流企业	2374896.10
10	安吉汽车物流股份有限公司	传统国有企业转型的物流企业	1857100.00
11	德邦物流股份有限公司	新兴民营物流企业	1700000.00
12	中国物资储运总公司	传统国有企业转型的物流企业	1633150.60
13	高港港口综合物流园区	传统国有企业转型的物流企业	1546110.00
14	招商局物流集团有限公司	传统国有企业转型的物流企业	1319112.00
15	锦程国际物流集团股份有限公司	新兴民营物流企业	1200984.20
16	开滦集团国际物流有限责任公司	传统国有企业转型的物流企业	1141351.80
17	连云港港口集团有限公司	传统国有企业转型的物流企业	1030479.00
18	福建省交通运输集团有限责任公司	传统国有企业转型的物流企业	1030004.00
19	国药控股湖北有限公司	传统国有企业转型的物流企业	1027935.00
20	河北港口集团有限公司	传统国有企业转型的物流企业	1017616.40

注：2017年3月，安吉物流正式更名为"安吉汽车物流股份有限公司"。安吉汽车物流股份有限公司是上汽集团投资的专业从事汽车物流的全资子公司。

资料来源：根据中国物流与采购联合会网站公布的排名整理、补充而得。

2. 物流交通基础设施

近年来，随着我国城镇化的不断推进，交通基础设施建设不断完善，铁、公、水、空综合交通运输体系基本形成，交通基础设施规模和运输服务能力得到明显提升。一是物流运输设施网持续优化，"五纵五横"综合运输大通道基本贯通。图2-10给出了1991~2017年中国各类运输线路长度的基本情况。可以看出，观测期内，内河航道里程变化不大，保持非常平缓的增长趋势，从1991年的10.97万公里增至2017年的12.70万公里，年均增长率为0.57%。铁路里程呈现快速增长趋势，从1991年的5.78万公里增至2017年的12.70万公里，年均增长率为 3.07%。公路里程也呈现出快速增长趋势，从 1991 年的 104.11 万公里增至 2017 年的 477.35 万公里，年均增长率为 6.03%。定期航班航线里程的增长最突出，从 1991 年的 55.91 万公里增至 2017 年的 748.30 万公里，年均增长率为 10.49%。2017 年底，全国铁路营业里程达 12.7 万公里，其中高铁 2.5 万公里，占世界总量的 66.3%；公路总里程 477.35 万公里，其中高速公路 13.6 万公里，覆盖全国 97% 的 20 万以上人口城市及地级行政中心；港口万吨级以上泊位达 1913 个，通江达海、干支衔接的航道网络进一步完善；民航运输机场发展到 229 个，覆盖全国 88.5% 的地级市。二是物流基础设施短板进一步弥补。从重点区域看，中西部铁路建设加快，郑万、银西、杭温铁路等建设稳步推进；新改建农村公路 20 万公里，农村物流基础设施明显改善。

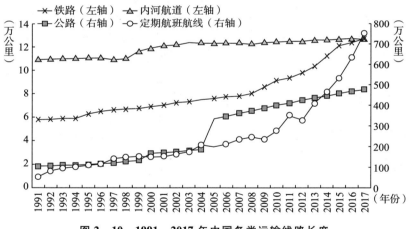

图 2 - 10　1991 ~ 2017 年中国各类运输线路长度

资料来源：根据历年《中国统计年鉴》整理。

全球贸易格局的变化带动了全球物流体系发展重心的迁移。据联合国贸发会议统计，现在全球 55% 以上的海运货运量主要是在发展中国家的港口进行装卸，这意味着港口在全球贸易进程中具有重要地位。我国不断加大港口建设力度，港口建设规模和新增能力都取得了长足的发展。图 2 - 11 给出了 1997 ~ 2017 年我国沿海主要港口码头泊位数。可以看出，我国沿海主要港口码头泊位数呈快速增长趋势，从 1997 年的

1606 个增至 2017 年的 6209 个。其中，沿海主要港口码头万吨级泊位数
也呈快速增长趋势，从 1997 年的 449 个增至 2017 年的 1913 个。

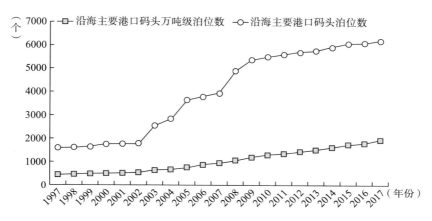

图 2-11　1997~2017 年中国沿海主要港口码头泊位数

资料来源：根据历年《中国统计年鉴》整理。

受益于全球经济增速企稳、全球贸易环境的改善，国际集装箱市场
回暖升温。相比 2016 年，2017 年全球航运市场总体形势有所好转，多
数集装箱港口增速明显好于 2016 年。2017 年全球前 20 的集装箱港口完
成集装箱吞吐量 3.35 亿标准箱，同比增速为 5.45%，远高于 2016 年
1.70% 的增速。表 2-6 给出了 2017 年全球集装箱吞吐量前 20 港口的
基本情况。在全球集装箱吞吐量前 20 港口中，有亚洲港口 16 个，欧洲
港口 3 个，北美港口 1 个。在亚洲港口中，中国有九大集装箱港口入
围，基本占据半壁江山。其中，上海港以 4023 万标准箱吞吐量高居榜
首，是全球第一个也是唯一一个吞吐量超过 4000 万标准箱的港口；深
圳港以 2521 万标准箱吞吐量居第三；宁波-舟山港以 2464 万标准箱吞
吐量居第四；香港港以 2076 万标准箱吞吐量位居第五；广州港、青岛
港和天津港分别以 2037 万标准箱、1830 万标准箱、1506 万标准箱吞吐
量位列第七、第八和第十；厦门港和大连港分别以 1038 万标准箱、971
万标准箱吞吐量位列第十四、第十六。增速最高的是中国的宁波-舟山
港，为 14.23%，增速最低的是马来西亚的巴生港，为 -9.04%。

表 2 - 6　2017 年全球集装箱吞吐量前 20 港口的基本情况

2017 年排名	2016 年排名	港口名称	国家（地区）	2017 年（万标准箱）	2016 年（万标准箱）	增速（%）
1	1	上海	中国	4023	3713	8.35
2	2	新加坡	新加坡	3367	3090	8.96
3	3	深圳	中国	2521	2398	5.13
4	4	宁波 - 舟山	中国	2464	2157	14.23
5	6	香港	中国	2076	1981	4.80
6	5	釜山	韩国	2047	1946	5.19
7	7	广州	中国	2037	1886	8.01
8	8	青岛	中国	1830	1805	1.39
9	9	迪拜	阿拉伯联合酋长国	1537	1477	4.06
10	10	天津	中国	1506	1452	3.72
11	12	鹿特丹	荷兰	1373	1239	10.82
12	11	巴生	马来西亚	1198	1317	- 9.04
13	14	安特卫普	比利时	1045	1004	4.08
14	16	厦门	中国	1038	961	8.01
15	13	高雄	中国	1027	1046	- 1.82
16	15	大连	中国	971	958	1.36
17	18	洛杉矶	美国	934	886	5.42
18	17	汉堡	德国	882	891	- 1.01
19	19	丹戎帕拉帕斯	马来西亚	835	828	0.85
20	20	林查班	泰国	778	723	7.61

资料来源：中国港口协会整理，各港口行业相关单位报送。

3. 物流运作基础设施

当前，我国综合货运枢纽、物流园区、物流中心、配送中心等各类物流节点加快布局。其中，物流园区是物流运作基础设施的主体，是物流业高质量发展的重要支撑。党的十九大提出加强物流基础设施网络建设，第一次把物流基础设施上升到国家基础设施的地位。有关部门大力支持物流园区建设发展，国家发改委制定了《全国物流园区发展规划》，开展示范物流园区工作；交通运输部开展货运枢纽补助活动；商务部鼓励城乡配送设施建设；国家邮政局鼓励快递货运枢纽建设。物流园区在政策推动、市场拉动和技术驱动下，呈现以下几个特点。

（1）规模化发展。2018 年，中国物流与采购联合会在国家发展改革委的支持下，进行了第五次全国物流园区调查工作。调查结果显示，符合此次调查要求的物流园区达到 1638 家，比 2015 年第四次调查的1210 家增长约 35%。三年来园区数量年均增长 10% 以上，高于同期国民经济增长速度。从区域分布看，物流园区空间分布更加均衡，东部地区经济较为发达，物流园区多数进入运营状态。中西部地区园区规划建设速度加快，园区数量明显增加。横贯东中西、联结南北方的物流园区骨干网络初具规模。分省区来看，物流园区总数最多的前三名分别为山东（117 个）、江苏（102 个）和河南（97 个）；运营园区数量最多的前三名分别为江苏（91 个）、山东（86 个）和浙江（70 个）。而海南、西藏、青海等省份的物流园区总数在 10 个以内。2013 年 9 月，国家发展改革委等 12 部门联合印发《全国物流园区发展规划》，按照物流需求规模大小以及在国家战略和产业布局中的重要程度，将物流园区布局城市分为三级，确定一级物流园区布局城市 29 个，二级物流园区布局城市 70 个。第五次全国物流园区调查结果显示，全国 1113 个已运营的物流园区中有 652 个分布在一级、二级物流园区布局节点城市，占比58.6%；两级节点城市平均运营园区个数为 6.6，远高于非节点城市的1.9 个。这反映出国家规划引导作用增强，节点城市集聚效应显现。

（2）多元化经营。近年来，物流园区提升自身服务能力，为入驻企业提供办公、餐饮、物业、停车、住宿、工商、税务等基础配套服务，部分物流园区延伸服务链条，为入驻企业提供物流咨询、物流金融、商品展示、设施租赁、保险代理等增值服务，服务种类日益丰富，成为园区新的增长点。

（3）网络化布局。随着物流园区数量不断增加，园区之间的联系日益紧密，物流园区逐渐由单点竞争向网络竞争转变。一批全国性的物流园区加快模式复制和联盟合作，构建全国性物流服务网络。传化物流集团有限公司通过模式复制，在全国 90 多个城市建设公路港城市物流中心，打造覆盖全国的"智能公路物流网络运营系统"。卡行天下供应链管理有限公司采取加盟方式，在三、四线城市和成员伙伴合作建设加盟枢纽，2017 年枢纽数量突破 200 个。中国物流与采购联合会物流园区专业委员会发起设立"百驿网"物流园区互联互通服务平台，旨在促进物流园区信息互联、业务协同。总体来看，物流园区连锁化、网络化竞争格局正在形成。

（4）联动化推进。随着物流资源向物流园区的集聚，园区的规模效应和集聚效应不断扩大，与周边产业的联动发展日益明显，在带动区域经济发展中的作用日益突出。传化智联通过打造公路港城市物流中心，为周边广大中小工商企业提供专业化物流服务，改变了传统公路物流业态，降低了社会物流成本，也提升了当地产业竞争优势。总体来看，需求推动、产业支撑是物流园区生存的基础条件，产业融合是物流园区发展的必由之路。

（5）智慧化升级。目前，大部分物流园区都建立了信息平台，提供信息发布、货物跟踪、数据交换、物业管理等基础服务，提升园区信息化水平。部分园区结合业务需要开发了运力交易、支付结算、融资保险、信用管理等业务辅助功能，加快园区数字化发展。随着装备技术的发展，自动化立体库、自动分拣机、传输带等自动化设备进入普及应用阶段。物联网、大数据、云计算、人工智能等新一代通信技术与物流园区融合发展，以无人化为代表的园区智能化转型成为热点。通过线上线下融合发展，发挥园区资源集聚和平台网络优势，智慧物流成为园区转型升级的新方向。

总体来看，我国物流园区的发展取得了明显成效，但是也存在一些不适应经济高质量发展的突出问题。一是物流园区服务能力不充分，园区服务专业化、标准化、信息化、网络化水平不高，与周边产业良性互动还不够深入。二是物流园区网络布局不平衡，部分物流园区定位趋近、同质化严重，园区盲目追求规模，资源配置不合理，导致物流强度不高，土地利用率低。三是物流园区网络节点不连接，公路、铁路、水路、航空等不同类型物流园区缺乏设施衔接和互联互通，业务协调难度大，增加了社会物流成本。

（三）物流创新能力

互联网理念正在深刻影响着物流业的创新变革，物流业的技术创新、模式创新、业态创新进入爆发期。

一是信息技术普及应用。智慧物流是以物联网、云计算、大数据等新兴技术为依托，通过人工智能先进技术和协同共享创新模式，重塑产业分工，再造产业结构，转变产业发展方式的新业态。人工智能加快行业赋能，无人仓、无人机、无人驾驶、物流机器人等一批国际领先技术得到试验应用。目前，京东物流实现了全球首创的全流程无人仓及无人分拣，全部环节均由机器人完成。物流互联网逐步形成，货运车辆、集装箱、托盘等大量物流设施接入互联网。我国已有超过 500 万辆载重货车安装了北斗定位装置，智能快件箱超过 19 万组，还有大量托盘、智能柜、货物接入互联网。嵌入物联网技术的物流设施设备快速发展，车联网技术从传统的车辆定位向车队管理、车辆维修、智能调度、金融服务延伸。物流大数据推动产业智能变革，云计算、区块链正在从理念变为现实。

二是创新驱动模式变革。我国物流企业通过技术创新、管理创新、组织创新，整合优化物流资源，新的商业模式不断涌现。菜鸟网络、卡行天下等一批企业打造平台模式，整合物流资源。安能物流、圆通速递等企业优化加盟模式，强化干线管控。顺丰速运、德邦物流等企业启动多元化发展模式。怡亚通、招商物流、海尔日日顺等企业深度开发供应链模式，提供物流一体化解决方案。长久物流、安吉物流等汽车物流企业拓展全产业链模式，提供物流、贸易、金融、汽车后市场等全方位服务。林安物流、传化公路港、中储股份、深国际等一批企业复制基地模式，搭建全国节点网络。随着互联网进入物流行业，易流科技、维天运通、正广通、安联程通等一批企业尝试物流 O2O 模式。这些新理念、新模式倒逼传统企业转变观念，加速变革。

三是物流互联网平台兴起。平台经济、数字经济、共享经济深化分工合作，"互联网＋高效运输""互联网＋智能仓储""互联网＋便捷配送"等创新模式全面推广。随着互联网与物流业融合的深化，一批智慧物流平台企业兴起，发挥平台网络效应，整合分散资源，创造网络价值，开辟了行业集约化发展的新路径。物流平台的出现，打破了所有权和使用权的边界，通过协同共享方式改变传统物流业态。交通运输部开展无车承运人试点，首批 283 家无车承运人试点企业平均整合运力近2000 辆，平均等货时间缩短，月均行驶里程提高，传统货运交易成本有效降低，极大地推动了行业集约化、规范化发展。国家发改委开展骨干物流信息平台试点，规范和引领"互联网＋"高效物流发展。易流科技打造"易流云平台"，推动线下物流在线化。全行业以设施互联、人员互联、信息互联带动物流互联，"互联网＋"高效物流成效显著。

（四）物流业制度环境

随着改革的深入，中国物流政策环境持续改善，行业发展的制度环境逐步好转。与物流业发展息息相关的税收、交通、土地、通关、监管政策问题逐步得到解决，为行业发展营造了良好的政策环境。

2001 年 3 月，国家经贸委等六部门联合印发《关于加快我国现代物流发展的若干意见》，成为我国政府部门就物流发展发出的第一个专题文件。2006 年 3 月，"十一五"规划纲要将"大力发展现代物流业"单列一节，明确了物流业的产业地位。物流业产业地位确立以后，面临着确定发展方向、实现路径、重点任务等问题。2009 年国务院发布我国第一个物流业发展专项规划《物流业调整和振兴规划》；2011 年国务院办公厅出台"物流国九条"；2014 年国务院《物流业发展中长期规划（2014—2020 年）》，把物流业的产业地位提升到基础性、战略性高度。近年来，党中央、国务院高度重视物流业发展，先后出台了物流业降本增效、现代供应链创新应用、冷链物流健康发展等一系列重要文件。国务院办公厅发出《关于进一步推进物流降本增效，促进实体经济发展的意见》（国办发〔2017〕73 号），提出 27 条具体政策措施。国办《关于积极推进供应链创新与应用的指导意见》对发展现代供应链做出总体部署。

各部门从自身职能定位出发，积极出台并落实支持物流业发展的政策措施。国家发改委推动交通物流融合发展，开展全国物流园区示范工程，鼓励"互联网＋"物流创新发展，建立运输物流行业联合惩戒机制；交通运输部推动多式联运、无车承运、甩挂运输等新业态、新模式，推动道路货运业健康稳定发展，启动新一轮超限超载治理；商务部推动商贸物流标准化发展；工业和信息化部推动服务型制造，开展服务型制造试点，提升工业物流发展水平；财政部、国家税务总局协调解决物流业税负较高的问题，破解道路运输企业"营改增"后税负增加问题；国家工商总局推进"一照多址"改革；国家质检总局联合 11 部门出台《关于推动物流服务质量提升工作的指导意见》，扩大高质量物流服务供给等。同时，地方政府重视发挥物流业的战略性、基础性作用，相继出台支持发展的规划政策。

市场化推进与政府职能转变，将推进市场机制在更广更深的领域配置物流资源，推进铁路、航空、港口、邮政、物资储备、国有物流企业的改革，促进更充分的物流业市场竞争。

二　中国物流业高质量发展的动力机制与路径选择

从前文的分析可知，在供给推动、市场拉动、技术驱动与政策促进的综合作用下，中国物流业取得了快速发展。但是，当前中国物流业发展进程中面临的一个重要问题是：如何实现可持续的高质量发展，进而实现向"物流强国"的迈进？实际上，一个地区产业的实际增长在短期受需求因素影响，而在长期则受到供给因素的影响，后者在经济学理论中表现为潜在增长率。一个地区产业的潜在增长速度由两类因素共同决定。首先是生产要素投入的增长速度，在其他条件保持不变时，生产要素包括物质资本、劳动力、人力资本的迅速增长，有利于产业潜在增长率的提升。其次是全要素生产率增长速度，即当一个地区产业的生产要素投入不再增加时，要素配置效率提高或生产技术进步也能够使全要素生产率得到提升，进而提高潜在增长率。

当前，国内外形势正在发生深刻变化，新时代的新机遇和新挑战对我国物流业进一步深化改革、扩大开放、全面提升国家物流竞争力提出了新课题。我国经济由高速增长阶段转向高质量发展阶段，消费升级、产业升级对物流运行质量和水平提出了更高要求。结合物流业的产业特征与发展实际，本书指出中国物流业的转型升级需要重塑产业发展的动力机制，需从传统的要素驱动转向以提高全要素生产率推动物流业高质量发展，以此实现产业增长的动能转换，并围绕"以提高全要素生产率推动物流业高质量发展"这一动力机制，从多个角度探寻中国物流业高质量发展的可行路径。

（一）中国物流业高质量发展的动能转换

经济学家在分解决定经济增长的因素时发现，物质资本、劳动力、人力资本等生产要素投入的增长并不能完全解释产出的增长，因而把生产要素贡献之外的那部分增长源泉归结为全要素生产率的提高。例如，蔡昉对 1978~2010 年的平均 GDP 增长率进行分析，发现资本积累、劳动力数量和人力资本这 3 个生产要素变量只能解释增长率的 76.1%，余下的 23.9% 则为全要素生产率的贡献。由于全要素生产率的提高是在要素投入既定的条件下，通过更有效地配置和使用这些要素实现的，因此它是提高劳动生产率和实现经济高质量发展的动力源泉。随着 2010 年以后中国劳动年龄人口转向负增长，人口抚养比提高，传统"人口红利"加快消失，通过提高要素投入拉动产业增长的粗放型模式将变得不可持续。因此，中国物流业要保持中高速增长并迈上新台阶，就必然要转向以提高全要素生产率为主要途径的高质量发展。

提高全要素生产率是未来中国物流业增长的主要推动力。对此，我们需要回答两个问题：一是中国物流业生产效率如何，有着怎样的演变特征，对物流业增长的贡献情况如何？二是应如何提高物流业全要素生产率？本书第三章重点分析中国物流业全要素生产率的变化趋势及其贡献。理论上全要素生产率的主要来源包括技术进步和制度改革。根据该理论并结合物流业的产业特征与发展实际，本书从区域空间结构配置、产业互动协同、技术创新驱动与企业组织形式四个方面探寻提高物流业全要素生产率、实现物流业高质量发展的可行路径。其中，第一条路径是站在区域物流的角度，结合制度变革的提升思路，讨论区域空间结构配置与物流业高质量发展的问题；第二条路径是站在物流产业的角度，结合制度变革的提升思路，讨论产业互动协同与物流业高质量发展的问题；第三条路径是从物流产业的角度，结合技术进步的提升思路，讨论技术创新驱动的物流业高质量发展问题；第四条路径是站在物流企业的角度，结合制度变革的提升思路，讨论物流企业战略联盟以及资源整合与物流业高质量发展问题。这四条实现路径的具体阐释见下一节。

（二）　中国物流业高质量发展的实现路径

1. 空间结构网络化与区域物流协调发展

物流业是网络型产业，网络化、协同化、系统化是物流业发展的内在要求，规模化经营、一体化运作、网络化发展是物流企业的要求与趋势。为了解决我国物流业发展不平衡与不充分问题，应落实国家区域发展整体战略和产业布局调整优化的要求，充分发挥全国性物流节点城市和区域性物流节点城市的辐射带动作用，推动区域、国内、国际物流协调发展，促进物流基础设施互联互通和信息资源共享，形成物流业一体化运作的市场体系。合理的区域物流空间结构配置，是物流业生产要素合理配置的结果。可以认为空间结构配置的优化一定程度上折射出物流业配置效率的提升。因此，从空间结构的视角，讨论如何通过制度改革优化我国区域物流空间结构配置，从而实现物流业高质量发展是可行的和重要的。那么，中国城市物流业的空间分布体系是怎样的，即中国城市物流业的规模分布是否合理，城市物流业规模分布的时空演变特征如何？此外，物流业发展的空间联络结构特征如何，各地区在网络中扮演何种角色？本书第四章与第五章分别研究这两个问题。

2. 产业互动融合与物流业价值创造

随着科学技术的高速发展，人类社会已从过去的农业经济和工业经济时代，逐步转向服务经济时代。服务经济在世界经济发展过程中扮演着越来越重要的角色，国民经济中产业结构软化和制造业服务化现象日益明显。生产性服务业对制造业生产模式转型，技术创新、产品创新的支撑作用日趋增强。生产性服务业具有高科技、高附加值、高人力资本、高成长性和高辐射性等特征，贯穿于产业价值链各环节，与国民经济各部门具有很强的产业关联效应。作为典型的生产性服务业，物流业的产生和发展是社会经济发展到一定阶段和社会分工不断深化的产物，是一个与其他经济领域具有纵深关联的横向经济领域。物流业与三次产业的联动发展是调整经济结构、转变经济发展方式的重要方式。国民经济的发展需要物流业提供专业化、规范化、标准化、综合化、个性化的现代物流服务，物流服务效率与服务质量已经成为产业部门经济运行成本降低、经济效率和效益提升的重要影响因素。随着客户需求和服务能力的提升，物流业与上下游制造企业、商贸企业深度融合与战略合作，不断延伸产业链、优化供应链、提升价值链，通过聚焦整合资源、优化流程、协同创新，创造出供应链新价值，助力物流企业自身变革和产业转型升级，推动物流业向供应链物流转型升级，同时也切实降低了全社会物流成本，为工商企业的高质量发展提供了重要支撑。

物流业与其他产业，特别是物流业与工商业的互动融合关系，一方面为制造业与商贸业的运行成本降低、经济效率和效益提升提供了支撑，另一方面也不断推动物流业向供应链物流转型升级，提高了物流业自身的服务效率与能力。不过，由于服务业的高契约密集度特性，以及产业联动的合同约束，物流业与其他产业之间的产业互动融合发展受到一系列制度环境的影响。因此，从产业互动融合的视角，讨论如何通过制度改革促进产业互动融合，从而实现物流业高质量发展同样也是很重要的。那么，中国物流业与其他产业之间的互动融合程度如何呢？特别是，在我国制造业快速发展的背景下，作为物流业的主要需求主体，我国制造业与物流业之间的互动融合程度如何？本书第六章重点研究这个问题。

3. 信息化与物流业生产效率

现代物流业是以信息技术和供应链管理为核心，融合运输业、仓储业、货代业、流通加工业等一体化发展的复合型服务业。现代物流区别于传统物流的主要特征是现代信息技术的广泛使用，通过信息技术对物流业的传统活动进行系统化管理。随着物联网、云计算、大数据等新一代信息技术的快速兴起与发展，全覆盖、广连接的物流互联网逐步形成并完善，彻底改变了传统物流业的市场格局。新一轮科技革命推动互联网与物流业深度融合，将极大地提升物流业的服务能力与运行效率。因此，从物流业与信息业融合的视角，讨论如何通过技术创新驱动提升物流业的生产效率，从而实现物流业高质量发展就显得尤为重要。那么，物流业与信息业融合的理论机制是什么？两业融合程度有多高？两业融合对我国物流业生产效率具有怎样的影响？本书第七章重点研究这个问题。

4. 战略联盟与物流业市场竞争力

正如前文所述，规模化经营、一体化运作是物流企业的要求与趋势。而我国大多数物流企业规模小、实力弱，面临着成本上涨、"互联网＋"等的冲击，物流企业之间纷纷进行资源整合，实施战略联盟。联盟与平台企业的大量涌现是我国物流业发展到一定程度的必然产物，本质上是"共享经济、规模经济"降本增效推动市场整合的表现。

对于物流企业而言，联盟组织方式的整合，有利于更大范围内的资源优化配置，是对市场需求的积极主动响应，对于促进企业高时效与专业化发展以及市场整体竞争力具有积极作用。第一，企业间整合有利于低效产能出清。伴随消费需求、行业规范、市场竞争、监管制度等多重要素的不断强化，物流企业间的竞争日益激烈，由此导致的揽件资源、运力整合、企业并购逐渐成为企业低效产能出清的手段，最终会形成更加健康有序的产业发展环境，提高产业整体竞争力。第二，规模化和专业化成为物流企业的路径选择。在激烈的市场竞争中，物流企业一方面通过大规模整合充分发挥降本增效的先发优势，提升市场占有率；另一方面通过提供个性化与定制化物流服务，赢得高附加值回报，实现企业可持续发展。

物流企业战略联盟是物流业生产要素合理配置的高级表现形式。良好运转的物流企业战略联盟将提升物流业配置效率与全要素生产率。因此，从企业组织形式的视角，讨论如何通过制度改革推动我国物流企业之间形成优质的战略联盟关系，从而实现物流业高质量发展也是非常重要的。那么，当前我国物流企业战略联盟的绩效是否理想？有哪些因素影响战略联盟绩效？本书第八章重点研究这个问题。

本章小结

本章从需求、供给、创新与制度四个方面剖析了中国物流业发展的动力机制。在需求方面，工业品物流依然是我国物流业的主要需求方。同时，单位与居民物品物流需求快速增长，逐渐成为物流需求增长的重要推动力量。在供给方面，从物流企业、物流交通基础设施与物流运作基础设施角度分别分析了我国物流业的供给能力。关于物流企业，中国物流企业的一体化运作、网络化经营能力不断提高，信息化和供应链管理水平明显提升，一批具有国际竞争力的大型综合物流企业集团和物流服务品牌涌现出来。但是，少数大型物流企业占据了大部分市场份额，数量多且规模小的中小型物流企业占据较小的市场份额。关于物流交通基础设施，我国综合交通运输体系基本形成，交通基础设施规模和运输服务能力得到明显提升。关于物流运作基础设施，我国综合货运枢纽、物流园区、物流中心、配送中心等各类物流节点加快布局。物流园区作为重要的物流节点，在经营规模、服务范围及服务能力方面取得了长足的发展。在创新方面，互联网理念正在深刻影响着物流业的创新变革，物流业的技术创新、模式创新、业态创新进入爆发期。在制度方面，随着改革的深入，我国物流政策环境持续改善，与物流业发展息息相关的税收、交通、土地、通关、监管政策问题逐步得到解决。

我国经济发展进入新时代，中国物流业的发展由高速增长阶段转向高质量发展阶段。基于此，结合当前物流业发展存在的主要问题，本章提出应以提高全要素生产率推动物流业高质量发展，以此实现产业增长的动能转换，并围绕"以提高全要素生产率推动物流业高质量发展"这一动力机制，从区域空间结构配置、产业互动协同、技术创新驱动与企业组织形式四个方面提出了通过技术进步与制度变革来提高物流业全要素生产率、实现物流业高质量发展的四条可能的实现路径。

参考文献

[1] 陈恒，魏修建，魏晓芳. 中国物流业发展的驱动因素及其动力来源——基于劳动力投入的视角 [J]. 商业经济与管理，2015，(11)：13 – 26.

[2] 丁俊发. 中国"十二五"物流业发展的十大进步 [J]. 中国流通经济，2015，(12)：1 – 5.

[3] 樊文静. 中国生产性服务业发展悖论及其形成机理 [D]. 杭州：浙江大学，2013.

[4] 何黎明. 改善物流业发展的政策环境 [J]. 中国流通经济，2013，(10)：8 – 11.

[5] 黄福华. 国内物流产业发展理论研究现状与趋势 [J]. 经济学动态，2009，(10)：74 – 76.

[6] 李文超，王晓燕. 主导性高技术产业成长动力的系统研究及其灵敏度分析 [J]. 当代经济，2011，(6)：100 – 102.

[7] 李煜，骆温平. 我国环境规制对物流业效率影响研究 [J]. 商业时代，

2014，（31）：15－17.

［8］廖敏，洪国彬．环境规制对中国物流业效率影响的实证研究——非线性面板门槛模型［J］．哈尔滨商业大学学报（社会科学版），2015，（3）：83－90.

［9］刘秉镰，余泳泽．我国物流业地区间效率差异及其影响因素实证研究——基于数据包络分析模型及托宾模型的分析［J］．中国流通经济，2010，24（9）：18－21.

［10］陆国庆．论产业演进的系统动力机理——简论产业衰退的原因［J］．江汉论坛，2002，（4）：15－18.

［11］罗峰．供给推动与现代物流业发展一个简单模型与例证［J］．经济管理，2007，（8）：54－58.

［12］莫鸿，陈圻，刘豫．中国物流业发展中的体制性障碍因素调查——江苏省实地调查报告［J］．统计研究，2008，25（8）：35－39.

［13］曲永军，周晓斐．后发地区战略性新兴产业成长动力演化分析［J］．财经问题研究，2015，（12）：38－44.

［14］田刚，李南．中国物流业技术效率差异及其影响因素研究——基于省级面板数据的实证分析［J］．科研管理，2011，32（7）：34－44.

［15］王健，梁红艳．中国物流业全要素生产率的影响因素及其收敛性分析［J］．福州大学学报（哲学社会科学版），2013，（3）：16－24.

［16］王之泰．物流发展的三大障碍：观念、体制、市场［J］．中国改革，2002，（6）：37－38.

［17］王之泰．中国物流业创新的一些思考［J］．中国流通经济，2013，（4）：8－12.

［18］吴爱东，陈燕．基于物联网的金融服务业创新动力机制国际比较［J］．现代财经（天津财经大学学报），2012，（1）：36－42，129.

［19］吴爱东．制度创新机制：中国现代物流产业发展的推动力［J］．中国流通经济，2010，（4）：22－25.

［20］吴旭晓．经济大省物流业效率动态演化及其影响因素［J］．中国流通经济，2015，（3）：24－31.

［21］夏春玉．中国物流政策体系缺失与构建［J］．财贸经济，2004，（8）：45－50.

［22］向吉英．产业成长的动力机制与产业成长模式［J］．学术论坛，2005，
（7）：49－53.

［23］谢守红，蔡海亚．长三角物流发展水平评价及空间关联格局分析［J］.
资源开发与市场，2015，31（9）：1057－1062.

［24］姚娟，庄玉良．所有权结构、物流环境及我国物流业效率［J］.财经问
题研究，2013，（3）：115－122.

［25］姚娟，庄育良．外商直接投资对我国地区物流发展水平的影响研究［J］.
世界经济研究，2012，（7）：59－66.

［26］余泳泽，武鹏．我国物流产业效率及其影响因素的实证研究——基于中
国省际数据的随机前沿生产函数分析［J］.产业经济研究，2010，（1）：
65－71.

［27］袁丹，雷宏振．丝绸之路经济带物流业效率及其影响因素［J］.中国流
通经济，2015，（2）：14－20.

［28］张宝友，朱卫平，孟丽君．物流产业效率评价及与 FDI 质量相关性分
析——基于 2002—2011 年数据的实证［J］.经济地理，2013，（1）：105－
111，125.

［29］张宝友，朱卫平．标准化对我国物流产业国际竞争力影响的实证研究
［J］.上海经济研究，2013，（6）：50－59.

［30］张林．制造业物流外包与物流业服务能力的关联机制研究［D］.西安：
长安大学，2015.

第三章 中国物流业全要素生产率的
变化趋势及其贡献

　　党的十九大报告做出我国经济已由高速增长阶段转向高质量发展阶段的重大判断，提出了提高全要素生产率的紧迫要求。在党的全国代表大会报告中对全要素生产率提出要求，凸显出这一指标对于我国决胜全面建成小康社会、开启全面建设社会主义现代化国家新征程的重要意义。正确理解提高全要素生产率的内涵和要求，科学测算全要素生产率增长率，有助于把握改革的关键领域，更好地推动我国物流业的高质量发展。

　　关于物流业的生产率，相关文献利用各种方法进行了测算与分析。余思勤等（2004）用 DEA-Malmquist 分析了我国交通运输业全要素生产率的变动情况及影响因素，主要讨论了不同运输方式的生产率差异性。林坦和王玲（2008）运用随机前沿分析（SFA）方法对我国物流生产效率进行了测算，结果发现我国各省份之间的物流效率差异随着时间的推移正逐步缩小，但仍然较大。刘秉镰和余泳泽（2010）研究发现中国物流业综合技术效率不高，区域物流效率差异正在逐步缩小，且物流资源利用率、区域市场化程度以及港口发展对区域物流效率具有重要影响。余泳泽和武鹏（2010）利用随机前沿模型分析了我国物流业生产率，研究发现我国物流产业整体效率并不高，但呈稳步上升趋势。田刚和李南（2009，2011）研究发现，中国物流业技术效率仍处于较低水平，地区间存在差异且在扩大。欧阳小迅和黄福华（2010）的研究结论同样也指出，中国物流业整体效率不高，物流业对经济发展的支持能力具有明显的区域差异性，且人均资本、所有制结构、人力资本质量及专业化程度对物流业效率具有正向影响。王健和梁红艳（2013）运用DEA-Malmquist指数方法测算了我国30个省份1996～2010年物流业全要素生产率的变动，并对物流业全要素生产率的影响因素与收敛性进行了分析，研究发现技术进步是全要素生产率增长的主要源泉，技术效率阻碍了生产率增长。张毅和牛冲槐（2013）综合运用共同前沿法与Malmquist指数法，对1995～2009年东部10省份物流业的生产率指数进行了测度，研究发现环渤海大多数地区的物流业技术效率更接近共同技术前沿。

在已有研究的基础上，本章拟做更进一步的分析。本章运用随机前沿超越对数生产函数，研究2004～2016年中国30个省份物流业全要素生产率变化及其分解，考察生产率的区域特征，分析全要素生产率增长率对物流业增长的贡献，最后讨论提升物流业全要素生产率的具体途径。

一　生产函数设定

全要素生产率（Total Factor Productivity，TFP，以下简称TFP）是指在各种要素投入水平既定的条件下，所达到的额外生产效率，是推动经济增长的动力之一。实际上，从核算方法来看，全要素生产率本质上是一个"余值"，即经济增长中不能够被资本、劳动力和人力资本等要素投入所解释的部分，我们可以看作要素配置效率提高、技术进步或者创新等"难以衡量"的因素带来的效率提升所引致的额外经济增长。全要素生产率增长率可以为正值，也可以为负值，前者说明生产效率提高，而后者说明生产效率下降。

目前，全要素生产率的核算方法主要有3种：增长核算法、非参数法和参数法。随着生产率计算方法的演进，近年来较常用的方法为数据包络分析（Data Envelopment Analysis，DEA）法（以下简称 DEA 法）和随机前沿分析（Stochastic Frontier Analysis，SFA）法（以下简称 SFA 法）。其中，DEA 法虽然可以将 TFP 增长率分解为技术进步、技术效率变化率以及规模效率等组成部分，但是这种方法计算得到的 TFP 是相对值。总体来看，DEA 法存在以下四个主要问题（余泳泽和张先轸，2015）：一是 DEA 法假设技术效率的所有影响因素都被模型所涵括，即不存在非投入的影响因素（也称为环境因素），这不符合现实情况，使得估计结果的精确性受到影响；二是该方法是一种数学规划方法，无法对模型的适宜性进行检验；三是该方法虽然可以计算多产出情形下的生产率，但是就经济意义而言，多个产出间必须具有非相关性，然而采用多产出 DEA 形式的生产函数估算研究文献违背了这一原则；四是该方法的运用，需要首先对数据进行秩相关检验，以确保数据的适宜性和结果的精确性，但是目前的相关研究文献均未进行此步骤的操作。鉴于这些问题，我们认为相对于增长核算法和 DEA 法，基于生产函数估算的 SFA 法计算得到的 TFP 更能反映 TFP 的真实性。特别是，采用超越对数生产函数形式设定的模型放松了常替代弹性假设，而且可以对函数形式的有效性进行检验，保证了模型较好的拟合效果。另外，该方法将全要素生产率增长率分解为技术进步、技术效率变化率、规模经济性、配置效率，考虑了投入要素对这些因素的推动作用，在某种程度上将要素投入内生化，具有一定的现实意义。鉴于此，本章采用随机前沿分析法分析中国省际物流业 TFP 增长率及其特征。

（一）生产前沿法的分析框架

本部分主要阐述生产前沿法的分析框架，包括确定性生产前沿法与随机生产前沿法两种情形。首先，在确定性生产前沿情形下，给全要素生产率的增长赋予明确定义并分析其分解方法。接下来，讨论包含单边误差项的超越对数型生产前沿（边界）的估计，同时说明如何利用参数估计来求得全要素生产率增长率各组成部分的估计值。

1. 确定性生产前沿法

在利用生产前沿分析法分析全要素生产率时，不涉及对称误差项的效率边界模型被称为确定性生产前沿（边界）模型（Deterministic Frontier Model）：

$$y = f(x,t;\beta) \cdot \exp|-\mu| \qquad (3-1)$$

其中，y 为产出标量，$f(x, t; \beta)$ 为含有技术参数向量 β 的待估随机生产边界的确定核，$x = (x_1, \cdots, x_N)$ 为投入向量，t 为时间趋势变量，可代表技术变化，$\mu \geq 0$ 代表产出导向型技术无效，技术变化不一定相对于投入表现为中性，中性约束须满足：$f(x, t; \beta) = A(t) g(x; \beta)$。

衡量技术进步的方法：$T\Delta = \dfrac{\partial \ln f(x, t; \beta)}{\partial t}$。$T\Delta > 0$，$T\Delta = 0$，$T\Delta < 0$ 分别表示技术变化使生产边界上升，保持不变，下降。

衡量技术效率变化率的方法：$TE\Delta = -\dfrac{\partial \mu}{\partial t}$。$TE\Delta > 0$，$TE\Delta = 0$，$TE\Delta < 0$ 分别表示技术无效程度随时间降低，保持不变，上升。

在产出为标量的情况下，传统的迪氏生产率变化指数（Divisia Index of Productivity Change）被定义为产出变化率和投入数量指数变化率之差，即：

$$\dot{TFP} = \dot{y} - \dot{X} = \dot{y} - \sum_n S_n \dot{x}_n \qquad (3-2)$$

其中，变量上的点表示变化率，例如，$\dot{y} = \left(\dfrac{1}{y}\right)\left(\dfrac{dy}{dt}\right) = \dfrac{d\ln y}{dt}$；$S_n = w_n x_n / E$ 是投入要素 x_n 的真实支出份额，$E = \sum_n w_n x_n$ 是总支出，$w = (w_1, \cdots, w_N) > 0$ 为投入价格向量。

对式（3-1）求导后，将 $\dot{y}$ 的表达式代入式（3-2），可得全要素生产率增长率。具体分析步骤如下。

$$\dot{y} = \frac{\mathrm{d}\ln y}{\mathrm{d}t} = \frac{\partial \ln f(x,t;\beta)}{\partial t} + \sum_{n} \frac{\partial \ln f(x,t;\beta)}{\partial \ln x_n} \frac{\partial \ln x_n}{\partial x_n} \frac{\mathrm{d}x_n}{\mathrm{d}t} - \frac{\partial \mu}{\partial t} = T\Delta + \sum_{n} \varepsilon_n \dot{x}_n + TE\Delta;$$

将 $\dot{y}$ 的表达式代入式（3-2），得：

$$TFP = \dot{y} - \dot{X} = T\Delta + \sum_{n} \varepsilon_n \dot{x}_n + TE\Delta - \sum_{n} S_n \dot{x}_n = T\Delta + \sum_{n} (\varepsilon_n - S_n) \dot{x}_n + TE\Delta;$$

进一步分解，得：

$$TFP = \dot{y} - \dot{X} = T\Delta + \sum_{n} \varepsilon_n \dot{x}_n + TE\Delta - \sum_{n} S_n \dot{x}_n = T\Delta + \sum_{n} (\varepsilon_n - S_n) \dot{x}_n + TE\Delta$$

$$= T\Delta + \frac{\varepsilon - 1}{\varepsilon} \sum_{n} (\varepsilon_n - S_n) \dot{x}_n + \frac{1}{\varepsilon} \sum_{n} (\varepsilon_n - S_n) \dot{x}_n + TE\Delta$$

$$= T\Delta + (\varepsilon - 1) \sum_{n} \left(\frac{\varepsilon_n}{\varepsilon} - \frac{S_n}{\varepsilon} \right) \dot{x}_n + \sum_{n} \left(\frac{\varepsilon_n}{\varepsilon} - \frac{S_n}{\varepsilon} \right) \dot{x}_n + TE\Delta$$

$$= T\Delta + (\varepsilon - 1) \sum_{n} \left(\frac{\varepsilon_n}{\varepsilon} \right) \dot{x}_n - (\varepsilon - 1) \sum_{n} \left(\frac{S_n}{\varepsilon} \right) \dot{x}_n + \sum_{n} \left(\frac{\varepsilon_n}{\varepsilon} \right) \dot{x}_n - \sum_{n} \left(\frac{S_n}{\varepsilon} \right) \dot{x}_n + TE\Delta$$

$$= T\Delta + (\varepsilon - 1) \sum_{n} \left(\frac{\varepsilon_n}{\varepsilon} \right) \dot{x}_n + \sum_{n} \left(\frac{\varepsilon_n}{\varepsilon} \right) \dot{x}_n - \varepsilon \sum_{n} \left(\frac{S_n}{\varepsilon} \right) \dot{x}_n + TE\Delta$$

$$= T\Delta + (\varepsilon - 1) \sum_{n} \left(\frac{\varepsilon_n}{\varepsilon} \right) \dot{x}_n + \sum_{n} \left(\frac{\varepsilon_n}{\varepsilon} - S_n \right) \dot{x}_n + TE\Delta \qquad (3-3)$$

其中，$\varepsilon_n = \varepsilon_n (x, t; \beta) = \dfrac{x_n f_n (x, t; \beta)}{f (x, t; \beta)}$ $(n = 1, 2, \cdots, N)$ 为投入要素 x_n 的产出弹性；规模弹性 $\varepsilon = \varepsilon (x, t; \beta) = \sum_{n} \varepsilon_n (x, t; \beta)$，$\varepsilon > 1$，$\varepsilon = 1$，$\varepsilon < 1$ 分别衡量了生产规模报酬的几种情况。式（3-3）将全要素生产率增长率分解为以下四个组成部分：技术进步，即 $T\Delta$；技术效率变化率，即 $TE\Delta$；规模经济性 SC，即 $(\varepsilon - 1) \sum_{n} \left(\dfrac{\varepsilon_n}{\varepsilon} \right) \dot{x}_n$；配置效率，即 $\sum_{n} \left(\dfrac{\varepsilon_n}{\varepsilon} - S_n \right) \dot{x}_n$。这四个组成部分的解释如下。

（1）如果生产技术水平或生产技术效率不是时变的，那么其对全要素生产率增长率没有任何影响。

（2）对于规模经济性，如果规模报酬不变，投入的增加或减少对全要素生产率增长率没有影响；如果规模弹性 $\varepsilon (x, t; \beta) > 1$ 且投入要素扩张，即 $\sum\limits_{n}\left(\dfrac{\varepsilon_n}{\varepsilon}\right)\dot{x}_n>0$，或规模弹性 ε（x，t；β）<1 且投入要素缩减 $\sum\limits_{n}\left(\dfrac{\varepsilon_n}{\varepsilon}\right)\dot{x}_n<0$，那么变化（非恒定）的规模报酬会对全要素生产率增长率变化产生正面影响。

（3）对于配置效率，配置效率捕获了投入要素的正规化产出弹性（Inputs' Normalized Elasticities）与支出份额的偏离所产生的影响；同时，它暗示了投入价格相对于边际产出的偏离所造成的影响：$w_n>=<pf_n$（x，t；β）$\cdot\exp|-\mu|$，$n=1$，$\cdots$，N，其中，p 是产出 y 出售的价格。配置无效可以表示投入配置无效：f_n（x，t；β）$/f_k$（x，t；β）$\neq w_n/w_k$；或规模无效：f_n（x，t；β）$/f_k$（x，t；β）$=w_n/w_k$，但是 $w_n\neq pf_n$（x，t；β）$\cdot\exp|-\mu|$；或者两者的结合。如果生产配置有效，那么配置无效部分便会消失，规模经济性将随机变成：（$\varepsilon-1$）$\sum\limits_{n}S_n\dot{x}_n$。

（4）如果价格信息未知，那么无论配置无效是否存在，配置无效部分都无法在分析中计算出来。此时，如果明确假设 $S_n=\left(\dfrac{\varepsilon_n}{\varepsilon}\right)\forall n$，全要素生产率增长率的分解可以简化为：

$$\dot{TFP}=T\Delta+(\varepsilon-1)\sum\limits_{n}S_n\dot{x}_n+TE\Delta \qquad\qquad (3-4)$$

式（3-4）只包含数量信息。如果技术效率不是时变的，那么式（3-4）右边的第三项将消失，此时全要素生产率增长率仅由技术进步和规模经济性组成。如果技术效率是非时变的，而且规模报酬不变，那么式（3-4）右边的第二项和第三项都将消失，此时全要素生产率增长率仅仅取决于第一项的技术进步。因此，只有在技术效率是非时变的、配置有效以及规模报酬不变的情况下，才能将全要素生产率增长率等价于技术进步。

2. 随机生产前沿法

前文在确定性生产前沿（边界）模型中对全要素生产率增长率的

组成进行了推导与分析，接下来进一步拓展到含有组合误差项的随机生产前沿（边界）模型，考察随机生产前沿模型情形下全要素生产率增长率及其组成部分的推导与计算。对由 I 个生产者在 T 时间内组成的面板数据，时变的生产边界可以用超越对数形式表示为：

$$\ln y_{it} = \beta_0 + \sum_n \beta_n \ln x_{nit} + \beta_t t + \frac{1}{2} \sum_n \sum_k \beta_{nk} \ln x_{nit} \ln x_{kit} + \frac{1}{2} \beta_{tt} t^2$$
$$+ \sum_n \beta_{nt} \ln x_{nit} t + \nu_{it} - \mu_{it} \qquad (3-5)$$

其中，ν_{it} 为随机干扰项，服从标准正态分布，$\nu_{it} \sim iidN\ (0,\ \sigma_\nu^2)$；$\mu_{it}$ 为技术无效率项，且服从零点截断的半正态分布，$\mu_{it} \geq 0$。t 作为一个回归元用于捕获技术进步的影响，当且仅当 $\beta_{nt} = 0\ \forall n$，技术进步相对于投入呈中性的技术变化；当且仅当 $\beta_t = \beta_{tt} = \beta_{nt} = 0$ 时，不存在技术进步。假设投入价格信息未知，故利用式（3-4）对全要素生产率增长率进行分解。

式（3-5）中，t 作为一个回归元用于捕获技术进步的影响。在分析全要素生产率增长率时，针对 t，需要解决的根本问题是分离 t 的两个作用：一个是在随机生产边界的确定核 $f\ (x,\ t;\ \beta)$ 中作为技术进步的代理变量，另一个是在技术无效率项 μ_{it} 中作为技术效率改变的标志。技术无效误差项 μ_{it} 有多种设定方式，具体如下。

（1）$\mu_{it} = \mu_i \cdot \gamma\ (t)$，其中 $\gamma\ (t)$ 是时间的参数方程，μ_i 是非负的随机变量（Kumbhakar，1990；Battese and Coelli，1992）；

（2）$\mu_{it} = \mu_i \cdot \gamma_t$，其中 γ_t 是用时间虚拟变量代表的时间影响，μ_i 是固定或随机效应（Lee and Schmidt，1993）；

（3）$\mu_{it} = \Omega_{1i} + \Omega_{2i} t + \Omega_{3i} t^2$，其中所有的 Ω 是因生产单元而异的参数（Cornwell，Schmidt and Sickles，1990）。

在第一种设定方式中，可通过将 $\gamma\ (t)$ 设定为一非线性函数，将前述的两个时间效应分离。该模型需要假设 $\nu_{it} \sim iidN\ (0,\ \sigma_\nu^2)$，$\mu_{it} = \mu_i \cdot \exp\ [-\eta\ (t-T)]$，且 $\mu_i \sim iidN^+\ (\mu,\ \sigma_\mu^2)$。基于这些假设，可得组合误差项（$\nu_{it} - \mu_{it}$）的概率密度函数，继而推出对数可能性函数。经最大似然法估计参数后，便可得到技术进步与技术效率变化率的最佳线性无偏预测值。

生产率分析关注的焦点是生产主体全要素生产率增长率的估计及其分解，所以须求得式（3-4）中的 $T\Delta$、$TE\Delta$、ε_n、ε 的估计值。这些估计值可以通过对时变随机生产前沿函数（3-5）的参数估计，由下式求得：

$$\dot{T}\Delta = \dot{\beta}_t + \dot{\beta}_{tt}t + \sum_n \dot{\beta}_{nt}\ln x_{nit} \tag{3-6}$$

$$\dot{TE}\Delta = \dot{\mu}_i \cdot \dot{\eta} \cdot \exp\{-\dot{\eta}(t-T)\} \tag{3-7}$$

$$SC = (\dot{\varepsilon}-1)\sum_n S_n \dot{x}_{nit} = (\dot{\varepsilon}-1)\sum_n \frac{\dot{\varepsilon}_n}{\dot{\varepsilon}}\dot{x}_{nit}, n=1,\cdots,N \tag{3-8}$$

$$\dot{\varepsilon}_n = \dot{\beta}_n + \sum_k \dot{\beta}_{nk}\ln x_{kit} + \dot{\beta}_{nt}t, n=1,\cdots,N \tag{3-9}$$

$$\dot{\varepsilon} = \sum_n \left(\dot{\beta}_n + \sum_k \dot{\beta}_{nk}\ln x_{kit} + \dot{\beta}_{nt}t\right), n=1,\cdots,N \tag{3-10}$$

参数估计后，即可按照式（3-6）、式（3-7）、式（3-8）分别计算得到技术进步 $T\Delta$、技术效率变化率 $TE\Delta$、规模经济性 SC，规模经济性 SC 的计算需要利用式（3-9）与式（3-10）。计算得到这三个分解部分之后，再利用式（3-4）计算得到全要素生产率增长率 TFP。值得注意的是，只有当一定的参数限制满足时，这三个分解部分才是时变的且因生产者而异。

（1）除非技术进步（$T\Delta$ 利用生产函数中 t 来捕捉）相对于投入是中性的（$\beta_{nt}=0\ \forall n$），否则 $T\Delta$ 是随生产者改变而改变的；且除非 $\beta_{tt}=\beta_{nt}=0\ \forall n$，否则 $T\Delta$ 是时变的。

（2）除非 $\eta=0$，否则 $TE\Delta$ 通过 μ_i 随生产者改变而改变，$TE\Delta$ 是时变的且各生产者具有相同的趋势。

（3）除非满足线性齐性的柯布-道格拉斯函数形式（$\sum_n \beta_n=1$，以及 $\beta_{nk}=\beta_{nt}=0\ \forall n,\ k$），或者除非 $\dot{x}_{nit}=0\ \forall n,\ i,\ t$，否则规模经济性 【 $(\varepsilon-1)\sum_n \left(\dfrac{\varepsilon_n}{\varepsilon}\right)\dot{x}_{nit}$ 】也是时变的且因生产者而异。

上述这些参数限制都是可检验的。

（二）随机前沿生产函数设定

在对生产前沿法分析框架阐释的基础上，本章利用随机生产前沿法来分析中国省际物流业全要素生产率。生产函数的形式有多种，比如柯布－道格拉斯（Cobb-Dauglas，C-D）函数、常数替代弹性（Constant Elasticity of Substitution，CES）函数、超越对数函数（Translog Production Function）、里昂惕夫函数等。随机前沿生产函数常被设定为柯布－道格拉斯函数和超越对数函数。鉴于超越对数生产函数是任意生产函数的二阶泰勒近似，是一种包容性很强的变弹性生产函数，能较好地研究投入要素之间的相互影响；同时为便于通过检验与其他模型进行对比，本节首先将物流业发展的生产函数设定为超越对数函数形式，其具体形式为：

$$\ln Y_{it} = \beta_0 + \beta_1 \ln K_{it} + \beta_2 \ln L_{it} + \beta_3 t + 1/2\beta_4 (\ln K_{it})^2 + 1/2\beta_5 (\ln L_{it})^2 + 1/2\beta_6 t^2$$
$$+ \beta_7 \ln K_{it} \ln L_{it} + \beta_8 t \ln K_{it} + \beta_9 t \ln L_{it} + \nu_{it} - \mu_{it} \qquad (3-11)$$

式（3-11）中，K、L 分别表示物质资本和劳动力数量；ν_{it} 为随机干扰项，包括测量误差以及各种不可控的随机因素，ν_{it} 服从标准正态分布：$\nu_{it} \sim iidN(0, \sigma_\nu^2)$；$\mu_{it}$ 为技术无效率项，$\mu_{it} = \mu_i \cdot \exp[-\eta(t-T)]$，$\mu_i$ 服从零点截断的半正态分布：$\mu_i \sim iidN^+(\mu, \sigma_\mu^2)$，其中 η 为技术效率的时变参数。组合误差项的方差 $\sigma^2 = \sigma_u^2 + \sigma_v^2$，通过组合误差项中技术无效率项 μ_{it} 所占比例 γ 来判断模型设定是否合理，$\gamma = \dfrac{\sigma_u^2}{\sigma_u^2 + \sigma_v^2} = \dfrac{\sigma_u^2}{\sigma^2}$，$(0 \leqslant \gamma \leqslant 1)$。$\gamma$ 接近 0，说明相对于前沿的偏离主要由统计噪声 ν_{it} 引起，此时用普通最小二乘法（OLS）估计；γ 接近 1，说明相对于前沿的偏离主要由随机变量 u_{it} 引起，此时采用随机前沿模型估计更合适。

为了检验式（3-11）的适宜性，做出如下假设：（1）H_0：生产函数中所有二次项系数都为 0，即 $\beta_4 = \beta_5 = \beta_6 = \beta_7 = \beta_8 = \beta_9 = 0$，该假设若成立，则使用柯布－道格拉斯生产函数形式。（2）H_0：$\beta_8 = \beta_9 = 0$，该

假设若成立，意味着技术进步相对于投入是中性的，此时所有生产者在同一时期具有相同的技术进步。（3）H_0：初选模型中不显著项系数为0。根据 Battese 和 Coelli（1992，1995）的研究，随机前沿模型中所涉及的假设都可以使用广义似然比统计量（LR）进行检验，检验统计量为 $\lambda = -2\ln[L(H_0)/L(H_1)]$，即 $\lambda = -2[\ln L(H_0) - \ln L(H_1)]$，其中，$L(H_0)$、$L(H_1)$ 分别是零假设 H_0 和备择假设 H_1 下的随机前沿模型的似然函数值。如果零假设成立，那么检验统计量 λ 服从混合卡方分布，自由度为受约束变量的数目。需要说明的是，在进行随机前沿模型的 LR 检验时，应采用 Kodde 和 Palm（1986）给出的单边广义似然比检验的临界值，而不是普通的 χ^2 检验临界值。另外，LR 单边广义似然比检验表明，允许参数 μ 和 η 自由取值较之对其施加为 0 的约束更具适宜性，为此在下面的计量分析过程中允许 μ 和 η 自由取值。

二　变量说明

本章使用的样本为中国 30 个省份 2004～2016 年的省际物流业面板数据（西藏因缺失较多年份的历史数据，未将其纳入研究范围）。由于目前"物流产业"统计的不完善，本章利用交通运输、仓储和邮政业来分析。当前，交通运输、仓储和邮政业占中国物流业增加值总量的 80% 以上，在很大程度上可以代表中国物流业的发展情况。TFP 变动的测算需要确认物流业产出、物流业资本投入与劳动力投入这 3 个变量，逐一说明如下。

（1）物流业产出。物流业产出水平用交通运输、仓储和邮政业增加值衡量。2004～2016 年各省份"交通运输、仓储和邮政业增加值"从历年《中国统计年鉴》获得。为消除价格因素，利用全国交通运输、仓储和邮政业增加值的平减指数，将产出换算为以 2004 年为基期的不变价。

（2）资本投入。资本存量数据不可直接获得，但其对实证研究又具有很高的实用价值，因此资本存量的估算成为统计分析中的一个难点和重点（单豪杰，2008）。国际上较为通行的资本存量估算方法是Goldsmith于1951年提出的永续盘存法（Perpetual Inventory Method，PIM），计算公式为：$K_{it} = K_{it-1}(1 - \delta_{it}) + I_{it}$，其中$K_{it}$表示$i$省第$t$年的资本存量；$K_{it-1}$表示$i$省第$t-1$年的资本存量；$I_{it}$和$\delta_{it}$分别为$i$省第$t$年的固定资产投资额和折旧率。资本存量估算需要确认当年投资额、固定资产投资价格指数、折旧率和基期资本存量这4个变量。

①当年投资额。固定资本投资序列一般有积累额（Chow，1993）、固定资本投资额（王小鲁和樊纲，2000）和固定资本形成总额（张军等，2004）三种选择。少数文献使用全社会固定资产投资作为投资额的替代（古明明和张勇，2012；王鹏和尤济红，2015），多数文献使用固定资产投资或固定资本形成总额。在数据可得的情况下，由于固定资本形成总额包括投资尽可能多的方面，是投资额的较优替代，在估算全国和省份资本存量的文献中基本已达成共识（Zhang，2008；单豪杰，2008；徐杰等，2010）。但是由于缺乏分产业或行业的固定资本形成总额数据，在估算产业资本存量的研究中，主要使用固定资产投资额作为替代（孙琳琳和任若恩，2014）。因无法获得各省份历年物流业固定资本形成总额数据，本章利用固定资产投资衡量，包括全社会固定资产投资与不含农户的固定资产投资两种情况。2004~2016年各省份交通运输、仓储和邮政业固定资产投资数据来源于历年《中国统计年鉴》。为消除价格因素，本章利用以2004年为基期的固定资产投资价格平减指数，将固定资产投资额换算为以2004年为基期的不变价。

②固定资产投资价格指数。由于缺乏分行业的固定资本投资价格指数，故本章利用各省份固定资产投资价格指数计算得到以2004年为基期的价格平减指数，该数据来源于历年《中国统计年鉴》。

③折旧率。由于历年《中国统计年鉴》未提供相应的折旧数据，本章利用折旧率来计算2004~2016年的固定资产折旧。总的来看，折旧率在5%到10%这一相对广泛的区间内。本章根据陈昌兵（2014）的

测算结果，选取固定资产折旧率基准值 5.65%。

④基期资本存量。基期资本存量的确定主要有以下两种典型方法：一是通过计量方法估计投资量从而得到初始资本存量（陈昌兵，2014），该方法对资本增长率保持平稳的要求较高。二是 Hall 和 Jones（1999）提出的增长率法，采用基年投资额 I 除以投资增长的几何平均数 g 加上折旧率 δ 后的值作为基年资本存量，该方法因操作灵活而被广泛使用，但对 g 和 δ 的具体处理又有差异。本章采用增长率法估计基期资本存量：$K_{i,2004} = I_{i,2004} / (0.0565 + g_{ik})$，其中，$I_{i,2004}$ 为地区 i 在 2004 年的固定资产投资额，g_{ik} 为地区 i 在 2004~2016 年的物流业固定资产投资年均增长率，0.0565 为固定资产折旧率。

（3）劳动力投入。劳动力投入用各省份交通运输、仓储和邮政业从业人数衡量。2004~2016 年从业人数来源于历年《中国统计年鉴》。劳动力投入包括两种情形：交通运输、仓储和邮政业城镇单位、城镇私营企业和个体、乡村私营企业和个体从业人数的总和；交通运输、仓储和邮政业城镇单位、城镇私营企业和个体从业人数的总和。

本章将全社会固定资产投资额，城镇单位、城镇私营企业和个体、乡村私营企业和个体从业人数的总和对应的模型设为模型（1）；将不含农户的固定资产投资额，城镇单位、城镇私营企业和个体从业人数的总和对应的模型设为模型（2），对这两个模型进行估计与检验。

三　结果分析

（一）模型估计结果与检验

利用 Frontier 4.1 软件，对基于式（3-11）的模型（1）与（2）进行估计，具体估计结果如表 3-1 所示。

表 3-1 显示，模型具有较好的拟合效果。同时，模型（1）高达 0.974 和模型（2）高达 0.975 的 γ 值显示出模型存在明显的误差项组

合结构，且技术无效率不存在的 *LR* 检验拒绝了原假设，这些均表明运用随机前沿模型要比传统计量模型更适合刻画中国省际物流业发展的生产函数。

考虑到模型（1）分析的是全社会固定资产投资额以及全部从业人数，更能反映中国物流业的总体发展情况，本章以模型（1）展开后续分析。

（1）针对第一个假设 H_0：$\beta_4 = \beta_5 = \beta_6 = \beta_7 = \beta_8 = \beta_9 = 0$，如果 H_0 成立，生产函数应采用柯布－道格拉斯函数形式。根据表 3－1，β_4，β_5，β_6，β_7 均显著不为 0，故选择超越对数函数形式。

（2）针对第二个假设 H_0：$\beta_8 = \beta_9 = 0$，如果 H_0 成立，则意味着技术进步相对于投入是中性的，即模型中加入时间与每个投入变量的交互作用，主要是为了考虑中性技术进步。根据表 3－1，β_8，β_9 的估计结果不显著，说明在我国物流业发展进程中，技术进步相对于投入是中性的，此时所有生产者在同一时期具有相同的技术进步。具体而言，时间变量与资本投入、劳动力投入交互项的系数分别为正值（0.0005）和负值（－0.0147），但均不显著，表明在该时期物流业技术进步呈现资本节省而劳动力耗尽，不过当前并未表现出显著的节省与耗尽影响。这意味着在一段时间内，等产量线可能以更快的速度向内移至资本密集的投入区域，在物流业发展过程中极大可能会提升资本的相对成本。

（3）针对第三个假设 H_0：初选模型中不显著项系数为 0。根据表 3－1，β_2，β_3，β_6 均在 5% 的显著性水平上显著，其他系数不显著，这说明资本投入并没有显著地促进中国物流业的增长，而劳动力投入对物流业增长具有显著的促进作用，劳动力投入每增加 1%，中国物流业发展水平将提高 1.0683%。时间变量系数 β_3 的估计值是 0.1589，表明在中国物流业发展过程中年平均技术进步为 15.89%。模型中包含的二次时间变量是为了考虑非单调的技术变化。二次时间变量的系数 β_6 的估计值为 －0.0063，且在 5% 的显著性水平上显著，表明中国物流业发展的技术进步随时间变化而呈下降趋势。

（4）根据表 3 - 1，由于资本投入的系数估计不显著，意味着在物流业发展进程中，投入要素生产弹性仅体现为劳动力的生产弹性，即物流业投入要素的生产弹性为 1.0683，表明样本均值数据点的规模报酬在非常平缓地递增。由于规模弹性 $\varepsilon(x, t; \beta) > 1$，意味着如果地区劳动力投入扩张，将对该地区物流业全要素生产率增长率带来正面影响；如果地区劳动力投入缩减，将对该地区物流业全要素生产率增长率带来负面影响。

（5）根据表 3 - 1，η 的估计值为 - 0.0213，且在 1% 的显著性水平上显著。η 为技术效率的时变参数，这表明中国物流业技术效率随时间变化在逐渐降低。

表 3 - 1　中国物流业生产函数模型的估计

变量	系数	模型（1）		模型（2）	
		估计值	t 统计量	估计值	t 统计量
截距	β_0	3.9733 ***	3.2837	5.2679 ***	4.4714
$\ln K$	β_1	- 0.1089	- 0.2613	- 0.4837	- 1.1546
$\ln L$	β_2	1.0683 **	2.2676	1.0599 **	2.2354
t	β_3	0.1589 **	2.0665	0.2396 ***	3.2144
$(\ln K)^2$	β_4	0.0462	0.4670	0.1137	1.1507
$(\ln L)^2$	β_5	- 0.1391	- 1.4103	- 0.0756	- 0.7011
t^2	β_6	- 0.0063 **	- 2.2724	- 0.0038	- 1.3194
$\ln K \times \ln L$	β_7	- 0.0332	- 0.3269	- 0.0581	- 0.5665
$t \times \ln K$	β_8	0.0005	0.0325	- 0.0138	- 0.9171
$t \times \ln L$	β_9	- 0.0147	- 0.9681	- 0.0113	- 0.7173
σ^2		0.5597 **	2.4642	0.5747 **	2.4437
γ		0.9744 ***	88.8540	0.9752 ***	91.8901
μ		0.9850 ***	4.9626	0.9812 ***	5.4247
η		- 0.0213 ***	- 4.5475	- 0.0199 ***	- 4.2278
Log 似然函数值		190.9819		191.95505	
技术无效率不存在的 LR 检验		617.5977 ***		643.70803 ***	

注：*，**，*** 分别表示在 10%、5%、1% 的水平下显著，括号内为 t 统计量。

资料来源：基于 Frontier 4.1 软件估计。

（二）全要素生产率增长率及其分解

以下按照式（3-6）至（3-10）对各地区物流业全要素生产率增长率进行估计和分解。2004~2016年，各地区物流业的技术效率、技术效率变化率、技术进步、规模经济性、全要素生产率增长率的计算结果分别见附录1中的表1至表5。2004~2016年，各省份全要素生产率增长率及其分解项的平均值见表3-2，各省份的技术效率、技术效率变化率、规模经济性、全要素生产率增长率的平均值分别见图3-1至图3-4。根据表3-2与图3-1至图3-4，可以得到以下结论。

表3-2　2004~2016年中国各省份物流业全要素生产率
增长率及其分解项的平均值

省份	技术效率 TE	技术效率变化率 $TE\Delta$	技术进步 $T\Delta$	规模经济性 SC	全要素生产率增长率 TFP
北京	0.3970	-0.0197	0.1150	0.0041	0.0960
天津	0.4093	-0.0191	0.1150	0.0006	0.0931
河北	0.8808	-0.0027	0.1150	0.0005	0.1096
山西	0.4327	-0.0179	0.1150	0.0021	0.0958
内蒙古	0.5069	-0.0145	0.1150	0.0028	0.1000
辽宁	0.5059	-0.0145	0.1150	0.0010	0.0982
吉林	0.2605	-0.0288	0.1150	0.0011	0.0839
黑龙江	0.3211	-0.0243	0.1150	-0.0017	0.0856
上海	0.4629	-0.0164	0.1150	0.0042	0.0995
江苏	0.8647	-0.0031	0.1150	0.0047	0.1135
浙江	0.5486	-0.0128	0.1150	0.0031	0.1020
安徽	0.3584	-0.0219	0.1150	0.0003	0.0900
福建	0.5874	-0.0114	0.1150	0.0047	0.1051
江西	0.3238	-0.0241	0.1150	0.0031	0.0906
山东	0.9547	-0.0010	0.1150	0.0038	0.1147
河南	0.5842	-0.0115	0.1150	0.0006	0.1008

续表

省份	技术效率 TE	技术效率变化率 TEΔ	技术进步 TΔ	规模经济性 SC	全要素生产率 增长率 TFP
湖北	0.4256	− 0.0182	0.1150	0.0026	0.0960
湖南	0.4967	− 0.0149	0.1150	0.0000	0.0968
广东	0.9337	− 0.0015	0.1150	0.0049	0.1153
广西	0.2922	− 0.0263	0.1150	0.0010	0.0863
海南	0.1372	− 0.0426	0.1150	0.0025	0.0713
重庆	0.2998	− 0.0258	0.1150	0.0045	0.0903
四川	0.3832	− 0.0205	0.1150	0.0026	0.0937
贵州	0.3742	− 0.0210	0.1150	0.0028	0.0934
云南	0.1528	− 0.0402	0.1150	0.0021	0.0733
陕西	0.3095	− 0.0251	0.1150	0.0007	0.0872
甘肃	0.2111	− 0.0333	0.1150	0.0017	0.0799
青海	0.0923	− 0.0511	0.1150	− 0.0002	0.0600
宁夏	0.2084	− 0.0336	0.1150	0.0020	0.0799
新疆	0.2178	− 0.0326	0.1150	0.0014	0.0802

资料来源：作者基于 Frontier 4.1 软件的估计结果计算整理得到。

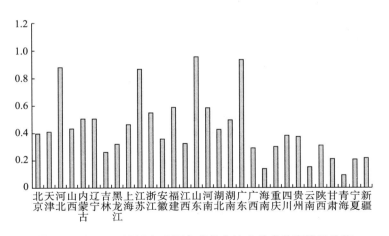

图 3 – 1　2004 ~ 2016 年中国各省份物流业技术效率的平均值

（1）根据表 3 – 2 与图 3 – 1，2004 ~ 2016 年，山东的技术效率最高，平均值达 0.9547，其次是广东（0.9337）、河北（0.8808）与江苏

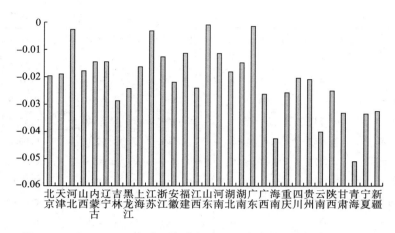

图 3-2 2004~2016 年中国各省份物流业技术效率变化率的平均值

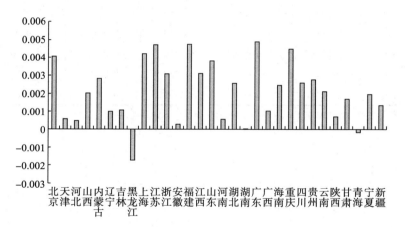

图 3-3 2004~2016 年中国各省份物流业规模经济性
（规模报酬收益率）的平均值

（0.8647），青海的技术效率最低，仅 0.0923。

（2）根据表 3-2 与图 3-2，各省份的技术效率变化率都为负，意味着各省份都出现了技术效率降低现象，其中青海（-0.0511）、海南（-0.0426）、云南（-0.0402）、宁夏（-0.0336）、甘肃（-0.0333）、新疆（-0.0326）的技术效率下降较严重，山东的技术效率降低幅度最低，平均值为 -0.0010。各地区技术效率均表现出不同程度的降低，由前文 η 的估计值为 -0.0213 即可印证。

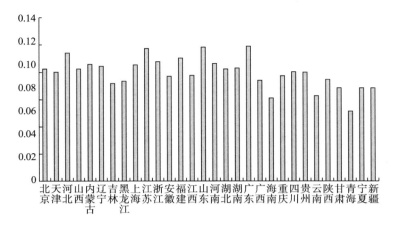

图 3 – 4　2004～2016 年中国各地区物流业全要素生产率增长率的平均值

（3）根据表 3 – 2，各省份的技术进步都为正，这意味着各省份物流业发展的技术水平在不断提升。由于时间与投入变量的交互项的系数（β_8，β_9）的估计结果均不显著，说明我国物流业技术进步相对于资本投入与劳动力投入是中性的，因此各省份在同一时期面临着相同的技术进步。2004～2016 年，各省份的技术进步均为 0.1150。

（4）根据表 3 – 2 与图 3 – 3，各省份的物流业规模经济性，除了黑龙江与青海的规模报酬收益率降低外，其他省份都表现为增加，广东的增加幅度最高，为 0.0049。主要原因是物流业生产函数中投入要素产出弹性大于 1，而黑龙江与青海的劳动力投入出现了缩减，其中黑龙江的劳动力投入变化率为 – 2.513%，青海的劳动力投入变化率为 – 0.229%。其他省份的劳动力投入都表现出不同程度的扩张，对该省份物流业全要素生产率增长率带来了正面影响。

（5）根据表 3 – 2 与图 3 – 4，各省份的物流业全要素生产率年均增长率都为正，说明各省份的全要素生产率都呈现增长趋势。增长率位于前列的地区包括广东（0.1153）、山东（0.1147）、江苏（0.1135），因为这些地区具有较高的规模报酬收益率与较低的技术效率降低率；而青海的物流业全要素生产率年均增长率最低，仅为 0.06，主要是因为青海的技术效率降低幅度较大。此外，从分解项的结果来看，物流业全要素生产率增长率主要源于技术进步的贡献，技术效率呈现下降趋势，阻碍了全要素生产率的增长。

为了把握我国物流业全要素生产率增长的地区差异性，我们分东中西部对全要素生产率增长率进行区域性分析（见表3-3）。2004～2016年，我国各地区物流业技术效率从高到低的顺序依次为：东部（0.6075）、中部（0.4004）、西部（0.2771），其中，中西部地区低于全国平均水平（0.4311）。技术效率下降幅度从低到高的顺序依次为：东部（-0.0132）、中部（-0.0202）、西部（-0.0295），其中，西部地区的下降幅度高于全国平均水平（-0.0210）。三个地区具有相同的技术进步。规模经济性从高到低的顺序依次为：东部（0.0031）、西部（0.0020）、中部（0.0010），其中，中西部地区低于全国平均水平（0.0021）。全要素生产率增长率从高到低的顺序依次为：东部（0.1016）、中部（0.0924）、西部（0.0840），其中，中西部地区低于全国平均水平（0.0927）。我国物流业发展存在显著的地区差异，东部地区物流业全要素生产率表现最优，在技术效率、技术进步与规模经济性三个分解项方面同样表现最优，可能的原因是东部地区经济发达、交通基础设施网络完善、对外开放程度高、制度环境优越。除了规模经济性外，中部地区物流业全要素生产率的表现总体要优于西部地区，可能是因为中部地区在经济基础、交通基础设施、对外开放程度、制度环境等方面要比西部地区更优越，为物流业发展创造了较好的经济与制度环境。

进一步地，使用标准差考察各地区物流业全要素生产率增长率及其分解项的地区内差异。可以看出，除了规模经济性的地区内差异从低到高的顺序依次为：西部（0.0012）、中部（0.0015）、东部（0.0016）外，技术效率、技术效率变化率以及全要素生产率增长率的地区内差异从低到高的顺序均为：中部、西部、东部，这表明东部地区内部各省份物流业全要素生产率增长率的不均衡现象最突出，而中部地区内部各省份物流业全要素生产率增长率相对最均衡。

表 3 – 3　2004～2016 年东中西部地区物流业全要素
生产率增长率及其分解项

地区	技术效率 TE		技术效率变化率 TEΔ		技术进步 TΔ		规模经济性 SC		全要素生产率增长率 TFP	
	均值	标准差	均值	标准差	均值	标准差	均值	标准差	均值	标准差
全国	0.4311	0.2261	– 0.0210	0.0118	0.1150	0.0000	0.0021	0.0017	0.0927	0.0126
东部	0.6075	0.2537	– 0.0132	0.0115	0.1150	0.0000	0.0031	0.0016	0.1016	0.0121
中部	0.4004	0.0989	– 0.0202	0.0053	0.1150	0.0000	0.0010	0.0015	0.0924	0.0055
西部	0.2771	0.1118	– 0.0295	0.0098	0.1150	0.0000	0.0020	0.0012	0.0840	0.0106

资料来源：作者基于 Frontier 4.1 软件的估计结果计算整理得到。

（三）　全要素生产率增长率及其贡献

按照前文计算得到的各省份全要素生产率增长率，以及各省份物流业产出（增加值）增长率与劳动力投入增长率，计算得到 2004～2016 年各省份的全要素生产率增长率、劳动力投入增长率对物流业产出增长率的贡献，30 个省份的相应结果分别见附录 2 中的表 1 至表 30。

为直观地显示投入要素的变化与全要素生产率增长率对物流业产出增长率的贡献，本章绘制了 2005～2016 年 30 个省份物流业全要素生产率增长率及其对物流业产出增长率的贡献，分别见图 3 – 5 至图 3 – 34。我们发现，总体上，各省份物流业全要素生产率增长率都呈现下降趋势，其中，河北、山西、江苏、广西、海南、陕西的波动幅度相对较大，其他省份则表现为基本平稳的下降趋势。另外，部分地区在 2012 年与 2013 年出现了比较明显的变化，其中河北、山西、内蒙古、江苏、广西、海南在 2012 年出现不同幅度的增长，之后又下降；上海、江西、湖北、广东、重庆、四川、贵州、云南、陕西、甘肃、青海、新疆在 2013 年出现不同幅度的增长，之后又下降。中国 30 个省份的全要素生产率增长率基本从 2005 年的两位数增长率降至 2016 年 5% 左右，部分地区降至 2.5% 左右。我国各省份物流业全要素生产率增速的急剧放缓，须引起各省份的足够重视。

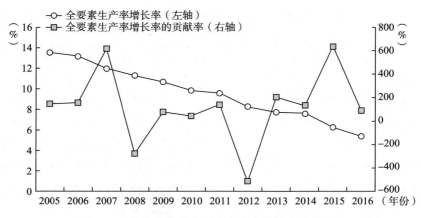

图 3 - 5　北京物流业全要素生产率增长率及其贡献

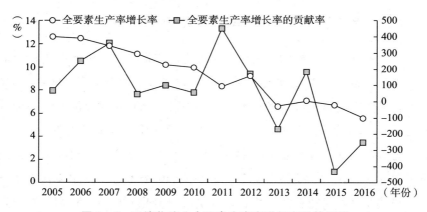

图 3 - 6　天津物流业全要素生产率增长率及其贡献

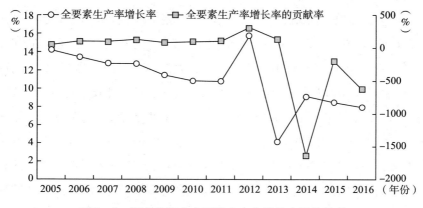

图 3 - 7　河北物流业全要素生产率增长率及其贡献

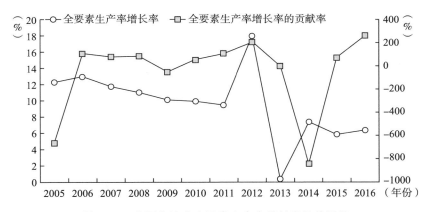

图 3 – 8　山西物流业全要素生产率增长率及其贡献

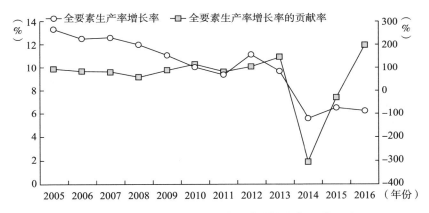

图 3 – 9　内蒙古物流业全要素生产率增长率及其贡献

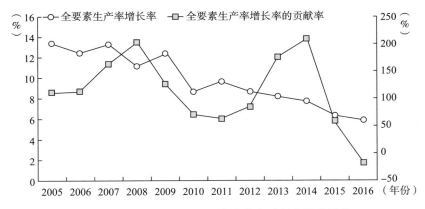

图 3 – 10　辽宁物流业全要素生产率增长率及其贡献

图 3 - 11　吉林物流业全要素生产率增长率及其贡献

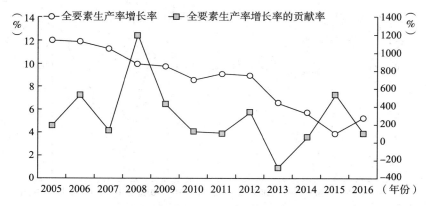

图 3 - 12　黑龙江物流业全要素生产率增长率及其贡献

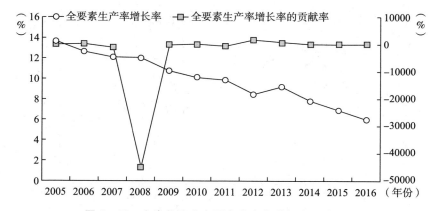

图 3 - 13　上海物流业全要素生产率增长率及其贡献

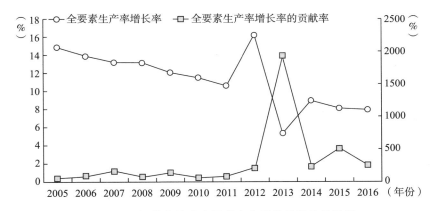

图 3 - 14 江苏物流业全要素生产率增长率及其贡献

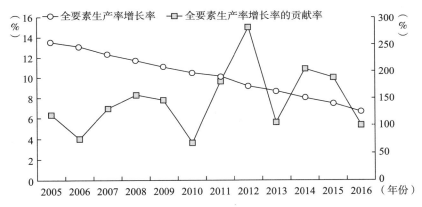

图 3 - 15 浙江物流业全要素生产率增长率及其贡献

图 3 - 16 安徽物流业全要素生产率增长率及其贡献

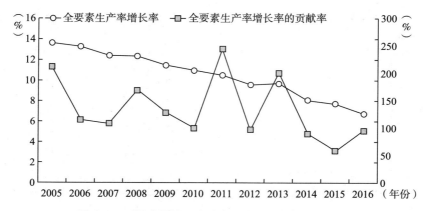

图 3-17 福建物流业全要素生产率增长率及其贡献

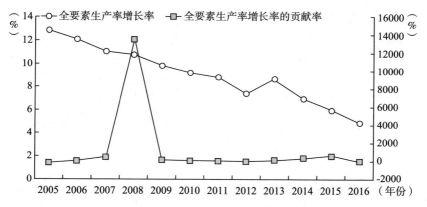

图 3-18 江西物流业全要素生产率增长率及其贡献

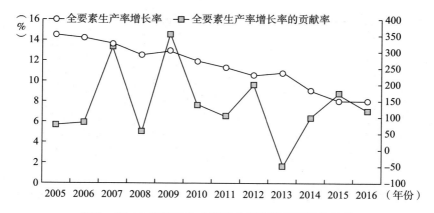

图 3-19 山东物流业全要素生产率增长率及其贡献

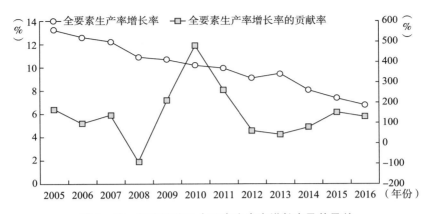

图 3-20　河南物流业全要素生产率增长率及其贡献

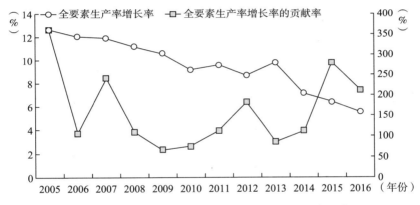

图 3-21　湖北物流业全要素生产率增长率及其贡献

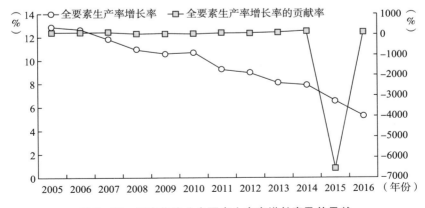

图 3-22　湖南物流业全要素生产率增长率及其贡献

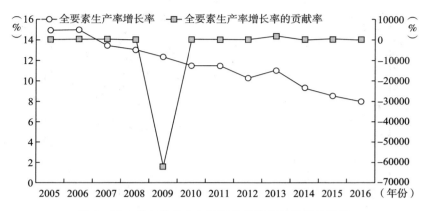

图 3 – 23 广东物流业全要素生产率增长率及其贡献

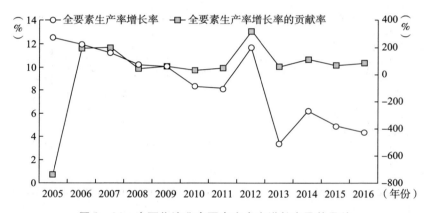

图 3 – 24 广西物流业全要素生产率增长率及其贡献

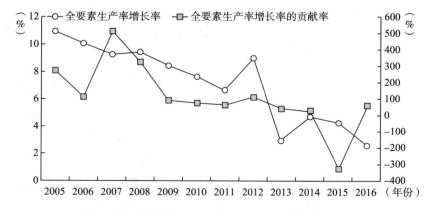

图 3 – 25 海南物流业全要素生产率增长率及其贡献

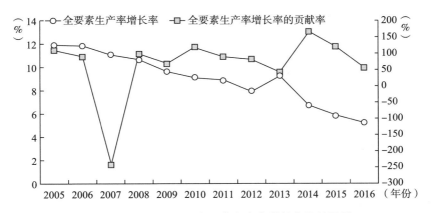

图 3-26 重庆物流业全要素生产率增长率及其贡献

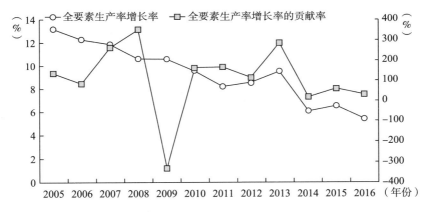

图 3-27 四川物流业全要素生产率增长率及其贡献

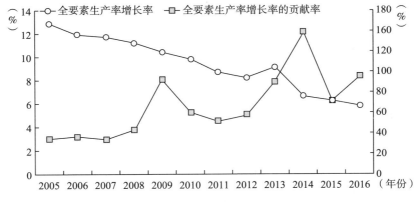

图 3-28 贵州物流业全要素生产率增长率及其贡献

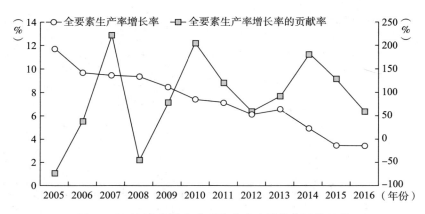

图 3-29 云南物流业全要素生产率增长率及其贡献

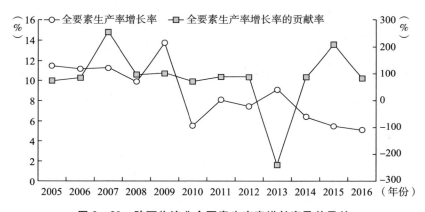

图 3-30 陕西物流业全要素生产率增长率及其贡献

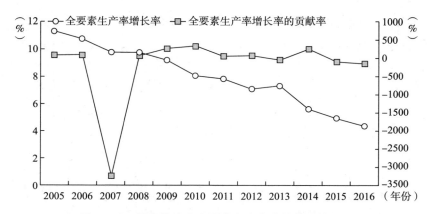

图 3-31 甘肃物流业全要素生产率增长率及其贡献

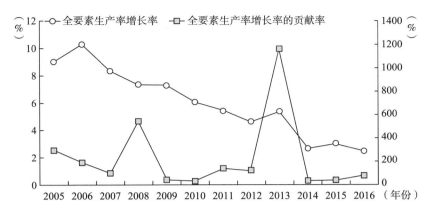

图 3－32　青海物流业全要素生产率增长率及其贡献

图 3－33　宁夏物流业全要素生产率增长率及其贡献

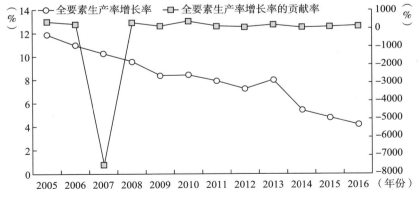

图 3－34　新疆物流业全要素生产率增长率及其贡献

至于全要素生产率增长率对物流业增长的贡献，除了贵州表现出较明显的持续上升趋势外，其他省份都表现出频繁的波动，无单一变化趋势。需要说明的是，由于部分地区在某些年份的物流业产出出现负增长，所以全要素生产率增长率对物流业增长的贡献也出现了负数的情况。另外，值得注意的是，由于随机前沿生产函数考虑了随机误差项 ν_{it}，且 ν_{it} 为对称误差项，所以各地区的全要素生产率增长率、劳动力投入增长率无法完全解释物流业产出增长情况，即两者之和并不完全等于物流业产出增长率，这就导致全要素生产率增长率对物流业产出增长率的贡献率并不一定位于 0～100% 的范围内。

（三）提高物流业全要素生产率的途径

通过提高要素投入拉动物流业增长的粗放型模式将变得不可持续，理论上，提高全要素生产率才是未来中国物流业增长的主要推动力。当前，与各种通过增加要素投入提高潜在增长率的措施相比，提高全要素生产率对物流业潜在增长率的影响是显著且可持续的。

推动全要素生产率提升的主要途径包括人口流动带来的资源配置效率提升，以及技术进步和制度改革。当我国"人口红利"减弱的趋势难以逆转时，技术进步和制度改革的推动作用须引起足够重视。那么，如何通过技术进步与制度改革解决当前中国物流业全要素生产率增长率持续下降的困境，是中国物流业发展进程中亟须解决的问题。首先，我国物流业应抓住当前新一轮科技和产业革命机遇，加大信息技术投入，实现互联网与物流的深度融合，通过技术进步使全要素生产率得到进一步提升。其次，物流业内部的企业之间存在巨大的生产率差异，只有打破生产要素（资本和劳动力）在企业之间的流动障碍，才能提高资源配置效率，进而提升全要素生产率。这需要政府发挥更大的作用，完善市场配置资源的体制机制和政策措施，减少阻碍要素自由流动的制度性壁垒，建立起企业可以自由进入和退出的市场机制。最后，从前文的分析可知，我国物流业技术效率呈现下降趋势，阻碍了全要素生产率增长，从这个角度来看，还需改善管理水平，完善激励制度，提高劳动者的生产积极性，进而提高现有技术与生产要素的使用率，解除技术效率对全要素生产率增长的阻碍。

本章小结

本章运用随机前沿超越对数生产函数，研究了 2004～2016 年中国 30 个省份物流业全要素生产率增长率及其分解，并分析了全要素生产率增长率的区域特征，以及全要素生产率增长率对物流业产出增长率的贡献。主要得到以下结论。

（1）中国物流业的增长表现为劳动力投入和全要素生产率增长双重驱动的特点，资本投入的促进作用不显著。

（2）技术进步对物流业全要素生产率的增长起主导作用，技术效率变化率与规模经济性对全要素生产率变化的影响相对较小，其中技术效率的不断下降阻碍了全要素生产率的增长。物流业技术进步相对于投入要素是中性的，中国物流业在发展过程中年平均技术进步为 15.89%，但这种技术进步随时间变化而呈下降趋势。此外，中国物流业技术效率随时间变化逐渐降低。

（3）中国物流业全要素生产率增长率及其分解项具有明显的地区差异性。就全国而言，各省份物流业技术进步平均值为 0.1150，技术效率变化率平均值为 −0.021，规模经济性平均值为 0.0021。从区域的角度来看，东部地区在技术效率、技术效率变化率、规模经济性以及全要素生产率增长率各方面都优于中西部。

（4）从地区内部差异来看，东部地区物流业全要素生产率增长率表现为明显的分化现象，而中部则有趋同的趋势。具体而言，规模经济性的地区内差异从低到高的顺序依次为：西部、中部、东部；技术效率、技术效率变化率以及全要素生产率增长率的地区内差异从低到高的顺序均为：中部、西部、东部。这表明东部地区内各省份物流业全要素生产率增长的不均衡现象最突出，中部地区内部相对最均衡。

（5）总体上，各省份物流业全要素生产率增长率都呈现下降趋势，其中，河北、山西、江苏、广西、海南、陕西的波动幅度相对较大，其他省份表现出基本平稳的下降趋势。中国 30 个省份的全要素生产率增长率基本从 2005 年两位数增长率降至 2016 年 5% 左右，部分地区降至 2.5% 左右。至于全要素生产率增长率对物流业增长的贡献，除了贵州呈现较明显的持续上升趋势外，其他省份频繁波动，无单一的上升或下降趋势。

根据上述研究结果，针对中国物流业实现高质量发展提出以下几点建议：首先，要实现增长方式的转变，即从目前的劳动力推动型转向依靠全要素生产率的提高。一方面，需要加大技术投入，通过科技创新提高技术进步；另一方面，政府应深化制度改革，完善市场配置资源的体制和机制，减少阻碍要素自由流动的制度性壁垒，提高资源配置效率。此外，还需要通过改善管理水平，完善激励制度，解除技术效率对全要素生产率增长的阻碍。通过这三方面措施的实施，及时解决中国物流业全要素生产率增长率下降的困境。其次，在各地区的物流业发展中，政府应针对东中西部的全要素生产效率增长率的特征做出有区别的政策引导。中西部地区相对较低的技术效率与规模经济性，以及相对较高的技术效率下降幅度，应引起关注。

参考文献

［1］陈昌兵. 可变折旧率估计及资本存量测算［J］. 经济研究，2014，（12）：72－85.

［2］单豪杰. 中国资本存量 K 的再估算：1952～2006 年［J］. 数量经济技术经济研究，2008，（10）：17－31.

［3］古明明，张勇. 中国资本存量的再估算和分解［J］. 经济理论与经济管理，2012，（12）：29－41.

［4］林坦，王玲. 基于 SFA 方法的我国区域物流效率分析［J］. 港口经济，2008，（12）：46－49.

［5］刘秉镰，余泳泽．我国物流业地区间效率差异及其影响因素实证研究——基于数据包络分析模型及托宾模型的分析［J］．中国流通经济，2010，24（9）：18－21．

［6］欧阳小迅，黄福华．中国地区物流匹配效率及其影响因素实证分析［J］．财贸研究，2010，（6）：23－31．

［7］宋海岩，刘淄楠，蒋萍．改革时期中国总投资决定因素的分析［J］．世界经济文汇，2003，（1）：44－56．

［8］田刚，李南．中国物流业技术进步与技术效率研究［J］．数量经济技术经济研究，2009，26（2）：76－87．

［9］田刚，李南．中国物流业技术效率差异及其影响因素研究——基于省级面板数据的实证分析［J］．科研管理，2011，32（7）：34－44．

［10］王健，梁红艳．中国物流业全要素生产率的影响因素及其收敛性分析［J］．福州大学学报（哲学社会科学版），2013，27（3）：16－24．

［11］王鹏，尤济红．产业结构跳转至的要素配置效率——兼对"结构红利假说"的再检验［J］．经济学动态，2015，（10）：70－80．

［12］王小鲁，樊纲．中国经济增长的可持续性——跨世纪的回顾与展望［M］．北京：经济科学出版社，2000．

［13］徐杰，段万春，杨建龙．中国资本存量的重估［J］．统计研究，2010，（12）：72－77．

［14］徐现祥，周吉梅，舒元．中国省区三次产业资本存量估计［J］．统计研究，2007，24（5）：6－13．

［15］余思勤，蒋迪娜，卢剑超．我国交通运输业全要素生产率变动分析［J］．同济大学学报（自然科学版），2004，32（6）：827－831．

［16］余泳泽，武鹏．我国物流产业效率及其影响因素的实证研究——基于中国省际数据的随机前沿生产函数分析［J］．产业经济研究，2010，（1）：65－71．

［17］余泳泽，张先轸．要素禀赋、适宜性创新模式选择与全要素生产率提升［J］．管理世界，2015，（9）：13－31，187．

［18］张军，吴桂英，张吉鹏．中国省际物质资本存量估算：1952－2000［J］．经济研究，2004（10）：35－44．

[19] 张毅，牛冲槐. 考虑地区技术差距的区域物流业生产率指数的研究——基于共同前沿 Malmquist 指数方法 [J]. 数理统计与管理，2013，32 (6)：1100 – 1114.

[20] Battese, G. E., and T. J. Coelli. A Model for Technical Inefficiency Effects in a Stochastic Frontier Production Function for Panel Data [J]. *Empirical Economics*, 1995, 20 (2)：325 – 332.

[21] Battese, G. E., and T. J. Coelli. Frontier Production Functions, Technical Efficiency and Panel Data：with Application to Paddy Farmers in India [J]. *Journal of Productivity Analysis*, 1992, 3 (1 – 2)：153 – 169.

[22] Chow, G. C. Capital Formation and Economic Growth in China [J]. *The Quarterly Journal of Economics*, 1993, 108 (3)：809 – 842.

[23] Cornwell, C., P. Schmidt, and R. C. Sickles. Production Frontiers with Cross-Sectional and Time-Series Variation in Efficiency Levels [J]. *Journal of Econometrics*, 1990, 46 (1 – 2)：185 – 200.

[24] Goldsmith, R. W. "A Perpetual Inventory of National Wealth", in：Conference on Research in National Income and Wealth, Studies in Income and Wealth, vol. 14 [M]. *New York：National Bureau of Economic Research*, 1951：5 – 73.

[25] Hall, R. E., and C. I. Jones. Why do Some Countries Produce So Much More Output Per Worker than Others? [J]. *The Quarterly Journal of Economics*, 1999, 114 (1)：83 – 116.

[26] Kodde, D. A., and F. C. Palm. Notes and Comments Wald Criteria for Jointly Testing Equality and Inequality [J]. *Econometrica*, 1986, 54 (5)：1243 – 1248.

[27] Kumbhakar, S. C. Production Frontiers, Panel Data, and Time Varying Technical Inefficiency [J]. *Journal of Econometrics*, 1990, 46 (1 – 2)：201 – 212.

[28] Lee, Y., and P. Schmidt. "A Production Frontier Model with Flexible Temporal Variation in Technical Inefficiency", in：Fried, H. O., C. A. K. Lovell, and S. S. Schmidt, eds., *The Measurement of Productive Efficiency：Tech-*

niques and Applications ［M］. New York：Oxford University Press，1993.

［29］ Zhang，J. Estimation of China's Provincial Capital Stock （1952 − 2004） with Applications ［J］. *Journal of Chinese Economic and Business Studies*，2008，16 （2）：177 − 196.

第四章 中国物流业发展的空间分布体系与差异分解

　　产业的空间分布形态，不仅是城市发展的重要特征，而且影响着资源配置效率、经济增长和劳动力收入等诸多经济社会问题。如果在区域发展进程中，产业都集聚于大城市，大中小城市产业规模呈现"倒金字塔"形的层级特征，将形成"大城市偏大、中小城市偏小"的局面。大城市的产业高度集聚态势会对周边中小城市生产要素产生较强的"虹吸效应"，中小城市可能会陷入"欠发达陷阱"，这种局面不利于区域城市产业以及区域经济的协调发展。优化和改善城市产业分布体系的重要前提是准确掌握城市产业体系的发展现状。探寻物流业的空间分布体系，将有利于优化我国物流业发展的空间分布格局。同时，考虑到作为一种典型的生产性服务业，物流业与制造业之间具有天然的产业关联，比较城市制造业与物流业规模分布的空间特征，对优化物流业发展的空间分布，以及促进城市制造业与物流业的空间协同具有重要意义。那么，中国城市制造业与物流业的规模分布是否合理？制造业与物流业规模分布的时空演变特征如何？城市制造业与物流业空间分异的源泉分别是什么？本章将围绕这些问题逐层展开研究。

　　目前，大量研究主要侧重于描述与刻画城市规模分布体系与企业规模分布体系。在德国地理学家 Auerbach（1913）最早提出城市规模服从帕累托分布之后，语言学家 Zipf（1949）第一次对美国城市规模分布进行了研究，发现美国城市规模不但服从帕累托定律，而且帕累托指数等于 1。学术界将城市规模分布服从帕累托指数等于 1 这一规律命名为"齐普夫定律"（Zipf 's Law），即"位序 – 规模法则"（Rank-Size Rule）。之后，大量研究开始利用各国城市数据对齐普夫定律进行检验并提出了一些不同的观点。Eaton 和 Eckstein（1997）对法国和日本的比较研究、Overman 和 Ioannides（2001）以及 Black 和 Henderson（2003）对美国城市的研究，所得到的帕累托指数各不相同，表明不同国家的城市分布形态并不相同。Rosen 和 Resnick（1980）、Soo（2005）利用跨国数据比较了各国的城市分布特征，发现少数国家的帕累托指数在统计意义上等于 1，其他国家的帕累托指数都围绕着 1 分布。Rosen 和 Resnick（1980）对全球 44 个国家的截面样本进行检验，结果显示各国帕累托指数的取值范围为 0.81 ~ 1.96，平均帕累托指数为 1.13，标准差为 0.19；Soo（2005）得出的结果为 0.73 ~ 1.72（其中，中国为 1.18）。Parr（1985）使用部分国家的数据，研究发现一个国家城市分布的帕累托指数在不同发展阶段呈"U"形变化，即随着一国经济的发展，城市分布体系先集中后分散。部分研究基于齐普夫定律考察了中国城市分布体系（Song and Zhang，2002；Anderson and Ge，2005；Xu and Zhu，2009；Gangopadhyaya and Basu，2009；王小鲁，2010；梁琦等，2013；余吉祥等，2013）。这些研究主要分析的是 2000 年之前的中国城市体系，例如，Anderson 和 Ge（2005）分析了 1949 ~ 1999 年中国城市分布体系的演化，发现改革开放之前中国的城市体系相对稳定，之后变得更加均匀。而 Song 和 Zhang（2002）、Xu 和 Zhu（2009）使用 20 世纪 90 年代数据，也发现这一时期中国各城市的相对人口规模有所收敛，即城市体系变得更扁平。Soo（2005）对 73 个国家的城市分布体系进行了跨国比较，研究结果也显示中国的城市分布相比多数国家更均匀。江曼琦等（2006）、陈良文等（2007）、高鸿鹰和武康平（2007）、刘学华等（2015）运用非农人口作为城市规模的测度指标，研究发现中国城市规模分布在大部分情况下不服从齐普夫定律，且分布呈现扁平化趋势。而值得注意的是，这些研究均采用的是户籍人口数据，由于户籍人口作为指标来衡量城市规模存在较大的偏误，因此，其研究结论缺乏足够的代表性。针对这一问题，梁琦等（2013）使用第六次全国人口普查数据中的城市常住人口指标，对2010年中国城市的"等级－规模"关系进行了经验研究，发现中国城市规模分布并不服从齐普夫定律，而是比齐普夫定律描述的分布形态更加扁平化。唐为（2016）通过对比2000年和2010年人口普查数据，发现中国的城市体系并没有表现出明显的扁平化特征。李松林和刘修岩（2017）指出数据集和数据质量的差异以及对城市定义的不同都会影响城市规模分布的分析结果，提出运用校正后的夜间灯光作为城市规模测度数据，并在行政区域、随机区域以及空间俱乐部区域三个细分空间维度上，分别考察了中国城市体系规模分布的特征及其动态演进，研究发现中国城市规模分布并不服从齐普夫定律，而呈现典型的扁平化特征，而且扁平化趋势在不断增强。

除了研究城市规模的分布体系外，20世纪90年代以来，大量经验研究基于齐普夫定律考察了不同国家不同时期企业规模分布状态（Axtell，2001；Fujiwara et al.，2004；Luttmer，2007；di Giovanni et al.，2011），这些针对发达国家的研究都发现，企业规模分布基本上遵循齐普夫定律。而对中国企业规模分布问题的研究相对比较匮乏。方明月和聂辉华（2010）利用1999~2005年的工业企业微观数据，首次对中国企业的规模分布进行检验，发现工业企业总体规模分布偏离了齐普夫定律，并认为国有企业是导致偏离的主要原因。杨其静等（2010）使用相同的样本数据考察了1999~2005年中国各省各年度工业企业规模分布状态，发现各省的工业企业规模分布都偏离了齐普夫定律。盛斌和毛琪淋（2015）基于工业企业数据库，研究了贸易自由化对中国工业企业成长及规模分布的影响，研究发现最终产品与中间投入品的关税减让分别降低和提高了企业规模分布的帕累托指数，贸易自由化在总体上使企业的规模分布变得更加均匀。

综上所述，城市规模分布体系与企业规模分布体系都取得了丰富的研究成果，而介于企业与城市之间的城市产业规模分布体系研究相对还比较薄弱。Duranton（2007）通过模拟认为，产业集聚效应和拥挤效应对城市规模分布存在影响。Black 和 Henderson（2003）对美国 1900～1990 年的城市数据分析得出，产业决定了城市绝对规模，产业构成决定了城市的相对规模。因此，介于企业与城市之间的城市产业规模分布体系也是一个值得研究的问题。本章拟从时空演进视角分析中国制造业与物流业规模的分布体系。

本章剩余部分的结构安排：首先，概述帕累托指数模型、核密度估计方法、Dagum 基尼系数及其分解方法；其次，以 2003～2016 年中国城市数据为研究样本，在不同的空间尺度上，基于帕累托指数与核密度估计方法考察制造业与物流业规模分布特征，并基于 Dagum 基尼系数方法剖析制造业与物流业分布的空间差异及其来源。

一 研究方法

（一）城市产业规模的经验分布：帕累托分布与齐普夫定律

德国地理学家 Auerbach（1913）最早提出区域内的城市规模分布服从帕累托定律，即城市规模分布满足如下公式：

$$y = Ax^{-\alpha} \tag{4-1}$$

式（4-1）中，x 指人口规模水平，代表城市规模，y 指人口规模大于或等于 x 的城市数量（也就是处于该人口规模的城市在该城市体系中的排名）。A 和 α 是正的常数，α 也被称为帕累托指数，α 越大，表示城市分布越均匀；α 越小，表示城市分布越集中。城市规模的帕累托定律被提出之后，在空间经济学领域受到了广泛的关注。

城市规模分布服从帕累托定律，被 Zipf 于 1949 年进一步发展。Zipf（1949）基于帕累托定律对美国城市规模的分布进行了研究，发现其不但服从帕累托分布，而且帕累托指数为 1，即 $\alpha = 1$。这一规律很快受到学术界关注，并将城市规模分布服从帕累托指数等于 1 的这一规律命名为"齐普夫定律"。由于齐普夫定律描述了城市规模与其位序之间的关系，因此有学者亦将其称为"位序－规模法则"。

在检验这一规律时，通常将一个国家中的所有城市按照（人口）规模排序，规模最大的城市位序为1，规模最小的城市的位序即为该国城市的数量。根据齐普夫定律，城市 i 的规模 x_i 与该城市的位序 R_i 成反比，即 $x_i = A/R_i$，也就是说一个城市人口规模与其在城市体系中的位序的乘积是一个常数，而该常数正好是该城市体系中最大城市的人口规模。

大量研究把帕累托定律应用于城市规模分布的分析中，在实证研究时，通常对式（4－1）两边取对数，得到如下方程：

$$\ln Rank_{it} = \ln A_t - \alpha_t \ln x_{it} + \mu_{it} \qquad (4-2)$$

式（4－2）中，$Rank_{it}$ 和 x_{it} 分别表示 t 时期城市 i 的规模在城市体系中的位序及对应的规模，$\ln A_t$ 和 α_t 是待估参数，μ_{it} 为随机误差项。

在城市经济学领域，检验城市规模分布的文献主要围绕帕累托指数 α 展开分析。如果式（4－2）能很好地拟合样本中的城市规模数据，则说明城市规模分布符合帕累托定律，那么帕累托指数 α 就能够反映城市体系中的城市规模集中程度。其数值如果等于1，那么该区域内的城市体系就遵循齐普夫定律。如果数值不等于1，则认为偏离了齐普夫定律。在式（4－2）中，α 代表斜率，更大的 α（绝对值）使得位序－规模曲线变得更陡峭，在截距不变的情况下，更陡峭意味着相同位序城市的规模变小了。因此，更大的 α 值，代表着城市集聚的程度下降了，即城市规模分布变得更均匀了（苗洪亮，2014）。据此，如果 α 大于1，则表明区域内城市的规模分布较齐普夫定律更加均匀，即具有扁平化特征；如果 α 小于1，则城市的规模分布较齐普夫定律更加不均匀，意味着人口通常集中在少数大城市。对帕累托指数 α 的估计为人们提供了一种分析城市规模分布集中度的方法，利用此方法可以对不同国家（或区域）的城市规模分布进行横向比较，也可以对某一国家（或区域）城市体系进行时间序列上的纵向比较。

产业是城市的支撑，是城市持续发展的生命线，产业集聚与产业扩张发展为城市发展提供了能量。因此，本章采用齐普夫定律来分析城市产业规模分布特征。齐普夫定律体现市场充分竞争条件下产业资源在各地区配置的效果，是产业规模均匀分布的理想状态。实证研究表明城市产业规模呈等级分布，且服从帕累托分布（Zipf，1949；Luttmer，2007；Gabaix，2008）。本章采用帕累托分布刻画中国城市制造业与物流业的规模分布，即：

$$Pr(S_i > s) = AS_i^{-\alpha} \qquad (4-3)$$

式（4-3）中，S_i 为产业 i 的规模，A 为参数，α 为产业规模分布的帕累托指数，$Pr(S_i > s)$ 为产业 i 的规模大于临界值 s 的概率，对式（4-3）取对数得到：

$$\ln Pr(S_i > s) = \ln A - \alpha \ln S_i \qquad (4-4)$$

在式（4-4）中，$Pr(S_i > s)$ 采用产业规模降序排列后的位次 R_i 来表示。基于帕累托分布构建制造业与物流业规模分布检验的计量模型为：

$$\ln Rank_{it} = \beta_t - \alpha_t \ln S_{it} + \varepsilon_{it} \qquad (4-5)$$

式（4-5）中，$\beta_t = \ln A_t$，为 t 时期的常数项，ε_{it} 为随机误差项，α_t 为 t 时期产业规模分布的帕累托指数，表明产业规模分布趋于集聚与扩散的程度，揭示不同地区产业发展速度差异所导致的各地区产业在城市体系中位序的变化。其经济含义是：如果 $0 < \alpha < 1$，则说明在该地区（或产业）中，位序高的城市产业比较发达，而位序低的城市产业发展相对不充分，即产业在城市体系中主要集中在少数的大城市，此时产业规模分布表现得相对不均匀。α 越小则意味着产业规模分布的不均匀程度就越强，越是偏离齐普夫定律。α 越接近 1，则说明产业规模分布越均匀，即与齐普夫定律越接近。α 变大，则意味着城市规模分布扩散趋

势大于集聚趋势，产业规模分布向均匀化方向发展，相反地，α 变小则说明城市产业规模分布的集聚趋势大于扩散趋势，产业规模分布向非均匀化方向发展。

（二）核密度估计方法

核密度估计方法（Kernel Density Estimation）采用平滑的峰值函数拟合样本数据，对随机变量真实的概率分布曲线进行模拟，从而用连续的密度曲线描述随机变量的分布形态，是一种重要的非参数方法。假定随机变量 X 的密度函数为：

$$f(x) = \frac{1}{Nh} \sum_{i=1}^{N} K\left(\frac{X_i - x}{h}\right) \qquad (4-6)$$

其中，N 为观测值个数，X_i 为独立同分布的观测值，K 为核函数，h 为窗宽。核函数 K 是一种加权函数或平滑转换函数，需满足以下几点：

$$\begin{cases} \lim_{x \to \infty} K(x) \cdot x = 0 \\ K(x) \geqslant 0 \quad \int_{-\infty}^{+\infty} K(x)\,\mathrm{d}x = 1 \\ \sup K(x) < +\infty \quad \int_{-\infty}^{+\infty} K^2(x)\,\mathrm{d}x < +\infty \end{cases} \qquad (4-7)$$

常用核函数包括高斯核函数、三角核函数、四角核函数、Epanechnikov 核函数等。本章采用高斯核函数分析制造业与物流业发展的分布动态。核密度估计结果对窗宽 h 的选择比较敏感，为了提高估计精度，一般尽可能选择较小窗宽。核密度估计可以反映随机变量分布位置、形态及延展性等特征（Silverman，1986；Quah，1993）。

（三）Dagum 基尼系数及其分解方法

本章采用 Dagum 基尼系数（Dagum，1997）分析中国制造业与物流业规模分布特征的区域差异。所有区域的总体基尼系数 G 的计算公式为：

$$G = \sum_{j=1}^{k} \sum_{h=1}^{k} \sum_{i=1}^{n_j} \sum_{r=1}^{n_h} \frac{|y_{ji} - y_{hr}|}{2n^2 \bar{y}} \qquad (4-8)$$

其中，j，h 为区域下标，i，r 为省份下标。n 是省份总数，k 是区域总数，n_j（n_h）为第 j（h）个区域内部的省份数量。y_{ji}（y_{hr}）为第 j（h）个区域内省份 i（r）的产业规模分布帕累托指数，$\bar{y}$ 为所有省份的产业规模分布帕累托指数平均值。

在对总体基尼系数 G 按区域进行分解时，首先根据各区域产业规模分布帕累托指数平均值对 k 个区域排序，即 $\bar{y}_h \leq \cdots \leq \bar{y}_j \leq \cdots \leq \bar{y}_k$。然后将基尼系数 G 分解为三个部分：区域内（组内）差异对 G 的贡献 G_w、区域间（组间）差异净值对 G 的贡献 G_{nb}、区域间（组间）超变密度对 G 的贡献 G_t，三者满足：$G = G_w + G_{nb} + G_t$。其中，区域 j 的基尼系数 G_{jj} 和区域内（组内）差异对 G 的贡献 G_w 的计算式分别见式（4-9）和式（4-10）；区域 j 和 h 之间的基尼系数 G_{jh} 和区域间差异净值对 G 的贡献 G_{nb} 的计算式分别见式（4-11）和式（4-12）；区域间（组间）超变密度对 G 的贡献 G_t 的计算式见式（4-13）。

$$G_{jj} = \frac{\frac{1}{2\bar{y}_j} \sum_{i=1}^{n_j} \sum_{r=1}^{n_j} |y_{ji} - y_{jr}|}{n_j^2} \qquad (4-9)$$

$$G_w = \sum_{j=1}^{k} G_{jj} p_j s_j \qquad (4-10)$$

$$G_{jh} = \sum_{i=1}^{n_j} \sum_{r=1}^{n_h} \frac{|y_{ji} - y_{hr}|}{n_j n_h (\bar{y}_j + \bar{y}_h)} \qquad (4-11)$$

$$G_{nb} = \sum_{j=2}^{k} \sum_{h=1}^{j-1} G_{jh} (p_j s_h + p_h s_j) D_{jh} \qquad (4-12)$$

$$G_t = \sum_{j=2}^{k} \sum_{h=1}^{j-1} G_{jh} (p_j s_h + p_h s_j)(1 - D_{jh}) \qquad (4-13)$$

式（4-10）中，$p_j = n_j/n$，$s_j = n_j \bar{y}_j/n\bar{y}$，$j = 1, 2, \cdots, k$；式（4-

12）中，D_{jh} 为区域 j 和 h 间产业规模分布帕累托指数的相对影响，见计算式（4－14）；d_{jh} 为区域间产业规模分布帕累托指数的差值，见计算式（4－15），表示区域 j，h 中所有 $y_{ji} - y_{hr} > 0$ 的样本值加总的数学期望；p_{jh} 为超变一阶矩，见计算式（4－16），表示区域 j，h 中所有 $y_{hr} - y_{ji} > 0$ 的样本值加总的数学期望。

$$D_{jh} = \frac{d_{jh} - p_{jh}}{d_{jh} + p_{jh}} \qquad (4-14)$$

$$d_{jh} = \int_0^\infty \mathrm{d}F_j(y) \int_0^y (y - x)\,\mathrm{d}F_h(x) \qquad (4-15)$$

$$p_{jh} = \int_0^\infty \mathrm{d}F_h(y) \int_0^y (y - x)\,\mathrm{d}F_j(x) \qquad (4-16)$$

式（4－15）与式（4－16）中，F_j（F_h）表示区域 j（h）产业规模分布帕累托指数的累积分布函数。

二 变量说明与数据来源

在我国行政区划调整过程中，2004 年 4 月国务院批准成立中卫市，2004 年 1 月批准成立陇南市，2012 年增设三沙市，2013 年增设海东市，2015 年增设儋州市；2011 年国务院同意撤销毕节地区和铜仁地区，设立地级毕节市和铜仁市；而巢湖市 2011 年被撤销。由于这些城市增设或撤销的时间与本章选取的研究时段不契合，另外拉萨市数据缺失比较严重，故为了保持地级市行政区划的统一性与可比性，本章研究样本不包括这 9 个地区。最后选择中国 283 个地级及以上城市（以下简称 283 个城市）、30 个省份作为本章的研究样本。数据主要来源于 2004～2017 年《中国城市统计年鉴》、各省份《中国统计年鉴》。同时，考虑到撤县设区设市、行政区划调整等原因，选择采用相对稳定的全市统计口径。

在分析制造业发展水平时，制造业产值指标具有一定的合理性，但是服务业产品的特点难以测算其增加值，产值也严重被低估，故采用各城市的物流业从业人数比产值更为全面。为了在指标测算过程遵循统计口径与统计方法的统一性，本章统一采用各地级市制造业与物流业从业人数作为产业规模的衡量指标。

如前面一章所述，目前中国还没有物流业的直接统计数据，故本章依然选用交通运输、仓储和邮政业表示物流业。表 4 - 1 给出了 283 个城市制造业与物流业发展规模的统计描述。

表 4 - 1　中国 283 个城市制造业与物流业发展规模的统计描述

制造业							
年份	均值（万人）	最大值（万人）	最小值（万人）	标准差	变异系数	偏度	峰度
2003	10.4153	137.7800	0.1533	15.6404	1.5017	4.6150	31.0683
2004	10.7008	151.0500	0.1831	16.4111	1.5336	4.5087	30.2632
2005	11.3797	154.5000	0.1932	17.7715	1.5617	4.4325	29.4329
2006	11.4761	117.7100	0.2328	16.6171	1.4480	3.2958	15.6942
2007	12.0637	142.0900	0.2238	18.0000	1.4921	3.5234	18.3445
2008	12.0658	143.0400	0.2000	18.0070	1.4924	3.4603	17.9685
2009	12.2570	140.7100	0.1758	18.4001	1.5012	3.4239	17.3333
2010	12.8050	141.3200	0.1269	19.3148	1.5084	3.4057	17.0120
2011	14.2646	186.8300	0.0600	22.6402	1.5872	3.7624	20.8856
2012	14.8607	218.7300	0.1100	23.8731	1.6065	4.1394	26.4524
2013	18.3830	255.8800	0.1900	31.1137	1.6925	4.4449	27.2771
2014	18.4566	258.7983	0.2170	31.3369	1.6979	4.5847	28.9077
2015	17.8931	247.7456	0.1849	29.9399	1.6733	4.5785	28.9641
2016	17.5053	233.9247	0.2378	28.7422	1.6419	4.3776	26.7916
物流业							
年份	均值（万人）	最大值（万人）	最小值（万人）	标准差	变异系数	偏度	峰度
2003	1.9041	34.8200	0.0600	3.6116	1.8967	5.9666	45.9516
2004	1.8920	36.0900	0.0600	3.8006	2.0088	6.1938	48.8013
2005	1.8683	37.0600	0.0600	3.8866	2.0804	6.3052	50.4768
2006	1.8872	41.5000	0.0600	4.0140	2.1269	6.3209	51.7559

物流业						
年份	均值（万人）	最大值（万人）	最小值（万人）	标准差	变异系数	偏度	峰度
2007	1.9276	45.8900	0.0500	4.2419	2.2006	6.6572	57.5610
2008	1.9552	47.6800	0.0500	4.4459	2.2739	6.6341	56.6585
2009	1.9835	50.0700	0.0400	4.6718	2.3553	6.7143	57.3539
2010	1.9702	51.0000	0.0400	4.6858	2.3783	6.8110	59.2820
2011	2.0795	57.4100	0.0400	5.1652	2.4839	7.1386	64.2312
2012	2.1069	57.8400	0.0600	5.1751	2.4563	7.0654	63.5139
2013	2.6633	66.9200	0.1600	6.4437	2.4194	7.1714	62.4293
2014	2.7541	62.0700	0.1000	6.4598	2.3455	6.6587	54.5491
2015	2.7850	62.8655	0.1100	6.5830	2.3637	6.5229	52.4814
2016	2.7468	58.2306	0.1071	6.2243	2.2660	6.0889	45.9849

资料来源：历年《中国城市统计年鉴》。

三　制造业与物流业规模分布的时空特征

根据前文分析，齐普夫定律与帕累托分布是分析城市产业分布体系的常用方法。接下来，主要通过估计式（4-5）中的帕累托指数 α 值来检验城市产业规模分布是否服从齐普夫定律。具体地，本节基于中国283个城市制造业与物流业的规模与位序，利用帕累托指数分布模型，估计得到帕累托指数 α 值，进而考察中国城市制造业与物流业规模分布特征。

（一）制造业规模分布特征的全部样本分析

将历年中国城市制造业规模按照从业人数进行排序，表4-2报告了排名前50、100、150、200、250的城市以及283个城市的估计结果。从表4-2的最小二乘法（OLS）回归结果可以看出，所有的帕累托指数 α 都在1%的显著性水平上显著，说明帕累托分布很好地描述了我国城市制造业规模的分布。2003~2016年，各种分组下，制造业规模分布帕累托指数的对比与趋势分别如图 4－1 与图 4－2 所示。

根据表 4－2 以及图 4－1 与图 4－2，从横向看，随着制造业发展规模较小的城市不断加入，帕累托指数 α 逐渐减小。在各年份中，排名前 50、100、150、200 的估计结果显示，帕累托指数均大于 1；而排名前 250 以及 283（全部样本城市）的估计结果显示，帕累托指数总体小于 1。从纵向看，随着时间的推移，总体上城市制造业规模分布的帕累托指数 α 也在不断减小，比如排名前 50 的城市从 2003 年的 1.5601 降低到 2016 年的 1.5105。这表明中国城市制造业发展朝集中化方向发展。这种现象在其他排名的结果中也同样存在。这说明中国制造业发展规模大的城市在相对规模上占据了主导地位，而中小型城市发展相对较缓慢，从而导致城市制造业的整体分布不均匀。

**表 4－2　2003~2016 年中国城市制造业规模分布帕累托
指数的估计结果**

年份	排名前 50	排名前 100	排名前 150	排名前 200	排名前 250	排名前 283
2003	1.5601 （53.3478）	1.4616 （94.3685）	1.3433 （93.8298）	1.2295 （84.9582）	1.0743 （64.7425）	0.8406 （38.9254）
2004	1.5352 （43.5685）	1.4057 （75.9450）	1.2938 （85.7049）	1.1929 （84.2619）	1.0481 （66.0942）	0.8196 （39.2711）
2005	1.5093 （30.4514）	1.3480 （55.9825）	1.2520 （73.3895）	1.1406 （72.9492）	1.0084 （63.3348）	0.7894 （39.0765）
2006	1.5182 （22.9959）	1.3521 （44.9836）	1.2496 （61.4876）	1.1300 （64.3699）	0.9896 （57.9606）	0.7819 （38.5241）
2007	1.4942 （24.9418）	1.3370 （48.5335）	1.2387 （65.2536）	1.1209 （67.1905）	0.9708 （57.2898）	0.7788 （39.5754）
2008	1.4929 （22.6989）	1.3242 （44.5887）	1.2302 （61.5548）	1.1027 （62.5732）	0.9474 （54.6451）	0.7626 （39.0269）
2009	1.5023 （24.0612）	1.3273 （46.0729）	1.2081 （59.9086）	1.0927 （63.6123）	0.9417 （55.1709）	0.7418 （37.4667）
2010	1.5263 （25.8778）	1.3403 （47.4079）	1.2021 （58.9298）	1.0730 （60.8645）	0.9246 （53.8141）	0.7249 （36.8039）
2011	1.5293 （30.9884）	1.2962 （50.2498）	1.1758 （63.2119）	1.0554 （64.5958）	0.9215 （57.7238）	0.7062 （35.7956）

续表

年份	排名前 50	排名前 100	排名前 150	排名前 200	排名前 250	排名前 283
2012	1. 5740 (36. 5095)	1. 3103 (52. 0812)	1. 1750 (62. 6964)	1. 0597 (64. 8208)	0. 9207 (57. 1141)	0. 6988 (35. 3430)
2013	1. 4860 (46. 4790)	1. 3186 (70. 4702)	1. 1746 (70. 4642)	1. 0759 (73. 9406)	0. 9496 (63. 6553)	0. 7430 (39. 1821)
2014	1. 5020 (50. 4546)	1. 3440 (74. 4106)	1. 1893 (69. 8191)	1. 0761 (70. 3974)	0. 9412 (60. 5524)	0. 7326 (38. 3538)
2015	1. 5114 (50. 1676)	1. 3935 (81. 0059)	1. 1995 (64. 4599)	1. 0785 (66. 0138)	0. 9407 (58. 3157)	0. 7288 (37. 4876)
2016	1. 5105 (48. 3082)	1. 4067 (79. 1702)	1. 2100 (63. 5924)	1. 0767 (63. 1972)	0. 9215 (54. 0100)	0. 7137 (36. 6649)

注：括号内为 t 统计量。

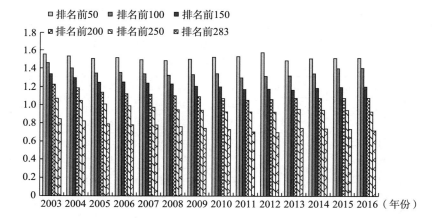

图 4 - 1　2003～2016 年中国城市制造业规模分布帕累托
指数的分组对比

为了更直观地考察中国城市制造业规模分布特征的估计结果与实际
分布的偏离程度，将中国 283 个城市制造业规模与位序根据帕累托指数
分布模型得到的回归直线与两者的散点图绘制在一张图中，如图 4 - 3
所示，2003～2016 年各年对应的图分别见图 4 - 3 中的（a）至（n）。
在图 4 - 3 中，散点图的左上方点的纵坐标数值代表了当年制造业发展
规模最大城市的制造业从业人数。随着城市位序不断靠后，城市制造业
发展规模也随之下降。

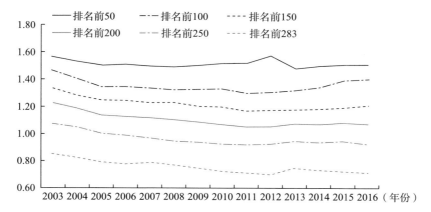

图 4 - 2　2003～2016 年中国城市制造业规模分布帕累托指数的趋势

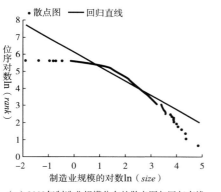

（a）2003年制造业规模分布的散点图与回归直线

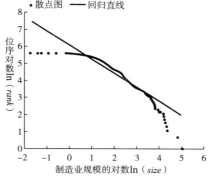

（b）2004年制造业规模分布的散点图与回归直线

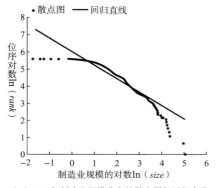

（c）2005年制造业规模分布的散点图与回归直线

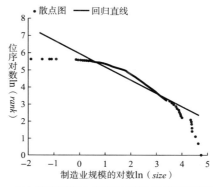

（d）2006年制造业规模分布的散点图与回归直线

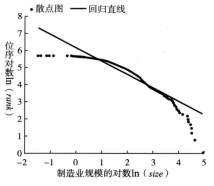

（e）2007年制造业规模分布的散点图与回归直线

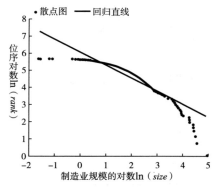

（f）2008年制造业规模分布的散点图与回归直线

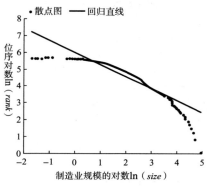

（g）2009年制造业规模分布的散点图与回归直线

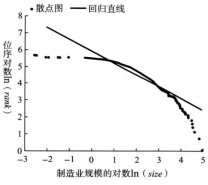

（h）2010年制造业规模分布的散点图与回归直线

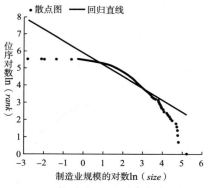

（i）2011年制造业规模分布的散点图与回归直线

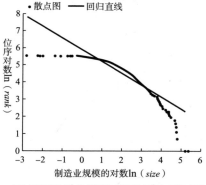

（j）2012年制造业规模分布的散点图与回归直线

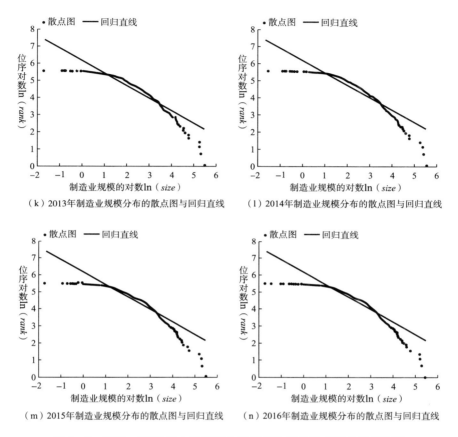

（k）2013年制造业规模分布的散点图与回归直线　　（l）2014年制造业规模分布的散点图与回归直线

（m）2015年制造业规模分布的散点图与回归直线　　（n）2016年制造业规模分布的散点图与回归直线

图 4 - 3　2003 ~ 2016 年中国制造业规模与位序的散点图与回归直线

资料来源：作者绘制。

　　由图 4 - 3 可以看出，2003 ~ 2016 年中国城市制造业规模分布特征的估计结果（回归直线）与实际分布（散点图）存在不同程度的偏差。城市制造业发展规模对数与位序对数总体上呈现线性关系，说明我国城市制造业发展规模分布体系基本服从帕累托分布。同时还发现，该线性关系在城市制造业规模比较大的样本中更显著，而当城市制造业规模下降到一定水平后出现拐点，这说明在估计帕累托参数时可能存在样本选择不当问题，针对城市产业规模的上尾分布可能会取得更可信的估计结果（见前文不同排名样本的分组估计结果）。实际上，在城市经济领域，对城市规模分布体系的研究也存在相同问题（Gabaix，1999；Ee-ckhout，2004；Giesen and Südekum，2011），其中，Eeckhout（2004）分析了全部样本，而 Gabaix（1999）、Giesen and Südekum（2011）则只考虑了城市规模的上尾分布。

（二）物流业规模分布特征的全部样本分析

同样地，将历年中国城市物流业规模按照从业人数进行排序，表4-3 报告了排名前 50、100、150、200、250 的城市以及 283 个城市的估计结果。从表 4-3 的回归结果可以看出，所有帕累托指数 α 都在 1% 的显著性水平上显著，说明帕累托分布很好地描述了我国城市物流业规模的分布。2003~2016 年，各种分组下物流业规模分布帕累托指数的对比与趋势分别如图 4-4 与图 4-5 所示。

表 4-3　2003~2016 年中国城市物流业规模分布帕累托
指数的估计结果

年份	排名前 50	排名前 100	排名前 150	排名前 200	排名前 250	排名前 283
2003	1.2847 (0.0216) [59.3863]	1.2153 (0.0114) [106.4999]	1.2220 (0.0076) [159.7784]	1.2154 (0.0060) [204.0753]	1.1406 (0.0091) [125.4565]	0.9824 (0.0167) [58.9956]
2004	1.2362 (0.0224) [55.1271]	1.1695 (0.0121) [96.3482]	1.1865 (0.0083) [143.4558]	1.1880 (0.0063) [189.8130]	1.1226 (0.0085) [131.4353]	0.9711 (0.0160) [60.7984]
2005	1.2254 (0.0244) [50.2891]	1.1336 (0.0136) [83.5281]	1.1522 (0.0093) [124.4598]	1.1533 (0.0070) [164.1747]	1.0889 (0.0087) [125.3161]	0.9507 (0.0151) [63.0440]
2006	1.1838 (0.0222) [53.2436]	1.1027 (0.0126) [87.2208]	1.1295 (0.0090) [124.9920]	1.1368 (0.0069) [164.9789]	1.0695 (0.0089) [119.5861]	0.9290 (0.0152) [61.0354]
2007	1.1577 (0.0235) [49.3154]	1.0886 (0.0124) [87.7744]	1.1154 (0.0090) [124.4997]	1.1304 (0.0070) [160.5551]	1.0579 (0.0093) [113.4504]	0.9211 (0.0151) [61.1714]
2008	1.1341 (0.0228) [49.8069]	1.0633 (0.0124) [85.7935]	1.0901 (0.0089) [121.9504]	1.0981 (0.0070) [157.8016]	1.0430 (0.0082) [127.6628]	0.9061 (0.0147) [61.7660]

续表

年份	排名前50	排名前100	排名前150	排名前200	排名前250	排名前283
2009	1.0968 (0.0203) [54.0860]	1.0548 (0.0103) [102.3370]	1.0950 (0.0084) [130.4330]	1.0914 (0.0064) [171.7923]	1.0273 (0.0083) [123.4906]	0.8938 (0.0145) [61.4836]
2010	1.1083 (0.0173) [63.9325]	1.0547 (0.0100) [105.9329]	1.0845 (0.0077) [141.5011]	1.0867 (0.0058) [185.9668]	1.0197 (0.0084) [121.6702]	0.8838 (0.0146) [60.5982]
2011	1.1043 (0.0164) [67.3729]	1.0553 (0.0091) [115.3696]	1.0790 (0.0068) [159.2004]	1.0743 (0.0055) [196.0633]	1.0051 (0.0081) [124.1873]	0.8858 (0.0136) [65.3004]
2012	1.0946 (0.0226) [48.4364]	1.0488 (0.0114) [92.2606]	1.0714 (0.0081) [132.9763]	1.0631 (0.0062) [171.4601]	0.9939 (0.0084) [117.6330]	0.8845 (0.0131) [67.5361]
2013	1.1539 (0.0191) [60.4942]	1.1309 (0.0093) [121.5772]	1.1352 (0.0063) [180.3171]	1.1110 (0.0056) [198.2251]	1.0292 (0.0091) [113.4966]	0.9367 (0.0122) [76.8564]
2014	1.1395 (0.0191) [59.6791]	1.1138 (0.0092) [121.1826]	1.1016 (0.0061) [181.0891]	1.0927 (0.0047) [231.7081]	1.0106 (0.0088) [114.6681]	0.9123 (0.0125) [73.2606]
2015	1.1209 (0.0215) [52.1394]	1.0827 (0.0106) [101.9930]	1.0737 (0.0070) [153.4020]	1.0721 (0.0052) [206.1640]	1.0032 (0.0082) [121.6690]	0.8963 (0.0127) [70.6310]
2016	1.1381 (0.0224) [50.7537]	1.0927 (0.0111) [98.3288]	1.0720 (0.0075) [143.8682]	1.0601 (0.0057) [187.3411]	0.9992 (0.0078) [127.9317]	0.8944 (0.0126) [71.1663]

注：（）内的数值为帕累托估计系数的标准误；[ ]内的数值为t统计量。

根据表4－3以及图4－4与图4－5，从横向看，随着物流业发展规模较小的城市不断加入，帕累托指数 α 逐渐减小。在各年份中，排名前50、100、150、200、250的估计结果显示，帕累托指数大多大于1；而排名前283（即全部样本城市）的估计结果显示，帕累托指数都小于1。从纵向看，随着时间的推移，城市物流业规模分布的帕累托指数 α 呈现先下降后上升再下降的趋势，总体上表现为下降趋势，比如排名前50的城市从2003年的1.2847降低到2016年的1.1381。这表明中国城市物流业发展总体上也呈现集中化特征。这个现象在其他排名的结果中同

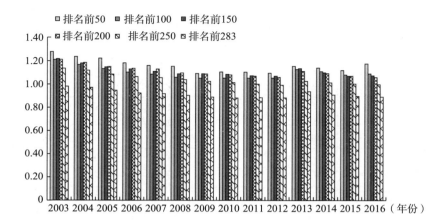

图 4 - 4   2003～2016 年中国城市物流业规模分布帕累托
指数的分组对比

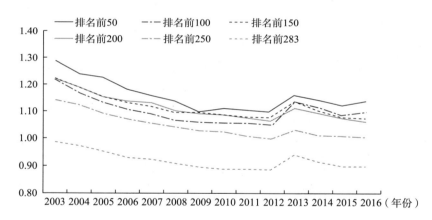

图 4 - 5   2003～2016 年中国城市物流业规模分布
帕累托指数趋势

样存在。这说明中国物流业发展规模大的城市在相对规模上占据了主导
地位，而中小型城市发展相对较缓慢，从而导致城市物流业的整体分布
不均匀。

　　同样地，为了更直观地考察中国城市物流业规模分布特征的估计结
果与实际分布的偏离程度，将中国 283 个城市物流业规模与位序根据帕
累托指数分布模型得到的回归直线与两者的散点图绘制在一张图中，如

图4-6所示。2003～2016年各年对应的图分别见图4-6的（a）至（n）。在图4-6中，散点图的左上方点的纵坐标数值代表了当年物流业发展规模最大城市的物流业从业人数。随着城市位序不断靠后，城市物流业发展规模也随之下降。

由图4-6可以看出，2003～2016年中国城市物流业规模分布特征的估计结果（回归直线）与实际分布（散点图）存在不同程度的偏差。城市物流业发展规模对数与位序对数总体上呈现线性关系，说明我国城市物流业规模分布体系基本服从帕累托分布。而且这种线性关系比制造业更明显，即相较于制造业，帕累托分布更好地描述了我国城市物流业规模的分布。同样，该线性关系也是在城市物流业规模较大的样本

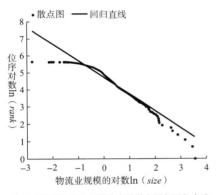

（a）2003年物流业规模分布的散点图与回归直线

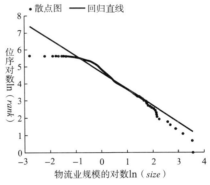

（b）2004年物流业规模分布的散点图与回归直线

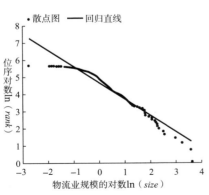

（c）2005年物流业规模分布的散点图与回归直线

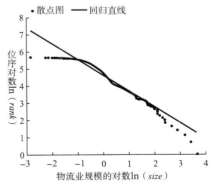

（d）2006年物流业规模分布的散点图与回归直线

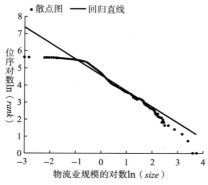

（e）2007年物流业规模分布的散点图与回归直线

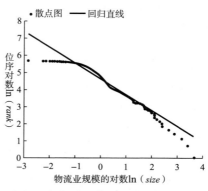

（f）2008年物流业规模分布的散点图与回归直线

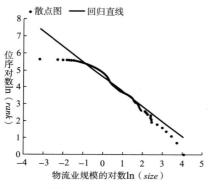

（i）2011年物流业规模分布的散点图与回归直线

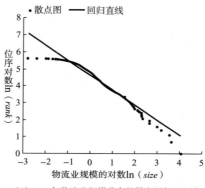

（j）2012年物流业规模分布的散点图与回归直线

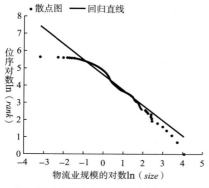

（i）2011年物流业规模分布的散点图与回归直线

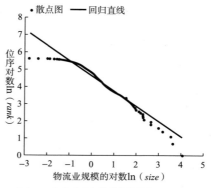

（j）2012年物流业规模分布的散点图与回归直线

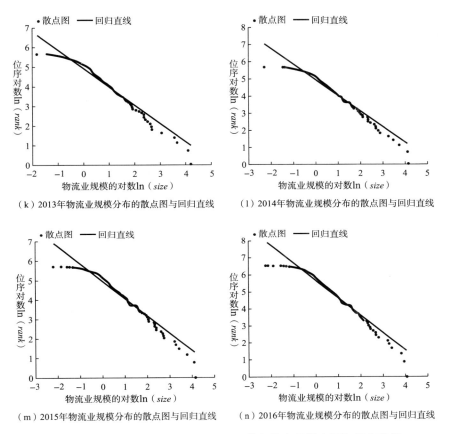

（k）2013年物流业规模分布的散点图与回归直线　　　　（l）2014年物流业规模分布的散点图与回归直线

（m）2015年物流业规模分布的散点图与回归直线　　　　（n）2016年物流业规模分布的散点图与回归直线

图 4 - 6　2003～2016 年中国物流业规模与位序的散点图与回归直线

中更显著，而当城市物流业规模下降到一定水平后出现拐点，说明在估
计帕累托参数时，针对城市物流产业规模的上尾分布可能会取得更可信
的估计结果（见前文不同排名样本的分组估计结果）。

（三）　制造业与物流业规模分布的比较

由城市制造业与物流业全部样本的估计结果（见表 4 - 2、表 4 - 3）
可以看出，在观测期内，制造业与物流业规模分布的帕累托指数总体小
于 1，但是物流业规模分布帕累托指数比制造业大，更接近 1（见图
4 - 7），也就意味着更符合齐普夫定律。所以，相较而言，制造业规模

分布偏离齐普夫定律，而物流业规模分布基本符合齐普夫定律。

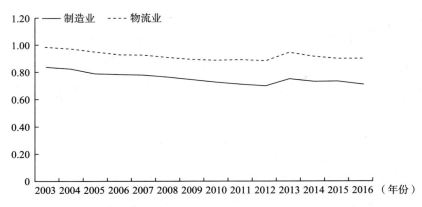

图4-7 2003~2016年中国制造业与物流业规模分布的帕累托指数

（四） 三种不同区域层面进一步的分析说明

近年来的研究发现，空间模式（Spatial Patters）是影响城市规模分布中帕累托指数估计的一个重要因素（Hsu et al.，2014）。鉴于此，为了检验上文研究结果的稳健性，本章拟对不同空间模式下城市制造业与物流业规模分布的空间特征做进一步的分析。结合中国当前的区域经济发展战略，主要选择下列三种不同的区域。

第一种为行政区域，即省级行政区。这一区域中城市样本由各省份所含的城市构成。省级行政区带有很强的行政色彩，省内城市之间的联系往往比较密切，因此可以用来检验每一个省份内部城市制造业与物流业规模分布是否服从齐普夫定律，此外还可以考察这种行政区域的划分是否会影响城市产业规模分布的帕累托指数估计。

第二种为城市群。城市群是工业化和城镇化进程中区域经济空间形态的高级现象。目前，城市群在中国工业化和城镇化进程中的战略地位已经明确，以城市群为代表的集聚经济成为中国经济发展的重要支撑。城市群的发展强调各城市之间具有紧密的产业联动与空间协同，形成横向错位发展、纵向分工协作的高度扁平化功能分工格局。考虑到城市群已成为中国空间战略规划的重点，因此以城市群作为研究区域具有很强的现实意义。

第三种为东中西部地区。中国幅员辽阔，地区差异极大，东部地区因地理优势与制度优势，经济发展水平总体上高于中西部地区。为了检验城市产业在三大区域内的规模分布是否与整个样本存在显著差异，将中国分为东中西部地区展开讨论。

依据以上三种区域的核心内涵，可以将其分别定义为行政区域、经济区域和地理区域，因此这三种划分不但可以有效捕捉中国区域城市体系的空间模式，还可以区分出由不同因素主导的区域对城市产业规模分布的影响。接下来，分别分析三种区域层面上中国城市制造业与物流业规模的空间分布特征。

四　省域制造业与物流业规模分布特征的进一步分析

关于省域样本，由于北京、天津、上海、重庆为直辖市没有辖区数据，青海只有西宁市，这四市一省无法测算帕累托指数；海南与新疆分别有两个地级市，只有回归系数而不能进行相应的检验。依照这一标准，剔除的样本包括北京、天津、上海、重庆、青海、海南、新疆，处理后分析 23 个省份 2003 ~ 2016 年制造业与物流业规模的帕累托指数。

为了研究 23 个省份制造业与物流业规模分布的帕累托指数特点，首先按照城市隶属的省份进行分组，根据产业规模对每一个省份内部的城市进行排序，同样通过估计式（4 - 5），得到每个省份的帕累托指数。

（一）省域制造业规模分布特征

1. 省域制造业规模分布的帕累托指数

首先，分析省域制造业规模分布特征。表 4 - 4 报告了 2003 ~ 2016

年 23 个省份制造业规模分布的帕累托指数估计结果。各模型的拟合优度都说明帕累托分布很好地描述了我国 23 个省份制造业规模的分布。从表 4 - 4 的最小二乘法回归结果可以看出，宁夏制造业规模分布的帕累托指数不显著，故不对其结果进行分析，贵州省制造业规模分布的帕累托指数在 1% 或 5% 的显著性水平上显著，其他省份都在 1% 的显著性水平上显著。2003 ~ 2016 年 22 个省份制造业规模分布帕累托指数的变化趋势如图 4 - 8 所示。

结合表 4 - 4 与图 4 - 8，从横向看，河北、江苏、安徽、江西、山东、河南这六个省份历年的帕累托指数总体上均大于 1，且平均值大于 1，其中河南省的帕累托指数位居前列，表明这六个省份的制造业规模分布呈明显的扁平化特征；其余省份历年的帕累托指数总体上均小于 1，且平均值小于 1，其中福建、云南、陕西、甘肃的帕累托指数值居于后位，表明这些省份的制造业规模分布呈现集中化特征，即制造业大部分集中于这些省份内的少数几个大城市，具有明显的集聚态势。此外，江苏（平均值为 1.006）、山东（平均值为 1.092）、安徽（平均值为 1.055）和湖北（平均值为 0.960）的帕累托指数接近 1，如果以帕累托指数为 1 的城市制造业规模分布为合理的话，那么这 4 个省份城市制造业规模的分布相对是合理的。从纵向看，随着时间的推移，除江西、山东、贵州、甘肃的帕累托指数 α 在后期表现出较明显的增加趋势外，其余省份的帕累托指数 α 保持平稳或具有轻微的下降趋势。这表明江西、山东、贵州、甘肃制造业发展的扁平化特征在不断增强，即这些省份内部城市制造业规模分布逐渐呈现分散化布局，城市制造业发展规模分布越来越均匀；部分省份往更集中化的方向变化，即制造业发展规模大的城市主导地位越来越突出，而中小型城市的制造业发展日益减缓，从而导致城市制造业的整体分布越来越不均匀。另外，从图 4 - 9 还可以看出，除了黑龙江、福建、江西、山东、湖南、贵州、陕西这 7 个省份外，其他省份 2016 年的帕累托指数都比 2003 年的小。

表 4 – 4 2003 ~ 2016 年中国 23 个省份制造业规模分布的帕累托指数估计结果

年份	河北	山西	内蒙古	辽宁	吉林	黑龙江	江苏	浙江
2003	1.1668 (0.0727) [16.0591]	0.8911 (0.1019) [8.7452]	0.8403 (0.0774) [10.8555]	0.9293 (0.0636) [14.6126]	0.7022 (0.0533) [13.1707]	0.6067 (0.0500) [12.1397]	1.0436 (0.1202) [8.6805]	0.7622 (0.0973) [7.8371]
2004	1.1589 (0.0666) [17.4010]	0.8699 (0.0980) [8.8742]	0.8700 (0.0706) [12.3222]	0.9269 (0.0554) [16.7355]	0.7168 (0.0547) [13.1068]	0.6331 (0.0488) [12.9710]	1.0215 (0.1112) [9.1904]	0.7084 (0.1044) [6.7823]
2005	1.1924 (0.0673) [17.7262]	0.8649 (0.1047) [8.2601]	0.9785 (0.0757) [12.9270]	0.9130 (0.0504) [18.1316]	0.5540 (0.0317) [17.4778]	0.6633 (0.0433) [15.3079]	0.9818 (0.1005) [9.7669]	0.6071 (0.1076) [5.6427]
2006	1.2062 (0.0728) [16.5611]	0.8683 (0.1010) [8.6000]	0.9699 (0.0535) [18.1245]	0.9084 (0.0563) [16.1429]	0.6389 (0.0284) [22.4612]	0.6801 (0.0416) [16.3631]	0.9439 (0.0935) [10.0921]	0.5504 (0.0979) [5.6208]
2007	1.1618 (0.0868) [13.3782]	0.8434 (0.0964) [8.7475]	1.0109 (0.0854) [11.8409]	0.8909 (0.0584) [15.2624]	0.6204 (0.0413) [15.0393]	0.6905 (0.0365) [18.9201]	0.9325 (0.0950) [9.8118]	0.5830 (0.1006) [5.7949]
2008	1.1640 (0.0913) [12.7463]	0.8415 (0.1084) [7.5121]	1.0154 (0.0708) [14.3326]	0.8461 (0.0636) [13.3065]	0.6200 (0.0427) [14.5177]	0.6976 (0.0283) [24.6384]	0.9519 (0.0981) [9.7075]	0.5725 (0.1077) [5.3152]
2009	1.1776 (0.0930) [12.6683]	0.8466 (0.0841) [10.0603]	0.9150 (0.0574) [15.9529]	0.8270 (0.0584) [14.1697]	0.6225 (0.0433) [14.3795]	0.7086 (0.0327) [21.6962]	1.0217 (0.0809) [12.6366]	0.5845 (0.1093) [5.3504]
2010	1.1410 (0.0946) [12.0679]	0.8408 (0.0728) [11.5547]	0.9095 (0.0203) [44.8742]	0.8177 (0.0707) [11.5647]	0.5921 (0.0436) [13.5680]	0.7355 (0.0261) [28.1440]	0.9988 (0.0762) [13.1053]	0.5858 (0.1113) [5.2629]
2011	1.1840 (0.1098) [10.7782]	0.8521 (0.0896) [9.5142]	0.8489 (0.0352) [24.1137]	0.8409 (0.0603) [13.9349]	0.5913 (0.0511) [11.5728]	0.7658 (0.0319) [24.0083]	1.0257 (0.0710) [14.4530]	0.5791 (0.1064) [5.4433]
2012	1.1718 (0.1078) [10.8680]	0.8391 (0.0872) [9.6256]	0.8691 (0.0716) [12.1437]	0.8434 (0.0629) [13.4160]	0.5960 (0.0613) [9.7234]	0.6802 (0.0401) [16.9606]	1.0583 (0.0752) [14.0692]	0.5800 (0.1079) [5.3761]
2013	1.1888 (0.1476) [8.0557]	0.8571 (0.1183) [7.2433]	0.8327 (0.1082) [7.6982]	0.8742 (0.0636) [13.7465]	0.7180 (0.0531) [13.5216]	0.7117 (0.0401) [17.7435]	1.0138 (0.0608) [16.6838]	0.5765 (0.1116) [5.1647]
2014	1.1050 (0.1545) [7.1507]	0.8554 (0.1001) [8.5426]	0.7728 (0.1128) [6.8522]	0.8274 (0.0659) [12.5480]	0.7043 (0.0500) [14.0796]	0.7188 (0.0415) [17.3396]	1.0149 (0.0735) [13.8051]	0.6416 (0.1213) [5.2877]

续表

年份	河北	山西	内蒙古	辽宁	吉林	黑龙江	江苏	浙江
2015	1.1143 (0.1528) [7.2924]	0.8541 (0.1111) [7.6866]	0.8379 (0.1423) [5.8864]	0.8123 (0.0668) [12.1574]	0.7087 (0.0555) [12.7790]	0.7103 (0.0514) [13.8316]	1.0361 (0.0752) [13.7847]	0.6583 (0.1214) [5.4244]
2016	1.0549 (0.1590) [6.6356]	0.7979 (0.1092) [7.3094]	0.8343 (0.1508) [5.5311]	0.7572 (0.0767) [9.8703]	0.6975 (0.0518) [13.4665]	0.6675 (0.0452) [14.7830]	1.0337 (0.0815) [12.6886]	0.6450 (0.1290) [4.9993]

年份	安徽	福建	江西	山东	河南	湖北	湖南	广东
2003	1.2081 (0.1399) [8.6371]	0.6035 (0.0928) [6.5048]	1.3381 (0.0452) [29.5959]	1.0955 (0.0926) [11.8336]	1.3307 (0.1098) [12.1159]	0.9427 (0.1169) [8.0658]	0.6549 (0.1579) [4.1474]	0.8101 (0.0371) [21.8142]
2004	1.1948 (0.1385) [8.6282]	0.5829 (0.0851) [6.8528]	1.3014 (0.0427) [30.4748]	1.0241 (0.0876) [11.6855]	1.3659 (0.1200) [11.3809]	0.9851 (0.1246) [7.9092]	0.6028 (0.1491) [4.0442]	0.7810 (0.0374) [20.9020]
2005	1.1101 (0.1325) [8.3810]	0.5658 (0.0851) [6.6484]	1.2804 (0.0707) [18.1047]	1.0593 (0.0782) [13.5434]	1.3557 (0.1282) [10.5709]	1.0800 (0.1400) [7.7172]	0.6758 (0.1448) [4.6689]	0.7905 (0.0368) [21.4591]
2006	1.0868 (0.1056) [10.2948]	0.5524 (0.0830) [6.6548]	1.2337 (0.0994) [12.4116]	1.0657 (0.0711) [14.9862]	1.2613 (0.1350) [9.3426]	1.0681 (0.1402) [7.6204]	0.6283 (0.1405) [4.4705]	0.7888 (0.0348) [22.6351]
2007	1.0799 (0.0834) [12.9544]	0.5587 (0.0832) [6.7158]	0.9709 (0.1405) [6.9101]	1.0583 (0.0663) [15.9574]	1.2282 (0.1310) [9.3788]	1.0383 (0.1458) [7.1207]	0.6647 (0.1430) [4.6486]	0.7683 (0.0360) [21.3434]
2008	1.0723 (0.0717) [14.9564]	0.5745 (0.0766) [7.4990]	0.9176 (0.1395) [6.5793]	1.0592 (0.0757) [13.9917]	1.2314 (0.1499) [8.2165]	0.9302 (0.1473) [6.3165]	0.6106 (0.1402) [4.3543]	0.7578 (0.0373) [20.3018]
2009	1.0723 (0.0900) [11.9181]	0.5718 (0.0750) [7.6227]	0.9474 (0.1294) [7.3230]	1.0533 (0.0725) [14.5227]	1.2819 (0.1305) [9.8232]	0.8874 (0.1370) [6.4779]	0.5536 (0.1234) [4.4858]	0.7367 (0.0352) [20.9139]
2010	1.0324 (0.0781) [13.2178]	0.5525 (0.0736) [7.5018]	0.9525 (0.1314) [7.2493]	1.0892 (0.0739) [14.7320]	1.2892 (0.1350) [9.5495]	0.9126 (0.1586) [5.7552]	0.5933 (0.1095) [5.4189]	0.7297 (0.0315) [23.1478]
2011	0.9589 (0.0751) [12.7754]	0.5433 (0.0636) [8.5444]	0.9330 (0.0776) [12.0298]	1.0572 (0.0782) [13.5141]	1.1959 (0.0878) [13.6225]	0.9863 (0.0996) [9.9062]	0.6471 (0.1178) [5.4910]	0.7299 (0.0300) [24.3016]
2012	0.9538 (0.0665) [14.3421]	0.6597 (0.0579) [11.4035]	0.9154 (0.0863) [10.6056]	1.0251 (0.0881) [11.6312]	1.1352 (0.0857) [13.2481]	1.0013 (0.1007) [9.9386]	0.6296 (0.1235) [5.0985]	0.7216 (0.0337) [21.3961]

年份	安徽	福建	江西	山东	河南	湖北	湖南	广东
2013	1.0476 (0.0884) [11.8502]	0.6368 (0.0662) [9.6129]	1.2877 (0.1109) [11.6075]	1.1877 (0.1196) [9.9314]	1.2125 (0.1420) [8.5393]	0.9129 (0.1002) [9.1069]	0.6089 (0.1232) [4.9444]	0.6871 (0.0300) [22.9285]
2014	1.0366 (0.0834) [12.4233]	0.6228 (0.0710) [8.7675]	1.3213 (0.1058) [12.4917]	1.1791 (0.1185) [9.9535]	1.2380 (0.1598) [7.7454]	0.9221 (0.1066) [8.6482]	0.6182 (0.1254) [4.9292]	0.6899 (0.0301) [22.8989]
2015	1.0036 (0.0719) [13.9603]	0.6310 (0.0809) [7.7958]	1.4271 (0.1169) [12.2061]	1.1639 (0.1223) [9.5199]	1.1597 (0.1758) [6.5978]	0.9069 (0.1224) [7.4063]	0.6448 (0.1248) [5.1649]	0.6992 (0.0302) [23.1585]
2016	0.9125 (0.0685) [13.3164]	0.6329 (0.0857) [7.3819]	1.4620 (0.1002) [14.5858]	1.1697 (0.1197) [9.7676]	1.1315 (0.1815) [6.2350]	0.8677 (0.1215) [7.1437]	0.6819 (0.1285) [5.3045]	0.7042 (0.0311) [22.6299]

年份	广西	四川	贵州	云南	陕西	甘肃	宁夏	
2003	0.8057 (0.0706) [11.4193]	0.7419 (0.0825) [8.9886]	0.6736 (0.0717) [9.3912]	0.6069 (0.0467) [13.0049]	0.5965 (0.0444) [12.8242]	0.7527 (0.0625) [12.0411]	0.3609 0.1919 [1.8810]	
2004	0.8346 (0.0736) [11.3475]	0.6999 (0.0837) [8.3626]	0.6463 (0.0663) [9.7549]	0.5962 (0.0639) [9.3281]	0.5345 (0.0487) [10.9722]	0.7393 (0.0588) [12.5769]	0.3681 (0.1737) [2.1187]	
2005	0.8489 (0.0821) [10.3357]	0.6722 (0.0816) [8.2396]	0.6493 (0.0414) [15.6954]	0.5805 (0.0809) [7.1745]	0.5249 (0.0453) [11.5825]	0.6976 (0.0560) [12.4569]	0.3834 (0.1713) [2.2388]	
2006	0.9217 (0.0609) [15.1396]	0.6604 (0.0801) [8.2400]	0.6628 (0.0407) [16.2651]	0.5759 (0.0825) [6.9770]	0.5266 (0.0460) [11.4478]	0.6960 (0.0679) [10.2531]	0.3762 (0.1791) [2.1006]	
2007	0.9177 (0.0755) [12.1543]	0.6530 (0.0782) [8.3486]	0.6176 (0.0557) [11.0816]	0.6654 (0.0490) [13.5858]	0.5320 (0.0463) [11.4893]	0.6856 (0.0811) [8.4520]	0.3703 (0.1714) [2.1602]	
2008	0.9284 (0.0821) [11.3045]	0.6511 (0.0693) [9.3894]	0.5398 (0.0531) [10.1582]	0.6771 (0.0454) [14.9274]	0.5319 (0.0473) [11.2541]	0.6906 (0.0858) [8.0473]	0.3609 (0.1629) [2.2153]	
2009	0.8875 (0.0841) [10.5485]	0.5994 (0.0717) [8.3560]	0.5905 (0.0420) [14.0493]	0.7060 (0.0382) [18.4790]	0.5186 (0.0514) [10.0987]	0.6222 (0.0859) [7.2422]	0.3448 (0.1563) [2.2060]	
2010	0.9574 (0.0740) [12.9305]	0.5598 (0.0742) [7.5445]	0.6512 (0.0586) [11.1138]	0.6591 (0.0358) [18.3952]	0.5124 (0.0541) [9.4646]	0.6169 (0.0893) [6.9062]	0.3056 (0.1447) [2.1120]	

续表

年份	广西	四川	贵州	云南	陕西	甘肃	宁夏	
2011	0.9509 (0.0700) [13.5920]	0.5594 (0.0702) [7.9646]	0.7484 (0.0854) [8.7644]	0.6702 (0.0438) [15.2959]	0.5246 (0.0526) [9.9817]	0.4442 (0.0958) [4.6378]	0.2919 (0.1499) [1.9468]	
2012	0.9391 (0.0711) [13.2031]	0.5401 (0.0734) [7.3579]	0.7738 (0.0790) [9.8011]	0.5899 (0.0735) [8.0224]	0.5363 (0.0493) [10.8776]	0.5099 (0.0844) [6.0409]	0.3124 (0.1571) [1.9876]	
2013	0.9584 (0.0707) [13.5576]	0.6998 (0.0878) [7.6980]	0.8054 (0.0852) [9.4514]	0.5939 (0.0744) [7.9860]	0.6398 (0.0533) [12.0132]	0.6820 (0.0956) [7.1341]	0.3138 (0.1779) [1.7640]	
2014	0.7766 (0.0948) [8.1899]	0.7162 (0.0874) [8.1972]	0.7458 (0.0681) [10.9579]	0.5972 (0.0809) [7.3803]	0.6572 (0.0534) [12.3019]	0.7261 (0.0963) [7.5400]	0.3418 (0.1642) [2.0823]	
2015	0.7915 (0.0910) [8.6993]	0.7372 (0.0893) [8.2523]	0.7377 (0.1127) [6.5478]	0.5960 (0.0842) [7.0811]	0.6658 (0.0499) [13.3548]	0.7119 (0.0963) [7.3939]	0.3376 (0.1372) [2.4618]	
2016	0.7805 (0.0827) [9.4369]	0.6917 (0.0739) [9.3600]	0.7234 (0.1317) [5.4940]	0.5924 (0.0938) [6.3189]	0.6667 (0.0464) [14.3626]	0.7090 (0.1000) [7.0900]	0.3787 (0.1426) [2.6557]	

注：（ ）内的数值为拟合系数的标准误；[ ]内的数值为 t 统计量。

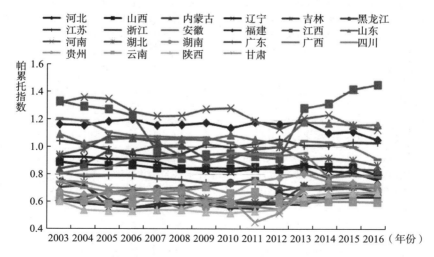

图 4-8 2003~2016 年中国分省制造业规模分布的帕累托指数

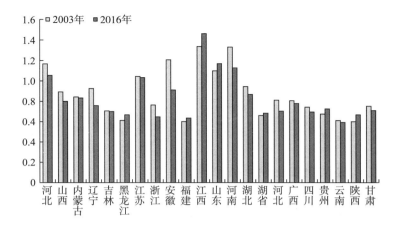

图 4 - 9　2003 年、2016 年中国分省制造业规模分布的帕累托指数对比

2. 省域制造业规模分布的核密度分析

2003 ~ 2016 年中国 22 个省份制造业规模分布帕累托指数的核密度估计曲线如图 4 - 10 所示。首先，可以看到，核密度曲线的整体分布位置在小于 1 的范围内向右移动，表明制造业规模分布帕累托指数向着符合齐普夫定律的方向调整，意味着制造业规模分布空间结构更加合理化。其次，制造业规模分布核密度曲线的主峰呈先扁平后陡峭的趋势，

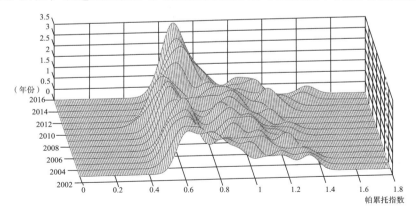

图 4 - 10　中国分省制造业规模分布帕累托指数的核密度曲线

资料来源：作者绘制。

表明越来越多省份的制造业规模分布特征逐渐趋于一致，而且这些省份的帕累托指数都小于1，说明越来越多的省份制造业规模分布朝着更集中化的趋势发展。最后，省域制造业规模分布帕累托指数具有多极分化现象，分布曲线的延展性先收敛后拓宽，总体呈拓宽趋势，说明各省制造业规模分布帕累托指数的差异程度呈先缩小后扩大的趋势，意味着制造业规模分布呈集聚与扩散并存局面。

（二）省域物流业规模分布特征

1. 省域物流业规模分布的帕累托指数

接下来分析省域物流业规模分布特征。表4-5报告了2003~2016年23个省份物流业规模分布的帕累托指数估计结果。各模型的拟合优度同样说明帕累托分布可以很好地描述我国23个省份物流业规模的分布。从表4-5的最小二乘法回归结果可以看出，贵州、云南、宁夏物流业规模分布的帕累托指数在1%、5%或10%的显著性水平上显著，其他省份的帕累托指数α都在1%的显著性水平上显著。2003~2016年23个省份物流业规模分布帕累托指数的变化趋势如图4-11所示。

表4-5　2003~2016年中国23个省份物流业规模分布帕累托
指数的估计结果

年份	河北	山西	内蒙古	辽宁	吉林	黑龙江	江苏	浙江
2003	1.3167 (0.0930) [14.1616]	0.7512 (0.0754) [9.9658]	0.9850 (0.0900) [10.9407]	0.8148 (0.0743) [10.9614]	0.9000 (0.0198) [45.5420]	0.7745 (0.0622) [11.9645]	1.0745 (0.1107) [9.7056]	1.0003 (0.0427) [23.4221]
2004	1.2117 (0.0894) [13.5482]	0.7219 (0.0779) [9.2617]	0.9121 (0.1029) [8.8654]	0.8039 (0.0706) [11.3835]	0.8899 (0.0760) [11.7086]	0.7780 (0.0548) [14.2026]	1.0139 (0.1247) [8.1303]	0.9754 (0.0473) [20.6137]
2005	1.2094 (0.1140) [10.6114]	0.6973 (0.0771) [9.0456]	1.0157 (0.1356) [7.4886]	0.8211 (0.0660) [12.4473]	0.9651 (0.0972) [9.9291]	0.7975 (0.0474) [16.8119]	0.9734 (0.1151) [8.4532]	0.9203 (0.0464) [19.8415]
2006	1.1980 (0.1023) [11.7068]	0.7140 (0.0786) [9.0842]	1.1413 (0.1571) [7.2637]	0.7531 (0.0647) [11.6351]	0.9215 (0.0971) [9.4877]	0.8116 (0.0429) [18.9354]	1.0949 (0.0852) [12.8470]	0.9027 (0.0517) [17.4571]

年份	河北	山西	内蒙古	辽宁	吉林	黑龙江	江苏	浙江
2007	1.2241 (0.0917) [13.3489]	0.7159 (0.0764) [9.3712]	0.9955 (0.1016) [9.7950]	0.7898 (0.0590) [13.3778]	0.9192 (0.0930) [9.8828]	0.7845 (0.0370) [21.2065]	1.0622 (0.0890) [11.9295]	0.9039 (0.0398) [22.7289]
2008	1.1648 (0.1095) [10.6337]	0.7269 (0.0765) [9.5074]	0.8532 (0.1016) [8.3987]	0.7842 (0.0587) [13.3661]	0.8563 (0.0845) [10.1302]	0.7602 (0.0588) [12.9244]	0.9789 (0.0822) [11.9035]	0.8833 (0.0416) [21.2265]
2009	1.2018 (0.1034) [11.6185]	0.8641 (0.0742) [11.6425]	0.8800 (0.1102) [7.9831]	0.7781 (0.0533) [14.6074]	0.8164 (0.0836) [9.7700]	0.7276 (0.0565) [12.8863]	0.8879 (0.0959) [9.2618]	0.8519 (0.0544) [15.6465]
2010	1.1298 (0.0956) [11.8197]	0.8092 (0.0696) [11.6183]	0.9263 (0.1249) [7.4146]	0.7970 (0.0638) [12.4865]	0.8150 (0.0735) [11.0827]	0.7240 (0.0553) [13.0930]	0.8553 (0.0969) [8.8291]	0.8583 (0.0466) [18.4357]
2011	1.1324 (0.0695) [16.2955]	0.9231 (0.0834) [11.0685]	0.8919 (0.1169) [7.6275]	0.7762 (0.0468) [16.5911]	0.8419 (0.0777) [10.8348]	0.6936 (0.0616) [11.2572]	0.9800 (0.0981) [9.9945]	0.7937 (0.0613) [12.9460]
2012	1.1266 (0.0699) [16.1086]	0.8616 (0.0599) [14.3744]	0.9707 (0.1314) [7.3882]	0.7606 (0.0362) [20.9834]	0.7563 (0.0876) [8.6343]	0.7303 (0.0552) [13.2218]	0.9614 (0.1112) [8.6442]	0.7818 (0.0744) [10.5066]
2013	1.1035 (0.0949) [11.6291]	1.1101 (0.1902) [5.8356]	0.8455 (0.1422) [5.9465]	0.7656 (0.0242) [31.6368]	0.7956 (0.0607) [13.1277]	0.7499 (0.0508) [14.7627]	0.9976 (0.0778) [12.8300]	0.8166 (0.0797) [10.2409]
2014	1.0234 (0.0616) [16.6045]	0.7895 (0.0946) [8.3497]	0.8217 (0.1282) [6.4074]	0.8097 (0.0290) [27.9101]	0.7786 (0.1000) [7.7823]	0.7458 (0.0465) [16.0429]	1.0467 (0.0842) [12.4389]	0.7985 (0.0919) [8.6917]
2015	1.0759 (0.0571) [18.8404]	0.8243 (0.0955) [8.6297]	0.8560 (0.1446) [5.9179]	0.8090 (0.0350) [23.1055]	0.7717 (0.0992) [7.7766]	0.7424 (0.0489) [15.1881]	1.0621 (0.0898) [11.8227]	0.7636 (0.0699) [10.9285]
2016	1.0889 (0.0584) [18.6388]	0.8342 (0.0868) [9.6055]	0.8230 (0.1337) [6.1540]	0.7621 (0.0418) [18.2189]	0.8017 (0.0964) [8.3169]	0.7416 (0.0510) [14.5424]	1.0537 (0.0913) [11.5353]	0.7554 (0.0630) [11.9919]

年份	安徽	福建	江西	山东	河南	湖北	湖南	广东
2003	1.1762 (0.0923) [12.7491]	1.0646 (0.0988) [10.7769]	0.7176 (0.1053) [6.8171]	0.8910 (0.0876) [10.1739]	1.1657 (0.1522) [7.6571]	1.0423 (0.1142) [9.1288]	1.4371 (0.1701) [8.4460]	0.8483 (0.0363) [23.3523]
2004	1.2325 (0.0593) [20.7737]	0.9971 (0.0874) [11.4117]	0.7493 (0.0911) [8.2260]	0.8884 (0.0872) [10.1827]	1.1305 (0.1579) [7.1586]	0.9567 (0.1049) [9.1205]	1.0651 (0.1319) [12.1710]	0.8272 (0.0399) [20.7444]

年份	安徽	福建	江西	山东	河南	湖北	湖南	广东
2005	0.9601 (0.1042) [9.2112]	0.9714 (0.1007) [9.6455]	0.7023 (0.0929) [7.5581]	0.8267 (0.0731) [11.3160]	1.0871 (0.1455) [7.4732]	0.8123 (0.1119) [7.2598]	1.4636 (0.0787) [18.6023]	0.7959 (0.0446) [17.8377]
2006	0.9323 (0.0921) [10.1246]	0.9600 (0.1056) [9.0873]	0.6931 (0.0856) [8.0948]	0.7874 (0.0912) [8.6324]	0.9888 (0.1498) [6.5999]	0.7442 (0.1118) [6.6586]	1.3069 (0.1063) [12.2975]	0.7934 (0.0450) [17.6215]
2007	0.9631 (0.0722) [13.3413]	0.8811 (0.1001) [8.7996]	0.6775 (0.0834) [8.1226]	0.7613 (0.0850) [8.9617]	1.0392 (0.1427) [7.2823]	0.7313 (0.1218) [6.0029]	1.3827 (0.1286) [10.7488]	0.7815 (0.0486) [16.0739]
2008	0.8197 (0.0916) [8.9480]	0.8847 (0.1098) [8.0597]	0.6747 (0.0891) [7.5718]	0.7548 (0.0825) [9.1493]	0.9886 (0.1169) [8.4604]	0.6791 (0.1251) [5.4264]	1.3690 (0.1240) [11.0370]	0.7575 (0.0485) [15.6305]
2009	0.8271 (0.0760) [10.8807]	0.8267 (0.1068) [7.7392]	0.6471 (0.0901) [7.1816]	0.7582 (0.0935) [8.1104]	1.0968 (0.1317) [8.3286]	0.7049 (0.0797) [8.8492]	1.1024 (0.1435) [7.6813]	0.7371 (0.0461) [15.9833]
2010	0.8074 (0.0729) [11.0763]	0.8246 (0.1104) [7.4678]	0.6505 (0.0761) [8.5449]	0.7736 (0.1054) [7.3400]	1.1443 (0.1386) [8.2535]	0.6973 (0.0692) [10.0694]	1.1863 (0.1073) [11.0544]	0.7034 (0.0476) [14.7789]
2011	0.8230 (0.0591) [13.9157]	0.8207 (0.0983) [8.3486]	0.6998 (0.0838) [8.3521]	0.9360 (0.0766) [12.2126]	1.1045 (0.1137) [9.7172]	0.6791 (0.0487) [13.9424]	1.2142 (0.0846) [14.3522]	0.6862 (0.0475) [14.4440]
2012	0.8616 (0.0465) [18.5461]	0.8480 (0.0812) [10.4485]	0.6397 (0.0733) [8.7218]	1.0510 (0.0654) [16.0617]	1.0311 (0.1010) [10.2088]	0.6865 (0.0557) [12.3268]	1.1567 (0.1204) [9.6089]	0.6807 (0.0493) [13.8023]
2013	1.0506 (0.0478) [21.9949]	0.9083 (0.0799) [11.3716]	0.9111 (0.1041) [8.7525]	1.0769 (0.0791) [13.6118]	1.0055 (0.1053) [9.5530]	0.8208 (0.0634) [12.9505]	1.1232 (0.1388) [8.0921]	0.7017 (0.0364) [19.2714]
2014	1.0404 (0.0425) [24.4764]	0.9310 (0.1018) [9.1418]	1.0774 (0.1492) [7.2210]	1.1083 (0.0908) [12.2008]	1.0249 (0.1085) [9.4478]	0.8095 (0.0678) [11.9339]	1.0414 (0.1290) [8.0723]	0.6862 (0.0339) [20.2517]
2015	1.0160 (0.0363) [27.9563]	0.9117 (0.0819) [11.1297]	1.0286 (0.1643) [6.2618]	1.1179 (0.0962) [11.6256]	1.0743 (0.1093) [9.8255]	0.7803 (0.0554) [14.0955]	1.0730 (0.1674) [6.4097]	0.6692 (0.0330) [20.3016]
2016	1.0071 (0.0366) [27.4957]	0.9516 (0.0838) [11.3518]	1.0076 (0.1381) [7.2971]	1.1478 (0.0929) [12.3559]	1.0611 (0.1120) [9.4774]	0.8404 (0.0566) [14.8617]	0.8719 (0.1011) [8.6275]	0.6895 (0.0343) [20.0872]

续表

年份	广西	四川	贵州	云南	陕西	甘肃	宁夏	
2003	0.9715 (0.1357) [7.1613]	1.0656 (0.0995) [10.7089]	0.5757 (0.1365) [4.2161]	0.5773 (0.1112) [5.1927]	0.7947 (0.0727) [10.9271]	0.6217 (0.0985) [6.3092]	0.9368 (0.0801) [11.6964]	
2004	1.0722 (0.1184) [9.0548]	1.0461 (0.0908) [11.5169]	0.6704 (0.0350) [19.1326]	0.5773 (0.1060) [5.4476]	0.7821 (0.0819) [9.5530]	0.6053 (0.1144) [5.2890]	0.7983 (0.1174) [6.7988]	
2005	1.0378 (0.1116) [9.3006]	0.9853 (0.0751) [13.1286]	0.6290 (0.0961) [6.5424]	0.5503 (0.0985) [5.5853]	0.7745 (0.0845) [9.1711]	0.5979 (0.1166) [5.1269]	0.8498 (0.1272) [6.6814]	
2006	1.0951 (0.0995) [11.0080]	0.9745 (0.0768) [12.6878]	0.5865 (0.1248) [4.6994]	0.5483 (0.0956) [5.7342]	0.7296 (0.0792) [9.2106]	0.6599 (0.1014) [6.5077]	0.7487 (0.0290) [25.8440]	
2007	1.0823 (0.1015) [10.6581]	0.9427 (0.0940) [10.0335]	0.6027 (0.1176) [5.1265]	0.5641 (0.1110) [5.0796]	0.7342 (0.0786) [9.3374]	0.6343 (0.1032) [6.1453]	0.7243 (0.0580) [12.4852]	
2008	1.0818 (0.0993) [10.8910]	0.9456 (0.1006) [9.4028]	0.5390 (0.1249) [4.3145]	0.5683 (0.1174) [4.8390]	0.7137 (0.0777) [9.1821]	0.6330 (0.1059) [5.9784]	0.6579 (0.0804) [8.1808]	
2009	1.0448 (0.0985) [10.6055]	0.9101 (0.0895) [10.1662]	0.4615 (0.1161) [3.9746]	0.5643 (0.1223) [4.6142]	0.6421 (0.0663) [9.6891]	0.5998 (0.1052) [5.7039]	0.7382 (0.0957) [7.7166]	
2010	1.0543 (0.1004) [10.5042]	1.0076 (0.1014) [9.9401]	0.4294 (0.1087) [3.9501]	0.5415 (0.1165) [4.6461]	0.6473 (0.0688) [9.4035]	0.6102 (0.0988) [6.1736]	0.6437 (0.0339) [18.9688]	
2011	1.0276 (0.0957) [10.7415]	0.9896 (0.0892) [11.0915]	0.4804 (0.0965) [4.9800]	0.5344 (0.1205) [4.4346]	0.6274 (0.0647) [9.6973]	0.6137 (0.0903) [6.7983]	0.7257 (0.1873) [3.8749]	
2012	1.0798 (0.0890) [12.1307]	0.9632 (0.0871) [11.0556]	0.5021 (0.0990) [5.0712]	0.5261 (0.1292) [4.0733]	0.6938 (0.0613) [11.3164]	0.6128 (0.0710) [8.6351]	0.6172 (0.0979) [6.3033]	
2013	1.0372 (0.0806) [12.8731]	0.8455 (0.0955) [8.8525]	0.5214 (0.0504) [10.3528]	0.5577 (0.0930) [5.9996]	0.6888 (0.0741) [9.2994]	0.7368 (0.1247) [5.9068]	0.6795 (0.1923) [3.5327]	
2014	0.9369 (0.0728) [12.8757]	0.8206 (0.1075) [7.6329]	0.4265 (0.0308) [13.8605]	0.5455 (0.1104) [4.9404]	0.6328 (0.0896) [7.0617]	0.6909 (0.1117) [6.1829]	0.7698 (0.2039) [3.7758]	

年份	广西	四川	贵州	云南	陕西	甘肃	宁夏	
2015	0.9113 (0.0787) [11.5835]	0.7570 (0.1077) [7.0314]	0.4083 (0.0328) [12.4496]	0.5318 (0.1081) [4.9173]	0.6424 (0.0883) [7.2713]	0.6936 (0.1053) [6.5858]	0.5926 (0.0873) [6.7908]	
2016	0.9420 (0.0775) [12.1592]	0.6683 (0.1020) [6.5530]	0.4183 (0.0456) [9.1684]	0.5195 (0.1142) [4.5512]	0.6295 (0.0823) [7.6518]	0.8822 (0.1346) [6.5537]	0.5604 (0.0473) [11.8476]	

注：（ ）内的数值为拟合系数的标准误；［ ］内的数值为 t 统计量。

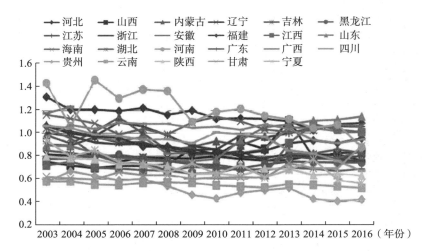

图 4-11　2003~2016 年中国分省物流业规模分布的帕累托指数

资料来源：作者绘制。

　　结合表 4-5 与图 4-11，从横向看，河北、江苏、河南、湖南、广西这五个省份历年的帕累托指数总体上均大于 1，且平均值大于 1，其中河北、湖南的帕累托指数位居前列，表明这五个省份的物流业规模分布呈明显的扁平化特征；其余省份历年的帕累托指数总体上均小于 1，且平均值小于 1，其中贵州与云南的帕累托指数值居于后位，表明这些省份的物流业规模分布呈现集中化特征，即物流业主要集中在这些省份内的少数几个大城市，集聚态势突出。此外，江苏（平均值为 1.003）、河南（平均值为 1.067）和广西（平均值为 1.027）的帕累托指数总体上接近 1，意味着这 3 个省份城市规模的分布是相对合理的。从纵向

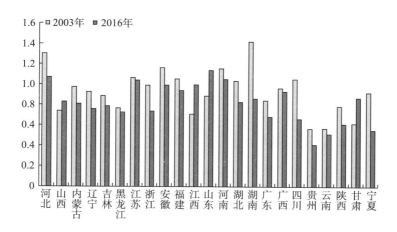

**图 4 – 12   2003 年、2016 年中国分省份物流业规模分布的
帕累托指数对比**

资料来源：作者绘制。

看，随着时间的推移，除福建、江西、山东、甘肃的帕累托指数 α 在后期表现出较明显的增加趋势外，其余省份的帕累托指数 α 保持平稳或具有轻微的下降趋势。这表明福建、江西、山东、甘肃物流业发展的扁平化特征在不断增强，即这些省份内部城市物流业规模分布逐渐分散化，城市物流业发展的规模越来越均匀；部分省份则往更集中化的方向变化，即物流业发展规模大的城市，主导地位越来越突出，而中小型城市的物流业发展则日益减缓，从而导致城市物流业规模分布越来越不均匀。从图 4 – 12 还可以看出，除了山西、江西、山东、甘肃这 4 个省份外，其他省份 2016 年的帕累托指数都比 2003 年的小。

2. 省域物流业规模分布的核密度分析

2003 ~ 2016 年中国 23 个省份物流业规模分布帕累托指数的核密度估计曲线如图 4 – 13 所示。首先，核密度曲线的整体分布位置在小于 1 的范围内有轻微向右移动的趋势，表明物流业规模分布帕累托指数向着符合齐普夫定律的方向在小幅调整，意味着物流业规模分布空间结构更加合理。其次，物流业规模分布核密度曲线的主峰从 2013 年开始从扁平向陡峭变化，表明在 2013 年，越来越多省份的物流业规模分布特征趋于一致，由于这些省份的帕累托指数都小于1，说明越来越多的省份物流业规模分布朝着更集中化的方向发展。最后，省域物流业规模分布帕累托指数具有多极分化现象，总体上是从多极化（多峰）向双极化（双峰）转变，而且分布曲线的延展性逐渐收敛，说明各省份物流业规模分布帕累托指数尽管存在显著差异，但差异程度在逐步缩小，意味着各省份物流业规模分布呈集聚与扩散并存的局面，但总体上各省份的集聚趋势都在加强。

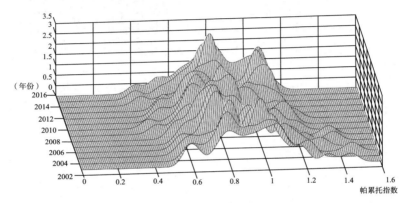

图4-13 中国分省物流业规模分布帕累托指数的核密度曲线

（三）省域制造业与物流业规模分布的比较

2003～2016年，中国22个省份制造业与物流业规模分布帕累托指数的对比图分别见图4-14至图4-35。

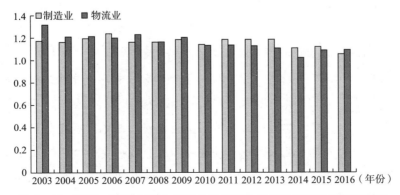

图4-14 2003～2016年河北制造业与物流业规模分布帕累托指数对比

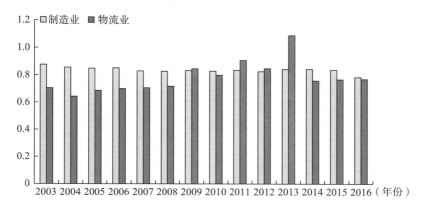

图 4－15 2003～2016 年山西制造业与物流业规模分布帕累托指数对比

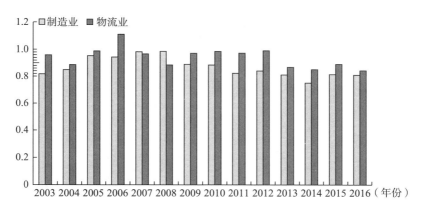

图 4－16 2003～2016 年内蒙古制造业与物流业规模分布帕累托指数对比

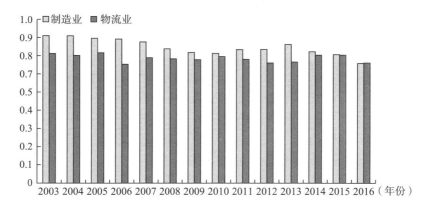

图 4－17 2003～2016 年辽宁制造业与物流业规模分布帕累托指数对比

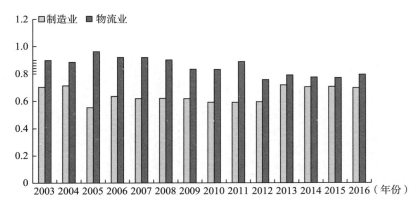

图 4 – 18   2003～2016 年吉林制造业与物流业规模分布帕累托指数对比

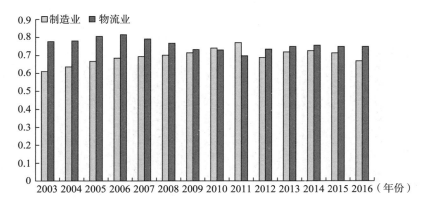

图 4 – 19   2003～2016 年黑龙江制造业与物流业规模分布帕累托指数对比

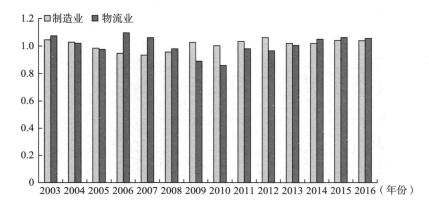

图 4 – 20   2003～2016 年江苏制造业与物流业规模分布帕累托指数对比

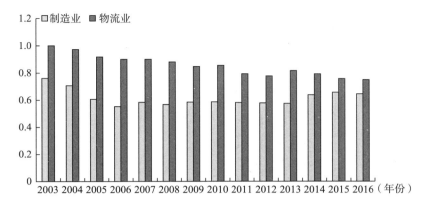

图 4 – 21　2003～2016 年浙江制造业与物流业规模分布帕累托指数对比

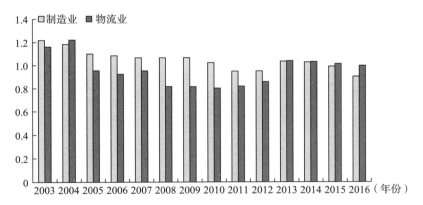

图 4 – 22　2003～2016 年安徽制造业与物流业规模分布帕累托指数对比

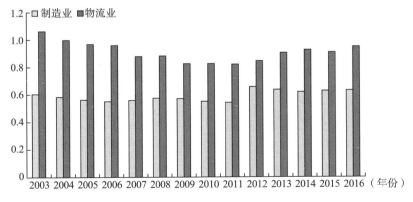

图 4 – 23　2003～2016 年福建制造业与物流业规模分布帕累托指数对比

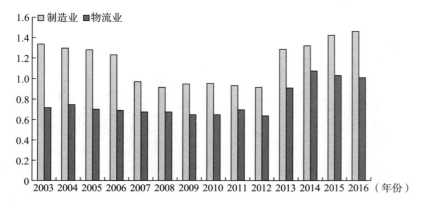

图 4 - 24　2003～2016 年江西制造业与物流业规模分布帕累托指数对比

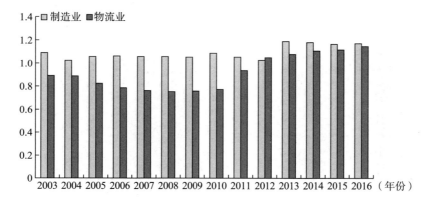

图 4 - 25　2003～2016 年山东制造业与物流业规模分布帕累托指数对比

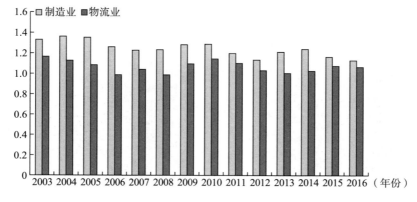

图 4 - 26　2003～2016 年河南制造业与物流业规模分布帕累托指数对比

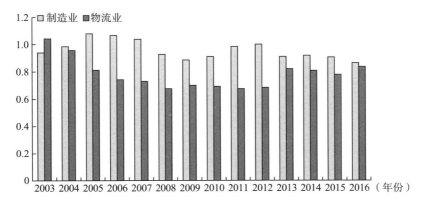

图 4 – 27　2003～2016 年湖北制造业与物流业规模分布帕累托指数对比

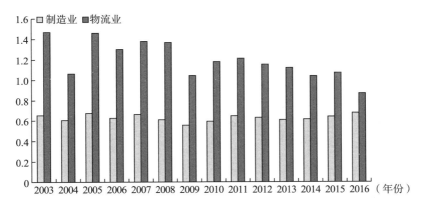

图 4 – 28　2003～2016 年湖南制造业与物流业规模分布帕累托指数对比

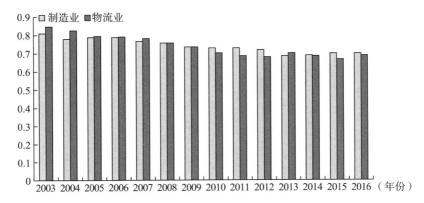

图 4 – 29　2003～2016 年广东制造业与物流业规模分布帕累托指数对比

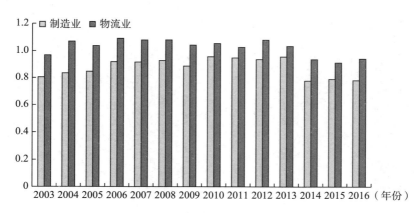

图 4-30 2003～2016 年广西制造业与物流业规模分布帕累托指数对比

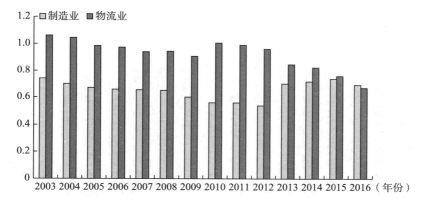

图 4-31 2003～2016 年四川制造业与物流业规模分布帕累托指数对比

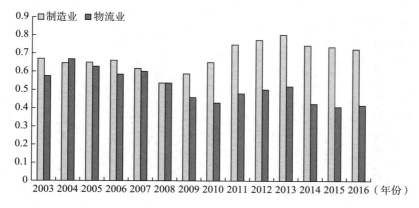

图 4-32 2003～2016 年贵州制造业与物流业规模分布帕累托指数对比

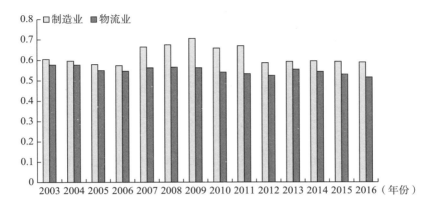

图 4 – 33　2003～2016 年云南制造业与物流业规模分布帕累托指数对比

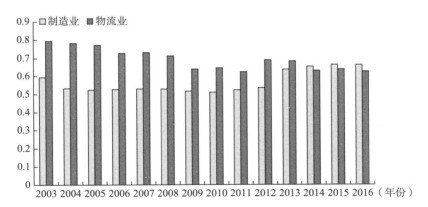

图 4 – 34　2003～2016 年陕西制造业与物流业规模分布帕累托指数对比

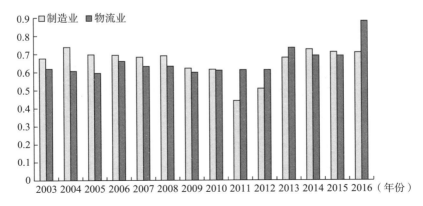

图 4 – 35　2003～2016 年甘肃制造业与物流业规模分布帕累托指数对比

首先，总体来看，制造业与物流业规模分布帕累托指数均大于 1 的省份有河北省与河南省；制造业规模分布帕累托指数大于 1，而物流业规模分布帕累托指数小于 1 的省份包括安徽省、江西省、山东省；制造业规模分布帕累托指数小于 1，物流业规模分布帕累托指数大于 1 的省份有湖南省；江苏省的制造业与物流业规模分布帕累托指数均接近 1；其余省份的制造业与物流业规模分布帕累托指数均小于 1。这表明，河北省与河南省的制造业与物流业规模分布都偏离齐普夫定律，且制造业与物流业的分布都比较均匀，空间格局分散，呈扁平化特征。安徽省、江西省、山东省的制造业与物流业规模分布也偏离齐普夫定律，但物流业的分布比制造业更集中；湖南省的制造业与物流业规模分布均偏离齐普夫定律，但制造业分布比物流业更集中；江苏省的制造业与物流业规模分布都比较接近齐普夫定律；其余省份的制造业与物流业规模分布均偏离齐普夫定律，而且两业分布都较为集中。

其次，总体来看，制造业规模分布帕累托指数基本大于物流业规模分布帕累托指数的省份包括辽宁、安徽、江西、山东、河南、湖北、贵州、云南，表明这些省份的制造业规模分布比物流业规模分布更加分散与均匀，物流业分布的集聚态势相对更明显；制造业规模分布帕累托指数基本小于物流业规模分布帕累托指数的省份包括吉林、黑龙江、浙江、福建、湖南、广西、四川、陕西，表明这些省份的物流业规模分布比制造业更加分散，制造业的集聚态势相对更突出。进一步地，在制造业与物流业规模分布特征存在差异的省份中，吉林、浙江、福建、江西、山东、湖北、湖南、四川、贵州、陕西的差异程度较大；其余省份的差异较小，意味着这些省份制造业与物流业空间格局特征比较接近。

上述的两大分析结果总结分别见表 4-6 与表 4-7。

表 4 – 6 2003~2016 年中国各省份制造业与物流业规模分布帕累托
指数的分类矩阵

		制造业规模分布帕累托指数	
		大于 1	小于 1
物流业规模分布 帕累托指数	大于 1	河北、河南	湖南
	小于 1	安徽、江西、山东	其余省份（江苏省的两业规模 分布帕累托指数均接近 1）

表 4 – 7 2003~2016 年中国各省份制造业与物流业规模分布帕累托
指数差异的分类

类型	省份
制造业规模分布帕累托指数大于物流业规模分布帕累托指数	辽宁、安徽、江西、山东、河南、湖北、贵州、云南
制造业规模分布帕累托指数小于物流业规模分布帕累托指数	吉林、黑龙江、浙江、福建、湖南、广西、四川、陕西
制造业与物流业规模分布帕累托指数无明显差异	其余省份

五 城市群制造业与物流业规模分布
特征的进一步分析

继国务院批复了长三角、珠三角、京津冀、长江中游和成渝五大城市群之后，2016 年先后批复了《哈长城市群发展规划》《中原城市群发展规划》，2017 年又批复了《北部湾城市群发展规划》，2018 年又批复了《关中平原城市群发展规划》。中国目前已正式形成长三角、珠三角、京津冀、长江中游、成渝、哈长、中原、北部湾和关中平原九大城市群，它们是我国经济发展的核心区域和重要增长极。本章选取这九大城市群展开分析，并根据相关批复文件对其空间范围进行界定，最后确定九大城市群共包括 148 个城市，如表 4 – 8 所示。

表 4 – 8　中国九大城市群的空间范围界定

城市群	空间范围	城市数量
长三角	上海、南京、无锡、常州、苏州、南通、盐城、扬州、镇江、泰州、杭州、宁波、嘉兴、湖州、绍兴、金华、舟山、台州、合肥、芜湖、马鞍山、铜陵、安庆、滁州、池州、宣城	26
珠三角	广州、深圳、珠海、惠州、东莞、肇庆、佛山、中山、江门	9
京津冀	北京、天津、石家庄、唐山、秦皇岛、保定、张家口、承德、沧州、廊坊	10
长江中游	武汉、黄石、鄂州、黄冈、孝感、咸宁、襄阳、宜昌、荆州、荆门、长沙、株洲、湘潭、岳阳、益阳、常德、衡阳、娄底、南昌、九江、景德镇、鹰潭、新余、宜春、萍乡、上饶、抚州、吉安	28
成渝	重庆、成都、德阳、绵阳、眉山、资阳、遂宁、乐山、雅安、自贡、泸州、内江、南充、宜宾、广安、达州	16
中原	郑州、开封、洛阳、平顶山、安阳、鹤壁、新乡、焦作、濮阳、许昌、漯河、三门峡、商丘、南阳、信阳、周口、驻马店、邢台、邯郸、长治、晋城、宿州、淮北、阜阳、亳州、蚌埠、聊城、菏泽	28
哈长	哈尔滨、长春、大庆、齐齐哈尔、牡丹江、吉林、松原、四平、绥化、辽源	10
北部湾	南宁、北海、钦州、防城港、玉林、崇左、湛江、茂名、阳江、海口	10
关中平原	西安、宝鸡、咸阳、铜川、渭南、商洛、运城、临汾、天水、平凉、庆阳	11

资料来源：作者整理。

（一）城市群制造业规模分布特征

1. 九大城市群制造业规模分布的帕累托指数

首先，分析九大城市群的制造业规模分布特征。表 4 – 9 报告了 2003 ~ 2016 年九大城市群制造业规模分布的帕累托指数估计结果。各模型的拟合优度说明帕累托分布很好地描述了中国九大城市群制造业规模的分布。根据表 4 – 9 的最小二乘法回归结果，九大城市群制造业规模分布的帕累托指数 α 都在 1% 的水平上显著。2003 ~ 2016 年九大城市群制造业规模分布帕累托指数的变化趋势如图 4 – 36 所示。

表 4 – 9　2003 ~ 2016 年中国九大城市群制造业规模分布
帕累托指数的估计结果

年份	长三角	珠三角	京津冀	长江中游	成渝	中原	哈长	北部湾	关中平原
2003	0.8005 (0.0588) [13.6074]	0.8558 (0.0857) [9.9915]	0.6322 (0.0261) [24.1787]	1.2478 (0.0759) [16.4503]	0.6579 (0.0650) [10.1178]	1.2729 (0.0917) [13.8774]	0.5947 (0.0459) [12.9452]	0.7422 (0.1159) [6.4058]	0.5682 (0.0733) [7.7562]
2004	0.7835 (0.0623) [12.5688]	0.8074 (0.0972) [8.3026]	0.6140 (0.0232) [26.4733]	1.2255 (0.0742) [16.5136]	0.6274 (0.0670) [9.3669]	1.2144 (0.0985) [12.3310]	0.6023 (0.0459) [13.1271]	0.7777 (0.1163) [6.6856]	0.5227 (0.0713) [7.3332]
2005	0.7055 (0.0589) [11.9766]	0.8038 (0.1007) [7.9790]	0.6222 (0.0256) [24.3074]	1.2842 (0.0763) [16.8129]	0.6040 (0.0665) [9.0837]	1.2092 (0.1017) [11.8838]	0.5465 (0.0613) [8.9161]	0.7770 (0.1193) [6.5102]	0.5018 (0.0681) [7.3710]
2006	0.6756 (0.0597) [11.3107]	0.7982 (0.0911) [8.7613]	0.6737 (0.0479) [14.0706]	1.2808 (0.0767) [16.6975]	0.5911 (0.0668) [8.8458]	1.1703 (0.1007) [11.6219]	0.5732 (0.0685) [8.3670]	0.9143 (0.1036) [8.8281]	0.4886 (0.0684) [7.1386]
2007	0.6725 (0.0582) [11.5489]	0.7575 (0.1036) [7.3154]	0.6632 (0.0503) [13.1865]	1.1238 (0.1012) [11.1052]	0.5872 (0.0653) [8.9907]	1.1166 (0.1014) [11.0090]	0.5826 (0.0708) [8.2260]	0.8943 (0.0997) [8.9728]	0.4759 (0.0693) [6.8682]
2008	0.6387 (0.0604) [10.5677]	0.7481 (0.0989) [7.5639]	0.6741 (0.0517) [13.0410]	1.0595 (0.1002) [10.5756]	0.5855 (0.0586) [10.0002]	1.1013 (0.1074) [10.2505]	0.5874 (0.0709) [8.2792]	0.9245 (0.1067) [8.6623]	0.4654 (0.0680) [6.8451]
2009	0.6381 (0.0620) [10.2938]	0.7690 (0.0850) [9.0488]	0.6803 (0.0477) [14.2574]	1.0311 (0.0863) [11.9425]	0.5426 (0.0639) [8.4923]	1.2306 (0.0983) [12.5213]	0.5803 (0.0713) [8.1349]	0.9501 (0.0968) [9.8127]	0.4436 (0.0713) [6.2255]
2010	0.6236 (0.0632) [9.8650]	0.7420 (0.0802) [9.2520]	0.6830 (0.0464) [14.7220]	0.9802 (0.0841) [11.6609]	0.5031 (0.0681) [7.3853]	1.2351 (0.0994) [12.4308]	0.5775 (0.0834) [6.9214]	0.9464 (0.1060) [8.9288]	0.4407 (0.0715) [6.1608]
2011	0.6104 (0.0609) [10.0308]	0.7011 (0.0952) [7.3672]	0.6421 (0.0599) [10.7248]	1.0232 (0.0709) [14.4363]	0.4869 (0.0621) [7.8465]	1.1683 (0.0720) [16.2324]	0.5722 (0.0958) [5.9737]	1.0223 (0.1173) [8.7155]	0.3477 (0.0718) [4.8429]
2012	0.6091 (0.0603) [10.0992]	0.7169 (0.0934) [7.6730]	0.6395 (0.0554) [11.5428]	1.0655 (0.0740) [14.4014]	0.4655 (0.0619) [7.5194]	1.1202 (0.0777) [14.4227]	0.5770 (0.0959) [6.0154]	1.0587 (0.0947) [11.1801]	0.3830 (0.0670) [5.7160]
2013	0.6559 (0.0607) [10.8005]	0.7981 (0.0943) [8.4676]	0.6550 (0.0564) [11.6230]	1.2459 (0.0641) [19.4477]	0.6038 (0.0703) [8.5879]	1.2071 (0.0910) [13.2599]	0.8463 (0.0464) [18.2573]	0.9872 (0.1315) [7.5050]	0.4712 (0.0653) [7.2158]
2014	0.6856 (0.0624) [10.9882]	0.8106 (0.0927) [8.7441]	0.6390 (0.0610) [10.4827]	1.2503 (0.0618) [20.2483]	0.6163 (0.0663) [9.2918]	1.1796 (0.0991) [11.9075]	0.8371 (0.0497) [16.8335]	0.6624 (0.1618) [4.0930]	0.4907 (0.0658) [7.4593]

续表

年份	长三角	珠三角	京津冀	长江中游	成渝	中原	哈长	北部湾	关中平原
2015	0.6974 (0.0635) [10.9889]	0.8398 (0.0888) [9.4559]	0.6468 (0.0605) [10.6881]	1.2659 (0.0581) [21.7941]	0.6324 (0.0651) [9.7064]	1.0820 (0.0968) [11.1789]	0.8576 (0.0466) [18.3856]	0.7010 (0.1708) [4.1049]	0.4863 (0.0657) [7.4056]
2016	0.7181 (0.0658) [10.9074]	0.8284 (0.0951) [8.7110]	0.6448 (0.0660) [9.7712]	1.2563 (0.0591) [21.2651]	0.5924 (0.0573) [10.3463]	1.0644 (0.1025) [10.3850]	0.8533 (0.0453) [18.8254]	0.6955 (0.1740) [3.9977]	0.4767 (0.0660) [7.2243]

注：（ ）内的数值为拟合系数的标准误；［ ］内的数值为 t 统计量。

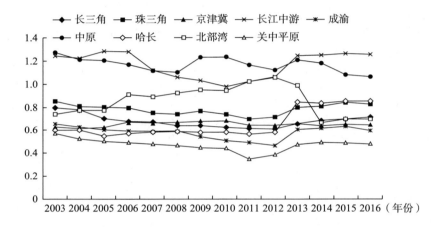

图 4-36　2003～2016 年中国九大城市群制造业规模
分布的帕累托指数

　　结合表 4-9 与图 4-36，从横向看，总体上，城市群制造业规模分布帕累托指数值由高到低的大致顺序为中原、长江中游、北部湾、珠三角、京津冀、长三角、哈长、成渝、关中平原。其中，中原、长江中游历年的帕累托指数均大于 1（除 2010 年长江中游城市群的帕累托指数小于 1 外），表明中原、长江中游城市群的制造业规模分布呈现明显的扁平化特征；其余城市群的帕累托指数均小于 1，表明这些城市群的制造业规模分布呈现集中化特征，而且以成渝、关中平原城市群的集聚态势最突出。此外，九大城市群的帕累托指数均偏离 1，意味着九大城市群的制造业规模的分布都不接近齐普夫定律。从纵向看，随着时间的推移，长江中游城市群的帕累托指数 α 表现为先下降后上升的变化趋势，北部湾城市群的帕累托指数 α 表现为先上升后下降再上升的趋势，其余七个城市群的变化相对平稳；除中原与北部湾城市群外，其余七个城市群的帕累托指数 α 在 2013 年之后都表现出一定程度的上升。这表明长江中游城市群制造业发展先朝集中化方向发展，之后向扁平化方向转变，即长江中游城市群内部城市制造业规模分布从不均匀向均匀化转变，空间格局从集中逐渐转向分散；而北部湾城市群则表现为分散、集中、再分散。其他城市群制造业规模分布格局无明显变化，但 2013 年之后出现一定程度的分散，意味着大城市部分制造业向小城市转移，这也反映出在城市群内，中心城市发展生产性服务业，将制造业转移到周边城市，通过中心城市生产性服务业与周边中小城市制造业的产业联动与空间协同，最后形成横向错位发展、纵向分工协作的高度扁平化功能分工格局的过程。从图 4－37 还可以看出，除了京津冀、长江中游、哈长城市群外，其他城市群 2016 年的帕累托指数都比 2003 年的小。

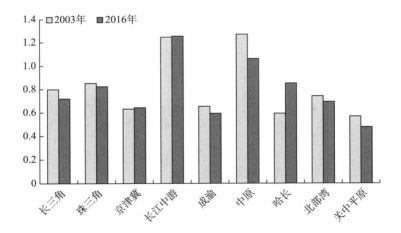

**图 4－37　2003 年、2016 年中国九大城市群制造业规模
分布的帕累托指数**

2. 九大城市群制造业规模分布的核密度分析

九大城市群制造业分布动态特征核密度估计结果见图 4－38。首先，核密度估计曲线的整体分布位置在小于 1 的范围内有轻微向右移动的趋势，表明城市群制造业规模分布向着符合齐普夫定律的方向调整，

意味着城市群制造业规模分布的空间结构逐渐合理化。其次，制造业规模分布核密度曲线的主峰日趋陡峭，表明越来越多的城市群制造业规模分布特征逐渐趋于一致，而且这些省份的帕累托指数都小于1，说明越来越多城市群的制造业规模分布朝着更集中化的方向发展。最后，城市群制造业规模分布帕累托指数同样具有多极分化现象，分布曲线的延展性先收敛后拓展，说明各城市群制造业规模分布帕累托指数存在显著差异，但差异程度先缩小后扩大，说明各城市群制造业规模分布呈集聚与扩散并存局面。

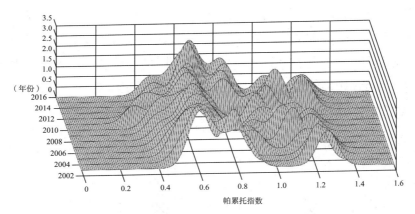

图4－38　中国九大城市群制造业规模分布帕累托
指数的核密度曲线

（二）城市群物流业规模分布特征

1. 九大城市群物流业规模分布的帕累托指数

表4－10报告了2003～2016年九大城市群物流业规模分布的帕累托指数估计结果。各模型的拟合优度说明帕累托分布也很好地描述了中国九大城市群物流业规模的分布。根据表4－10的最小二乘法（OLS）回归结果，九大城市群物流业规模分布的帕累托指数α都在1%的水平上显著。2003～2016年九大城市群物流业规模分布帕累托指数的变化如图4－39所示。

表 4 – 10　2003～2016 年中国九大城市群物流业规模分布
帕累托指数的估计结果

年份	长三角	珠三角	京津冀	长江中游	成渝	中原	哈长	北部湾	关中平原
2003	0.8196 (0.0404) [20.3025]	0.6104 (0.0632) [9.6592]	0.6825 (0.0239) [28.6141]	0.9260 (0.0914) [10.1279]	0.6797 (0.0597) [11.3794]	1.2915 (0.1227) [10.5251]	0.8041 (0.0663) [12.1256]	0.9456 (0.0945) [10.0105]	0.6926 (0.0381) [18.1922]
2004	0.8250 (0.0360) [22.8998]	0.5960 (0.0619) [9.6255]	0.6292 (0.0251) [25.0552]	0.9803 (0.0801) [12.2397]	0.6645 (0.0550) [12.0880]	1.3054 (0.1258) [10.3793]	0.7460 (0.0509) [14.6470]	0.9126 (0.1048) [8.7051]	0.6720 (0.0305) [22.0294]
2005	0.7337 (0.0463) [15.8480]	0.5806 (0.0686) [8.4633]	0.6487 (0.0310) [20.9158]	0.9139 (0.0687) [13.2970]	0.6521 (0.0477) [13.6694]	1.2590 (0.1220) [10.3160]	0.7489 (0.0566) [13.2298]	0.9344 (0.1046) [8.9320]	0.6632 (0.0309) [21.4696]
2006	0.7249 (0.0480) [15.1184]	0.5866 (0.0731) [8.0288]	0.6376 (0.0299) [21.2901]	0.8852 (0.0630) [14.0505]	0.6433 (0.0516) [12.4583]	1.1555 (0.1245) [9.2839]	0.7192 (0.0571) [12.5882]	0.9543 (0.1108) [8.6151]	0.6216 (0.0304) [20.4598]
2007	0.7287 (0.0422) [17.2519]	0.5755 (0.0751) [7.6631]	0.6197 (0.0243) [25.4591]	0.8876 (0.0714) [12.4244]	0.6189 (0.0591) [10.4688]	1.1863 (0.1235) [9.6076]	0.6846 (0.0459) [14.9284]	0.9688 (0.1135) [8.5367]	0.6157 (0.0306) [20.1139]
2008	0.6636 (0.0501) [13.2470]	0.5460 (0.0701) [7.7918]	0.6067 (0.0291) [20.8116]	0.8710 (0.0724) [12.0328]	0.6063 (0.0629) [9.6424]	1.1383 (0.1094) [10.4015]	0.6590 (0.0468) [14.0764]	0.9212 (0.1213) [7.5958]	0.6201 (0.0214) [28.9197]
2009	0.6624 (0.0489) [13.5324]	0.5339 (0.0685) [7.7968]	0.6025 (0.0272) [22.1854]	0.8174 (0.0564) [14.4869]	0.5869 (0.0546) [10.7553]	1.1599 (0.1205) [9.6236]	0.6080 (0.0473) [12.8652]	0.9103 (0.1110) [8.2034]	0.5910 (0.0323) [18.2830]
2010	0.6399 (0.0502) [12.7360]	0.5160 (0.0682) [7.5690]	0.5796 (0.0228) [25.4759]	0.8175 (0.0434) [18.8522]	0.6100 (0.0630) [9.6777]	1.2502 (0.1217) [10.2765]	0.5971 (0.0462) [12.9366]	0.9926 (0.0992) [10.0012]	0.5903 (0.0286) [20.6305]
2011	0.6531 (0.0484) [13.5024]	0.5154 (0.0762) [6.7627]	0.5660 (0.0213) [26.5730]	0.8270 (0.0399) [20.7501]	0.5952 (0.0549) [10.8518]	1.2303 (0.1058) [11.6330]	0.6099 (0.0432) [14.1088]	0.9672 (0.0903) [10.7128]	0.5884 (0.0430) [13.6874]
2012	0.6634 (0.0501) [13.2403]	0.5099 (0.0779) [6.5453]	0.5580 (0.0192) [29.1002]	0.7967 (0.0451) [17.6608]	0.5798 (0.0512) [11.3312]	1.1804 (0.0974) [12.1220]	0.6157 (0.0565) [10.8964]	0.9425 (0.0969) [9.7242]	0.6267 (0.0380) [16.4940]
2013	0.7374 (0.0354) [20.8578]	0.5890 (0.0625) [9.4245]	0.5570 (0.0191) [29.1041]	1.0502 (0.0411) [25.5449]	0.5661 (0.0548) [10.3273]	1.2466 (0.1066) [11.6944]	0.6382 (0.0551) [11.5900]	0.8661 (0.0873) [9.9192]	0.6612 (0.0328) [20.1552]
2014	0.7300 (0.0392) [18.6031]	0.5795 (0.0665) [8.7184]	0.5591 (0.0094) [59.7401]	1.0756 (0.0478) [22.5140]	0.5645 (0.0602) [9.3730]	1.2417 (0.1051) [11.8153]	0.6402 (0.0586) [10.9188]	0.7790 (0.0795) [9.7996]	0.6506 (0.0607) [10.7190]

续表

年份	长三角	珠三角	京津冀	长江中游	成渝	中原	哈长	北部湾	关中平原
2015	0.7178 (0.0343) [20.9412]	0.5721 (0.0631) [9.0628]	0.5673 (0.0123) [46.2242]	1.0772 (0.0475) [22.6965]	0.5407 (0.0621) [8.7133]	1.2903 (0.1058) [12.1942]	0.6490 (0.0593) [10.9533]	0.7376 (0.0805) [9.1583]	0.6549 (0.0570) [11.4901]
2016	0.7330 (0.0334) [21.9764]	0.5780 (0.0634) [9.1104]	0.5715 (0.0139) [41.1886]	0.9984 (0.0428) [23.3452]	0.5420 (0.0619) [8.7520]	1.2712 (0.1052) [12.0807]	0.6599 (0.0592) [11.1547]	0.7292 (0.0643) [11.3457]	0.6531 (0.0567) [11.5176]

注：（ ）内的数值为拟合系数的标准误；［ ］内的数值为 t 统计量。

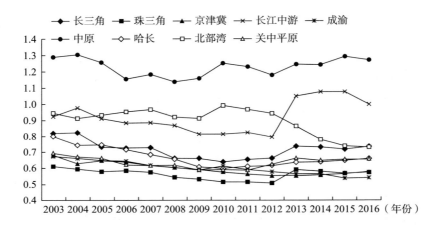

**图 4 - 39 2003 ~ 2016 年中国九大城市群物流业规模
分布的帕累托指数**

结合表 4 - 10 与图 4 - 39，从横向看，总体上，城市群物流业规模
分布帕累托指数值由高到低的顺序大致为中原、北部湾、长江中游、长
三角、关中平原、哈长、成渝、京津冀、珠三角。其中，中原城市群历
年的帕累托指数均大于 1，表明中原城市群物流业规模分布呈现明显的
扁平化特征；长江中游城市群从 2013 年开始帕累托指数大于 1，2016
年也接近 1，表明长江中游城市群物流业规模分布经历了从集中化到扁
平化的演变，物流业空间格局从不均匀的集中化向均匀的分散化转变；
其余城市群的帕累托指数均小于 1，表明这些城市群的物流业规模分布
呈现集中化特征，即物流业的大部分都集中于这些城市群内的少数几个
大城市。此外，九大城市群的帕累托指数均偏离 1，意味着九大城市群

物流业规模的分布都未接近齐普夫定律。从纵向看，随着时间的推移，长江中游城市群的帕累托指数 α 呈上升趋势，北部湾城市群的帕累托指数 α 呈下降趋势，其余七个城市群的变化相对平稳，这说明长江中游城市群物流业发展向扁平化方向转变，物流业分布的空间格局逐渐分散；而北部湾城市群内部城市物流业规模分布的空间格局逐渐集中；其他城市群的制造业规模分布格局无明显变化。中原城市群物流业发展的空间格局始终比较分散，而长三角、关中平原、哈长、成渝、京津冀、珠三角城市群内中心城市的物流业发展占据相对主导地位，这从一定程度上也折射出这些城市群内城市之间明确的产业功能分工。

根据图 4 - 40 可知，除长江中游城市群外，其他城市群 2016 年的物流业规模分布帕累托指数都比 2003 年小，说明我国大部分城市群物流业规模分布总体上都往更集中的方向发展。

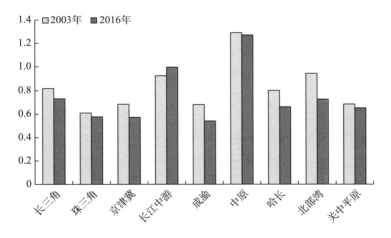

**图 4 - 40　2003 年、2016 年中国九大城市群物流业规模
分布的帕累托指数对比**

2. 九大城市群物流业规模分布的核密度分析

九大城市群物流业分布动态特征核密度估计结果见图 4 - 41。首先，2003 ~ 2016 年城市群物流业规模分布曲线基本保持一致，无明显改变。此外，城市群物流业规模分布帕累托指数同样也具有多极分化现象，分布曲线的延展性先收敛后拓展，且总体呈扩展趋势，说明各城市

群物流业规模分布帕累托指数的差异先缩小后扩大，各城市群物流业规模分布呈集聚与扩散并存的格局。

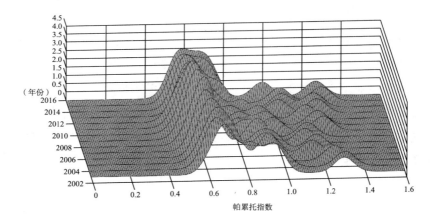

**图 4 - 41　中国九大城市群物流业规模分布帕累托
指数的核密度曲线**

资料来源：作者绘制。

（三）城市群制造业与物流业规模分布的比较

2003～2016 年，中国九大城市群制造业与物流业规模分布帕累托指数的对比分别见图 4 - 42 至图 4 - 50。

首先，中原城市群的制造业与物流业规模分布帕累托指数均大于1；长江中游城市群的制造业规模分布帕累托指数总体上大于 1，物流业规模分布帕累托指数总体上小于 1；其余城市群的制造业与物流业规模分布帕累托指数总体上小于 1。这表明，九大城市群的制造业与物流业规模分布都偏离了齐普夫定律。其中，中原城市群制造业与物流业的分布都呈扁平化特征；长江中游城市群物流业的分布比制造业更集中；其余城市群的制造业与物流业规模分布都比较集中。

其次，总体上看，制造业规模分布帕累托指数基本大于物流业规模分布帕累托指数的城市群包括珠三角、京津冀、长江中游，表明这些城市群的制造业规模分布比物流业规模分布更加分散，物流业分布的集聚态势相对更明显；制造业规模分布帕累托指数基本小于物流业规模分布帕累托指数的城市群包括长三角、中原、北部湾、关中平原，表明这些城市群的物流业规模分布比制造业规模分布更加分散，制造业的集聚态势相对更突出。2013 年以前，成渝与哈长城市群的制造业规模分布帕累托指数小于物流业规模分布帕累托指数，之后，制造业规模分布帕累托指数大于物流业规模分布帕累托指数，这说明在成渝与哈长城市群内，制造业的空间格局变得更分散，而物流业的空间格局变得更集中。更进一步地，在制造业与物流业规模分布特征存在差异的城市群中，珠三角、关中平原城市群的两业分布形态差异程度相对更大。

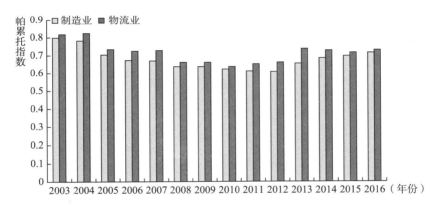

图 4－42　2003～2016 年长三角制造业与物流业规模分布帕累托指数对比

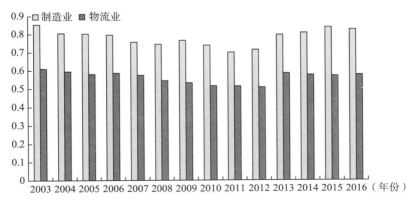

图 4－43　2003～2016 年珠三角制造业与物流业规模分布帕累托指数对比

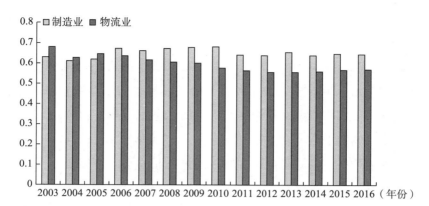

图4-44　2003~2016年京津冀制造业与物流业规模分布帕累托指数对比

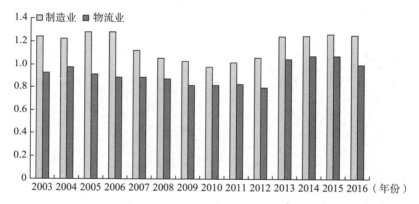

图4-45　2003~2016年长江中游制造业与物流业规模分布帕累托指数对比

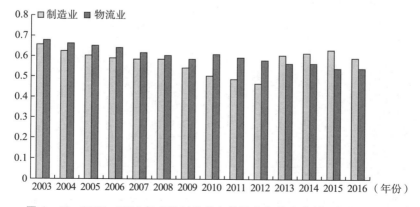

图4-46　2003~2016年成渝制造业与物流业规模分布帕累托指数对比

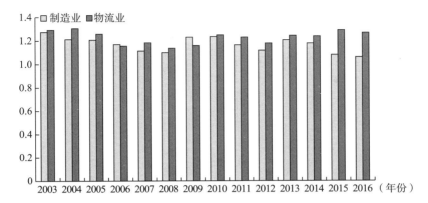

图 4 - 47　2003 ~ 2016 年中原制造业与物流业规模分布帕累托指数对比

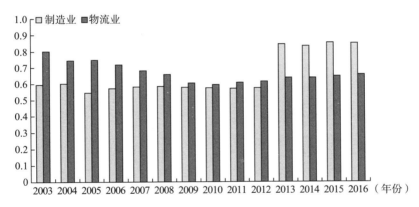

图 4 - 48　2003 ~ 2016 年哈长制造业与物流业规模分布帕累托指数对比

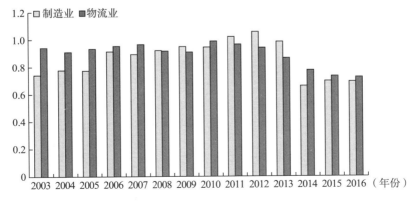

图 4 - 49　2003 ~ 2016 年北部湾制造业与物流业规模分布帕累托指数对比

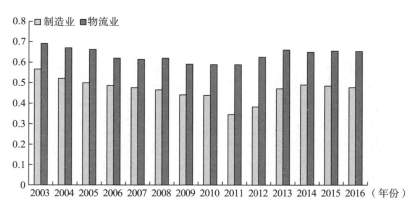

图 4-50　2003~2016 年关中平原制造业与物流业规模分布帕累托指数对比

六　东中西部地区制造业与物流业规模分布特征的进一步分析

接下来根据国家统计局对我国东中西部地区（以下简称东中西部）的划分，展开进一步的讨论。具体地，东部地区包括北京、天津、河北、辽宁、上海、江苏、浙江、福建、山东、广东和海南 11 个省份。中部地区包括山西、吉林、黑龙江、安徽、江西、河南、湖北和湖南 8 个省份。西部地区包括内蒙古、广西、重庆、四川、贵州、云南、西藏、陕西、甘肃、青海、宁夏和新疆 12 个省份。其中，西藏因数据缺失而未包含在分析样本中。

（一）东中西部制造业规模分布特征

1. 东中西部制造业规模分布的帕累托指数

表 4-11 报告了 2003~2016 年东中西部制造业规模分布的帕累托指数估计结果。各模型的拟合优度说明帕累托分布很好地描述了我国东中西部制造业规模的分布。根据表 4-11 的最小二乘法回归结果，东中西部制造业规模分布的帕累托指数 α 都在 1% 的水平上显著。

2003～2016 年，东中西部制造业规模分布帕累托指数的变化如图 4 - 51 所示。

根据表 4 - 11 与图 4 - 51，从横向上看，中部地区制造业规模分布的帕累托指数在各年相对都较大，西部地区较小，但 2013 年之后，东部地区的帕累托指数最小。这表明相对东部、西部区域而言，中部的制造业规模分布更加扁平化，2013 年之后，东部地区的制造业规模分布最为集中。从纵向上看，对于单个区域而言，随着时间的推移，中部地区的帕累托指数不断降低；东部地区帕累托指数变化相对平稳，总体上呈缓慢的下降趋势；西部地区的帕累托指数在 2003～2011 年逐渐降低，但 2012 年之后呈增长趋势。总体来看，分东中西部的样本检验结果表明，东中西部的帕累托指数也不为 1，即在东中西部地区内部，齐普夫定律也不成立，在各个地区内部城市制造业规模分布都呈现比较明显的集中化现象，而且东中部地区集中化趋势在不断增强。

表 4 - 11　2003～2016 年中国东中西部制造业规模分布
帕累托指数的估计结果

年份	东部	中部	西部	总体	年份	东部	中部	西部	总体
2003	0.8256 (0.0374) [22.0855]	1.0474 (0.0444) [23.6134]	0.8319 (0.0318) [26.1366]	0.8406 (38.9254)	2010	0.7654 (0.0356) [21.5222]	0.9004 (0.0419) [21.4816]	0.7395 (0.0361) [20.5127]	0.7249 (36.8039)
2004	0.8234 (0.0356) [23.1370]	0.9860 (0.0466) [21.1807]	0.8182 (0.0319) [25.6446]	0.8196 (39.2711)	2011	0.7701 (0.0338) [22.7883]	0.9117 (0.0400) [22.7842]	0.6831 (0.0376) [18.1727]	0.7062 (35.7956)
2005	0.8026 (0.0354) [22.7023]	0.9944 (0.0452) [22.0081]	0.8017 (0.0333) [24.0941]	0.7894 (39.0765)	2012	0.7763 (0.0347) [22.4046]	0.8670 (0.0407) [21.2855]	0.6904 (0.0368) [18.7475]	0.6988 (35.3430)
2006	0.7988 (0.0365) [21.8864]	0.9860 (0.0466) [21.1807]	0.8058 (0.0333) [24.2173]	0.7819 (38.5241)	2013	0.7882 (0.0317) [24.8400]	0.8751 (0.0440) [19.8715]	0.7925 (0.0376) [21.0528]	0.7430 (39.1821)
2007	0.7954 (0.0353) [22.5569]	0.9672 (0.0454) [21.2934]	0.8149 (0.0337) [24.1931]	0.7788 (39.5754)	2014	0.7761 (0.0325) [23.8956]	0.8481 (0.0443) [19.6032]	0.7900 (0.0377) [20.9604]	0.7326 (38.3538)

续表

年份	东部	中部	西部	总体	年份	东部	中部	西部	总体
2008	0.7778 (0.0361) [21.5423]	0.9311 (0.0448) [20.7931]	0.8081 (0.0328) [24.6516]	0.7626 (39.0269)	2015	0.7663 (0.0336) [22.8272]	0.8283 (0.0435) [19.0341]	0.7879 (0.0387) [20.3617]	0.7288 (37.4876)
2009	0.7684 (0.0360) [21.3707]	0.9207 (0.0435) [21.1824]	0.7636 (0.0351) [21.7729]	0.7418 (37.4667)	2016	0.7484 (0.0345) [21.6631]	0.7749 (0.0441) [17.5695]	0.7845 (0.0356) [22.0088]	0.7137 (36.6649)

注：（ ）内的数值为拟合系数的标准误；[ ] 内的数值为 t 统计量。

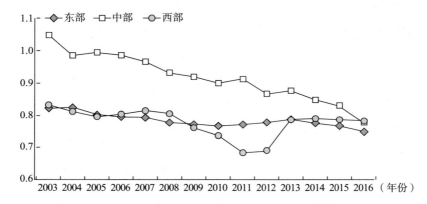

**图 4 - 51　2003～2016 年中国东中西部地区制造业规模
分布的帕累托指数**

2. 东中西部制造业规模分布的空间差异及分解

为了揭示东中西部制造业规模分布帕累托指数的总体差异及其来源，本节采用 Dagum 基尼系数对三大地区的相对差异进行测算并分解，表 4 - 12 报告了测算与分解结果。

（1）东中西部制造业规模分布帕累托指数的总体差异与地区内差异（见图 4 - 52）。从差异的演变趋势来看，总体基尼系数 G 由 2003 年的 0.1480 下降至 2016 年的 0.1325，表明总体差异在缓慢下降。西部地区呈"上升—下降—上升"变化，从 2003 年的 0.0688 上升至 2011 年的 0.1419，之后下降至 2014 年的 0.0457，再上升至 2016 年的 0.0563。东部地区波动相对平缓，从 2003 年的 0.1154 上升至 2016 年的 0.1315。中部地区总体上先下降后上升，从 2003 年的 0.1640 下降至 2016 年的

0.1476。从差异的大小看,西部地区相对较低,中部、东部位置有交换,这表明东、中部地区部分省份制造业规模分布集聚态势明显,而部分省份的制造业规模分布比较分散,进而导致内部的不均衡。

(2) 东中西部制造业规模分布帕累托指数的地区间差异 (见图4-53)。从差异变化看,地区间差异总体上都在波动中呈下降趋势。其中,中西部之间的差异变化幅度相对较大。从差异大小看,东部与西部、中部与西部的地区间差异较大,东中部的地区间差异较小,但2016年东中部的地区间差异上升至最高。

(3) 东中西部制造业规模分布帕累托指数的差异来源及其贡献 (见表4-12与图4-54)。从差异来源的演变看,地区内差异的贡献率无明显波动。地区间差异与超变密度波动频繁,2003年地区间差异的贡献率为41.42%,之后下降至2008年的27.04%,后上升再下降,2016年贡献率为37.83%;超变密度反映的是不同地区间的交叉重叠对总体差异的贡献率,2003年为30.19%,之后上升至2008年的41.84%,后下降至2016年的32.02%。从差异来源的贡献看,地区间差异与超变密度是总体差异的主要来源,两者交替作为差异的最主要来源。

表4-12 2003~2016年中国东中西部地区制造业规模分布的
Dagum 基尼系数及其分解

年份	地区内差异				地区间差异			贡献率 (%)		
	总体	东部	中部	西部	东-中	东-西	中-西	地区内	地区间	超变密度
2003	0.1480	0.1154	0.1640	0.0688	0.1525	0.1457	0.1799	28.3912	41.4160	30.1928
2004	0.1551	0.1197	0.1668	0.0915	0.1565	0.1500	0.1903	28.9724	42.6547	28.3729
2005	0.1640	0.1391	0.1684	0.1123	0.1647	0.1603	0.1941	29.8222	38.3448	31.8330
2006	0.1580	0.1496	0.1478	0.1172	0.1589	0.1627	0.1789	29.9275	36.2505	33.8219
2007	0.1425	0.1403	0.1314	0.1163	0.1413	0.1532	0.1529	30.6987	31.1077	38.1930
2008	0.1453	0.1417	0.1333	0.1287	0.1413	0.1578	0.1547	31.1229	27.0381	41.8390
2009	0.1506	0.1454	0.1464	0.1116	0.1502	0.1625	0.1612	30.5712	31.1833	38.2455
2010	0.1513	0.1469	0.1403	0.1219	0.1485	0.1646	0.1632	30.5645	31.1313	38.3042

续表

年份	地区内差异				地区间差异			贡献率（%）		
	总体	东部	中部	西部	东 – 中	东 – 西	中 – 西	地区内	地区间	超变密度
2011	0.1519	0.1522	0.1188	0.1419	0.1418	0.1784	0.1651	29.9472	33.7042	36.3486
2012	0.1449	0.1356	0.1209	0.1313	0.1326	0.1730	0.1589	29.7431	34.8673	35.3896
2013	0.1430	0.1513	0.1410	0.0879	0.1508	0.1492	0.1484	30.5950	31.6269	37.7781
2014	0.1366	0.1372	0.1452	0.0457	0.1476	0.1368	0.1531	28.8904	41.1253	29.9843
2015	0.1344	0.1330	0.1460	0.0564	0.1456	0.1328	0.1468	29.7362	39.1176	31.1462
2016	0.1325	0.1315	0.1476	0.0563	0.1478	0.1292	0.1391	30.1520	37.8299	32.0181

资料来源：根据 Dagum 基尼系数计算结果整理。

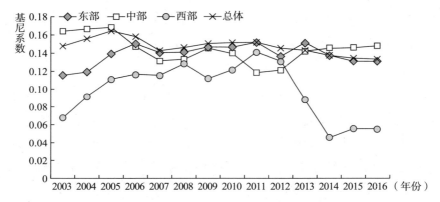

图 4 – 52　2003 ~ 2016 年中国东中西部制造业规模分布的
总体差异和地区内差异

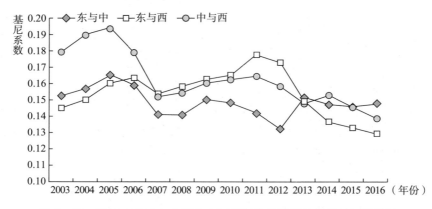

图 4 – 53　2003 ~ 2016 年中国东中西部制造业规模分布的地区间差异

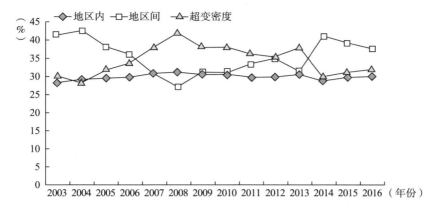

图 4 - 54　2003 ～ 2016 年中国东中西部制造业规模分布差异的贡献率

（二）东中西部物流业规模分布特征

1. 东中西部物流业规模分布的帕累托指数

表 4 - 13 报告了 2003 ～ 2016 年东中西部物流业规模分布帕累托指数估计结果。各模型的拟合优度说明帕累托分布很好地描述了东中西部物流业规模的分布。根据表 4 - 13 的最小二乘法回归结果，东中西部物流业规模分布帕累托指数 α 都在 1% 的显著性水平上显著。2003 ～ 2016 年，东中西部物流业规模分布帕累托指数如图 4 - 55 所示。

表 4 - 13　2003 ～ 2016 年中国东中西部物流业规模分布
帕累托指数的估计结果

年份	东部	中部	西部	总体	年份	东部	中部	西部	总体
2003	0.9585 (0.0161) [59.3985]	1.1456 (0.0386) [29.6914]	0.9070 (0.0269) [33.7546]	0.9824 (0.0167) [58.9956]	2010	0.8667 (0.0173) [50.1967]	1.0043 (0.0315) [31.8726]	0.8307 (0.0236) [35.1934]	0.8838 (0.0146) [60.5982]
2004	0.9943 (0.0158) [59.9486]	1.1754 (0.0343) [34.2567]	0.8875 (0.0255) [34.7612]	0.9711 (0.0160) [60.7984]	2011	0.8786 (0.0140) [62.8857]	1.0215 (0.0299) [34.1633]	0.8298 (0.0207) [40.0124]	0.8858 (0.0136) [65.3004]
2005	0.9175 (0.0159) [57.7433]	1.1103 (0.0341) [32.5571]	0.8784 (0.0236) [37.1443]	0.9507 (0.0151) [63.0440]	2012	0.8818 (0.0136) [65.0622]	0.9987 (0.0288) [34.6531]	0.8396 (0.0201) [41.8238]	0.8845 (0.0131) [67.5361]

续表

年份	东部	中部	西部	总体	年份	东部	中部	西部	总体
2006	0.9079 (0.0175) [51.9786]	1.0735 (0.0323) [33.2739]	0.8654 (0.0241) [35.8579]	0.9290 (0.0152) [61.0354]	2013	0.8932 (0.0168) [53.1906]	1.1598 (0.0313) [37.0753]	0.8742 (0.0138) [63.4038]	0.9367 (0.0122) [76.8564]
2007	0.9006 (0.0165) [54.6198]	1.0662 (0.0323) [33.0128]	0.8542 (0.0237) [36.0332]	0.9211 (0.0151) [61.1714]	2014	0.8906 (0.0175) [50.9854]	1.1183 (0.0289) [38.7150]	0.8350 (0.0177) [47.1420]	0.9123 (0.0125) [73.2606]
2008	0.8844 (0.0155) [57.0630]	1.0162 (0.0342) [29.6731]	0.8487 (0.0231) [36.7562]	0.9061 (0.0147) [61.7660]	2015	0.8786 (0.0168) [52.3389]	1.1200 (0.0286) [39.1992]	0.7989 (0.0182) [43.8330]	0.8963 (0.0127) [70.6310]
2009	0.8704 (0.0159) [54.8370]	1.0114 (0.0345) [29.3453]	0.8296 (0.0228) [36.3200]	0.8938 (0.0145) [61.4836]	2016	0.8864 (0.0162) [54.5674]	1.1001 (0.0264) [41.6773]	0.7990 (0.0184) [43.4063]	0.8944 (0.0126) [71.1663]

注：（ ）内的数值为拟合系数的标准误；［ ］内的数值为 t 统计量。

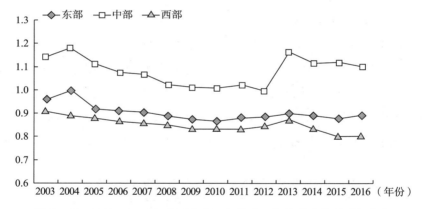

图 4 - 55　2003 ～ 2016 年中国东中西部物流业规模分布的帕累托指数

根据表 4 - 13 与图 4 - 55，从横向上看，中部地区物流业规模分布的帕累托指数在各个年份中都较大，且大多超过 1，西部地区较小，东部地区居中，东部地区与西部地区的帕累托指数都小于 1。这表明相对东部、西部地区而言，中部地区物流业分布表现出更加扁平化的特征，东部地区的物流业规模分布比较集中，而西部地区的物流业分布则最为集中。从纵向上看，对于单个地区而言，随着时间的推移，中部地区的帕累托指数变化表现为"上升—下降—上升—下降"的趋势。但总体上，东中西部地区的帕累托指数都在不断降低。东中西部地区的样本检验结果表明，东中西部的帕累托指数也不为 1，即在东中西部地区内部，齐普夫定律也不成立。此外，在各个地区内部，中部地区物流业规模分布比较分散，但近几年在朝着集中化的方向发展；东部地区与西部地区的城市物流业规模分布都呈现比较明显的集中化现象，而且地区内这种集中化趋势在不断增强。

2. 东中西部物流业规模分布的空间差异及分解

为了揭示东中西部物流业规模分布帕累托指数的总体差异及其来源，接下来采用 Dagum 基尼系数对三大地区的相对差异进行测算并分解，表 4 - 14 报告了测算与分解结果。

（1）东中西部物流业规模分布帕累托指数的总体差异与地区内差异（见图 4 - 56）。从差异的演变来看，总体基尼系数 G 由 2003 年的 0.1311 下降至 2016 年的 0.1287，表明总体差异在缓慢下降。从差异的演变来看，中部地区具有明显的下降趋势，东西部地区则在频繁的波动中呈上升趋势。具体地，中部地区从 2003 年的 0.1330 下降至 2016 年的 0.0666。西部地区呈"上升—下降—上升"变化，从 2003 年的 0.1275 上升至 2012 年的 0.1549，之后下降至 2013 年的 0.1183，再上升至 2016 年的 0.1448。东部地区上升平稳，从 2003 年的 0.0869 上升至 2016 年的 0.1034。从差异的大小看，西部地区相对较大，东部地区较小，中部地区居中。这表明在西部地区内，部分省份物流业分布的集聚态势相对明显，而部分省份比较分散，导致地区内部不均衡；在东部地区内，各省份的物流业规模分布差异不大，空间分布特征的一致性较强。

（2）东中西部物流业规模分布帕累托指数的地区间差异（见图 4 - 57）。从差异演变看，东部与西部、中部与西部的地区间差异呈上升趋势，而东中部的地区间差异表现为下降趋势。从差异大小看，中部与西部的地区间差异较大，东部与西部的地区间差异居中，东部与中部的地区间差异最小。

（3）东中西部物流业规模分布帕累托指数的差异来源及其贡献（见表4-14与图4-58）。从差异来源的演变看，地区内差异的贡献率总体呈缓慢下降趋势；超变密度具有明显下降趋势，特别是从2012年的40.30%快速下降为2013年的24.44%；地区间差异则具有明显的上升趋势，从2012年的29.12%快速地上升为2013年的47.60%。从差异来源的贡献看，三大来源的顺序交替变化。

表4-14　2003~2016年中国东中西部地区物流业规模分布的
Dagum基尼系数及其分解

年份	地区内差异				地区间差异			贡献率（%）		
	总体	东部	中部	西部	东-中	东-西	中-西	地区内	地区间	超变密度
2003	0.1311	0.0869	0.1330	0.1275	0.1187	0.1359	0.1582	29.9113	34.2333	35.8554
2004	0.1125	0.0725	0.1065	0.1240	0.0960	0.1245	0.1323	30.2946	33.6913	36.0141
2005	0.1228	0.0741	0.1326	0.1290	0.1111	0.1223	0.1463	31.1012	27.1383	41.7605
2006	0.1262	0.0932	0.1115	0.1476	0.1084	0.1393	0.1422	31.2858	23.4818	45.2324
2007	0.1269	0.0921	0.1279	0.1299	0.1165	0.1346	0.1423	31.0703	26.6554	42.2743
2008	0.1256	0.0816	0.1247	0.1336	0.1120	0.1361	0.1444	30.5044	29.6218	39.8737
2009	0.1209	0.0817	0.1025	0.1444	0.0977	0.1395	0.1419	30.3794	30.5170	39.1036
2010	0.1321	0.0725	0.1145	0.1633	0.1001	0.1524	0.1637	29.9118	25.8035	44.2847
2011	0.1299	0.0881	0.1162	0.1494	0.1068	0.1448	0.1547	30.4978	29.2934	40.2088
2012	0.1311	0.0965	0.1086	0.1549	0.1075	0.1525	0.1501	30.5777	29.1179	40.3044
2013	0.1142	0.0901	0.0821	0.1183	0.0884	0.1370	0.1458	27.9690	47.5951	24.4358
2014	0.1163	0.0882	0.0787	0.1239	0.0857	0.1500	0.1471	27.3316	48.4704	24.1979
2015	0.1293	0.0991	0.0815	0.1318	0.0931	0.1728	0.1676	26.2059	50.9436	22.8506
2016	0.1287	0.1034	0.0666	0.1448	0.0947	0.1798	0.1573	26.2093	50.8648	22.9258

资料来源：根据Dagum基尼系数计算结果整理。

（三）东中西部制造业与物流业规模分布的比较

2003~2016年，中国东中西部制造业与物流业规模分布帕累托指数的对比分别见图4-59至图4-61。首先，除了中部地区物流业规模

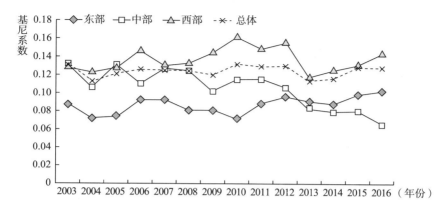

图 4 - 56　2003 ~ 2016 年中国东中西部物流业规模分布的
总体差异和地区内差异

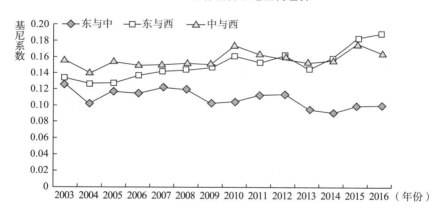

图 4 - 57　2003 ~ 2016 年中国东中西部物流业规模分布的地区间差异

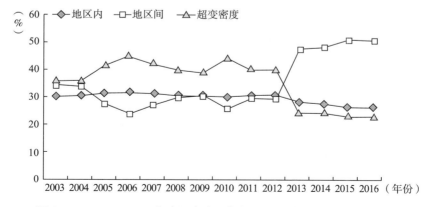

图 4 - 58　2003 ~ 2016 年中国东中西部物流业规模分布差异的贡献率

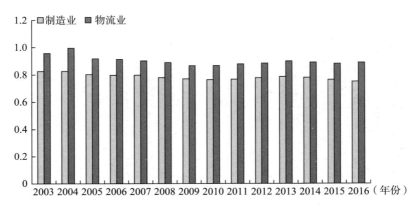

图 4 – 59 2003～2016 年东部地区制造业与物流业规模分布帕累托指数对比

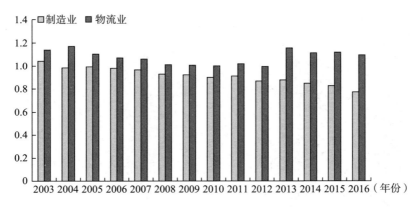

图 4 – 60 2003～2016 年中部地区制造业与物流业规模分布帕累托指数对比

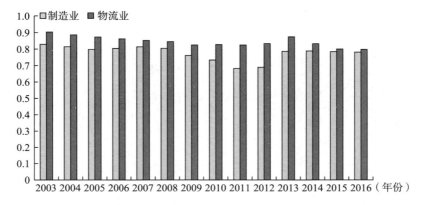

图 4 – 61 2003～2016 年西部地区制造业与物流业规模分布帕累托指数对比

分布帕累托指数总体大于 1 之外，其他地区制造业与物流业规模分布帕累托指数总体小于 1，三个地区制造业与物流业规模分布都偏离了齐普夫定律。其次，三个地区制造业与物流业规模分布帕累托指数之间没有很明显的差异，但整体上，物流业规模分布帕累托指数都大于制造业规模分布帕累托指数，表明在三个地区内，制造业空间分布的集聚态势更突出，而物流业的空间分布格局相对更分散。

本章小结

本章基于 2003～2016 年中国地级及以上城市面板数据，采用帕累托分布分析城市制造业与物流业规模分布的时空演进特征，并在行政区域（省级行政区）、经济区域（九大城市群）以及地理区域（东中西部）三个细分空间尺度上，进一步考察了中国城市制造业与物流业规模分布的特征、动态演进，以及差异分解，并进行了比较研究，主要研究结论如下。

（1）针对中国 283 个地级及以上城市全部样本，检验结果显示，制造业与物流业规模分布的帕累托指数均小于 1，但是物流业规模分布帕累托指数比制造业大，更接近 1，这意味着制造业规模分布不符合齐普夫定律，而物流业规模分布基本符合齐普夫定律。此外，随着发展规模较小的城市不断加入，城市制造业与物流业规模分布的帕累托指数 α 均逐渐减小；观测期内，城市制造业规模分布的帕累托指数 α 不断减小，城市物流业规模分布的帕累托指数 α 则呈现先下降后上升再下降的趋势，但总体上也表现为下降趋势，这说明中国城市制造业与物流业的空间分布格局总体上都朝着集中化方向发展。

（2）针对中国省域这一空间尺度，省域制造业规模分布的检验结果显示，河北、江苏、安徽、江西、山东、河南这六个省份的制造业规模分布呈现明显的扁平化特征，其余省份的制造业规模分布呈集中化特征；观测期内，江西、山东、贵州、甘肃这四个省份制造业规模分布朝扁平化方向发展，其余省份往更集中化的方向变化。此外，各省制造业规模分布帕累托指数之间的差异呈先缩小后扩大的趋势。省域物流业规模分布的检验结果显示，河北、江苏、河南、湖南、广西这五个省份的物流业规模分布呈明显的扁平化特征，其余省份物流业规模分布呈现集中化特征；观测期内，福建、江西、山东、甘肃物流业朝扁平化方向发展，其余省份则往更集中化的方向变化。此外，各省物流业规模分布帕累托指数的差异在缩小。

（3）针对中国九大城市群这一空间尺度，城市群制造业规模分布的检验结果显示，中原、长江中游城市群的制造业规模分布呈明显的扁平化特征，其余城市群制造业规模分布呈集中化特征，而且成渝、关中平原城市群的集聚态势最突出。观测期内，长江中游城市群的帕累托指数 α 表现为先下降后上升的趋势，北部湾城市群的帕累托指数 α 表现为先上升后下降再上升的趋势，其余七个城市群的变化相对平稳。另外，各城市群制造业规模分布帕累托指数的差异先缩小后扩大。城市群物流业规模分布的检验结果显示，中原城市群物流业规模分布呈明显的扁平化特征，长江中游城市群物流业规模分布经历了从集中化到扁平化的演变，其余城市群的物流业规模分布总体上都呈现集中化特征。观测期内，长江中游城市群的帕累托指数 α 呈上升趋势，北部湾城市群的帕累托指数 α 呈下降趋势，其余七个城市群的变化相对平稳。另外，与城市群制造业一样，各城市群物流业规模分布帕累托指数的差异先缩小后扩大。

（4）针对中国东中西部地区这一空间尺度，三大地区制造业规模分布的检验结果显示，相对东部、西部地区而言，中部的制造业规模分布更加扁平化，但各个地区内城市制造业规模分布总体上都呈现比较明显的集中化现象，而且东部与中部的集中化趋势在不断增强。基于 Dagum 基尼系数方法的分解结果显示，东中西部地区制造业总体差异缓慢下降，西部地区呈"上升—下降—上升"趋势，东中部地区的变化相对平缓。东西部、中西部的地区间差异较大，东中部的地区间差异较小，而且三大地区间差异总体上都在波动中呈下降趋势。从三大差异来源对总体差异的贡献看，地区间差异与超变密度是制造业总体差异的主要来源，两者交替作为总体差异的最主要来源。三大地区物流业规模分布的检验结果显示，相对于东部、西部，中部物流业规模分布更加扁平化，总体上东中西部三大地区的帕累托指数都在不断降低，意味着三大地区内物流业发展的集中化趋势在不断增强。基于 Dagum 基尼系数方法的分解结果显示，东中西部物流业分布的总体差异缓慢下降，中部地区具有明显的下降趋势，东西部地区则在频繁的波动中呈上升趋势。中西部的地区间差异较大，东西部的地区间差异居中，东中部的地区间差异最小，东西部、中西部的地区间差异呈上升趋势，而东中部的地区间差异表现为下降趋势。从差异来源的贡献看，三大来源的顺序交替变化。

从上述研究结论中，可以看到，无论是在省级行政区层面，还是在九大城市群和东中西部地区层面，中国城市制造业与物流业规模分布存在两个典型特征：①城市制造业与物流业规模分布均不满足齐普夫定律，但物流业比制造业的规模分布相对更符合齐普夫定律；②总体上，中国城市制造业与物流业的空间分布都朝着集中化方向发展。

参考文献

［1］陈良文，杨开忠，吴姣. 中国城市体系演化的实证研究［J］. 江苏社会科学，2007，(1)：81－88.

［2］方明月，聂辉华. 中国工业企业规模分布的特征事实：齐夫定律的视角［J］. 产业经济评论，2010，9 (2)：1－17.

［3］高鸿鹰，武康平. 我国城市规模分布 Pareto 指数测算及影响因素分析［J］. 数量经济技术经济研究，2007，24 (4)：43－52.

［4］江曼琦，王振坡，王丽艳. 中国城市规模分布演进的实证研究及对城市发展方针的反思［J］. 上海经济研究，2006，(6)：31－37.

［5］李松林，刘修岩. 中国城市体系规模分布扁平化：多维区域验证与经济解释［J］. 世界经济，2017，(11)：144－169.

［6］ 梁琦，陈强远，王如玉．户籍改革、劳动力流动与城市层级体系优化 ［J］．中国社会科学，2013，（12）：36－59.

［7］ 刘学华，张学良，李鲁．中国城市体系规模结构：特征事实与经验阐释 ［J］．财经研究，2015，41（11）：108－123.

［8］ 苗洪亮．中国地级市城市规模分布演进特征分析 ［J］．经济问题探索，2014，（11）：113－121.

［9］ 盛斌，毛琪淋．贸易自由化、企业成长和规模分布 ［J］．世界经济，2015，（2）：3－30.

［10］ 唐为．中国城市规模分布体系过于扁平化吗？ ［J］．世界经济文汇，2016，（1）：36－51.

［11］ 王小鲁．中国城市化路径与城市规模的经济学分析 ［J］．经济研究，2010，（10）：20－32.

［12］ 杨其静，李小斌，方明月．市场、政府与企业规模分布——一个经验研究 ［J］．世界经济文汇，2010，（1）：1－15.

［13］ 余吉祥，周光霞，玉彬段．中国城市规模分布的演进趋势研究 ［J］．人口与经济，2013，（2）：44－52.

［14］ Anderson，G．，and Y. Ge. The Size Distribution of Chinese Cities ［J］. *Regional Science and Urban Economics*，2005，35（6）：756－776.

［15］ Auerbach，F. Das Gesetz Der Bevolkerungskonzentration ［J］. *Petermann Geographische Mitteilungen*，1913，（59）：74－76.

［16］ Axtell，R. L. Zipf Distribution of U. S. Firm Sizes ［J］. *Science*，2001，293（5536）：1818－1820.

［17］ Black，D．，and V. Henderson. Urban Evolution in the USA ［J］. *Journal of Economic Geography*，2003，（3）：343－372.

［18］ Dagum，C，A. New Approach to the Decomposition of the Gini Income Inequality Ratio ［J］. *Empirical Economics*，1997，22（4）：515－531.

［19］ di Giovanni，J．，A. A. Levchenko，and R. Rancière. Power Laws in Firm Size and Openness to Trade：Measurement and Implications ［J］. *Journal of International Economics*，2011，85（1）：42－52.

［20］ Duranton，G. Urban Evolutions：The Fast, the Slow, and the Still ［J］. *A-*

merican Economic Review, 2007, 97（1）：197 - 221.

[21] Eaton, J., and Z. Eckstein. Cities and Growth: Theory and Evidence from France and Japan [J]. *Regional Science and Urban Economics*, 1997, 27 (4): 443 - 474.

[22] Eeckhout, J.. Gibrat's Law for（All）Cities [J]. *The American Economic Review*, 2004, 94（5）: 1429 - 1451.

[23] Fujiwara, Y., H. Aoyama, C. D. Guilmi, W. Souma, and M. Gallegati. Gibrat and Pareto-Zipf Revisited with European Firms [J]. *Physica A: Statistical Mechanics and Its Applications*, 2004, 344（1）: 112 - 116.

[24] Gabaix X.. Zipf's Law for Cities: An Explanation [J]. *The Quarterly Journal of Economics*, 1999, 114（3）: 739 - 767.

[25] Gabaix, X.. Variable Rare Disasters: A Tractable Theory of Ten Puzzles in Macro-Finance [J]. *American Economic Review*, 2008, 98（2）: 64 - 67.

[26] Gangopadhyaya, K., and B. Basu. City Size Distributions for India and China [J]. *Physica*, 2009, 388（13）: 2682 - 2688.

[27] Giesen, K., and J. Südekum. Zipf's Law for Cities in the Regions and the Country [J]. *Journal of Economic Geography*, 2011, 11（4）: 667 - 686.

[28] Hsu, W. T., T. Mori, and T. E. Smith. Spatial Patterns and Size Distributions of Cities [R]. Kier Working Papers, 2014.

[29] Luttmer, E. G. J.. Selection, Growth, and the Size Distribution of Firms [J]. *Quarterly Journal of Economics*, 2007, 122（3）: 1103 - 1144.

[30] Overman, H. G., and Y. M. Ioannides. Cross-Sectional Evolution of the U. S. City Size Distribution [J]. *Journal of Urban Economics*, 2001, 49（3）: 543 - 566.

[31] Parr, J. B.. A Note on the Size Distribution of Cities Over Time [J]. *Journal of Urban Economics*, 1985, 18（2）: 199 - 212.

[32] Quah, D.. Galton's Fallacy and Tests of the Convergence Hypothesis [J]. *Scandinavian Journal of Economics*, 1993, 95（4）: 427 - 443.

[33] Rosen, K. T., and M. Resnick. The Size Distribution of Cities: An Examination of the Pareto Law and Primacy [J]. *Journal of Urban Economics*, 1980,

8 （2）：165 – 186.

[34] Silverman, B. W.. *Density Estimation for Statistics and Data Analysis* [M]. London：Chapman and Hall, 1986.

[35] Song, S. , H. Zhang. Urbanization and City Size Distribution in China [J]. *Urban Studies*, 2002, 39 （12）：2317 – 2327.

[36] Soo, K. T. . Zipf's Law for Cities：A Cross-Country Investigation [J]. *Regional Science and Urban Economics*, 2005, 35 （3）：239 – 263.

[37] Xu, Z., N. Zhu. City Size Distribution in China：Are Large Cities Dominant? [J]. *Urban Studies*, 2009, 46 （10）：2159 – 2185.

[38] Zipf, G. K.. *Human Behavior and the Principle of Least Effort* [M]. Cambridge：Addison-Wesley Press, 1949.

第五章 空间结构网络化与区域物流协调

　　作为网络型产业，网络化、协同化、系统化是物流产业发展的内在要求，规模化经营、一体化运作、网络化发展是物流企业的内在要求，但目前普遍存在的地区封锁和利益藩篱，阻碍了区域物流的空间关联以及物流企业网络化经营的发展。目前，学术界基于空间视角对物流业的研究主要集中在两个方面：一是物流业的空间结构，主要分析物流企业在某一区域内的布局特征（千庆兰等，2011；曹卫东，2011；王成金和张梦天，2014），或通过计算区位熵等指标，分析区域物流空间布局的演化过程（沈玉芳等，2010；崔园园和宋炳良，2015），或通过物流枢纽节点的选择和辐射范围的分析来构建区域物流网络结构（关高峰和董千里，2013；刘荷和王健，2014；谢京辞和李慧颖，2015；李明芳和薛景梅，2015）。二是物流业的空间关联性，主要利用空间计量方法分析物流业的空间相关性（Jing and Cai，2010；钟祖昌，2011；范月娇和王健，2012；谢守红和蔡海亚，2015），或基于引力模型绘制物流业的空间联系网络，进而分析网络结构特征（朱慧和周根贵，2015；唐建荣等，2016）。

　　已有研究表明中国物流业发展存在显著的空间关联性，但这些研究存在一些局限：一是空间计量方法所揭示的物流业空间关联性仅考虑了地理上的"邻近"效应，由此得出的政策含义往往局限于"局部"，难以从整体上把握我国物流业发展的空间关联特征；二是均基于"属性数据"而非"关系数据"，难以刻画物流业空间关联的整体网络结构特征，也无法揭示"关系"的效应，而"关系数据"往往决定属性数据的表现，更具有分析价值。因为从关系地理和城市网络的视角看，一个城市发展好不好除了自身的条件外，更重要的是在城市网络中的地位和与其他城市的竞合关系。随着互联网通信技术、以高铁为代表的现代交通工具的巨大进步，城市内部、城市间以及区域间的联系逐渐增强，使现代社会形成了一个巨大的流动空间。目前在中国基本形成了一个等级制的城市空间网络，在这个复杂的网络中，城市的发展本质上取决于各种权力的空间分配，权力越集中的城市，空间生产的能力越强，吸附资源的能力越强，辐射的范围越广，发展的可持续能力越大。这些城市就是常说的城市网络中的节点城市或者中心城市，而最高级别的便是国家中心城市。鉴于此，本章借助社会网络分析（SNA）方法来考察我国不同空间尺度下物流业发展的空间关联结构特征，这对于认识物流业发展规律、促进物流业协调发展具有重要的理论和现实意义。

一 研究方法

（一）空间关联网络的构建方法

区域经济增长的空间关联网络是区域间经济增长关系的集合。各区域是网络中的"点"，各区域之间在经济增长上的空间关联关系是网络中的"线"，由这些点和线构成区域经济的空间关联网络。构建区域经济空间关联网络的关键是刻画区域之间的空间关联关系和空间溢出效应。根据现有文献，关系的确定主要采用引力模型和 VAR Granger Causality 检验法。

1. 引力模型

空间关联网络构建的核心是找到描述城市间联系的准确数据。当前，用来描述城市间联系的常用流量指标，包括人流、交通流、资金流、信息流、贸易流等。但是这些流量指标的数据在较小的区域内一般难以获取。鉴于此，人们常常根据城市自身的存量信息来刻画城市之间的联系。其中以引力模型最为典型。杰弗逊和齐夫（Jefferson and Zipf）首次采用万有引力定律对城市体系中城市间相互作用进行分析，建立了城市体系研究领域空间相互作用的理论基础。后来，人们又将引力模型应用于经济地理学的空间相互作用研究中。著名地理学家塔菲（Taaffe）认为，地区间经济联系强度与各地区的人口成正比，与地区之间距离的 b 次方成反比，从而形成了区域经济学中常用的基本引力模型公式。随着研究的深入，这个基本公式在不断改进。比如，一些研究将人口与经济规模（GDP）的乘积开平方后的值作为城市"质量"的综合衡量指标，认为城市间联系与人口、经济规模、距离都有一定的关系，而不仅仅与人口规模有关。总体来看，相关研究一般根据自身研究问题的需要，对基本引力模型公式做不同程度的改进。如刘华军等（2015）构建修正的引力模型确定了省际能源消费的空间关联关系；王永刚和吴治忠（2015）以服务业增加值为主要参数，借助修正的引力模型研究了长三角城市网络的复杂关系。

2. VAR Granger Causality 检验法

VAR Granger Causality 也可以确定空间关联关系，如 Groenewold 等（2007）采用 VAR 模型分析了中国区域之间的空间溢出效应。我们考察的是各区域之间的动态联系，有关这种联系的经济学理论尚不够成熟，尤其是在动态结构滞后阶数的选择方面（Sims，1980）。加上各区域变量本身是内生变量，作为自变量时违反估计的经典假设使参数估计和推断变得困难（高铁梅，2009）。而关联网络研究主要聚焦区域间动态关联关系是否存在，因此非结构化的向量自回归模型（VAR）是一个比较合适的选择。在考察两区域的关联关系时，先建立两区域经济增长变量的 VAR 模型，然后通过 VAR Granger Causality/Block Exogeneity Wald Tests 判断区域之间是否存在动态关联。如果 A 和 B 两个区域之间经济增长的动态关联关系通过检验，并且是 A 指向 B 的，则在网络中画一条由 A 指向 B 的箭头，并将 A、B 两点连接起来，表明这两个区域之间是显著关联的。可以依此方法检验所有区域之间的两两空间关联关系，从而画出网络中各条带箭头的"连接线"，这样便可构建出区域经济增长的空间关联网络。由于 VAR 因果关系可能不是对称的，因此这是一个有方向的空间关联网络。

（二）空间关联网络特征的指标

1. 整体网络特征

整体网络特征通常采用网络密度、网络关联度、网络等级度和网络效率进行刻画。

（1）网络密度。网络密度（Density）是反映各区域之间关联关系情况的指标。网络中关联关系的数量越多，网络密度越大。网络的密度定义为实际拥有的连线数与整个网络（Complete Network）中最多可能拥有的连线数之比。该指标取值范围为 [0，1]。设网络中的区域数量为 N，则网络中最大可能存在的关联关系数量为 $N(N-1)$。设网络中实际拥有的关联关系数量为 L，则网络密度 Dn 可表示为：

$$Dn = \frac{L}{N(N-1)}。$$

（2）关联性。关联性（Connectedness）反映网络的稳健性（Robust）和脆弱性（Vulnerability）。如果网络中各区域之间存在一条直接或间接的路径相连，那么该网络就具有较好的关联性。如果一个网络的很多线都通过一个区域相连，那么该网络对该区域就存在很大的依赖性，一旦排除该区域，网络就可能崩溃，因此是不稳健的，则其关联性低。关联性的测度指标是关联度 C，关联度 C 可通过可达性（Reachability）来测量，其取值范围为 [0，1]。设网络中的区域经济主体数量为 N，网络中不可达的点对数为 V，则关联度 C 的计算公式：$C = 1 - \frac{V}{N(N-1)/2}。$

对于有向网络，与关联性密切相关的一个指标是网络等级度（Hierarchy）。这个概念表达的是网络中区域之间在多大程度上是非对称地可达，反映各区域之间在网络中的支配地位，其取值范围为［0，1］。设网络中对称可达的点对数为 K，max（K）为最大可能的对称可达的点对数，则等级度的计算公式是：$H = 1 - \dfrac{K}{\max（K）}$。

反映网络关联性的另一个指标是网络效率。网络效率是指网络在多大程度上存在多余的线。在空间关联网络中，网络效率越低，表明空间溢出渠道越多，存在溢出效应的多重叠加现象，网络越稳定。该指标的取值范围为［0，1］。设网络中多余线的条数为 M，max（M）为最大可能的多余线的条数，则网络效率 E 的计算公式是：$E = 1 - \dfrac{M}{\max（M）}$。

2. 各节点的网络特征

中心性（Centrality）是研究各区域在网络中地位和作用的指标。一个区域在网络中越处于中心位置，其在网络中的"影响力"越大，越能影响其他区域。网络中心性的常见刻画指标有三个，分别是点度中心度（Degree Centrality）、中间中心度（也称中介中心度）（Betweenness Centrality）和接近中心度（Closeness Centrality）。

（1）点度中心度是指在网络中与某区域直接相关联的区域数目（用 n 表示）和最大可能直接相连的区域数目（用 $N-1$ 表示）之比。用 De 代表点度中心度：$De = \dfrac{n}{N-1}$。

（2）中间中心度是行动者对资源控制的程度，表示节点成员在多大程度上是网络中其他成员的中介，如果一个点处于许多其他点对的最短途径上，那么该点具有较高的中间中心度，即中间中心度测度的是一个区域在多大程度上处于其他区域的"中间"。如果一个区域处于多对区域的最短路径上，该区域很可能在网络中起着重要的"中介"作用，因而处于网络的中心。假设区域 j 和 k 之间存在的捷径数目为 g_{jk}，j 和 k 之间存在的经过 i 的捷径数目为 $g_{jk}(i)$，第三个区域 i 控制 j 和 k 关联

的能力为 $b_{jk}(i)$（即 i 处于 j 和 k 之间捷径上的概率），那么 $b_{jk}(i) = \dfrac{g_{jk}(i)}{g_{jk}}$。将 i 对应于网络中所有的点对的中间度相加，得到区域 i 的绝对中间中心度，将其标准化得到相对中间中心度：$Cb_i = \dfrac{2\sum\limits_{j}^{N}\sum\limits_{k}^{N} b_{jk}(i)}{N^2 - 3N + 2}$ $(j \neq k \neq i, \; j < k)$。

（3）接近中心度是指不受他人控制的程度，如果一个点与网络中所有其他点的距离都很短，则称该点具有较高的接近中心度。一个点的接近中心度是该点与网络中所有其他点的捷径距离之和，其计算公式为：$C_{AP_i}^{-1} = \sum\limits_{j=1}^{n} d_{ij}$。这是绝对接近中心度，绝对接近中心度除以最小接近中心度，可以得到相对接近中心度，计算公式为：$C_{RP_i}^{-1} = \dfrac{C_{AP_i}^{-1}}{n-1}$，或 $C_{RP_i} = \dfrac{n-1}{C_{AP_i}^{-1}}$。

3. 空间聚类分析

块模型是进行空间聚类分析的主要方法。块模型（Block Model）分析最早由 White 等（1976）提出，是一种研究网络位置模型的方法。Snyder 和 Kick（1979）曾用此方法研究过世界经济体系。

根据块模型理论，可以对各个位置块在区域经济增长中的角色进行分析。通常有四种区域经济增长的角色：一是主受益板块，此位置上的区域经济增长主体在板块内部关系比例多，而外部关系比例少，对其他板块的溢出效应较小。极端情况下，只对内部发出关系，而不对外部发出关系，但接收来自其他板块发出的关系，在此情况下可称之为净受益板块。二是净溢出板块，其成员向其他板块成员发出较多的关系，而对板块内部较少发出关系，并且较少接收外来关系，此板块上的经济主体对其他地区经济增长产生净溢出效应。三是双向溢出板块，其成员向其他板块成员发出较多的关系，同时对板块内部也发出较多的关系，但接收外来的关系少，此板块上的经济主体对板块内部和其他板块经济增长产生双向溢出效应。四是经纪人板块，其成员既发出又接收外部关系，其内部成员之间的联系比较少，在经济增长的空间溢出中发挥桥梁作用。

Wasserman 和 Faust（1994）开发了评价位置内部关系趋势的指标。假设分析来自位置 B_k 的各个成员的关系。位置 B_k 中有 g_k 个经济主体，那么，B_k 内部可能具有的关系总数为 g_k（$g_k - 1$）。假定在整个网络中含有 g 个经济主体，位置各个成员的所有可能的关系为 g_k（$g - 1$）。那么，一个位置的总关系的期望比例为 $\frac{g_k\ (g_k - 1)}{g_k\ (g - 1)} = \frac{g_k - 1}{g - 1}$。根据这一指标，基于位置内部以及位置之间的关系，可以划分成 4 种经济增长板块（见表 5 - 1）。

表 5 - 1 块模型中的经济增长板块分类

位置内部的关系比例	位置接收到的关系比例	
	= 0	> 0
$\geqslant \dfrac{g_k - 1}{g - 1}$	双向溢出板块	主受益板块/净受益板块
$< \dfrac{g_k - 1}{g - 1}$	净溢出板块	经纪人板块

二 中国省际物流业发展的空间关联网络结构

（一）数据来源与说明

在分析省际物流业发展的空间关联网络结构时，使用 2004 ~ 2014 年中国 31 个省份的物流业集聚度展开研究。集聚度的衡量采用区位熵指标，包括基于就业人数和增加值的区位熵。

基于就业人数的物流业区位熵计算公式：$logagg_{it} = \dfrac{EM_{it}/E_{it}}{EM_t/E_t}$。其中，由于在统计年鉴中只能查到各城市城镇单位就业人数，无法获取全部就业人数，故 EM_{it} 表示地区 i 第 t 年的物流业城镇单位就业人数，EM_t 表示所有地区第 t 年的物流业城镇单位就业人数，E_{it} 表示地区 i 第 t 年的城镇单位总就业人数，E_t 为所有地区第 t 年的城镇单位总就业人数。

基于增加值的物流业区位熵计算公式：$logagg_{it} = \dfrac{LOGAV_{it}/GDP_{it}}{LOGAV_t/GDP_t}$。其中，$LOGAV_{it}$ 表示地区 i 第 t 年的物流业增加值，$LOGAV_t$ 表示所有地区第 t 年的物流业增加值，GDP_{it} 表示地区 i 第 t 年的国内生产总值，GDP_t 表示全国第 t 年的国内生产总值。

如前文所述，本节依然选用交通运输、仓储和邮政业作为物流业的代表行业。以上指标数据来源于历年《中国统计年鉴》。

（二）省域物流业集聚水平

1. 基于就业人数的省域物流业集聚度

各省份物流业集聚水平如图 5-1 所示。由图可知，我国大多数地区物流业集聚度都呈现上升趋势。其中，上海与北京多年居前两位，此外，天津、山西、内蒙古、辽宁、吉林、黑龙江、湖北、广东、广西、重庆、陕西、甘肃、青海等地区的集聚度也较高。浙江、福建、西藏等地区的集聚度较低。

进一步，对东部、中部、西部和东北四大经济区域的物流业集聚度单独进行分析。我国东部地区 10 个省份的物流业集聚度如图 5-2 所示。由图可知，上海与北京的集聚度居于领先地位，天津其次，其他地区集聚水平相对较低，且增速缓慢。

我国中部地区六省份物流业集聚度如图 5-3 所示。由图可知，除湖南、湖北与江西外，其他省份物流业集聚度总体呈上升趋势。2010 年后，山西超越其他省份，居于领先地位，物流业集聚度最高。

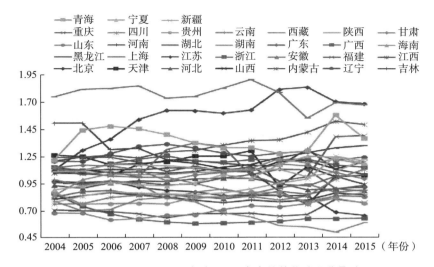

图 5 - 1　2004～2015 年中国 31 个省份的物流业集聚度

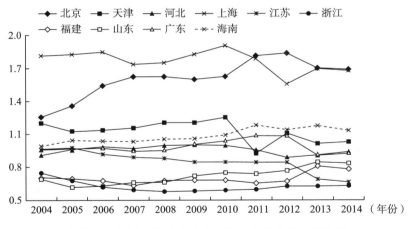

图 5 - 2　2004～2014 年中国东部地区的物流业集聚度

　　我国西部地区物流业集聚度如图 5 - 4 所示。由图可知，青海与重庆的物流业集聚水平在 2012 年后增速明显，西藏的下降趋势明显，其他地区变动较平缓。2014 年，青海、内蒙古与重庆的集聚度位于前列，西藏、云南与贵州的物流业集聚水平较低。

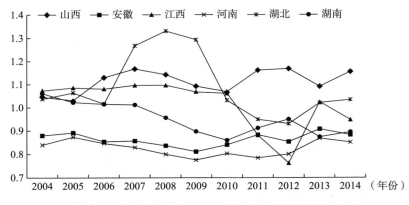

图 5 - 3　2004~2014 年我国中部地区物流业集聚度

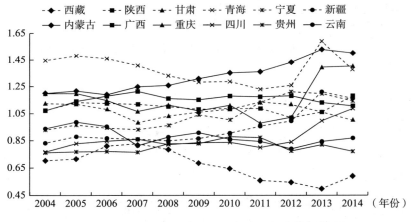

图 5 - 4　2004~2014 年我国西部地区物流业集聚度

我国东北地区物流业集聚度如图 5 - 5 所示。由图可知，东北地区物流业集聚水平总体较高，均超过 1。另外，黑龙江物流业集聚度保持较快的增长趋势，辽宁与吉林出现了不同程度的下降。2012 年后，从高到低的顺序依次是黑龙江、辽宁、吉林。

接下来，分别以 2004 年和 2014 年为时间基点，采用自然间断点分级法（Natural Breaks Jenks）将我国物流业集聚水平划分为五个类别，并采用标准差分类法（Standard Deviation）观察各地区物流业集聚水平与平均值之间的差异。

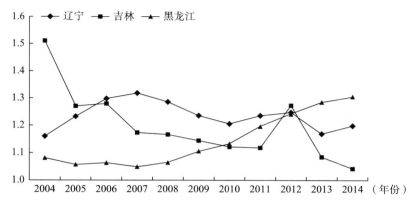

图 5 - 5　2004～2014 年我国东北地区物流业集聚度

2004 年，上海、吉林、青海属于一类，它们的物流业集聚水平远高于其他地区和全国均值；北京、天津、重庆、内蒙古与辽宁属于集聚水平较高的第二类，也高于全国平均水平；西藏、四川、贵州，以及浙江、福建、山东等地区的物流业集聚水平不高，远低于均值；其他地区的集聚水平居中。

与 2004 年略有不同，2014 年北京、上海、内蒙古、重庆、青海、黑龙江属于一类，它们的物流业集聚水平超过 1.3，远高于其他地区；辽宁、陕西、新疆、山西、宁夏、广西、海南的物流业集聚水平为 1.0～1.3，属于集聚水平较高的第二类；西藏、贵州、浙江、江苏、福建等地的物流业集聚现象相对不明显；其他地区的集聚水平居中。同时，与 2004 年相比，全国各地区物流业集聚水平的集中程度提高了，与均值差异极大的地区数量减少了。

由图 5 - 6 可以更清楚地看到，2014 年，北京与上海的物流业集聚度居前列，分别达到 1.69 与 1.68，超过 1.3 的还有内蒙古、重庆、青海与黑龙江；西藏最低，仅为 0.59。而东部地区的山东、福建、江苏与浙江的集聚现象不明显。

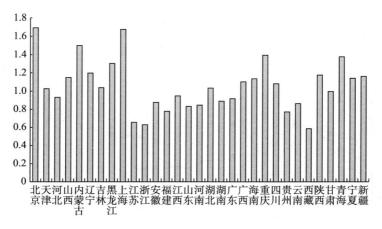

图5-6　2014年中国31个省份的物流业集聚度

2. 基于增加值的省域物流业集聚度

各地区基于增加值的物流业集聚度如图5-7所示。由图可知，各地区物流业集聚水平变化各异。

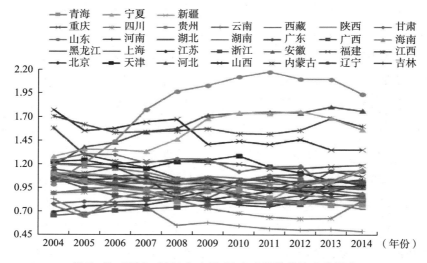

图5-7　2004~2014年中国31个省份的物流业集聚度

同样地，对东部、中部、西部和东北地区的物流业集聚度单独进行分析。我国东部地区物流业集聚度如图5-8所示。由图可知，大部分省份的物流业集聚水平不断增强，物流业集聚度有不同程度的提高。其中，河北居于领先地位，天津与福建其次，浙江最低。

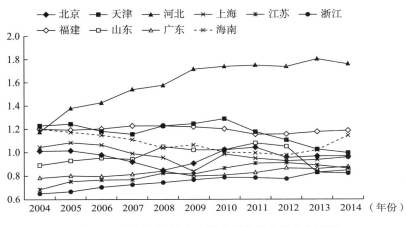

图 5-8　2004~2014 年中国东部地区物流业集聚度

我国中部地区 6 省份物流业集聚度如图 5-9 所示。由图可知，2004~2011 年，6 省份物流业集聚度都呈现明显的下降趋势；2011 年后，普遍出现提高趋势。总的来说，山西居于领先地位，物流业集聚度最高，河南省 2012 年之后集聚水平提升较快，2014 年已居第二位。

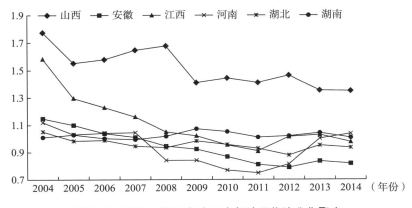

图 5-9　2004~2014 年中国中部地区物流业集聚度

我国西部地区物流业集聚度如图 5-10 所示。由图可知，贵州的物流业集聚水平呈上升趋势，其他地区有不同程度的下降或较平稳。云南的物流业集聚水平相对较低。

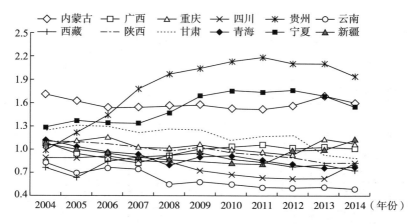

图 5 – 10　2004～2014 年中国西部地区物流业集聚度

我国东北地区物流业集聚度如图 5 – 11 所示。由图可知，辽宁的物流业集聚水平最高，并且保持较明显的上升趋势；其次是黑龙江，但总体上表现为下降；最后是吉林，吉林在东北地区物流业集聚度最低，且在持续下降。

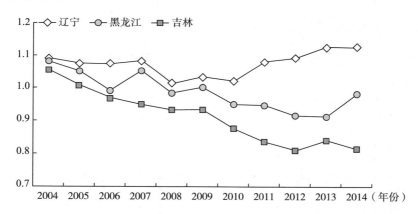

图 5 – 11　2004～2014 年中国东北地区物流业集聚度

同样地，分别以 2004 年和 2014 年为时间基点，采用自然间断点分级法将我国物流业集聚水平划分为五个类别，并采用标准差分类法观察各地区物流业集聚水平与平均值之间的差异。

2004 年，山西、内蒙古、江西属于一类，它们的物流业集聚水平远高于其他地区，也高于全国平均水平；宁夏、甘肃、天津、福建、海南、河北与安徽等属于集聚水平较高的第二类；西藏以及广东、江苏、浙江等地的物流业集聚水平不高，低于全国平均水平；其他地区的集聚水平居中。

与 2004 年稍有不同，2014 年，贵州、河北、内蒙古与宁夏属于一类，它们的物流业集聚水平远高于其他地区，也高于全国平均水平；山西、福建、海南、辽宁、新疆属于集聚水平较高的第二类，仍高于全国平均水平；四川、青海、西藏、云南等地的物流业集聚现象相对不明显，云南的集聚水平远低于全国平均水平；其他地区的集聚水平居中。

由图 5 – 12 可以更清楚地看到，2014 年，贵州、河北、内蒙古与宁夏的物流业集聚度居前列，均接近或超过 1.6，分别达到 1.94、1.77、1.60 与 1.57；达到或超过 1.0 的还有山西、福建、海南、辽宁、新疆、重庆、河南、广西与湖南；云南最低，仅为 0.49。而东部地区的广东、江苏、山东与浙江的集聚度不高。

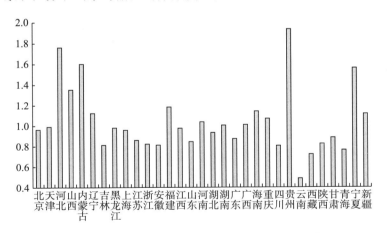

图 5 – 12 2014 年中国 31 个省份的物流业集聚度

（三）中国省际物流业发展的空间关联网络结构

1. 中国省际物流业空间关联网络的建立

本节选用 2004 ~ 2014 年 31 个省份基于就业人数计算得到的物流业

集聚度作为省域物流业发展水平的衡量指标。VAR 模型要求变量必须平衡，因此首先对变量先进行 ADF 检验，检验结果发现各地区物流业集聚度变量都是平衡的。然后，建立两两区域间的 VAR 模型。由于模型结果对时滞的选择极为敏感，我们选用 LR、FPE、AIC、SC 和 HQ 五种方法进行最优时滞的选择，按三种以上方法结果一致的原则确定最优时滞。接下来，进行 VAR Granger Causality/Block Exogeneity Wald Tests，最后通过检验确定的关系为 394 个。

根据这些检验结果，确定了中国省际物流业发展的空间关联关系并建立关系矩阵。为了展示物流业发展空间关联网络结构形态，利用 UCINET 可视化工具 NetDraw 绘制了网络图，如图 5-13 所示。结果表明，中国物流业发展空间关联网络通过 394 个 "管道" 进行空间溢出，每个省份至少存在 1 个以上的空间关系，因此，中国物流业发展在空间上是 "普遍联系的"。中国物流业发展的空间关联呈现复杂、多线程网络结构形态，没有任何一个省份能够 "孤立" 于整体网络。"不谋全局者，不能谋一域"，这要求我们从全局的、整体的视角来实现区域物流协调发展。

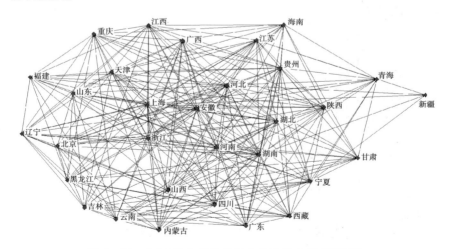

图 5-13　中国 31 个省份物流业发展的空间关联网络

2. 中国省际物流业空间关联网络的特征

（1）整体网络结构特征。

①网络密度。31 个省份之间最大可能的关联关系为 930 个，而实际存在关联关系 394 个，因此网络密度为 0.424。可见，各区域之间关联的紧密程度总体上并不高，促进各区域之间更密切的协作还有较大的空间。

②网络关联性（关联度、等级度和网络效率）。网络的关联度、等级度和网络效率计算结果如表 5－2 所示。结果表明，中国物流业发展空间关联网络的关联度为 1，说明中国物流业发展空间关联程度较高，网络具有很好的通达性，各省份之间存在普遍的空间溢出效应。网络效率为 0.4092，意味着存在较多的冗余连线，表明物流业发展的空间溢出存在较明显的多重叠加现象，网络稳定性较强。网络等级度为 0，说明区域之间的溢出效应并不是"等级森严"的，在不同经济发展水平上都有产生溢出效应的可能。综合考虑上述三个指标的测度结果，我们认为，随着市场化进程的不断推进，行政指令对物流资源配置的干预有所减弱，一定程度上破除了以往等级森严的空间结构。与此同时，由于中国的市场体系尤其是要素市场体系的逐步完善，市场对物流资源的配置作用不断增强，降低了区域物流业发展之间联系的交易成本，提高了交易效率，从而使得省际物流业发展的关联关系增多，进而增强了网络的稳定性。

表 5－2　我国 31 个省份物流业发展空间关联的整体网络结构特征

指标	关系数	网络密度	标准差	平均度
交通运输、仓储和邮政业（区位熵）	394	0.424	0.494	12.710
	关联度	等级度	网络效率	最近上限 LUB
交通运输、仓储和邮政业（区位熵）	1.0000	0.0000	0.4092	1.0000

（2）中心性分析。

①溢出关系、受益关系、关联关系总数和净溢出关系。在分析点度中心度之前，我们先分析各地区的溢出关系数（点出度）、受益关系数

（点入度）、关联关系总数（点度数）和净溢出关系数的绝对情况。

溢出关系排名前五位的省份是安徽、湖南、贵州、上海、浙江，而广西、西藏、福建、青海、新疆等省份的溢出关系较少见（见图5－14）。各省份溢出关系数的平均值为12.7（见表5－3），方差为26.271，差异显著；溢出关系数最大值为22（安徽），最小值为1（新疆）。

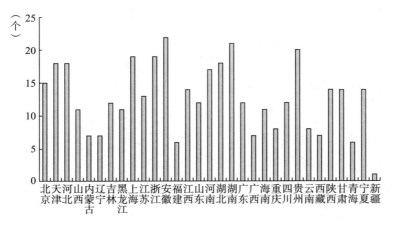

图5－14 中国各省份物流业发展的溢出关系数

从受益关系看，受益关系排在前列的省份有浙江、安徽、陕西、河北、山西、西藏等，而受益关系较少的省份是北京、江西、甘肃、宁夏、新疆等，如图5－15所示。各省份受益关系数平均值为12.71，方差为9.367，差异显著，但比溢出关系的差异要小；受益关系数最大为19（浙江），最小为5（新疆）。

从关联关系总数（溢出关系数与受益关系数之和）看，安徽、浙江、河北、湖南、贵州的关联关系总数均在34以上（含34），而内蒙古、重庆、福建、青海、新疆的关联关系总数则较少，其中新疆低于10（见图5－16）。

从净溢出关系（溢出关系数与受益关系数之差）看，见图5－17，可以看到，上海、天津、湖南、北京、湖北、贵州、安徽、江西、甘肃、宁夏、河南、河北、广东、黑龙江、四川15个省份的净溢出关系

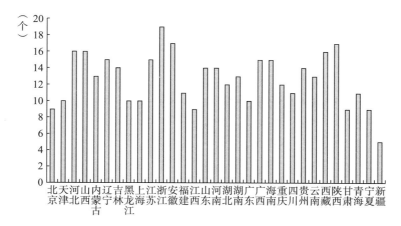

图 5 – 15 中国各省份物流业发展的受益关系数

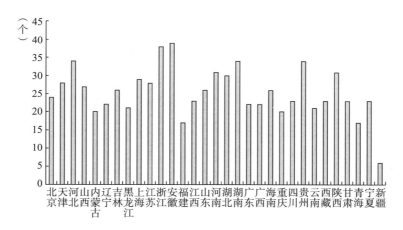

图 5 – 16 中国各省份物流业发展的关联关系总数

为正,总体表现为溢出;吉林、江苏、山东、陕西、海南、重庆、新疆、山西、福建、云南、青海、内蒙古、辽宁、广西和西藏 15 个省份的净溢出效应为负,总体是受益的;浙江省的溢出关系数与受益关系数相等。

②点度中心度、中间中心度、接近中心度。接下来,通过分析点度中心度、中间中心度、接近中心度等指标进行网络中心性分析,考察并揭示各省份在物流业发展空间关联网络中的地位和作用,表 5 – 3 报告了测度结果。

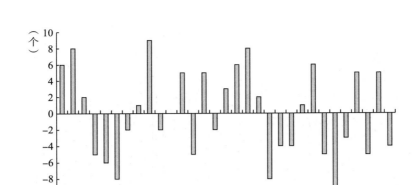

图 5－17 中国各省份物流业发展的净溢出关系数

表 5－3 中国物流业发展空间关联的网络中心性测度结果

单位：个

省份	点度中心度								中间中心度			接近中心度	
	点出度	点入度	点度数	点出度中心度（％）	排序	点入度中心度（％）	排序	点度中心度（％）	排序	绝对中间中心度（％）	相对中间中心度（％）	排序	接近中心度（％）	排序
北京	15	9	24	50.000	10	30.000	27	40.000	16	8.463	1.946	26	66.667	10
天津	18	10	28	60.000	6	33.333	23	46.667	10	14.703	3.380	16	71.429	6
河北	18	16	34	60.000	7	53.333	4	56.667	3	35.791	8.228	4	71.429	7
山西	11	16	27	36.667	20	53.333	5	45.000	12	18.813	4.325	10	61.224	19
内蒙古	7	13	20	23.333	25	43.333	15	33.333	27	6.604	1.518	27	56.604	24
辽宁	7	15	22	23.333	26	50.000	7	36.667	22	12.764	2.934	18	56.604	25
吉林	12	14	26	40.000	16	46.667	11	43.333	13	18.119	4.165	11	61.224	20
黑龙江	11	10	21	36.667	21	33.333	24	35.000	25	11.999	2.758	20	61.224	21
上海	19	10	29	63.333	4	33.333	25	48.333	9	16.933	3.893	13	73.171	4
江苏	13	15	28	43.333	15	50.000	8	46.667	11	16.977	3.903	12	63.830	14
浙江	19	19	38	63.333	5	63.333	1	63.333	2	38.462	8.842	3	73.171	5
安徽	22	17	39	73.333	1	56.667	2	65.000	1	42.508	9.772	2	78.947	1
福建	6	11	17	20.000	29	36.667	20	28.333	29	4.801	1.104	29	55.556	28
江西	14	9	23	46.667	11	30.000	28	38.333	17	9.241	2.124	24	65.217	11
山东	12	14	26	40.000	17	46.667	12	43.333	14	21.013	4.831	8	62.500	16
河南	17	14	31	56.667	9	46.667	13	51.667	6	15.816	3.636	15	69.767	9

续表

省份	点度中心度								中间中心度			接近中心度	
	点出度	点入度	点度数	点出度中心度（%）	排序	点入度中心度（%）	排序	点度中心度（%）	排序	绝对中间中心度（%）	相对中间中心度（%）	排序	接近中心度（%）	排序
湖北	18	12	30	60.000	8	40.000	18	50.000	8	26.958	6.197	6	71.429	8
湖南	21	13	34	70.000	2	43.333	16	56.667	4	65.146	14.976	1	76.923	2
广东	12	10	22	40.000	18	33.333	26	36.667	23	10.744	2.470	22	62.500	17
广西	7	15	22	23.333	27	50.000	9	36.667	24	8.773	2.017	25	56.604	26
海南	11	15	26	36.667	22	50.000	10	43.333	15	19.007	4.369	9	61.224	22
重庆	8	12	20	26.667	23	40.000	19	33.333	28	5.601	1.288	28	55.556	29
四川	12	11	23	40.000	19	36.667	21	38.333	18	11.751	2.701	21	62.500	18
贵州	20	14	34	66.667	3	46.667	14	56.667	5	23.767	5.464	7	75.000	3
云南	8	13	21	26.667	24	43.333	17	35.000	26	16.240	3.733	14	57.692	23
西藏	7	16	23	23.333	28	53.333	6	38.333	19	9.849	2.264	23	56.604	27
陕西	14	17	31	46.667	12	56.667	3	51.667	7	29.063	6.681	5	63.830	15
甘肃	14	9	23	46.667	13	30.000	29	38.333	20	12.124	2.787	19	65.217	12
青海	6	11	17	20.000	30	36.667	22	28.333	30	3.297	0.758	30	54.545	30
宁夏	14	9	23	46.667	14	30.000	30	38.333	21	14.164	3.256	17	65.217	13
新疆	1	5	6	3.333	31	16.667	31	10.000	31	0.510	0.117	31	44.118	31
平均值	12.7	12.7	25.4	42.366	—	42.366	—	42.366	—	17.742	4.079	—	63.791	—

一是点度中心度。根据表 5-3，全国 31 个省份的点度中心度均值为 42.366，高于这一均值的省份有 15 个，从高到低依次是安徽、浙江、河北、湖南、贵州、河南、陕西、湖北、上海、天津、江苏、山西、吉林、山东、海南，如图 5-18 所示。其中，安徽的点度中心度最高，达到 65.000，原因在于安徽的物流业发展对其他 30 个省份中的 22 个省份均存在空间溢出，说明安徽在物流业发展空间关联网络处于中心地位。高于点度中心度均值的省份除贵州、陕西以外均位于东部沿海地区（浙江、河北、上海、天津、江苏、山东、海南）与中部地区（安徽、湖南、河南、湖北、山西、吉林），说明东部沿海地区与中部地区对物流业发展空间关联具有较强的影响力。而根据表 5-3 的测度结果，内蒙

185

古、重庆、福建、青海、新疆的点度中心度排在全国最后 5 位，说明这些省份的物流业发展与其他省份之间的关系数较少，原因可能是这些地区的经济规模相对较小，以及所处地理位置相对偏远，从而导致其物流业的发展和其他省份之间的联系较弱。而处于东部沿海地区的福建省可能是由在研究期内的交通基础设施不完善所致，但随着交通基础设施的快速发展与完善，其网络地位会得到提升。

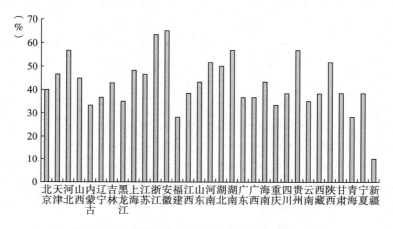

图 5 - 18 中国各省份物流业发展的点度中心度

二是中间中心度（见图 5 - 19、图 5 - 20）。根据表 5 - 3，31 个省份的相对中间中心度均值为 4.079%，高于这一均值的省份从高到低依次是湖南、安徽、浙江、河北、陕西、湖北、贵州、山东、海南、山西、吉林。这些地区大都位于我国东中部地区，地理位置优势突出，在物流业发展空间关联网络中控制省份之间物流业联系的能力较强。其中，湖南的相对中间中心度达到 14.976%，远高于其他省份，其在物流业发展空间关联网络中处于核心地位并发挥着"中介"和"桥梁"的作用。随着我国长江经济带战略的确立与实施，这种控制和支配作用可能愈发增强。此外，我国物流业发展空间关联网络的相对中间中心度总量为 126.4%，而排名前 13 位省份的相对中间中心度之和约占总量的68%，这些省份大都位于地理位置优势突出的东中部发达地区，而排名最后 5 位的省份依次是内蒙古、重庆、福建、青海、新疆，它们的相对中间中心度均小于 2%，这些地区主要因经济规模小、地理位置偏远，难以对其他省份起到控制和支配作用。总体上，物流业发展空间关联网络中各个省份的中间中心度参差不齐，呈现非均衡特征，相当多的联系通过湖南、湖北、安徽、浙江等东中部地区经济发达省份来完成。

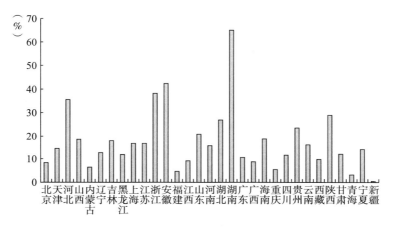

图 5 - 19 中国各省份物流业发展的绝对中间中心度

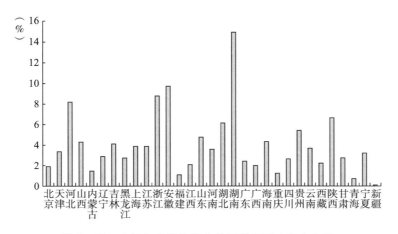

图 5 - 20 中国各省份物流业发展的相对中间中心度

三是接近中心度。根据表 5 - 3，31 个省份的接近中心度均值为 63.791%，高于这一均值的省份从高到低依次是安徽、湖南、贵州、上海、浙江、天津、河北、湖北、河南、北京、江西、甘肃、宁夏、江苏、陕西，如图 5 - 21 所示，这说明它们能够更快速地与其他省份产生连接，即在网络中扮演着"中心行动者"的角色。究其原因在于，它们大都位于东部沿海地区及经济发达、地理位置优越的中部地区。接近中心度排名最后 5 位的省份分别是西藏、福建、重庆、青海、新疆，这些省份受其经济发展水平及地理位置的限制，与其他省份产生连接的速度慢，在网络中扮演着"边缘行动者"的角色。

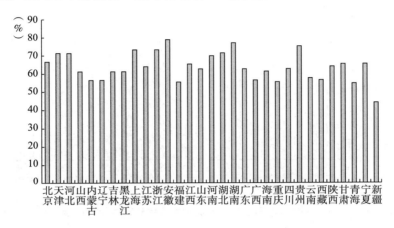

图 5 – 21　中国各省份物流业发展的接近中心度
（点出接近中心度）

（3）块模型分析。

下面通过块模型揭示各省份在物流业发展关联网络中的聚类特征。采用 CONCOR（Convergent Correlations）方法，我们选择最大分割深度 2、集中标准 0.2，把全国 31 个省份划分为四个板块，结果如表 5 – 4 所示。

表 5 – 4　中国省际物流业发展空间关联的板块划分

板块	成员	成员个数
第Ⅰ板块	北京、河南、广东、山西、内蒙古、山东、重庆、四川、西藏	9
第Ⅱ板块	云南、新疆、辽宁、福建、广西、浙江、吉林	7
第Ⅲ板块	天津、江西、湖南、河北、上海、黑龙江	6
第Ⅳ板块	海南、湖北、江苏、安徽、陕西、甘肃、青海、宁夏、贵州	9

四个板块在物流业发展空间关联网络中位置的分析结果如表 5 – 5 与表 5 –6 所示。根据前文分析结果，关联网络中存在 394 个关系，板

块内部之间的关系有 101 个，板块和板块之间的关联关系有 293 个，说明板块之间的物流业发展存在明显的空间关联和溢出效应。

表 5 – 5 　物流业发展空间关联板块的关联关系情况

单位：个

板块	第 I 板块接收关系	第 II 板块接收关系	第 III 板块接收关系	第 IV 板块接收关系	板块成员数	接收板块外关系数	向板块外发出关系数
板块 I	20	34	15	29	9	95	78
板块 II	21	13	16	13	7	79	50
板块 III	34	30	14	23	6	54	87
板块 IV	40	15	23	54	9	65	78

表 5 – 6 　物流业发展空间关联板块的特征

板块	接收关系数（个）		发出关系数（个）		期望内部关系比例（％）	实际内部关系比例（％）	板块特征
	板块内	板块外	板块内	板块外			
板块 I	20	95	20	78	26.67	20.41	经纪人板块
板块 II	13	79	13	50	20.00	20.63	净受益板块
板块 III	14	54	14	87	16.67	13.86	净溢出板块
板块 IV	54	65	54	78	26.67	40.91	双向溢出板块

其中，第 I 板块发出关系数为 98 个，其中板块内部关系 20 个，接收到其他板块的关系 95 个；期望的内部关系比例为 26.67%，而实际内部关系比例为 20.41%。因此，第 I 板块是典型的"经纪人板块"。该板块既对其他板块发出关系，也接收来自外部成员的关系，不过板块内部关系较少，在网络中扮演"中介"与"桥梁"作用。

第 II 板块发出关系数为 63 个，其中板块内部关系 13 个，接收其他板块的关系 79 个；期望的内部关系比例为 20.00%，而实际内部关系比例为 20.63%。因此第 II 板块是典型的"净受益板块"。该板块成员主要接收来自物流业发展水平高的地区的溢出。

第 III 板块发出关系数为 101 个，其中板块内部关系 14 个，接收其他板块的关系数为 54 个；期望的内部关系比例为 16.67%，实际内部关系比例为

13.86%。该板块成员向其他板块成员发出较多的关系，而对板块内部较少发出关系，并且接收到的外来关系相对较少，因此第Ⅲ板块是典型的"净溢出板块"。该板块成员主要对其他地区物流业增长产生净溢出效应。

第Ⅳ板块发出关系数为132个，其中板块内部关系为54个，接收其他板块的关系数是65个；期望的内部关系比例为26.67%，实际内部关系比例为40.91%。根据前文的定义，第Ⅳ板块为"双向溢出板块"。该板块成员同时向板块内部及其他板块成员发出关系，而来自板块内部成员的关系相对较多，接收其他板块的关系相对较少，此板块上的经济主体对板块内部和其他板块物流业发展产生双向溢出效应。

上述四个板块的划分以及它们之间的关联关系汇总如图5-22所示。

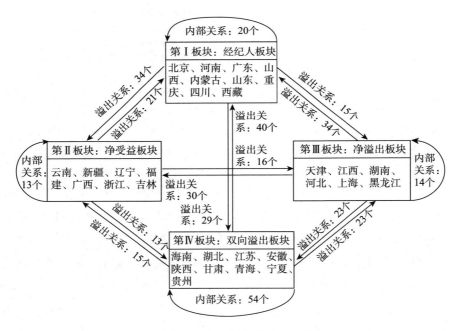

图5-22 中国物流业发展板块的划分及关联关系汇总

根据关联关系在各物流业发展板块之间的分布，还可以计算各板块的密度矩阵（Density Matrix），用以反映溢出效应在各物流业发展板块的分布情况。因为整体网络密度为0.424，如果板块密度大于0.424，表明该板块密度大于总体平均水平，具有在该板块集中的趋势。将板块密度大于整体网络密度的情形赋值为 1，将板块网络密度小于整体网络密度的情形赋值为 0，可将多值密度矩阵转化为像矩阵，如表 5 - 7 所示。像矩阵更清晰地显示出各物流业发展板块之间的溢出效应。如果像矩阵对角线上全部为 1，说明各板块内部物流业发展具有显著的关联性，具有明显的"俱乐部"效应。可见，在我国物流业空间关联网络中，仅有第Ⅲ板块和第Ⅳ板块内部具有明显的"俱乐部"效应。

表 5 - 7　中国物流业发展空间关联板块的密度矩阵与像矩阵

板块	密度矩阵				像矩阵			
	板块Ⅰ	板块Ⅱ	板块Ⅲ	板块Ⅳ	板块Ⅰ	板块Ⅱ	板块Ⅲ	板块Ⅳ
板块Ⅰ	0.278	0.540	0.333	0.358	0	1	0	0
板块Ⅱ	0.333	0.310	0.310	0.206	0	0	0	0
板块Ⅲ	0.630	0.714	0.467	0.426	1	1	1	1
板块Ⅳ	0.494	0.238	0.426	0.750	1	0	1	1

注："1"表示存在行指向列的关联关系，"0"表示没有关联关系。

根据表 5 - 5、表 5 - 7，第Ⅰ板块的溢出效应主要体现于第Ⅱ板块；第Ⅱ板块对其他板块都没有产生显著的溢出效应；第Ⅲ板块的溢出效应主要体现于第Ⅲ板块内部和第Ⅰ、Ⅱ板块；第Ⅳ板块的溢出效应主要体现在第Ⅳ板块内部和第Ⅰ板块。由上分析制作图 5 - 23，从中可以清晰地看出中国区域物流业发展的传递机制。中国区域物流业发展的发动机是第Ⅳ板块，它将物流业发展的动能传递给第Ⅰ板块；第Ⅰ板块起着明显的桥梁和枢纽作用，将物流业发展的动能传递给第Ⅱ板块；第Ⅲ板块也将物流业发展的动能传递过第Ⅱ板块。这一传递机制具有明显的"梯度"溢出特征。其中，充当发动机的第Ⅳ板块对第Ⅱ板块和第Ⅲ板块的带动作用，主要是通过第Ⅰ板块的传递来完成的。

根据图 5 - 23，第Ⅱ板块不仅内部存在着关联关系，而且还接收来自第Ⅰ板块和第Ⅲ板块的溢出，属于净受益板块。第Ⅲ板块内部存在着关联关系，而且还接收来自第Ⅳ板块的溢出，更重要的是，对第Ⅰ板块和第Ⅱ板块具有较强的溢出效应，属于净溢出板块。第Ⅰ板块同样在内部存在一定的关联关系，其主要作用是在第Ⅳ板块与第Ⅱ、Ⅲ板块之间起着"中介"与"桥梁"的传递作用。第Ⅳ板块内部存在着紧密的物流业发展关联关系，而且还接收来自第Ⅲ板块的溢出，并对第Ⅰ板块和第Ⅲ板块具有溢出效应，属于双向溢出板块，是全国物流业发展空间关联网络中的发动机。这表明在物流业发展空间关联网络中各板块之间发挥着比较优势，"全国一盘棋"的联动效应愈加明显。

为了更清楚地观察四个板块的特征，我们将图5-23转化为图5-24。

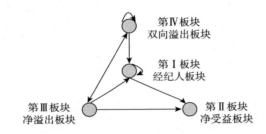

图5-23　中国物流业发展各板块的传递机制

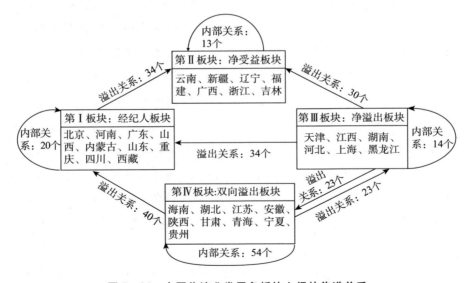

图5-24　中国物流业发展各板块之间的传递关系

三　中国城市群物流业发展的空间关联网络结构

当前，城市群在中国工业化和城镇化进程中具有重要的战略地位，城市群已成为当前中国空间战略规划的重点。城市群的发展强调各城市之间紧密的产业联动与空间协同，强调城市集合体应形成一个社会、经济、技术一体化的有机网络。鉴于此，本节进一步以城市群为空间单元分析物流业发展的空间关联网络结构。

考虑到数据获取的原因，本节选取京津冀、长三角、长江中游、珠三角和成渝城市群为研究对象。根据《京津冀都市圈区域规划》《长江三角洲地区区域规划》《长江中游城市群发展规划》《珠江三角洲地区改革发展规划纲要（2008—2020年）》《成渝城市群发展规划（2015—2020年）》等文件对五大城市群的范围进行界定。其中，长江三角洲（以下简称长三角）城市群包括上海、南京、无锡、常州、苏州、南通、扬州、镇江、泰州、杭州、宁波、嘉兴、湖州、绍兴、舟山、台州16个城市；珠江三角洲（以下简称珠三角）城市群包括广州、深圳、珠海、佛山、东莞、中山、江门、肇庆、惠州9个城市；京津冀城市群包括北京、天津、保定、石家庄、唐山、沧州、承德、廊坊、张家口、秦皇岛10个城市；长江中游城市群包括：武汉、黄石、鄂州、孝感、黄冈、咸宁、襄阳、宜昌、荆州、荆门、长沙、株洲、湘潭、衡阳、岳阳、益阳、常德、娄底、南昌、九江、景德镇、鹰潭、新余、抚州、宜春、萍乡、上饶、吉安28个城市①；成渝城市群包括重庆、成都、德阳、绵阳、眉山、资阳、遂宁、乐山、雅安、自贡、泸州、内江、南充、宜宾、达州、广安16个城市。

---

① 根据《长江中游城市群发展规划》，长江中游城市群包括31个城市，但潜江、仙桃、天门三个城市属于湖北省的直管县级市，出于数据平行方面的考虑，本书没有将这三个城市纳入研究样本。

（一）城市群物流业发展水平综合评价

1. 评价指标体系构建与数据来源

在分析五大城市群物流业发展的空间关联网络结构之前，我们首先对 2003 ~ 2015 年中国五大城市群 79 个城市的物流业综合发展水平进行综合测评。目前区域物流业发展水平指标体系建立的研究已很丰富，唐建荣和张鑫和（2017）从产业规模、经济发展、基础建设三个方面选取货运周转量、邮电业务总量等 11 个指标对我国 31 个省份的物流业发展水平进行分析。高秀丽（2013）从物流业发展实力和物流业发展潜力两个维度出发，细分为总体规模、基础设施、物流业增长势头、信息化水平、经贸实力、支持产业 6 个方面对区域物流竞争力进行度量。本节遵循科学性、系统性、可比性和易获得性的原则，借鉴周泰和叶怀珍（2008）的研究，从经济发展环境支持能力、经营管理运作能力、物流基础设施支撑能力、信息系统保障能力四个维度构建城市物流业发展水平评价指标体系。

（1）经济发展环境支持能力。物流业是支撑国民经济发展的基础性、战略性产业，是典型的需求引致型产业。地区经济发展水平越高，意味着该地区三次产业的发展对社会化、专业化物流具有更高的要求，大规模的物流业务需求释放会极大地推动该地区物流业的发展，本节选取人均 GDP 和人均社会消费品零售总额两个指标来衡量地区经济发展环境支持能力。

（2）经营管理运作能力。经营管理运作能力主要是管理者以个人经验、先进的技术和管理思想对物流活动进行有效管理，进而提高物流服务水平，降低物流成本。本节选用物流业从业人数来衡量地区经营管理运作能力。

（3）物流基础设施支撑能力。物流基础设施是指完成各项物流活动所需的物质基础，主要包括物流设施和物流设备。物流设施包括公路、铁路、港口等，物流设备作为完成物流各项活动的工具与手段，主要包括所需的各种运输和包装工具，物流机械、仓储和通信设备等。本节选取每平方公里公路里程、民用汽车拥有量、货运量作为地区基础设施支撑能力的衡量指标。

（4）信息系统保障能力。物流活动中信息技术的应用可以适当地对设施设备等物流资源进行调度，实现各环节的相互协调，提高整体效率，进而提升区域物流能力。物流服务水平的提升依赖于对信息的及时获取，因此信息系统保障能力应该受到重视。

综上所述，我们从经济发展环境支持能力、经营管理运作能力、物流基础设施支撑能力、信息系统保障能力四个维度构建城市群物流发展水平的综合评价指标体系，该指标体系包括四个一级指标，10 个二级指标，如表 5 - 8 所示。

表 5 - 8　城市群物流业发展水平评价指标体系

评价目标	一级指标	二级指标
城市群物流业发展水平	经济发展环境支持能力	人均 GDP（元）
		人均社会消费品零售总额（万元）
	经营管理运作能力	物流业从业人数（万人）
	物流基础设施支撑能力	每平方公里公路里程（公里/平方公里）
		民用汽车拥有量（万辆）
		货运量（万吨）
	信息系统保障能力	人均邮电业务收入（万元/人）
		每万人拥有互联网数（户/万人）
		每万人拥有移动电话数（户/万人）
		每万人拥有固定电话数（户/万人）

由于 2003 年以前统计口径为"交通运输仓储邮电"，为避免统计口径不一致，我们选择 2003 ~ 2015 年作为研究时段。数据主要来源于历年《中国区域经济统计年鉴》、《中国城市统计年鉴》、各省市统计年鉴及各市国民经济和社会发展统计公报，部分缺失数据根据年增长率推算。

2. 评价方法

主成分分析法是将多个具有相关性的要素，在保证信息丢失最少的原则下，转化为少数几个不相关的综合指标（主成分）的分析方法。为了避免多个指标之间信息的高度重叠和高度相关带来的不便，本节利用主成分分析法的降维思想，将多个指标转换成少数几个主成分指标来分析我国五大城市群物流业发展水平。主成分分析法的分析步骤如下。

（1）假设有 n 个区域，p 个指标，初始样本矩阵为：

$$X = (X_{ij})_{n \times p}(i = 1, 2, \cdots, n; \quad j = 1, 2 \cdots, p) \tag{5-1}$$

为保证处理后的数据全为正，本书采用极差化方法对各指标进行标准化处理。

（2）计算指标间的相关系数矩阵 $R_{p \times p}$ 及其特征值 $\lambda_1 \geqslant \lambda_2 \geqslant \cdots \geqslant \lambda_p \geqslant 0$，以及正则化特征向量 e_j。

（3）得到主成分：

$$Y_j = Xe_j \tag{5-2}$$

（4）第 j 个主成分的方差贡献率为 $\alpha_j = \lambda_j/p$，累计方差贡献率 $\alpha = \sum_{j=1}^{q} \alpha_j$ 达到一定值（一般不小于 85%）时，取 q 个主成分 Y_1，Y_2，$\cdots$，Y_q，即认为这 q 个主成分以较少的指标综合体现了 p 个评价指标的信息。

（5）第 i 个地区制造业或物流业发展水平的综合得分 W_i 为：

$$W_i = \sum_{r=1}^{q} \alpha_r y_{ir}(r = 1, 2, \cdots, q) \tag{5-3}$$

3. 五大城市群物流业发展水平的评价结果与比较分析

通过主成分分析法得出我国五大城市群物流业发展水平综合得分，测度结果见附录 3。

（1）城市群物流业发展水平的区域差异。为了便于分析城市群之间和城市群内部物流业发展状况，我们绘制了城市群物流业综合发展水平对比图，如图 5-25 所示。可以看出，五大城市群总体及各城市群在样本观测期内物流业综合发展水平基本呈上升趋势，五大城市群总体，长三角、珠三角、京津冀、长江中游、成渝城市群的年均增长率分别为2.36%、2.33%、1.87%、0.93%、3.30%、3.81%。城市群之间物流业发展水平具有显著差异，2003～2015年珠三角城市群物流业发展一直处于最高水平，物流业发展水平均值在0.648以上；长江中游城市群和成渝城市群物流业发展水平始终较低，在0.2以下。

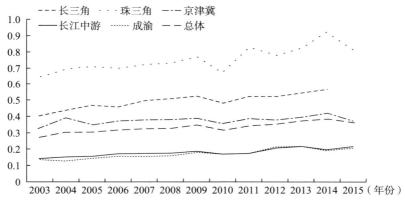

图 5－25　中国五大城市群物流业发展水平

（2）城市群物流业发展水平的区域内差异。我国城市群内部各城市之间物流业发展水平存在显著差异，如京津冀城市群内，北京市物流业发展水平明显要高于其他地区，成渝城市群则显示出以成都和重庆为核心的发展态势。以京津冀和成渝两大城市群为例，2003年和2015年，京津冀城市群内北京物流业发展水平分别为1.221、1.120，而承德物流业发展水平仅为0.063、0.074；2003年，重庆和成都物流业发展水平分别为0.464、0.552，而成渝城市群其余地区平均发展水平仅为0.0838；2015年，重庆和成都两地的物流业发展水平都远远高于其他地区。

（二）中国城市群物流业发展的空间关联网络结构

1. 中国城市群物流业空间关联网络的建立

由于城市群所含城市数量较多，不便于采用 VAR 模型来获取城市间的联系，故本部分选择引力模型来确定城市群物流业发展的空间关联网络。引力模型的计算公式为：

$$R_{ij} = k_{ij} \frac{\sqrt{M_i}\sqrt{M_j}}{(D_{ij})^2}, k_{ij} = \frac{M_i}{M_i + M_j} \qquad (5-4)$$

式（5-4）中，R_{ij} 是城市 i 和城市 j 之间的引力；M_i、M_j 分别表示城市 i 和城市 j 的物流业发展水平（见前文主成分分析的测算结果）；D_{ij} 表示城市 i 和城市 j 之间的距离；k_{ij} 表示城市 i 在城市 i、j 之间物流业关联度中的贡献度。

根据引力模型的计算结果，得到城市群物流业发展之间的引力矩阵，以引力矩阵历年同行均值作为统一临界值，引力值高于该临界值的记为 1，表明该行城市对该列城市的物流业发展存在关联；若引力值低于该临界值则记为 0，表明该行城市对该列城市的物流业发展不存在关联关系，据此建立关联关系矩阵。为了展示城市群物流业发展空间关联网络的结构形态，利用 UCINET 软件的可视化工具 Netdraw 绘制了 2015 年各城市群的网络图，如图 5-26 至 5-30 所示。可以看出，城市群物流业发展的空间关联呈现典型的网络结构形态。

2. 中国城市群物流业空间关联网络的特征

（1）整体网络结构特征。

①网络密度。五大城市群物流业空间关联网络密度测度结果如表 5-9、图 5-31 所示。可以看出，在观测期内，我国五大城市群物流发展的空间关联网络密度整体呈上升趋势，意味着城市群内城市间物流业发展的空间关联关系逐渐加强。具体来看，长江中游城市群在 2003~2015 年网络密度由 0.1402 上升到 0.2817。整体网络密度不高，在最大潜在关联数量 756 条的情况下，观测期内最大仅为 225 条关联，说明长江中游城市群物流业空间关联较为稀疏。长三角、珠三角、成渝三大城市群与长江中游城市群网络密度的演变态势相似，观测期内增长较快速。而京津冀城市群的关联网络密度演变趋势可以分为两个阶段：第一阶段是 2003~2004 年，网络关联数量由 23 条增加至 44 条，网络密度由

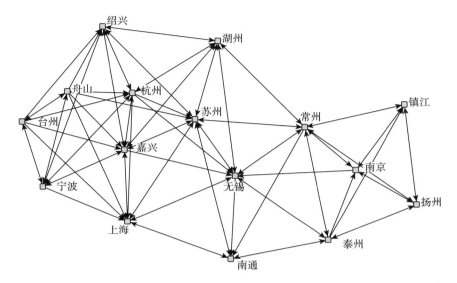

图 5 - 26 2015 年长三角城市群物流业发展的空间关联网络

资料来源：作者运用 Netdraw 软件绘制。

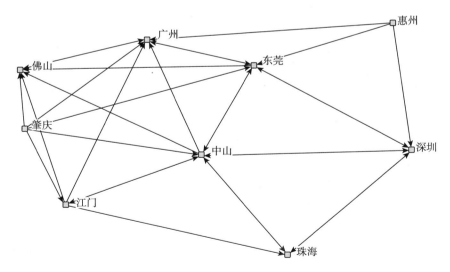

图 5 - 27 2015 年珠三角城市群物流业发展的空间关联网络

资料来源：作者运用 Netdraw 软件绘制。

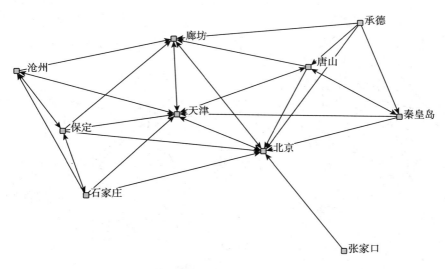

图 5 - 28   2015 年京津冀城市群物流业发展的空间关联网络

资料来源：作者运用 Netdraw 软件绘制。

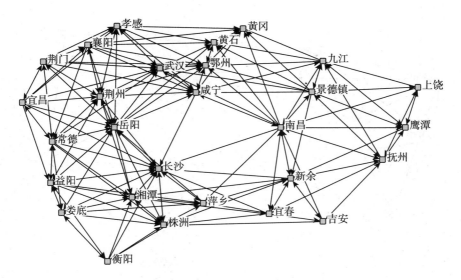

图 5 - 29   2015 年长江中游城市群物流业发展的空间关联网络

资料来源：作者运用 Netdraw 软件绘制。

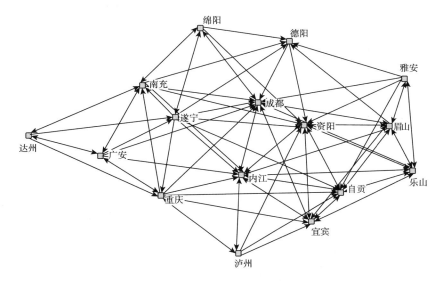

图 5 - 30　2015 年成渝城市群物流业发展的空间关联网络

资料来源：作者运用 Netdraw 软件绘制。

0. 256 迅速上升至 0. 489；第二阶段是 2005 ~ 2015 年，网络密度演变态势呈现 "M" 形，但总体上呈缓慢上升趋势。2003 ~ 2015 年长江中游城市群、长三角城市群、珠三角城市群、京津冀城市群和成渝城市群的网络密度最大值分别为 0. 298、0. 40、0. 528、0. 489、0. 454，可见各城市群物流业发展的紧密程度并不高，城市群内城市间的关联还有待加强。

表 5 - 9　2003 ~ 2015 年中国五大城市群物流业空间关联网络密度

年份	长三角	珠三角	京津冀	长江中游	成渝
2003	0. 1833	0. 2500	0. 2556	0. 1402	0. 1500
2004	0. 2208	0. 2639	0. 4889	0. 2394	0. 1417
2005	0. 2542	0. 2639	0. 3444	0. 1706	0. 1667
2006	0. 2458	0. 2778	0. 4222	0. 2077	0. 2208
2007	0. 2833	0. 3194	0. 4222	0. 2024	0. 2292
2008	0. 2958	0. 3194	0. 4000	0. 2024	0. 2708
2009	0. 3292	0. 3056	0. 4111	0. 2315	0. 2875

续表

年份	长三角	珠三角	京津冀	长江中游	成渝
2010	0.2833	0.2500	0.3778	0.2050	0.2583
2011	0.3167	0.4028	0.4111	0.2209	0.2375
2012	0.3375	0.4028	0.4111	0.2685	0.4542
2013	0.3667	0.4167	0.4222	0.2976	0.4458
2014	0.4000	0.5278	0.4111	0.2487	0.2875
2015	0.3708	0.4167	0.3556	0.2817	0.4333

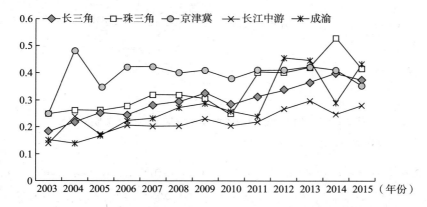

图 5 - 31 2003 ~ 2015 年中国五大城市群物流业空间关联网络密度

②网络关联性（关联度、等级度和网络效率）。接下来，运用社会网络分析中的网络关联度、网络等级度、网络效率对城市群物流业发展的网络关联性进行分析。表 5 - 10 至表 5 - 12 给出了五大城市群物流业网络关联度、网络等级度和网络效率的测度结果。

表 5 - 10   2003 ~ 2015 年中国五大城市群物流业空间关联网络关联度

年份	长三角	珠三角	京津冀	长江中游	成渝
2003	1	1	1	1	0.475
2004	1	1	1	1	0.475
2005	1	1	1	1	1
2006	1	1	1	1	1
2007	1	1	1	1	1

续表

年份	长三角	珠三角	京津冀	长江中游	成渝
2008	1	1	1	1	1
2009	1	1	1	1	1
2010	1	1	1	1	1
2011	1	1	1	1	1
2012	1	1	1	1	1
2013	1	1	1	1	1
2014	1	1	1	1	1
2015	1	1	1	1	1

表 5 - 11　2003 ~ 2015 年中国五大城市群物流业空间关联网络等级度

年份	长三角	珠三角	京津冀	长江中游	成渝
2003	0.9318	0.9444	0.9130	0.9340	0.9722
2004	0.9245	0.9474	0.9545	0.9669	0.9706
2005	0.9344	0.9474	0.9355	0.9302	0.9500
2006	0.9322	0.9500	0.9474	0.9363	0.9434
2007	0.9265	0.9565	0.9474	0.9346	0.9455
2008	0.9296	0.9565	0.9444	0.9346	0.9538
2009	0.9241	0.9545	0.9459	0.9314	0.9565
2010	0.9265	0.9444	0.9412	0.9355	0.9677
2011	0.9211	0.9310	0.9459	0.9461	0.9649
2012	0.9136	0.9310	0.9459	0.9507	0.9541
2013	0.8977	0.9333	0.9474	0.9467	0.9439
2014	0.8958	0.9474	0.9459	0.9468	0.9565
2015	0.8989	0.9333	0.9375	0.9437	0.9423

表 5 - 12　2003 ~ 2015 年中国五大城市群物流业空间关联网络效率

年份	长三角	珠三角	京津冀	长江中游	成渝
2003	0.8571	0.8214	0.7778	0.8661	0.7907
2004	0.8190	0.7857	0.2778	0.6952	0.8140
2005	0.7619	0.7857	0.5556	0.8234	0.8857

续表

年份	长三角	珠三角	京津冀	长江中游	成渝
2006	0.7714	0.7857	0.4444	0.7778	0.8286
2007	0.7238	0.6786	0.4444	0.7749	0.8095
2008	0.7048	0.6786	0.4722	0.7806	0.7619
2009	0.6571	0.7143	0.4444	0.7407	0.7524
2010	0.7238	0.8571	0.5278	0.7721	0.7619
2011	0.6857	0.5357	0.4444	0.7350	0.7905
2012	0.6571	0.5357	0.4444	0.6781	0.4762
2013	0.6381	0.5000	0.4167	0.6382	0.5048
2014	0.5810	0.3214	0.4444	0.7066	0.7143
2015	0.6286	0.5000	0.5833	0.6638	0.5333

除了成渝城市群在 2003 年和 2004 年的网络关联度为 0.475 外，其他城市群在观测期内网络关联度的测度结果均为 1，说明我国城市群内城市之间物流业发展存在明显的空间关联及溢出效应。网络等级度的测度结果显示，长三角、珠三角、成渝城市群的空间关联网络等级度分别由 2003 年的 0.932、0.944、0.972 下降至 2015 年的 0.899、0.933、0.942，整体呈下降趋势，如图 5 - 32 所示，表明这三大城市群物流业发展的空间关联结构等级在逐渐被打破，城市群内各城市之间的相互联系和相互影响在逐渐加强。而长江中游城市群的空间关联网络等级度呈升—降—升—降趋势，说明长江中游城市群空间关联网络中节点之间的非对称可达程度在加深。京津冀城市群的空间关联网络等级度在 2004 年上升至最大值 0.9545，随后呈现上升 - 下降交替的状态，到 2015 年下降至 0.9375。

图 5 - 33 展示了我国五大城市群物流业发展空间关联网络效率，可以看出，观测期内，五大城市群的网络效率在波动起伏中总体呈下降趋势。具体来看，长江中游、长三角、珠三角、京津冀、成渝城市群网络效率分别由 2003 年的 0.866、0.857、0.821、0.778、0.791 下降至 2015 年的 0.664、0.629、0.5、0.583、0.533，说明城市群物流业发展

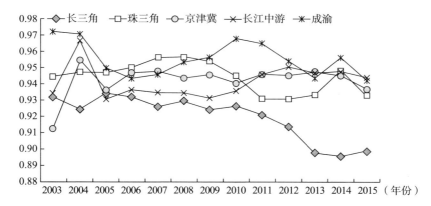

图 5 - 32　2003～2015 年中国五大城市群物流业空间关联网络等级度

资料来源：作者根据网络等级度的计算结果绘制。

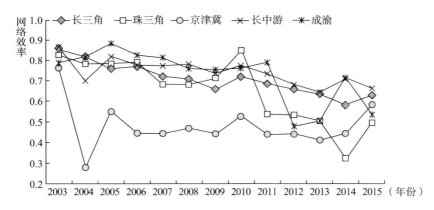

图 5 - 33　2003～2015 年中国五大城市群物流业空间关联网络效率

资料来源：作者根据网络效率的计算结果绘制。

空间关联网络中的连线增多，空间关联网络的稳定性得以提升。

综合考虑网络密度、网络等级度和网络效率的测度结果，网络密度提升、网络等级度和网络效率降低的原因可能是随着市场化进程的推进，政府对资源配置的干预有所减弱，城市群的协调发展得到了政府的重视，因此在一定程度上破除了等级森严的物流业发展空间结构，同时市场体系不断完善，降低了城市之间联系的成本，使得城市之间物流业发展的关联关系增多，从而增强了城市群空间关联网络的稳定性。

（2）个体网络结构特征。通过对点度中心度、中间中心度和接近中心度的测度来分析网络中心性，探究城市在城市群物流业空间关联网络中的地位和作用。表5-13给出了2015年五大城市群网络个体中心性的测度结果（其他年份的测度结果未列出）。

①点度中心度。由表5-13所示可知，长江中游城市群中，点度中心度的均值为28.175，高于均值的城市有10个，包括南昌、景德镇、萍乡、长沙、岳阳、益阳、武汉、常德、荆州、咸宁，说明这些城市在城市群物流业空间关联网络中与其他城市的关联关系较多。点入度的均值为8，高于均值的城市有南昌、萍乡、长沙、株洲、武汉等11个城市，表明这些城市在物流业发展的过程中受到其他城市的影响，得到更快速的发展。长三角城市群中，点度中心度高于均值37.083的城市有无锡、常州、苏州、杭州、嘉兴，这些城市在空间关联网络中与其他城市关联关系较多。上海、无锡、常州、苏州、嘉兴的点入度较高，说明其物流业的发展受其他城市的影响，而常州、杭州、嘉兴、舟山的点出度较高，说明这些城市会引领其他城市物流业的发展。珠三角城市群中，点度中心度均值为41.667，其中高于均值的城市有广州、深圳、东莞、中山，其中东莞和中山的点入度和点出度均排在前四位，说明东莞和中山的物流业发展既受到其他城市的影响，又影响其他城市。京津冀城市群中，北京和天津的点度中心度远远高于其他城市，说明这两个城市物流业发展与其他城市的关联关系较多，且点入度不仅高于京津冀城市群点入度均值也高于自身的点出度，说明北京和天津物流业发展受其他城市的影响，但是对其他城市的溢出效应并不明显。成渝城市群中，点度中心度较高的城市有重庆、成都、遂宁、内江、资阳，其中成都、资阳、内江的点入度在成渝城市群中排在前三位，说明这三个城市物流业发展过程中与其他城市关联关系较多，且受到其他城市影响，而遂宁和南充的点出度最高，说明它们对其他城市存在溢出效应。

　　②中间中心度。根据表5-13，长江中游、长三角、珠三角、京津冀、成渝城市群中间中心度的均值分别为2.981、5.595、5.556、6.111、3.512。其中，长江中游城市群中，中间中心度高于均值的城市有南昌、景德镇、萍乡、九江、新余、长沙、株洲、岳阳、武汉、荆州、咸宁；长三角城市群中，高于均值的城市有上海、无锡、常州、苏州、杭州、嘉兴；珠三角城市群中，高于均值的城市有广州、深圳、东莞、中山；京津冀城市群中，高于均值的城市有北京、天津、廊坊；成渝城市群中，高于均值的城市有重庆、成都、自贡、遂宁、内江、南充、资阳，这些城市处于网络的核心位置并易于打通与其他城市间关联的捷径，扮演着重要的桥梁角色，从整体上控制着网络中城市间的联动关系。而长江中游城市群的上饶和衡阳、长三角城市群的扬州和镇江、京津冀城市群的张家口、成渝城市群的绵阳和达州的中间中心度为0，说明这些城市处于网络中较"偏远"的位置，与其他城市之间的联系受制于中间中心度排名靠前的城市，难以起到控制和支配的作用。

　　③接近中心度。根据表5-13的测度结果，长江中游、长三角、珠三角、京津冀、成渝城市群的接近中心度的均值分别为57.134、57.480、72.979、68.814、68.140，接近中心度高于均值的城市个数分别为15、8、3、5、8。其中，接近中心度在各城市群中排名居于前两位的有长江中游城市群的南昌和长沙，长三角城市群的无锡和苏州，珠三角城市群的中山、东莞和广州，京津冀城市群的北京和天津，成渝城市群的成都和资阳，表明这些城市与其他城市联系路径通达性良好，关联关系较为紧密，而且这些城市大多数物流业发展水平较高，在信息、资源方面的调控能力较强，扮演着中心行动者的角色。而鹰潭、上饶、衡阳、扬州、镇江、张家口、达州等城市的接近中心度较低，说明这些城市距离网络中心点较远，在关联网络中受控于其他城市，与其他城市之间的联系较弱，在网络中扮演边缘行动者的角色。

表 5 - 13　2015 年中国五大城市群物流业空间关联网络
中心性测度结果

城市群	城市	点入度	点出度	点度中心度（%）	中间中心度（%）	接近中心度（%）	城市群	城市	点入度	点出度	点度中心度（%）	中间中心度（%）	接近中心度（%）
	南昌	9	13	40.741	14.408	69.231		上海	7	4	36.667	7.999	62.500
	景德镇	5	11	29.630	4.140	58.696		南京	4	5	30.000	2.316	51.724
	萍乡	11	8	35.185	4.053	62.791		无锡	9	4	43.333	20.782	71.429
	九江	6	8	25.926	3.024	55.102		常州	8	8	53.333	18.148	62.500
	新余	7	8	27.778	4.825	57.447		苏州	9	6	50.000	13.120	71.429
	鹰潭	5	6	20.370	0.239	46.552		南通	5	5	33.333	3.190	60.000
	吉安	4	6	18.519	0.522	50.943	长三角	扬州	4	4	26.667	0.000	42.857
	宜春	5	7	22.222	1.410	55.102		镇江	4	4	26.667	0.000	42.857
	抚州	6	8	25.926	1.332	48.214		泰州	5	6	36.667	4.104	53.571
	上饶	3	5	14.815	0.000	44.262		杭州	6	7	43.333	5.973	65.217
	长沙	14	6	37.037	8.414	67.500		宁波	5	6	36.667	0.159	48.387
	株洲	11	3	25.926	3.229	58.696		嘉兴	8	7	50.000	5.973	65.217
	湘潭	11	4	27.778	2.727	60.000		湖州	6	6	36.667	4.731	62.500
长江中游	衡阳	3	6	16.667	0.000	45.000		绍兴	5	5	33.333	1.972	55.556
	岳阳	10	15	46.296	9.243	65.854		舟山	2	7	30.000	0.899	55.556
	常德	7	10	31.481	2.625	58.696		台州	2	6	26.667	0.159	48.387
	益阳	7	9	29.630	1.391	55.102		广州	6	2	50.000	9.226	80.000
	娄底	7	8	27.778	0.320	51.923		深圳	4	3	43.750	6.548	66.667
	武汉	12	5	31.481	5.646	65.854		珠海	3	2	31.250	1.786	61.538
	黄石	10	4	25.926	1.765	61.364	珠三角	佛山	5	1	37.500	0.893	72.727
	宜昌	5	9	25.926	0.876	55.102		江门	2	4	37.500	5.357	72.727
	襄阳	3	11	25.926	0.728	54.000		肇庆	0	5	31.250	0.893	72.727
	鄂州	12	2	25.926	2.524	62.791		惠州	0	3	18.750	1.190	61.538
	荆门	6	9	27.778	0.240	51.923		东莞	5	4	56.250	9.524	80.000
	孝感	7	8	27.778	0.377	52.941		中山	5	6	68.750	14.583	88.889
	荆州	7	14	38.889	4.386	61.364		重庆	7	8	50.000	6.285	71.429
	黄冈	10	1	20.370	1.230	57.447	成渝	成都	12	6	60.000	10.667	83.333
	咸宁	10	9	35.185	3.801	65.854		自贡	9	5	46.667	3.981	71.429

208

续表

城市群	城市	点入度	点出度	点度中心度（%）	中间中心度（%）	接近中心度（%）	城市群	城市	点入度	点出度	点度中心度（%）	中间中心度（%）	接近中心度（%）
京津冀	北京	8	2	55.556	33.565	90.000	成渝	泸州	4	5	30.000	0.136	60.000
	天津	7	4	61.111	12.037	81.818		德阳	7	3	33.333	1.937	65.217
	石家庄	1	4	27.778	1.389	64.286		绵阳	4	5	30.000	0.000	60.000
	唐山	3	4	38.889	1.389	69.231		遂宁	7	9	53.333	6.834	75.000
	秦皇岛	2	3	27.778	0.694	64.286		内江	11	8	63.333	6.501	78.947
	保定	2	5	38.889	2.083	69.231		乐山	7	7	46.667	0.500	62.500
	张家口	0	1	5.556	0.000	50.000		南充	5	9	46.667	4.737	71.429
	承德	0	4	22.222	0.694	64.286		眉山	5	7	40.000	1.484	65.217
	沧州	3	3	33.333	0.694	60.000		宜宾	6	8	46.667	1.582	68.182
	廊坊	6	2	44.444	8.565	75.000		广安	4	6	33.333	0.845	62.500
								达州	2	4	20.000	0.000	51.724
								雅安	2	6	26.667	0.595	60.000
								资阳	12	8	66.667	10.107	83.333

（三）　中国城市群物流业网络结构的效应

前文已分析了我国城市群物流业发展空间网络结构特征，接下来进一步分析城市群物流业空间关联网络结构对物流业发展水平的影响。为了揭示城市群物流业发展空间关联网络的效应，本节从整体网络结构和个体网络结构两个方面检验城市群物流业发展的空间关联网络结构特征对城市群物流业发展水平及其空间差异的影响。

1. 整体网络结构的效应

我们分别以城市群物流业综合发展水平的均值和各城市群物流业发展的基尼系数（利用 Dagum 基尼系数方法测度得到）作为被解释变量，分别以网络密度、网络等级度、网络效率作为解释变量进行分析，估计结果如表 5 – 14 所示。

表 5 - 14　整体网络结构效应的 OLS 回归系数估计结果

城市群	物流业发展水平			物流业空间差异		
	网络密度	网络等级度	网络效率	网络密度	网络等级度	网络效率
长江中游	0.4599 *** (6.128)	0.4276 (0.643)	-0.2872 *** (-4.726)	-0.0353 (-0.2728)	0.1625 (0.2923)	0.0079 (0.091)
长三角	0.6946 *** (18.904)	-2.4715 *** (-3.9692)	-0.5556 *** (-23.439)	-0.3362 *** (-4.7474)	1.5471 *** (4.8611)	0.2551 *** (4.1577)
珠三角	0.8549 *** (12.423)	-2.9803 (-1.312)	-0.4542 *** (-11.952)	-0.1046 ** (-2.7239)	0.6365 (1.5426)	0.0565 ** (2.789)
京津冀	0.3201 *** (4.4303)	1.731 *** (4.342)	-0.1526 *** (-4.4947)	-0.3861 *** (-5.9008)	-1.9915 *** (-4.851)	0.1816 *** (5.7044)
成渝	0.2666 *** (11.772)	-1.4125 * (-1.921)	-0.1987 *** (-6.312)	-0.222 *** (-4.3062)	1.2237 (1.5759)	0.191 *** (5.1576)

注：*** , ** , * 分别表示在 1%、5%、10% 的显著性水平上显著；括号内为 t 值。
资料来源：作者计算整理。

（1）整体网络结构对物流业发展水平的影响。

①网络密度。从表 5 - 14 可以看出，各城市群物流业发展空间关联网络密度的回归系数均为正，且通过了 1% 的显著性检验，表明网络密度对城市群物流业发展水平存在显著的正向影响。网络密度的提升意味着空间关联网络连接的数量增加，使得城市之间的关系增多，有利于物流业发展水平的提高。

②网络等级度。网络等级度对长三角、珠三角和成渝城市群物流业发展水平的影响为负，产生这一结果的原因可能是网络等级度的提升意味着有更多的城市在空间关联网络中处于单向连接的从属地位，不利于物流业的发展。因此，在长三角、珠三角和成渝城市群物流业的发展过程中，政府应简政放权，避免过度干预，有效破除城市群物流业发展的空间关联结构，提高物流业发展水平。而网络等级度对长江中游和京津冀物流业发展水平有正向促进作用，其中在京津冀城市群中促进作用显著，可能是因为北京和天津拥有优越的资源和政策，对河北省的部分城市产生了"虹吸"效应，而在京津冀城市群物流业发展的空间关联网络中，河北省的城市与北京和天津的单向联系较多，进一步促进了北京和

天津物流业的发展，从而带动了京津冀城市群物流业的平均发展水平。

③网络效率。网络效率对各城市群物流业发展均有显著的负向影响。网络效率的降低意味着空间关联网络中连接的增加，使得城市之间人才、资源、技术等得以有效流通，进而提高物流业发展水平。因此，应推进市场体系建设，发挥市场的调配作用，增强城市群内联系，降低物流业发展空间交流的成本，提高城市群物流业发展空间关联网络的稳定性。

（2）整体网络结构对物流业空间差异的影响。整体网络结构对物流业空间差异影响的估计结果见表 5 – 14。结果显示，各城市群网络密度的回归系数均为负值，说明网络密度的提升有助于缩小城市群物流业发展的差异。网络密度的提升意味着网络连接数量增多，将带动物流业发展水平较低的城市融入整体网络，有利于缩小城市物流业发展水平之间的差异。除京津冀外，其他城市群网络等级度及网络效率的回归系数均为正值，说明网络等级度和网络效率的降低有利于缩小城市群物流业发展的差异。网络等级度的下降意味着双向连接的增加，提高了各城市在空间关联网络中的地位；网络效率的降低，意味着网络连接的增加，破除了中间中心度较高城市对物流业资源的支配和控制，有利于缩小城市群物流业发展的空间差异。

2. 个体网络结构的效应

以物流业发展水平作为被解释变量，分别以各城市的点度中心度、中间中心度和接近中心度为解释变量建立面板数据模型对个体网络结构的效应进行检验。首先通过 Hausman 检验确定模型选择固定效应还是随机效应，检验结果表明：模型（1）中，京津冀、长江中游、成渝城市群支持固定效应，长三角和珠三角城市群支持随机效应；模型（2）中，检验 P 值均小于 0.05，因此进行固定效应模型估计；模型（3）中，京津冀和成渝的检验 P 值小于 0.05，故选择固定效应，而长江中游、长三角和珠三角城市群的 P 值分别为 0.1042、0.3309、0.2403，均大于 0.05，因此选择随机效应模型。检验结果如表 5 – 15 所示。

（1）点度中心度。根据表5－15中模型（1）的估计结果，点度中心度的估计系数均为正值，说明点度中心度的提高对城市群物流业发展有正向促进作用，点度中心度每提高1个单位，长江中游、长三角、珠三角、京津冀和成渝城市群发展水平分别提升0.0046、0.0072、0.0070、0.00262、0.00264个单位，意味着城市群空间关联网络中城市之间的关联度越高，越增强整体网络对内部城市个体的影响，越有利于促进城市群物流业发展水平的提高。因此，对于点度中心度较小的城市，可以通过加强与城市群内部其他城市的联系提高自身物流业发展水平。

（2）中间中心度。根据表5－15中模型（2）的估计结果，五大城市群中间中心度的回归系数均为负值，其中珠三角和京津冀城市群通过了1%水平上的显著性检验，表明中间中心度每降低1个单位，珠三角和京津冀两大城市群的物流业发展水平分别可以提升0.0062、0.0029。城市群中间中心度降低，说明城市间的直接联系不断加强，对其他城市作为交流中介的依赖性减小。以京津冀为例，2015年北京和天津的中间中心度分别达到33.565和12.037，远高于其他城市，说明北京和天津在极大程度上担任着其他城市联系的中介，对城市群物流业资源具有较高的控制能力，其中间中心度的降低，意味着其他城市对北京和天津的依赖性减少，有利于加强城市之间的直接交流，促进京津冀城市群物流业发展水平的提高。

（3）接近中心度。根据表5－15中模型（3）的估计结果，各城市群接近中心度的回归系数皆为正值，且通过了1%水平上的显著性检验，说明接近中心度对城市群物流业发展有显著的促进作用。接近中心度越高，意味着该城市在物流业发展的空间关联网络中越能快速与其他城市进行资源交换，各城市之间的相互依赖关系更为密切，从而提高了城市群整体网络结构对城市群内各城市物流业发展的影响，有利于物流业发展水平的提高。

表 5 – 15　个体网络结构效应的面板数据回归结果

城市群	模型（1）		模型（2）		模型（3）	
	点度中心度	R^2	中间中心度	R^2	接近中心度	R^2
长江中游	0.0046 *** (21.717)	0.9544	– 6.27E – 06 (– 0.011)	0.8903	0.0037 *** (7.809)	0.2270
长三角	0.0072 *** (15.290)	0.5315	– 0.0015 (– 1.452)	0.9422	0.0069 *** (12.900)	0.4469
珠三角	0.0070 *** (12.630)	0.5756	– 0.0062 *** (– 5.151)	0.9692	0.0065 *** (10.836)	0.5044
京津冀	0.00262 *** (5.199)	0.9876	– 0.0029 *** (– 2.949)	0.9859	0.0022 *** (4.225)	0.9868
成渝	0.00264 *** (13.849)	0.9716	– 0.0005 (– 1.059)	0.9433	0.0014 *** (11.075)	0.9653

注：*** ，** ，* 分别表示在1%、5%、10%的显著性水平上显著；括号内为 t 值。

本章小结

本章基于关系视角，借助社会网络分析方法考察省际与城市群两种空间尺度下物流业发展的空间关联网络结构，主要得到以下结论。

（1）我国省际物流业发展的空间关联网络结构及特征。本章基于2004～2014 年中国省际数据，利用 VAR Granger Causality 方法确定省际物流业空间关联网络结构，分析结果显示：①我国物流业发展空间关联网络通过 394 个"管道"进行空间溢出，各省份物流业发展在空间上是复杂的、多线程的网络结构形态，没有任何一个省份能够"孤立"于整体网络。②关于整体网络结构特征。我国物流业空间关联网络密度为0.424，各地区之间关联的紧密程度总体上并不高；网络关联度为1，说明中国物流业发展空间关联网络具有很好的通达性；网络等级度为0，说明区域之间的溢出效应并不是"等级森严"的；网络效率为0.4092，表明我国省际物流业发展的空间溢出存在较明显的多重叠加现象，网络稳定性较强。③关于空间关联网络个体结构特征。安徽、浙江、河北、湖南、贵州、河南、陕西、湖北、上海等省份的点度中心度位于前列，内蒙古、重庆、福建、青海、新疆的点度中心度居于后位。湖南、安徽、浙江、河北、陕西、湖北等地的中间中心度较高，控制省份之间物流业联系的能力较强；内蒙古、重庆、福建、青海、新疆的中间中心度偏低。安徽、湖南、贵州、上海、浙江、天津、河北、湖北等地有较高的接近中心度，在网络中扮演着"中心行动者"的角色，而西藏、福建、重庆、青海、新疆的接近中心度偏低，在网络中扮演"边缘行动者"的角色。④关于空间关联网络的聚类特征。全国31个省份被划分为四个板块，第Ⅰ板块包括北京、河南、广东、山西、内蒙古、山东、重庆、四川、西藏，为"经纪人板块"，在网络中起"中介"与"桥梁"作用；第Ⅱ板块包括云南、新疆、辽宁、福建、广西、浙江、吉林，为"净受益板块"；第Ⅲ板块包括天津、江西、湖南、河北、上海、黑龙江，为"净溢出板块"；第Ⅳ板块包括海南、湖北、江苏、安徽、陕西、甘肃、青海、宁夏、贵州，为"双向溢出板块"。其中，仅有第Ⅰ板块和第Ⅳ板块内部具有明显的"俱乐部"效应。另外，关于四个板块之间的传导机制是：充当发动机的是第Ⅳ板块，它将物流业发展的动能传递给第Ⅰ板块；第Ⅰ板块起着明显的桥梁和枢纽作用，将物流业发展的动能传递给第Ⅱ板块；同时第Ⅲ板块又将物流业发展的动能传递过第Ⅱ板块。

（2）我国五大城市群物流业发展的空间关联网络结构特征及其效应。基于2003～2015年五大城市群79个城市的数据，利用引力模型确定物流业发展的空间关联网络，分析结果显示：①从整体网络结构特征来看，五大城市群物流业空间关联网络密度呈现上升的趋势，但是紧密程度并不高，其中珠三角、长三角和京津冀城市群的网络密度相对较高，长江中游和成渝城市群的网络密度相对较低。我国城市群物流业发展的空间关联网络的连通性较好；五大城市群网络等级度较为森严，长三角、珠三角、成渝城市群的网络等级度有所下降，而长江中游的网络等级度呈上升趋势；五大城市群网络效率呈下降趋势，说明我国城市群物流业网络的稳定性在逐步提升。②从个体网络结构特征来看，各城市群中物流业发展水平较高的城市，如南昌、长沙、北京和天津等的点度中心度较高，与其他城市的关联关系较多，且其中大多数城市点入度高于点出度，同时具有较高的中间中心度和接近中心度，说明这些城市物流业发展过程中受其他城市影响较多而对其他城市的溢出效应较少，而且它们处于网络的核心位置，扮演者重要的桥梁角色，控制着网络中城市之间的物流业联动关系。又由于它们物流业发展水平较高，资源调控能力较强，在网络中扮演着中心行动者的角色。③空间关联网络结构特征中，网络密度的提升、网络效率的降低能显著提高物流业发展水平，缩小城市群物流业发展的空间差异。网络等级度对不同城市群的影响存在不同，网络等级度的降低能有效促进长三角城市群和成渝城市群物流业发展水平，缩小其空间差异，却不利于京津冀城市群物流业的发展和差异的减小。个体网络中心性指标中点度中心度和接近中心度的提高、中间中心度的降低对城市群物流业发展水平也存在显著的促进作用。

上述结论对我国区域物流业发展提供了一定的决策依据与支持。我国物流业发展的空间关联呈现复杂的、多线程的网络结构形态，这要求我们要从全局的、整体的视角来实现区域物流业协调发展。各级政府应打破行政区划界限、经济制度壁垒，寻求合作基础，尽量避免不必要的恶性竞争。不断探索区域协调发展新机制、新路径，按照"一带一路"倡议以及建设京津冀、长江经济带、长三角城市群，雄安新区、粤港澳大湾区等重大战略规划要求，加快推进重点物流区域和联通国际国内的物流通道建设，重点打造面向中亚、南亚、西亚的战略物流枢纽及面向东盟的陆海联运、江海联运节点和重要航空港，建立省际和跨国合作机制，促进物流基础设施互联互通和信息资源共享，进而通过产业关联、要素流动、区际贸易、人力资本外溢等渠道加强区域之间物流业发展的联系，形成物流业一体化运作的市场体系。

参考文献

［1］曹卫东．城市物流企业区位分布的空间格局及其演化：以苏州市为例

[J]. 地理研究，2011，30（11）：1997 - 2007.

[2] 崔园园，宋炳良. 长三角区域物流空间演化与影响因素分析 [J]. 华中师范大学学报（自然科学版），2015，（2）：302 - 306.

[3] 范月娇，王健. 海西物流发展与区域经济的空间关联性实证分析——基于空间计量经济分析视角 [J]. 福建师范大学学报（哲学社会科学版），2012，（4）：40 - 45.

[4] 高铁梅. 计量经济分析方法与建模（第 2 版）[M]. 清华大学出版社，2009.

[5] 高秀丽. 物流业与区域经济协调发展研究 [D]. 广州：华南理工大学，2013.

[6] 关高峰，董千里. 物流发展水平视角下区域物流网络构建研究——基于湖北省 16 个地市、州 2012 年截面数据的实证分析 [J]. 学术论坛，2013，（9）：99 - 105.

[7] 李明芳，薛景梅. 京津冀轴辐式区域物流网络的构建与对策 [J]. 中国流通经济，2015，（1）：106 - 111.

[8] 刘荷，王健. 基于轴辐理论的区域物流网络构建及实证研究 [J]. 经济地理，2014，（2）：108 - 113.

[9] 刘华军，刘传明，孙亚男. 中国能源消费的空间关联网络结构特征及其效应研究 [J]. 中国工业经济，2015，（5）：83 - 95.

[10] 千庆兰，陈颖彪，李雁，等. 广州市物流企业空间布局特征及其影响因素 [J]. 地理研究，2011，30（7）：1254 - 1261.

[11] 沈玉芳，刘曙华，张婧，王能洲. 长江三角洲生产性服务业的空间分布特征分析 [J]. 资源开发与市场，2010，26（3）：223 - 226.

[12] 唐建荣，张鑫，杜聪. 基于引力模型的区域物流网络结构研究——以江苏省为例 [J]. 华东经济管理，2016，（1）：76 - 82.

[13] 唐建荣，张鑫和. 物流业发展的时空演化、驱动因素及溢出效应研究——基于中国省域面板数据的空间计量分析 [J]. 财贸研究，2017，（5）：11 - 21.

[14] 王成金，张梦天. 中国物流企业的布局特征与形成机制 [J]. 地理科学进展，2014，33（1）：134 - 144.

［15］ 王永刚，吴治忠. 基于服务业增加值的长三角城市网络关系分析——借助引力模型的实证研究［J］. 中国流通经济，2015，（3）：78－85.

［16］ 谢京辞，李慧颖. 轴辐式海陆物流一体化网络构建研究——以山东省为例［J］. 经济问题探索，2015，（3）：1－8.

［17］ 谢守红，蔡海亚. 长三角物流发展水平评价及空间关联格局分析［J］. 资源开发与市场，2015，31（9）：1057－1062.

［18］ 约翰·斯科特. 社会网络分析方法（刘军译）［M］. 重庆大学出版社，2007.

［19］ 钟祖昌. 空间经济学视角下的物流业集聚及影响因素——中国31省市的经验证据［J］. 山西财经大学学报，2011，33（11）：55－62.

［20］ 周泰，叶怀珍. 基于模糊物元欧式贴近度的区域物流能力量化模型［J］. 系统工程，2008，26（6）：27－31.

［21］ 朱慧、周根贵. 基于引力模型的内陆型区域物流空间联系研究——以浙江金衢丽地区为例［J］. 地域研究与开发，2015，（1）：43－49.

［22］ Groenewold, N., G. Lee, and A. Chen. Regional Output Spillovers in China: Estimates from a VAR Model ［J］. *Regional Science*, 2007, 86 (1): 101－122.

［23］ Jing, N., and W. X. Cai. Analysis on the Spatial Distribution of Logistics Industry in the Developed East Coast Area in China ［J］. *The Annals of Regional Science*, 2010, 45 (2): 331－350.

［24］ Krackhardt, D. Graph Theoretical Dimensions of Informal Organizations ［A］. In: Kathleen Carley and Michael Prietula (eds.), *Computational Organizational Theory* ［C］. Hillsdale, NJ: Lawrence Erlbaum Associates Inc: 89－111.

［25］ Sims C. A. Macroeconomics and Reality ［J］. *Econometrica*, 1980, 48 (1): 1－48.

［26］ Snyder, D., and E. L. Kick. Structural Position in the World System and Economic Growth, 1955－1970: A Multiple-Network Analysis of Transnational Interactions ［J］. *American Journal of Sociology*, 1979, 84 (5): 1096－1126.

[27] Wasserman, S., and K. Faust. *Social Network Analysis*：*Methods and Applications* (*Structural Analysis in the Social Sciences*) [M]. Cambridge：Cambridge University Press, 1994.

[28] White, H. C., S. A. Boorman, and R. L. Breiger. Social Structure from Multiple Networks. I. Blockmodels of Roles and Positions [J]. *American Journal of Sociology*, 1976, 81 (4)：730 – 780.

第六章　产业互动融合与物流业价值创造

　　现代物流业具有高附加值、高人力资本、高成长性、高渗透性和高辐射性等特点，与国民经济各部门有着很强的关联。物流业与上下游制造企业、商贸企业的深度融合与战略合作，对于企业所在供应链的优化以及企业价值链的提升具有重要的支撑作用。特别是贯穿于制造企业生产过程中上游、中游、下游各个环节的物流服务，为制造企业供应链的顺利运转提供了保障，已成为提升制造企业运营效率、价值创造能力与竞争力的重要战略资源。物流是制造企业供应链的重要组成部分，随着市场竞争的加剧、客户需求的多样化及动态化，以及物流复杂性增加，制造企业越来越倾向于将物流活动外包。制造业与物流业的联动发展进程不断深入。中国各级政府和企业都在积极推动制造业与物流业的联动发展。从 2007 年首届全国制造业与物流业联动发展大会的召开到 2013 年第四届全国制造业与物流业联动发展大会的召开；从 2009 年国务院发布的《物流业调整和振兴规划》将"制造业与物流业联动发展工程"列为九大重点工程之一到 2014 年国务院发布的《物流业发展中长期规划（2014～2020 年）》将"制造业物流与供应链管理工程"列为十二大重点工程之一；从 2002 年青岛啤酒股份有限公司与招商局物流集团的合作到 2008 年博禄公司（Borouge）与合捷供应链有限公司（Enpro）的合作，我国制造业与物流业的联动发展步伐不断加快。

制造业与物流业互动融合发展的趋势不断增强，日益形成相互依赖、共同发展的互补关系。在制造业与物流业互动融合系统中，工商企业依据双方议定的标准、成本和条件，把企业内部的物流活动以合同方式委托给外部专业的物流企业，故也称为"物流外包"。作为一种新的资源组织形式，物流外包对客户企业的生产组织方式及绩效等产生了重要影响。理论上，在制造业与物流业互动发展融合的过程中，物流业嵌入制造企业价值链，为生产经营活动的连续性和协调性提供保证，并通过发挥规模经济效应和专业化优势，提高企业生产效率。通过高效的物流服务，企业可以为客户提供增值服务（Sohal et al.，2002；Lieb and Bentz，2005），快速响应客户需求（Craig，1996），提高顾客满意度（Razzaque and Sheng，1998），提高生产柔性（Daugherty et al.，1996），提高运营绩效（Sezen，2005；Schramm-Klein and Morschett，2006），提高市场份额（Fugate et al.，2008）等。

在新的经济时代，分析我国制造业与物流业互动融合程度，把握两业互动融合规律与特征，对推动我国制造业与物流业形成有效的互动融合具有重要意义。

一 产业互动融合的理论基础

业界在讨论物流业与工商业的关系时，常常利用不同的术语来表达物流业与不同产业的互动关系，比如制造业与物流业的联动发展、物流业与商贸业的融合发展、物流业与信息业的融合发展。理论上，产业联动与产业融合的内涵是有区别的，其中产业联动是指执行主体之间通过长期契约形成战略联盟协作关系，但各主体仍然保持其生产经营的独立性；而产业融合则是不同产业或同一产业的不同行业之间的边界模糊或消失，最终融为一体，逐步形成新产业的动态发展过程，由融合而成的新主体向市场提供产品与服务（王健和梁红艳，2014）。本章重点研究制造业与物流业之间的互动关系。在分析制造业与物流业的互动程度与特征之前，借鉴王健和梁红艳（2014）的研究，阐述产业联动的概念与内涵，并阐释制造业与物流业产业联动的内涵。

（一）产业联动的概念与内涵

"联"即指联系、联结、联合，"动"指变动，联动则是指基于相互的联系而发生的联合变动，即相互联系的主体之间，一个主体发生变动会引起另一个主体的变动，最终实现两者的联合变动。可见，"联动"有两大特征：联系和互动。"联系"强调主体之间的内在联系，是联动发生的基础；"互动"是由于主体之间相互作用而彼此发生改变的过程。其中，"互动"具有两个关键点：一是，互动效果受到主体各自基础条件的制约；二是，受制于主体间交流与沟通的意愿，单方面的行为往往导致互动效果不显著。由此，"产业联动"可理解为相互关联的产业基于联结关系而发生的变动行为。而要深入理解产业联动的内涵，首先需要厘清两个基本问题：（1）产业间的联系结构是怎样的？（2）在这种联系结构下，产业发生的变动行为的实质是什么？

1958年，美国经济学家赫希曼（Hirshman）在其《经济发展战略》一书中提出了产业关联的概念，并认为国民经济各产业部门存在相互依存的关系，某一个产业的发展必定会影响或带动其他产业的发展。在社会化大生产过程中，各产业生产活动中都需要来自其他产业部门的产品（劳务）作为中间投入，而其生产出的产品（劳务）也将作为投入品用于其他产业的生产，正是这种错综复杂的产品供需关系维持着所有产业部门的生产循环。

在产业经济学领域，国内一些研究从不同角度对产业关联进行了定义。钟阳胜（1996）认为，产业关联是社会生产中不同部门之间和不同行业之间的技术结构与产品的需求结构，是社会生产力发展的一种空间结构状态。李琼（2000）认为，产业关联是指不同产业之间在生产、交换、分配环节上发生的技术经济联系。杨公朴和夏大慰（2008）指出，产业之间产品（劳务）供需关系的实质是产业间技术经济联系，这种技术经济联系就是产业关联。苏东水（2000）认为，产业关联是指产业间以各种投入品和产出品为纽带的技术经济联系。可见，产业关联实质上是指产业间以各种投入品和产出品为连接纽带，通过供求机制形成的技术经济联系。各种投入品和产出品可以是各种有形产品和无形产品，也可以是价值形态的投入品或产出品；技术经济联系和联系方式可以是实物形态的联系和联系方式，也可以是价值形态的联系和联系方式。由于实物形态的联系和联系方式难以用计量方法准确衡量，而价值形态的联系和联系方式可以从量化比例的角度来进行研究，所以在产业关联分析的实际应用中使用更多的是价值形态的技术经济联系和联系方式。产业关联方式是指产业部门之间发生联系的依托或基础，以及产业间相互依托的不同类型。

产业可以看作不同生产要素，如劳动力、资源、资金、知识、技术、信息等的一种组合结构形态。由此，产业变化常常体现在两个方面：一是生产要素总量的增减，如产业规模的扩大和缩减等；二是要素配比结构的变化，如创新带来的生产效率提高或生产工艺变革等。因此，从这个角度来看，产业变动的实质是生产要素的变动。在生产过程中，投入和产出都是以产品表示的生产要素。当一产业发生变动时，其对生产要素的需求和供给的总量及结构都会发生变动，即投入与产出的数量与结构发生变动，这种变动将作用于其上、下游产业。

结合上述分析，本章将产业联动界定为：产业之间以产业关联为基础，以生产要素的流动与优化重组为主要内容的产业协作活动。对产业联动的认识，从不同角度出发，有不同的理解，因此产业联动具有多层次的内涵。

一是，产业联动的基础是产业关联。产业之间的技术经济联系是产业联动的条件和基础。产业关联是产业间形成联系的基础，决定了产业联动的可行性与必要性。关联度越高的行业，产业联动的效果可能越突出，毫无联系的产业部门之间难以形成产业联动。一般处于同一产业链上的产业之间相互依存、相互制约，存在大量的物质、信息、资金等方面的交换关系，产业联动能够在这些产业之间产生较好的协同效应。

二是，产业联动的对象是流动性生产要素。生产要素种类繁多，按流动性经济因素可分为流动性和非流动性要素。通常政策、体制、自然资源等要素很少或根本不能流动，为非流动性要素。而劳动力、资本、技术、信息等要素能够流动，能够带来经济增值，为可增值的流动性要素。非流动性要素只有与可增值的流动性要素相结合，才能实现潜在的收益。产业联动中的生产要素主要指劳动力、资本、技术、信息等流动性要素。

三是，产业联动的目标是推动经济发展。经济发展的主要途径包括生产要素投入增加和生产率提高。而经济结构的合理性，如资源配置状况、规模经济等，以及技术创新直接影响生产率。通过产业联动，生产要素在区域间、产业间、企业间的合理流动与优化配置，能够优化经济结构，优化产业的空间布局，推动技术创新，提高经济运作效率。

（二）制造业与物流业产业联动的内涵

国外多从工商企业物流外包的微观视角对制造业与物流业之间的关系展开分析，因而制造业与物流业联动发展的定义在外文文献中并不多见。国内部分研究给出了定义，比如崔忠付等（2009）认为，制造业与物流业联动发展是指以制造业和物流业的产业关联为基础，将制造业物流业务与物流企业的物流运作联合起来，进行产业协作的活动。王珍珍和陈功玉（2009）指出，制造业与物流业联动发展的内涵包括制造业与物流业之间的完善协作、制造业与物流业之间发展的层次性与竞合性等。

上述定义站在微观企业的角度，从两业联动的内容、形式、目的以及特点等方面分析了制造业与物流业联动发展的概念。但是两业联动的内容、形式、目的以及特点等随着物流业的发展以及客户需求的变化而不断发生变化。首先，随着企业物流与供应链管理理论和实践的发展，以及物流外包实践的深入，物流业已实现从传统物流向现代物流的转型。物流业从传统的单个物流环节（功能）提供商发展为综合型物流服务提供商，并进一步发展成供应链物流服务提供商。与传统的物流服务提供商仅提供如运输、仓储、装卸、配送等分散的、基础的物流活动不同，现代物流服务提供商具有与客户建立战略合作关系的能力、提供供应链专业知识与咨询的能力、以业务知识和信息系统为基础的服务能力、与客户分担风险和回报的能力、高端技术应用能力、项目管理与合同管理能力以及整合物流资源的能力，能为客户提供市场调研与预测，采购与订单处理，报关结算，物流信息系统设计、开发、集成与应用，物流系统规划与设计，物流系统诊断与优化，供应链方案设计，供应链系统集成等增值物流服务以及综合化、一体化的现代物流服务。其次，在物流外包实践中，物流服务提供商和客户的合作关系不断提升与创新，包括从交易型关系发展到战略联盟关系、从注重降低成本到注重创造价值、从短期关系发展到长期关系、从自己拥有资产到整合资源等。

可见，制造业与物流业联动的内容、形式等都在不断丰富，联动的范围从供应链上的某个节点向整条供应链扩展。基于企业的微观视角，制造业与物流业的联动发展是指制造企业与物流企业之间的协作活动，包括运输、仓储、包装、配送等基础物流业务的共同运作、控制与管理，还包括市场调研与预测，采购与订单处理，报关结算，物流信息系统设计、开发、集成与应用，物流系统规划与设计，物流系统诊断与优化，供应链方案设计，供应链系统集成等增值物流服务的合作，最终实现制造企业物流成本降低、物流运作效率提高、供应链的优化与绩效提升，以及物流企业的升级。综上述，基于企业视角，制造业与物流业联动的主体是企业，联动的基础是产业关联，联动的范围逐步从供应链一个节点的单一物流业务向整条供应链的物流活动扩展，联动的内容不断从单一的传统物流活动向现代物流增值服务及综合化物流服务延伸，联动的目的是实现制造业与物流业的协调发展和共同成长。

二　制造业与物流业的综合发展水平评价

（一）指标体系构建

在分析制造业与物流业互动协同程度之前，需要获知各地区制造业与物流业发展水平。基于科学性、系统性、数据可获得性的原则，本章从发展规模、运营能力、运营效率、发展环境 4 个方面构建了制造业与物流业综合发展水平的评价指标体系，如表 6 - 1 所示。

表 6 - 1　制造业与物流业综合发展水平的评价指标体系

产业	一级指标	二级指标	说明	单位
制造业	发展规模	企业数量	原始统计数据	个
		制造业增加值		亿元
	运营能力	制造业从业人数		万人
		制造业固定资产投资		亿元
	运营效率	全员劳动生产率	工业增加值/全部职工平均人数	万元/人
		流动资产周转率	销售收入/流动资产平均余额	次/年
		固定资产周转率	销售收入/固定资产平均余额	次/年
	发展环境	地区生产总值	原始统计数据	亿元
		进出口总额		亿元
		运输网络密度	运输线路长度/土地面积	公里/百平方公里
		电话普及率	原始统计数据	部/百人
物流业	发展规模	企业数量	原始统计数据	个
		物流业增加值		亿元
	运营能力	物流业从业人数		万人
		物流业固定资产投资		亿元
	运营效率	全员劳动生产率	物流业增加值/全部职工平均人数	万元/人
	发展环境	地区生产总值	原始统计数据	亿元
		第二产业增加值		亿元
		进出口总额		亿元
		社会消费品零售总额		亿元

产业	一级指标	二级指标	说明	单位
物流业	发展环境	运输网络密度	运输线路长度/土地面积	公里/百平方公里
		电话普及率	原始统计数据	部/百人

资料来源：作者整理得到。

由于无法获取地级市较多指标的数据，本章选取中国大陆 30 个省份展开研究（西藏因缺失较多数据，未列入分析样本）。另外，根据数据可获得性，研究时段确定为 2004～2016 年。各地区各指标的数据主要来源于 2005～2017 年的《中国统计年鉴》《中国第三产业统计年鉴》《中国工业统计年鉴》。

（二）评价方法

设 x_{mj}^{t}、x_{lj}^{t} 分别为制造业与物流业第 j 项指标第 t 年的数值，M_{mj}^{t}、m_{mj}^{t} 和 M_{lj}^{t}、m_{lj}^{t} 分别为制造业和物流业第 j 项指标在第 t 年中的最大值与最小值，采用极差归一化对各指标进行标准化处理，如下所示：

$$u_{mj}^{t} = \begin{cases} \dfrac{x_{mj}^{t} - m_{mj}^{t}}{M_{mj}^{t} - m_{mj}^{t}} \\ \dfrac{M_{mj}^{t} - x_{mj}^{t}}{M_{mj}^{t} - m_{mj}^{t}} \end{cases} \qquad u_{lj}^{t} = \begin{cases} \dfrac{x_{lj}^{t} - m_{lj}^{t}}{M_{lj}^{t} - m_{lj}^{t}} \\ \dfrac{M_{lj}^{t} - x_{lj}^{t}}{M_{lj}^{t} - m_{lj}^{t}} \end{cases} \qquad (6-1)$$

式（6-1）中，u_{mj}^{t}、u_{lj}^{t} 分别表示第 t 年制造业与物流业第 j 项指标标准化后的数值。设 w_{mj} 与 w_{lj} 分别表示两产业中第 j 项指标的权重，为避免主观因素影响，利用熵值赋权法确定各指标的权重，并利用线性加权和法测算制造业与物流业在第 t 年的综合发展水平，分别为 u_{m}^{t}、u_{l}^{t}，计算公式如下所示：

$$u_{m}^{t} = \sum_{j=1}^{n} w_{mj} u_{mj}^{t}, \quad \sum_{j=1}^{n} w_{mj} = 1$$

$$u_{l}^{t} = \sum_{j=1}^{n} w_{lj} u_{lj}^{t}, \quad \sum_{j=1}^{n} w_{lj} = 1 \qquad (6-2)$$

（三）制造业与物流业综合发展水平测度结果与分析

运用 Matlab 软件，通过熵值赋权法与线性加权和法得出我国 30 个省份制造业与物流业综合发展水平。

1. 制造业综合发展水平

根据表 6-2 可知，2004~2016 年中国 30 个省份制造业综合发展水平的变化趋势，如图 6-1 所示。从发展水平来看，历年位于前列的地区从高到低依次为广东、江苏、山东、浙江、上海、北京，但 2013 年后北京逐渐弱化。天津、河南、河北、辽宁、福建处于第二梯队，其他地区属于第三梯队，其中海南、宁夏、甘肃、新疆等地区处于最后位置。从变化趋势来看，上海与北京呈现比较明显的下降趋势，广东、江苏与浙江呈现先下降后上升趋势，其他地区的变化相对平缓。

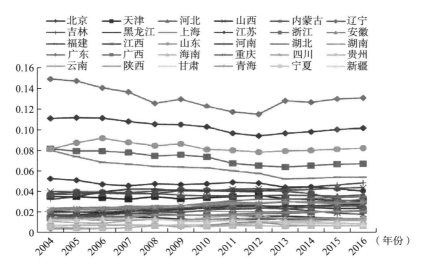

图 6-1　2004~2016 年中国各地区制造业综合发展水平

2. 物流业综合发展水平

根据表 6-3 可知，2004~2016 年中国 30 个省份物流业综合发展水平的变化趋势，如图 6-2 所示。从发展水平的高低来看，历年位于前列的地区从高到低依次为广东、江苏、山东、上海、浙江、北京；天津、

表6-2 2004~2016年中国各地区制造业综合发展水平

地区	2004年	2005年	2006年	2007年	2008年	2009年	2010年	2011年	2012年	2013年	2014年	2015年	2016年
北京	0.0521	0.0507	0.0466	0.0450	0.0469	0.0462	0.0470	0.0483	0.0477	0.0437	0.0439	0.0420	0.0398
天津	0.0346	0.0343	0.0333	0.0319	0.0344	0.0321	0.0334	0.0345	0.0356	0.0323	0.0314	0.0313	0.0301
河北	0.0361	0.0370	0.0379	0.0379	0.0374	0.0359	0.0352	0.0351	0.0353	0.0358	0.0355	0.0348	0.0362
山西	0.0170	0.0161	0.0144	0.0147	0.0139	0.0125	0.0122	0.0127	0.0125	0.0127	0.0128	0.0114	0.0110
内蒙古	0.0137	0.0153	0.0172	0.0196	0.0236	0.0216	0.0236	0.0257	0.0261	0.0229	0.0204	0.0183	0.0174
辽宁	0.0371	0.0392	0.0390	0.0382	0.0399	0.0412	0.0408	0.0406	0.0403	0.0396	0.0373	0.0318	0.0225
吉林	0.0162	0.0168	0.0179	0.0200	0.0219	0.0226	0.0239	0.0245	0.0255	0.0248	0.0239	0.0226	0.0230
黑龙江	0.0200	0.0193	0.0189	0.0177	0.0177	0.0165	0.0163	0.0161	0.0155	0.0156	0.0144	0.0131	0.0124
上海	0.0798	0.0736	0.0680	0.0663	0.0640	0.0635	0.0627	0.0597	0.0572	0.0518	0.0523	0.0534	0.0533
江苏	0.1104	0.1112	0.1108	0.1077	0.1050	0.1048	0.1026	0.0963	0.0939	0.0964	0.0978	0.1000	0.1015
浙江	0.0814	0.0792	0.0792	0.0777	0.0742	0.0754	0.0731	0.0672	0.0647	0.0633	0.0647	0.0664	0.0665
安徽	0.0186	0.0193	0.0212	0.0222	0.0226	0.0238	0.0255	0.0266	0.0275	0.0293	0.0295	0.0300	0.0317
福建	0.0395	0.0388	0.0376	0.0375	0.0372	0.0404	0.0397	0.0416	0.0420	0.0410	0.0414	0.0428	0.0431
江西	0.0160	0.0165	0.0187	0.0210	0.0201	0.0218	0.0233	0.0224	0.0226	0.0258	0.0258	0.0262	0.0272
山东	0.0811	0.0872	0.0914	0.0874	0.0841	0.0859	0.0805	0.0800	0.0781	0.0790	0.0799	0.0809	0.0821
河南	0.0320	0.0346	0.0392	0.0416	0.0418	0.0402	0.0400	0.0397	0.0392	0.0427	0.0441	0.0457	0.0478
湖北	0.0232	0.0237	0.0244	0.0240	0.0253	0.0255	0.0284	0.0305	0.0317	0.0321	0.0326	0.0337	0.0343
湖南	0.0213	0.0216	0.0231	0.0252	0.0247	0.0257	0.0277	0.0288	0.0282	0.0296	0.0286	0.0285	0.0290

续表

地区	2004 年	2005 年	2006 年	2007 年	2008 年	2009 年	2010 年	2011 年	2012 年	2013 年	2014 年	2015 年	2016 年
广东	0.1485	0.1466	0.1402	0.1362	0.1251	0.1293	0.1224	0.1166	0.1146	0.1277	0.1263	0.1295	0.1305
广西	0.0137	0.0139	0.0147	0.0153	0.0162	0.0161	0.0162	0.0166	0.0179	0.0180	0.0191	0.0203	0.0208
海南	0.0103	0.0090	0.0085	0.0109	0.0126	0.0112	0.0138	0.0159	0.0169	0.0111	0.0117	0.0111	0.0112
重庆	0.0158	0.0154	0.0165	0.0178	0.0194	0.0192	0.0214	0.0227	0.0234	0.0225	0.0243	0.0253	0.0257
四川	0.0218	0.0226	0.0223	0.0233	0.0242	0.0259	0.0262	0.0275	0.0274	0.0296	0.0287	0.0276	0.0286
贵州	0.0066	0.0063	0.0065	0.0068	0.0063	0.0069	0.0063	0.0069	0.0082	0.0097	0.0104	0.0117	0.0125
云南	0.0136	0.0123	0.0112	0.0113	0.0128	0.0116	0.0120	0.0120	0.0139	0.0133	0.0136	0.0127	0.0130
陕西	0.0136	0.0135	0.0139	0.0144	0.0168	0.0162	0.0165	0.0177	0.0188	0.0192	0.0194	0.0199	0.0202
甘肃	0.0065	0.0071	0.0073	0.0075	0.0067	0.0071	0.0071	0.0080	0.0083	0.0087	0.0084	0.0079	0.0084
青海	0.0030	0.0031	0.0034	0.0042	0.0066	0.0049	0.0064	0.0088	0.0101	0.0065	0.0063	0.0061	0.0064
宁夏	0.0047	0.0040	0.0036	0.0042	0.0060	0.0058	0.0053	0.0058	0.0059	0.0056	0.0059	0.0058	0.0061
新疆	0.0117	0.0118	0.0130	0.0125	0.0127	0.0103	0.0104	0.0111	0.0111	0.0098	0.0096	0.0090	0.0077
平均值	0.0333	0.0333	0.0333	0.0333	0.0333	0.0333	0.0333	0.0333	0.0333	0.0333	0.0333	0.0333	0.0333
最小值	0.0030	0.0031	0.0034	0.0042	0.0060	0.0049	0.0053	0.0058	0.0059	0.0056	0.0059	0.0058	0.0061
最大值	0.1485	0.1466	0.1402	0.1362	0.1251	0.1293	0.1224	0.1166	0.1146	0.1277	0.1263	0.1295	0.1305

表 6 - 3　2004~2016 年中国各地区物流业综合发展水平

地区	2004 年	2005 年	2006 年	2007 年	2008 年	2009 年	2010 年	2011 年	2012 年	2013 年	2014 年	2015 年	2016 年
北京	0.0550	0.0575	0.0594	0.0597	0.0632	0.0617	0.0623	0.0638	0.0635	0.0602	0.0578	0.0565	0.0515
天津	0.0351	0.0348	0.0311	0.0309	0.0315	0.0309	0.0304	0.0307	0.0313	0.0297	0.0299	0.0293	0.0291
河北	0.0366	0.0371	0.0359	0.0362	0.0361	0.0356	0.0364	0.0362	0.0354	0.0369	0.0357	0.0345	0.0356
山西	0.0174	0.0177	0.0173	0.0188	0.0182	0.0183	0.0185	0.0183	0.0186	0.0172	0.0176	0.0172	0.0167
内蒙古	0.0144	0.0160	0.0179	0.0176	0.0184	0.0193	0.0206	0.0214	0.0213	0.0200	0.0201	0.0188	0.0192
辽宁	0.0401	0.0400	0.0408	0.0408	0.0423	0.0412	0.0409	0.0407	0.0410	0.0404	0.0391	0.0363	0.0326
吉林	0.0143	0.0145	0.0151	0.0151	0.0162	0.0159	0.0160	0.0161	0.0160	0.0156	0.0166	0.0160	0.0165
黑龙江	0.0201	0.0198	0.0200	0.0203	0.0208	0.0204	0.0204	0.0203	0.0190	0.0191	0.0189	0.0180	0.0174
上海	0.0806	0.0780	0.0778	0.0783	0.0764	0.0753	0.0735	0.0697	0.0659	0.0656	0.0618	0.0648	0.0616
江苏	0.0966	0.1009	0.0998	0.0994	0.0959	0.0954	0.0965	0.0931	0.0919	0.0903	0.0901	0.0914	0.0929
浙江	0.0742	0.0742	0.0719	0.0707	0.0680	0.0679	0.0666	0.0660	0.0644	0.0636	0.0637	0.0653	0.0660
安徽	0.0218	0.0221	0.0222	0.0223	0.0214	0.0207	0.0214	0.0224	0.0235	0.0245	0.0246	0.0245	0.0253
福建	0.0430	0.0417	0.0384	0.0380	0.0387	0.0405	0.0394	0.0409	0.0413	0.0407	0.0417	0.0423	0.0425
江西	0.0181	0.0178	0.0171	0.0167	0.0166	0.0163	0.0171	0.0176	0.0184	0.0185	0.0195	0.0193	0.0199
山东	0.0669	0.0687	0.0736	0.0743	0.0787	0.0791	0.0785	0.0786	0.0778	0.0771	0.0774	0.0781	0.0797
河南	0.0347	0.0347	0.0360	0.0348	0.0350	0.0332	0.0332	0.0334	0.0346	0.0374	0.0376	0.0386	0.0393
湖北	0.0259	0.0251	0.0264	0.0265	0.0281	0.0282	0.0287	0.0298	0.0305	0.0294	0.0304	0.0310	0.0320
湖南	0.0224	0.0218	0.0221	0.0218	0.0233	0.0237	0.0247	0.0245	0.0244	0.0253	0.0250	0.0246	0.0254

续表

地区	2004 年	2005 年	2006 年	2007 年	2008 年	2009 年	2010 年	2011 年	2012 年	2013 年	2014 年	2015 年	2016 年
广东	0.1539	0.1501	0.1499	0.1489	0.1392	0.1422	0.1376	0.1318	0.1313	0.1362	0.1294	0.1318	0.1304
广西	0.0160	0.0160	0.0155	0.0159	0.0164	0.0169	0.0168	0.0172	0.0179	0.0174	0.0184	0.0190	0.0200
海南	0.0085	0.0081	0.0056	0.0059	0.0063	0.0069	0.0070	0.0074	0.0076	0.0074	0.0079	0.0081	0.0078
重庆	0.0151	0.0155	0.0168	0.0175	0.0180	0.0177	0.0180	0.0193	0.0211	0.0218	0.0236	0.0240	0.0252
四川	0.0271	0.0267	0.0265	0.0268	0.0270	0.0284	0.0294	0.0309	0.0324	0.0336	0.0341	0.0326	0.0348
贵州	0.0071	0.0067	0.0080	0.0079	0.0075	0.0077	0.0080	0.0086	0.0094	0.0105	0.0111	0.0140	0.0119
云南	0.0147	0.0146	0.0136	0.0133	0.0128	0.0127	0.0139	0.0137	0.0136	0.0149	0.0158	0.0153	0.0169
陕西	0.0161	0.0161	0.0166	0.0171	0.0183	0.0188	0.0188	0.0199	0.0196	0.0198	0.0203	0.0215	0.0217
甘肃	0.0065	0.0064	0.0069	0.0068	0.0064	0.0061	0.0064	0.0067	0.0067	0.0072	0.0077	0.0075	0.0089
青海	0.0028	0.0028	0.0029	0.0029	0.0031	0.0030	0.0040	0.0045	0.0048	0.0037	0.0074	0.0038	0.0045
宁夏	0.0039	0.0036	0.0043	0.0042	0.0046	0.0050	0.0048	0.0053	0.0052	0.0046	0.0052	0.0049	0.0051
新疆	0.0110	0.0111	0.0107	0.0105	0.0117	0.0109	0.0103	0.0111	0.0115	0.0116	0.0114	0.0112	0.0095
平均值	0.0333	0.0333	0.0333	0.0333	0.0333	0.0333	0.0333	0.0333	0.0333	0.0333	0.0333	0.0333	0.0333
最小值	0.0028	0.0028	0.0029	0.0029	0.0031	0.0030	0.0040	0.0045	0.0048	0.0037	0.0052	0.0038	0.0045
最大值	0.1539	0.1501	0.1499	0.1489	0.1392	0.1422	0.1376	0.1318	0.1313	0.1362	0.1294	0.1318	0.1304

河南、河北、辽宁、福建处于第二梯队，其他地区属于第三梯队，其中宁夏、甘肃、新疆等地区处于最后位置，可以看出我国物流业与制造业发展水平的地区对比特征基本相同。从变化趋势看，广东与北京呈现轻微的下降趋势，其他地区的变化非常平缓，无明显的增长或下降趋势。

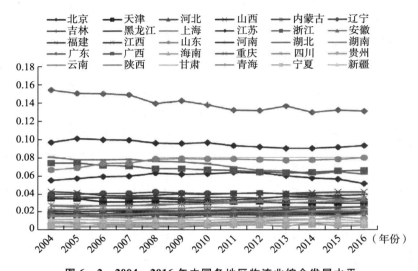

图 6 - 2 2004 ~ 2016 年中国各地区物流业综合发展水平

三 制造业与物流业的互动关系

关于制造业与物流业的互动关系，已有研究主要从三个层面展开。一是企业层面，利用微观的企业案例来分析制造业与物流业的联动发展，如 Chan（2005）、Mortensen 和 Lemoine（2008）。二是产业层面，少数研究对两业关系进行了描述性分析，如何黎明（2009）指出，实施物流外包的制造行业已从初期的家电、电子、快速消费品等向钢铁、建材、汽车等上游行业扩展；外包的环节由销售物流向采购物流、生产物流、回收物流延伸；外包的方式由简单的仓储、运输业务向供应链、一体化深入。多数研究利用投入产出分析法、共生理论、灰色关联理论等测算制造业与物流业的产业互动程度。三是地区层面，测算各地区制造业与物流业发展的协调度，如伊俊敏和周晶（2007）等。

　　鉴于数据的可获得性，既有文献多从产业层面分析制造业与物流业的关系。投入产出法是刻画产业关联的最普遍方法，国内研究多采用该方法对制造业与物流业的关联进行分析。张艳和苏秦（2011）基于中美 1997 年、2002 年、2007 年投入产出表和相关指标，比较分析了两国物流业与制造业及其他服务业的产业关联，发现中国物流业的发展对制造业有较强的中间依赖，而美国物流业对其他服务业的依赖度更强。苏秦和张艳（2011）分析了中国、韩国及美、英、法、德、加、日等 G7 国家物流业与制造业的融合现状及其变化规律，发现大多数国家制造业与物流业之间处于非均衡融合状态，制造业对物流业融合度较大，而物流业对制造业融合度较小。张江华和李晓晨（2010）基于 2007 年中国投入产出表，研究发现中国物流业的产业化已初见成效，能够带动多个产业发展。考虑到制造业与物流业关系的动态性与复杂性，王珍珍和陈功玉（2010）利用灰色关联理论，测算了中国制造业不同行业与物流业的关联程度及协调度，以及不同经济区制造业与物流业的关联度与协调度。此外，聂娜等（2007）运用共生理论分析了制造企业与物流企业共生关系的影响因素、条件，以及双方共生关系的演化规律，分析表明专业化分工的要求是双方最初形成供需型共生关系的动因，摆脱"囚徒困境"的重要途径是解决社会化物流需求不足与专业化物流供给不足的结构性矛盾。彭本红（2009）利用协同学序参量演化方程探讨了物流业与制造业的协同演化机理，研究发现只有两者协同时，系统才是稳定的，且对社会经济的贡献达到最大，并指出两业的演化路径主要由制度协同，到产业集群，再到产业生态系统。彭本红和冯良清（2010）应用共生理论分析了物流业与制造业的共生关系，建立了实力对称型和非对称型的共生模型，研究指出在资源有限的情况下，制造业实施物流业务外包可以促进两者的协调发展。闫莉等（2011）运用种群演化原理分析了制造业与物流业的协同演化规律，研究表明制造业与物流业种群互利共生，两者同步演化。吴群（2011）将制造业与物流业联动发展的模式分为五类：平等共生型、依托共生型、嵌入共生型、互补共生型、辅助外生型。朱莉（2011）建立了由原材料供应商、半成品加工商、产成品制造商构成的超网络模型，分析了模型中各决策者之间的竞合关系，并利用变分不等式理论求解制造业与物流业的联动网络达到均衡状态的条件。

上述文献对制造业与物流业互动关系进行了有益的探索性研究，但既有文献对两业互动关系的动态影响分析不足，以及两业互动关系地区差异性的探讨也不够深入。为了弥补这些缺陷，我们通过构建和估计面板向量自回归（Panel Vector Autoregressive）模型展开研究。传统的计量经济方法在分析变量之间的关系时，通常需要以经济理论为基础构建模型。但是，对于变量之间的动态联系，经济理论通常无法提供严密的解释。对此，1980 年经济学家 Sims 提出了向量自回归模型（Vector Auto-Regression Model）。向量自回归（VAR）模型是基于数据的统计性质建立的模型，是单个变量向多个变量组成的向量的延伸，VAR 模型把经济系统中每一个内生变量作为该系统中所有内生变量的滞后值的函数来构造模型，通常用来预测多变量系统和描述随机扰动对变量的动态影响。在时间序列 VAR 模型的基础上，Holtz-Eakin 于 1988 年进一步地提出了面板 VAR 模型（PVAR 模型）。本章采用 PVAR 模型研究我国制造业与物流业之间的动态关系，具体模型如下：

$$y_{i,t} = \alpha_{0t} + \sum_{p=1}^{m} \alpha_{pt} y_{i,t-p} + \sum_{p=1}^{m} \delta_{pt} x_{i,t-p} + \Psi_t f_i + \varepsilon_{i,t} \qquad (6-3)$$

式中，i 表示地区，t 表示年份，p 表示滞后期数，f_i 为无法观测到的地区固定效应；α_{0t}、α_{pt}、δ_{pt}、Ψ_t 分别为常数项、$y_{i,t}$ 的滞后项、$x_{i,t}$ 的滞后项以及地区固定效应 f_i 对应的待估参数；$\varepsilon_{i,t}$ 为随机扰动项。$y_{i,t}$ 为制造业综合发展水平变量（mf）与物流业综合发展水平变量（log），这两个变量的数据采用上一节中的测度结果。

（一）变量的平稳性检验

为了避免因变量的非平稳性带来的虚假回归问题，在估计模型前采用 Levin-Lin-Chu（LLC）、Breitung、Fisher-ADF、Hardri LM 这四种常见的面板单位根检验法分别对制造业综合发展水平与物流业综合发展水平进行平稳性检验，检验结果如表 6 – 4 所示。结果显示，mf 与 log 均在 1% 的显著性水平上拒绝原假设，即制造业综合发展水平变量（mf）与物流业综合发展水平变量（log）均为平稳序列。

表 6 – 4　面板单位根检验结果

检验变量	检验方法			
	LLC	Breitung	Fisher-ADF	Hardri LM
mf	– 2. 9920 ***	– 3. 4782 ***	6. 0293 ***	10. 1909 ***
log	– 9. 3211 ***	– 3. 6669 ***	6. 0484 ***	12. 8680 ***

注：*** 表示在 1% 的水平上显著。

（二）PVAR 模型的建立

接着，采用 MMSC-Bayesian 信息量准则（MMSC-Bayesian Information Criterion，MBIC）、MMSC-Akaike 信息量准则（MMSC-Akaike Information Criterion，MAIC）和 MMSC-Hannan and Quinn 信息量准则（MMSC-Hannan and Quinn Information Criterion，MQIC）来确定 PVAR 模型的滞后阶数，检验结果如表 6 – 5 所示。根据检验结果可知，1 阶 PVAR 模型具有最小的 MBIC、MAIC 和 MQIC，因而将 PVAR 模型的滞后阶数确定为 1。

表 6 – 5　PVAR 模型滞后阶数的确定

滞后阶数	CD	J	J pvalue	MBIC	MAIC	MQIC
1	0. 999624	25. 56591	0. 3755518	– 94. 68934 *	– 22. 43409 *	– 51. 78911 *
2	0. 9998834	21. 92025	0. 3448539	– 78. 29246	– 18. 07975	– 42. 54226
3	0. 9999154	18. 40988	0. 3004475	– 61. 76029	– 13. 59012	– 33. 16013
4	0. 9998764	15. 80413	0. 2003728	– 44. 32349	– 8. 19587	– 22. 87337

注：* 表示选择的 PVAR 模型滞后阶数。

　　滞后 1 阶的 PVAR 模型估计结果如表 6 – 6 所示。估计结果表明，制造业与物流业之间具有显著的相互影响。具体而言，物流业综合发展水平对地区制造业综合发展水平具有显著的负向影响，物流业综合发展水平每提高 1%，制造业综合发展水平降低 0.502%，这意味着一个地区内物流业对制造业表现出了明显的挤压效应，可能的原因是制造企业与物流企业的区位选择依据不同，使得一个地区内的制造业与物流业呈现挤压效应，它们需要在更大的空间单元内实现空间协同与产业互动。但本章所构建的 PVAR 模型无法对这种空间分离现象与空间溢出效应做进一步讨论。而制造业综合发展水平对地区物流业综合发展水平则具有显著的正向影响，制造业综合发展水平每提高 1%，物流业综合发展水平提高 0.170%，这意味着一个地区内制造业对物流业表现出了明显的互补效应。

表 6 – 6　　PVAR 模型的估计结果

被解释变量	mf				log			
	系数	标准误	Z 统计量	P 值	系数	标准误	Z 统计量	P 值
L1. mf	1.1469 ***	0.1004	11.43	0.000	0.1700 ***	0.0537	3.17	0.002
L1. log	– 0.5016 ***	0.1404	– 3.57	0.000	0.7486 ***	0.0968	7.73	0.000

注：*** 表示在 1% 的水平上显著。

　　图 6 – 3 报告了模型的稳定性检验结果。从中可以看到，所有特征值都位于单位圆之内，说明本章构建的滞后 1 阶 PVAR 模型是稳定的。但是，我们也看到，这两个根十分接近单位圆，这意味着有些冲击具有较强的持续性。

（三）Granger 因果关系检验

　　在对 PVAR 模型进行估计之后，我们接下来进行 Granger 因果关系检验，检验结果见表 6 – 7。结果表明，物流业是制造业的 Granger 原因，同时制造业也是物流业的 Granger 原因，这也进一步验证了前文

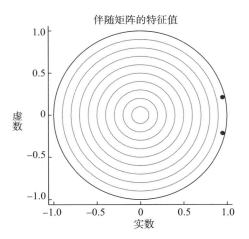

图 6 - 3　PVAR 模型稳定性的判别

PVAR 模型的估计结果。

表 6 - 7　制造业与物流业的 Granger 因果关系检验结果

原假设	Chi² 统计量	自由度	P 值
物流业不是制造业的 Granger 原因	12.774 ***	1	0.000
制造业不是物流业的 Granger 原因	10.019 ***	1	0.002

注：*** 表示在 1% 的显著性水平上拒绝不存在 Granger 因果关系的原假设。

（四）脉冲响应和方差分解

1. 脉冲响应分析

脉冲响应函数刻画了来自经济系统中某个内生变量的随机扰动项的一个标准差冲击对该变量自身以及其他内生变量的当前值和未来值的影响。通过脉冲响应函数可以进一步分析制造业与物流业之间的相互影响。为了便于分析，我们采用乔利斯基（Cholesky）分解法，利用误差项正交化脉冲响应函数来分析制造业与物流业之间的动态关系。

图 6 - 4 刻画了物流业综合发展水平对制造业综合发展水平的脉冲响应函数。图 6 - 4 中，横轴表示滞后期数，滞后区间设定为 10 期，纵

轴表示响应程度，实线表示脉冲响应函数。可以看出，当在本期给制造业综合发展水平一个标准差正冲击后，制造业综合发展水平的提升对物流业综合发展水平产生了正向影响，而且该影响的持续期较长。当在本期给制造业综合发展水平一个标准差正冲击后，物流业当期综合发展水平具有一定的响应，之后程度逐步上升，并在滞后第 4 期达到最大，约为 0.001，接下来的响应逐渐衰减，这说明制造业对物流业发展具有显著的促进作用。这与前文的 PVAR 模型估计结果一致。图 6 - 5 刻画了制造业综合发展水平对自身的脉冲响应函数。当在本期受到了自身一个标准差冲击后，制造业综合发展水平在滞后第 1 期响应程度达到最大，

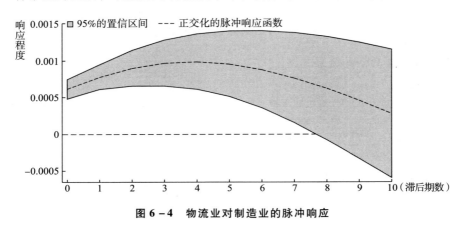

图 6 - 4　物流业对制造业的脉冲响应

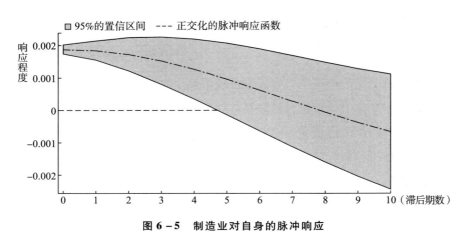

图 6 - 5　制造业对自身的脉冲响应

约为 0.002，之后制造业综合发展水平对自身的响应逐渐减弱，在第 8 期降至 0 左右，第 8 期之后降到负值。

图 6 - 6 刻画了制造业综合发展水平对物流业综合发展水平的脉冲响应函数。可以看出，当在本期给物流业综合发展水平一个标准差正冲击后，物流业综合发展水平的提升对制造业综合发展产生了负向影响，之后这种负向影响逐步强化，在滞后第 7 期这种负向响应开始减缓，这说明物流业对制造业发展具有显著的阻碍作用，但是这种阻碍作用在第 7 期之后开始向正向的促进作用转变。这与前文的 PVAR 模型估计结果一致。图 6 - 7 刻画了物流业综合发展水平对自身的响应路径。当在本

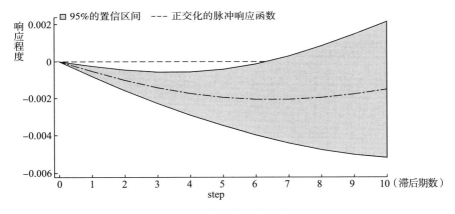

图 6 - 6 制造业对物流业的脉冲响应

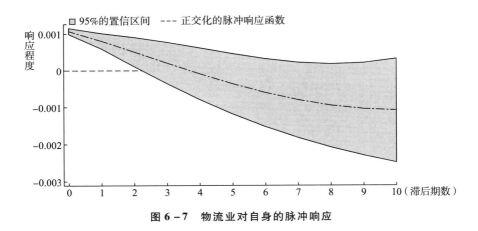

图 6 - 7 物流业对自身的脉冲响应

期受到自身一个标准差冲击后，物流业综合发展水平在滞后第 1 期响应程度最大，约为 0.001，之后对自身的响应逐渐减弱，在第 4 期接近于 0，之后一直呈负向响应。

2. 方差分解分析

为了进一步明确制造业与物流业之间的互动程度，我们对 PVAR（1）模型进行方差分解，结果如表 6-8 所示。方差分解通过分析每一结构冲击对内生变量变化的贡献度来评价不同结构冲击的重要性，可以描述各种冲击在制造业与物流业综合发展水平动态变化中的相对重要性。

表 6-8 方差分解结果

时期	制造业综合发展水平预测的方差分解		物流业综合发展水平预测的方差分解	
	制造业	物流业	制造业	物流业
0	0	0	0	0
1	1	0	0.2482031	0.7517969
2	0.9602393	0.0397607	0.3557320	0.6442680
3	0.8826066	0.1173935	0.4672151	0.5327849
4	0.7861649	0.2138350	**0.5663751**	**0.4336248**
5	0.6865422	0.3134578	0.6381609	0.3618392
6	0.5941927	0.4058073	0.6742222	**0.3257778**
7	0.5151170	0.4848830	**0.6752673**	**0.3247326**
8	**0.4522328**	**0.5477672**	**0.6490879**	0.3509121
9	0.4065087	0.5934913	0.6064210	0.3935790
10	0.3776412	0.6223589	0.5574446	0.4425554
11	**0.3643424**	**0.6356576**	0.5100476	0.4899524
12	**0.3643963**	**0.6356037**	**0.4695185**	**0.5304815**
13	0.3746657	0.6253343	0.4388894	0.5611106
14	0.3912303	0.6087698	0.4193978	0.5806022
15	0.4097804	0.5902196	0.4108433	0.5891567
16	0.4262607	0.5737393	0.4118285	0.5881715

时期	制造业综合发展水平预测的方差分解		物流业综合发展水平预测的方差分解	
	制造业	物流业	制造业	物流业
17	0.4375876	0.5624124	0.4199743	0.5800257
18	0.4421684	0.5578315	0.4322189	0.5677810
19	0.4400192	0.5599808	0.4452652	0.5547347
20	0.4324715	0.5675285	0.4561380	0.5438620

资料来源：作者利用 Stata 软件运行得到。

根据表 6 - 8，对制造业综合发展水平进行向前 1 年的预测，其预测方差完全来自自身；对制造业综合发展水平进行向前 20 年的预测，发现制造业综合发展水平受自身的影响逐渐减弱，减弱至第 11 期的 36.43%，第 12 期开始逐渐增强，第 20 期约为 43.25%。物流业综合发展水平对制造业综合发展水平预测误差的影响，从第 1 期的 0 逐渐增长至第 11 期的 63.57%，第 12 期开始逐渐减弱，第 20 期约为 56.75%。从第 8 期开始，制造业综合发展水平的预测误差更多地来源于物流业综合发展水平，而不是制造业综合发展水平自身。

根据表 6 - 8，如果对物流业综合发展水平进行向前 1 年的预测，物流业综合发展水平的预测误差有 75.18% 来自自身，24.82% 来自制造业综合发展水平。对物流业发展水平进行向前 20 年的预测，发现其受制造业综合发展水平的影响表现为增强—降低—增强，而受自身的影响则表现为降低—增强—降低。总体来看，在第 4 期，物流业综合发展水平的预测误差更多地来源于制造业综合发展水平，至第 12 期转变为更多地来源于物流业综合发展水平自身。

四　制造业与物流业的耦合协调度

（一）耦合协调度评价方法

本章借鉴物理学中的容量耦合系数来测度制造业与物流业之间的耦

合协同度（Valerie，1996）。多个系统相互作用的耦合度模型为：

$$C_n = n \left[(u_1 \times u_2 \times \cdots \times u_n) / \prod (u_i + u_j) \right]^{1/n} \qquad (6-4)$$

对应地，两个子系统之间的耦合度模型为：

$$C_{ml}^t = \frac{2\sqrt{u_m^t \times u_l^t}}{u_m^t + u_l^t} \qquad (6-5)$$

其中，C_{ml}^t 为制造业与物流业在第 t 年的耦合度值，取值范围在 $[0，1]$。然而，在 u_m^t 和 u_l^t 取值相近且较低的情况下，仅计算耦合度会出现两个产业在发展水平都不高的情况下，协同发展程度呈现较高值的伪评价结果。因此，为准确地反映制造业与物流业之间的互动程度，构建如下耦合协调度模型：

$$D_{ml}^t = \sqrt{C_{ml}^t \times T_{ml}^t}, \quad T_{ml}^t = \alpha u_m^t + \beta u_l^t \qquad (6-6)$$

其中，D_{ml}^t 为制造业与物流业在第 t 年的耦合协调度，T_{ml}^t 为反映制造业与物流业在第 t 年协同效应的综合发展水平评价指数，α 和 β 为待定系数（$\alpha + \beta = 1$），分别为制造业与物流业对系统耦合协同作用的贡献度。α 和 β 反映了两个子系统的重要程度。在制造业与物流业联动系统中，我们认为制造业与物流业同等重要，因此将两个系数均设定为 $1/2$。

（二）耦合协调度测算结果与分析

1. 制造业与物流业总体耦合度

根据式（6-5），测算得到 2004～2016 年中国各地区制造业与物流业的耦合度，具体结果见表 6-9。根据表 6-9，绘制 2004～2016 年中国各地区制造业与物流业耦合度的变化趋势图，如图 6-8 所示。从中可以看出，青海、海南、吉林、山西这四个省份的耦合度相对较低而且变化幅度较大，其中，青海与海南的变化幅度最大，总体表现出明显的下降—上升—下降—上升趋势；其次是吉林与山西，呈现相对较大的变

表 6-9　2004~2016 年中国各地区制造业与物流业的耦合度

地区	2004 年	2005 年	2006 年	2007 年	2008 年	2009 年	2010 年	2011 年	2012 年	2013 年	2014 年	2015 年	2016 年
北京	0.9996	0.9980	0.9928	0.9901	0.9890	0.9896	0.9901	0.9904	0.9898	0.9874	0.9907	0.9891	0.9916
天津	1.0000	1.0000	0.9994	0.9999	0.9990	0.9998	0.9989	0.9984	0.9979	0.9991	0.9997	0.9995	0.9999
河北	1.0000	1.0000	0.9996	0.9998	0.9999	1.0000	0.9999	0.9999	1.0000	0.9999	1.0000	1.0000	1.0000
山西	0.9999	0.9989	0.9957	0.9924	0.9910	0.9820	0.9785	0.9839	0.9803	0.9883	0.9872	0.9792	0.9790
内蒙古	0.9997	0.9997	0.9998	0.9985	0.9924	0.9984	0.9976	0.9959	0.9947	0.9978	1.0000	0.9999	0.9988
辽宁	0.9993	1.0000	0.9997	0.9995	0.9996	1.0000	1.0000	1.0000	1.0000	1.0000	0.9997	0.9979	0.9833
吉林	0.9981	0.9973	0.9965	0.9903	0.9885	0.9846	0.9804	0.9785	0.9739	0.9737	0.9835	0.9850	0.9867
黑龙江	1.0000	0.9999	0.9996	0.9976	0.9967	0.9943	0.9939	0.9934	0.9950	0.9948	0.9910	0.9876	0.9857
上海	1.0000	0.9996	0.9978	0.9966	0.9961	0.9964	0.9969	0.9970	0.9975	0.9931	0.9965	0.9953	0.9974
江苏	0.9978	0.9988	0.9986	0.9992	0.9990	0.9989	0.9995	0.9999	0.9999	0.9995	0.9992	0.9990	0.9990
浙江	0.9989	0.9995	0.9988	0.9989	0.9991	0.9986	0.9989	1.0000	1.0000	1.0000	1.0000	1.0000	1.0000
安徽	0.9969	0.9976	0.9998	1.0000	0.9996	0.9976	0.9962	0.9964	0.9969	0.9960	0.9959	0.9949	0.9936
福建	0.9991	0.9993	0.9999	1.0000	0.9998	1.0000	1.0000	1.0000	1.0000	1.0000	1.0000	1.0000	1.0000
江西	0.9980	0.9993	0.9989	0.9935	0.9955	0.9896	0.9880	0.9926	0.9948	0.9863	0.9904	0.9881	0.9881
山东	0.9954	0.9929	0.9942	0.9967	0.9994	0.9992	0.9999	1.0000	1.0000	0.9999	0.9999	0.9998	0.9999
河南	0.9992	1.0000	0.9991	0.9960	0.9961	0.9955	0.9957	0.9963	0.9980	0.9979	0.9968	0.9964	0.9952
湖北	0.9986	0.9996	0.9992	0.9987	0.9987	0.9988	1.0000	0.9999	0.9998	0.9991	0.9994	0.9991	0.9994
湖南	0.9997	1.0000	0.9998	0.9974	0.9996	0.9992	0.9983	0.9967	0.9973	0.9970	0.9978	0.9973	0.9979

续表

地区	2004年	2005年	2006年	2007年	2008年	2009年	2010年	2011年	2012年	2013年	2014年	2015年	2016年
广东	0.9998	0.9999	0.9994	0.9990	0.9986	0.9989	0.9983	0.9981	0.9977	0.9995	0.9999	1.0000	1.0000
广西	0.9971	0.9976	0.9996	0.9998	1.0000	0.9997	0.9998	0.9998	1.0000	0.9998	0.9998	0.9995	0.9998
海南	0.9952	0.9985	0.9781	0.9554	0.9431	0.9703	0.9457	0.9308	0.9246	0.9795	0.9809	0.9870	0.9842
重庆	0.9998	1.0000	1.0000	1.0000	0.9993	0.9992	0.9964	0.9966	0.9986	0.9999	0.9999	0.9997	1.0000
四川	0.9941	0.9965	0.9962	0.9976	0.9985	0.9989	0.9984	0.9983	0.9965	0.9980	0.9963	0.9965	0.9951
贵州	0.9993	0.9996	0.9944	0.9968	0.9958	0.9984	0.9934	0.9943	0.9978	0.9992	0.9995	0.9961	0.9997
云南	0.9992	0.9964	0.9955	0.9965	1.0000	0.9989	0.9974	0.9978	1.0000	0.9985	0.9974	0.9956	0.9915
陕西	0.9964	0.9962	0.9959	0.9964	0.9991	0.9973	0.9979	0.9983	0.9998	0.9999	0.9997	0.9993	0.9994
甘肃	1.0000	0.9987	0.9995	0.9988	0.9997	0.9974	0.9984	0.9965	0.9945	0.9955	0.9993	0.9997	0.9997
青海	0.9993	0.9983	0.9970	0.9836	0.9305	0.9720	0.9715	0.9466	0.9350	0.9633	0.9968	0.9719	0.9845
宁夏	0.9959	0.9984	0.9969	1.0000	0.9911	0.9974	0.9988	0.9989	0.9980	0.9948	0.9982	0.9959	0.9967
新疆	0.9995	0.9995	0.9953	0.9961	0.9992	0.9995	1.0000	1.0000	0.9999	0.9966	0.9962	0.9939	0.9947
平均值	0.9985	0.9987	0.9972	0.9955	0.9931	0.9950	0.9936	0.9925	0.9919	0.9945	0.9964	0.9948	0.9947
最小值	0.9941	0.9929	0.9781	0.9554	0.9305	0.9703	0.9457	0.9308	0.9246	0.9633	0.9809	0.9719	0.9790
最大值	1.0000	1.0000	1.0000	1.0000	1.0000	1.0000	1.0000	1.0000	1.0000	1.0000	1.0000	1.0000	1.0000

化，总体表现为小幅下降再上升的趋势。其他地区的耦合度变化相对平稳，基本落在［0.99，1.00］，无明显变动趋势。这意味着，我国绝大部分地区制造业与物流业之间具有紧密的耦合关系，这反映出制造业与物流业之间的相互依赖性。

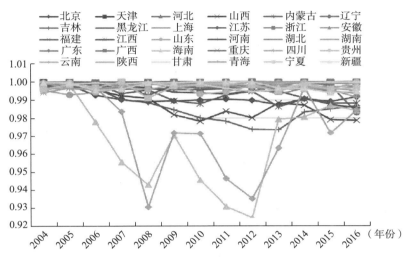

图 6 - 8　2004～2016 年中国各地区制造业与物流业的耦合度

2. 制造业与物流业总体耦合协调度

根据式（6 - 6），测算得到 2004～2016 年中国各地区制造业与物流业的耦合协调度，具体结果见表 6 - 10。根据表 6 - 10，我们绘制了 2004～2016 年中国各地区两业耦合协调度的变化趋势图，如图 6 - 9 所示。

我们发现，当考虑了各地区制造业与物流业协同效应的综合发展水平之后，两业的耦合协调度呈现明显差异，说明仅仅以耦合度来衡量它们之间的互动程度，会出现伪评价结果。这也从侧面反映出，部分地区的制造业与物流业发展出现了失衡或者两业发展水平均比较低的情形。从耦合协调度的大小来看，历年均位于前列的地区从高到低依次为广东、江苏、山东、浙江、上海、北京，基本落入［0.20，0.40］；天津、河南、河北、辽宁、福建处于第二梯队，基本落入［0.15，0.20］；其他地区属于第三梯队，基本落入［0.05，0.15］，其中宁夏、

表 6 - 10　2004~2016 年中国各地区制造业与物流业的耦合协调度

地区	2004年	2005年	2006年	2007年	2008年	2009年	2010年	2011年	2012年	2013年	2014年	2015年	2016年
北京	0.2314	0.2323	0.2294	0.2276	0.2333	0.2310	0.2326	0.2355	0.2345	0.2264	0.2245	0.2207	0.2128
天津	0.1867	0.1858	0.1793	0.1772	0.1814	0.1775	0.1785	0.1804	0.1826	0.1761	0.1750	0.1739	0.1722
河北	0.1907	0.1925	0.1921	0.1924	0.1917	0.1891	0.1891	0.1889	0.1881	0.1907	0.1886	0.1862	0.1894
山西	0.1312	0.1298	0.1257	0.1290	0.1261	0.1231	0.1226	0.1234	0.1234	0.1215	0.1224	0.1182	0.1165
内蒙古	0.1184	0.1251	0.1325	0.1363	0.1445	0.1429	0.1485	0.1531	0.1536	0.1463	0.1423	0.1363	0.1352
辽宁	0.1965	0.1989	0.1997	0.1987	0.2026	0.2030	0.2021	0.2017	0.2017	0.2000	0.1954	0.1843	0.1646
吉林	0.1232	0.1251	0.1281	0.1319	0.1372	0.1377	0.1400	0.1411	0.1422	0.1401	0.1412	0.1379	0.1396
黑龙江	0.1417	0.1398	0.1395	0.1376	0.1384	0.1355	0.1350	0.1346	0.1311	0.1313	0.1285	0.1240	0.1211
上海	0.2832	0.2752	0.2697	0.2685	0.2644	0.2629	0.2605	0.2540	0.2478	0.2414	0.2384	0.2426	0.2395
江苏	0.3214	0.3254	0.3243	0.3217	0.3168	0.3162	0.3154	0.3077	0.3048	0.3055	0.3064	0.3092	0.3116
浙江	0.2787	0.2768	0.2747	0.2723	0.2665	0.2675	0.2641	0.2581	0.2541	0.2519	0.2534	0.2566	0.2573
安徽	0.1418	0.1437	0.1473	0.1492	0.1483	0.1490	0.1527	0.1563	0.1594	0.1638	0.1641	0.1648	0.1683
福建	0.2031	0.2006	0.1949	0.1942	0.1948	0.2011	0.1988	0.2031	0.2041	0.2021	0.2038	0.2062	0.2069
江西	0.1304	0.1309	0.1337	0.1370	0.1351	0.1372	0.1414	0.1409	0.1428	0.1478	0.1498	0.1499	0.1525
山东	0.2714	0.2783	0.2864	0.2838	0.2852	0.2871	0.2820	0.2816	0.2793	0.2794	0.2804	0.2820	0.2844
河南	0.1825	0.1861	0.1938	0.1951	0.1956	0.1911	0.1908	0.1907	0.1919	0.1999	0.2019	0.2049	0.2082
湖北	0.1566	0.1562	0.1593	0.1587	0.1633	0.1638	0.1689	0.1736	0.1763	0.1752	0.1774	0.1798	0.1820
湖南	0.1478	0.1473	0.1503	0.1532	0.1549	0.1570	0.1618	0.1630	0.1620	0.1654	0.1635	0.1627	0.1647

续表

地区	2004年	2005年	2006年	2007年	2008年	2009年	2010年	2011年	2012年	2013年	2014年	2015年	2016年
广东	0.3889	0.3852	0.3807	0.3774	0.3632	0.3683	0.3603	0.3521	0.3502	0.3631	0.3575	0.3615	0.3612
广西	0.1217	0.1221	0.1228	0.1249	0.1277	0.1284	0.1286	0.1299	0.1339	0.1332	0.1370	0.1402	0.1429
海南	0.0968	0.0925	0.0828	0.0896	0.0946	0.0936	0.0993	0.1041	0.1063	0.0950	0.0980	0.0973	0.0967
重庆	0.1243	0.1244	0.1291	0.1328	0.1366	0.1358	0.1401	0.1447	0.1491	0.1488	0.1547	0.1569	0.1595
四川	0.1560	0.1566	0.1559	0.1580	0.1599	0.1645	0.1665	0.1707	0.1727	0.1776	0.1769	0.1732	0.1776
贵州	0.0825	0.0808	0.0850	0.0856	0.0829	0.0852	0.0842	0.0880	0.0937	0.1003	0.1037	0.1131	0.1104
云南	0.1190	0.1158	0.1111	0.1107	0.1133	0.1102	0.1136	0.1131	0.1172	0.1187	0.1211	0.1180	0.1218
陕西	0.1216	0.1214	0.1232	0.1254	0.1324	0.1321	0.1328	0.1371	0.1385	0.1395	0.1408	0.1439	0.1447
甘肃	0.0806	0.0819	0.0843	0.0843	0.0807	0.0810	0.0821	0.0855	0.0864	0.0889	0.0897	0.0877	0.0931
青海	0.0538	0.0543	0.0558	0.0595	0.0671	0.0622	0.0711	0.0795	0.0834	0.0700	0.0829	0.0691	0.0729
宁夏	0.0655	0.0618	0.0628	0.0646	0.0722	0.0732	0.0712	0.0744	0.0742	0.0714	0.0746	0.0731	0.0748
新疆	0.1064	0.1071	0.1087	0.1071	0.1104	0.1029	0.1018	0.1053	0.1064	0.1033	0.1023	0.1000	0.0926
平均值	0.1651	0.1651	0.1654	0.1661	0.1674	0.1670	0.1679	0.1691	0.1697	0.1691	0.1699	0.1691	0.1692
最小值	0.0538	0.0543	0.0558	0.0595	0.0671	0.0622	0.0711	0.0744	0.0742	0.0700	0.0746	0.0691	0.0729
最大值	0.3889	0.3852	0.3807	0.3774	0.3632	0.3683	0.3603	0.3521	0.3502	0.3631	0.3575	0.3615	0.3612

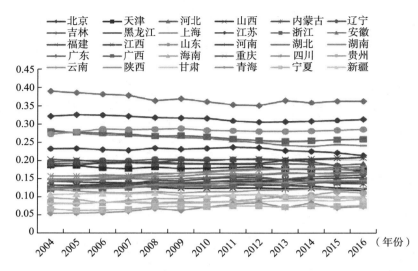

图 6-9   2004～2016 年中国各地区制造业与物流业的耦合协调度

青海、甘肃、新疆等地区处于最后位置。从耦合协调度的变化趋势来看，各地区的变化都非常平稳，大多数地区呈现小幅上升趋势，特别是处于第三梯队的地区，观测期内表现出相对明显的耦合协调度增强现象；位居前列的小部分地区耦合协调度表现出小幅下降趋势。这表明经济发达的东部地区制造业与物流业之间具有更紧密的互动关系。

3. 制造业与物流业耦合协调发展模式的综合分析

由上述分析可知，产业间发展水平的均衡性与产业发展水平是各地区产业间耦合协调发展的重要影响因素。为了进一步探究不同地区产业耦合协调演化的共性和差异性特征，本节从产业发展的均衡性与产业发展水平这两个维度出发，根据表 6-10 中的测算结果，通过绘制各地区制造业综合发展水平、物流业综合发展水平、产业耦合协调度示意图，对各地区的产业耦合协调发展模式展开分析。

（1）产业间发展水平的均衡性。由前文分析可知，我国各地区制造业与物流业耦合度普遍比较高，说明各地区制造业与物流业发展水平相对均衡。不过,尽管各地区产业发展都比较均衡,但依然存在一些地区差异性。根据产业间发展均衡性的差异,我们将30个省份的产业间耦合协调发展模式划分为三种类型:同步均衡型、衍化趋同型、单产业主导型。

①同步均衡型。属于同步均衡型的地区有天津、河北、辽宁、福建、湖北、广西、重庆、陕西、贵州、云南、甘肃、宁夏、新疆(见图6-10至图6-22)。这些地区制造业与物流业综合发展水平趋势线基本重合,即两业发展水平基本相同,没有单产业占优现象。

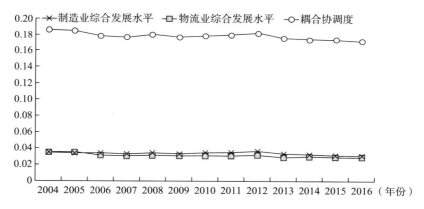

图6-10 天津制造业与物流业耦合协调发展模式

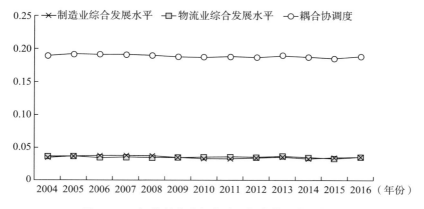

图6-11 河北制造业与物流业耦合协调发展模式

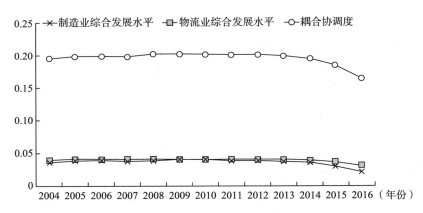

图 6 - 12　辽宁制造业与物流业耦合协调发展模式

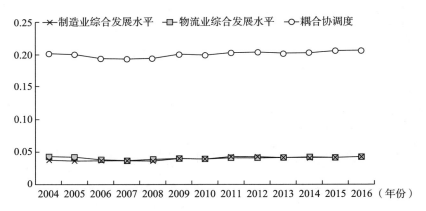

图 6 - 13　福建制造业与物流业耦合协调发展模式

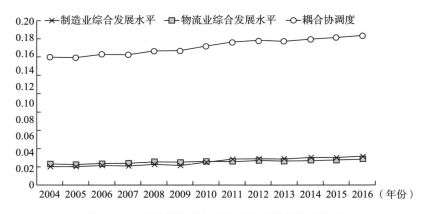

图 6 - 14　湖北制造业与物流业耦合协调发展模式

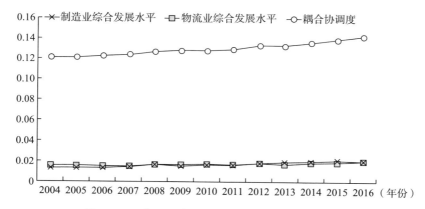

图 6－15 广西制造业与物流业耦合协调发展模式

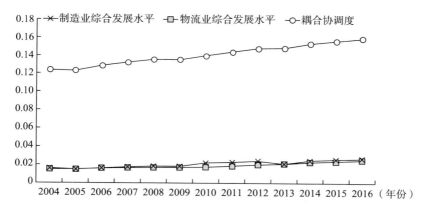

图 6－16 重庆制造业与物流业耦合协调发展模式

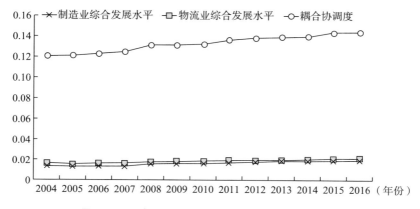

图 6－17 陕西制造业与物流业耦合协调发展模式

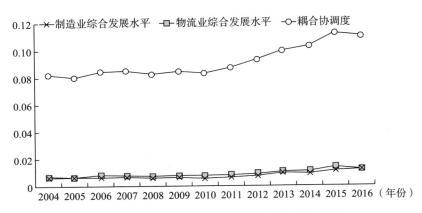

图 6-18　贵州制造业与物流业耦合协调发展模式

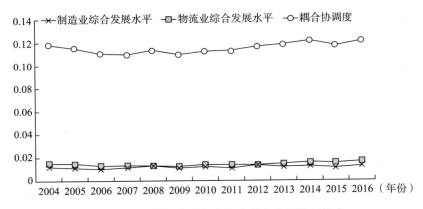

图 6-19　云南制造业与物流业耦合协调发展模式

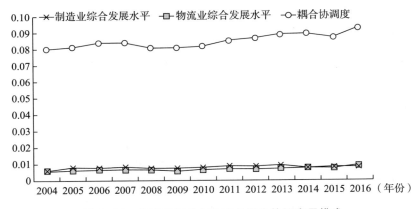

图 6-20　甘肃制造业与物流业耦合协调发展模式

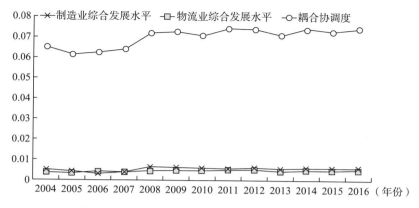

图 6-21　宁夏制造业与物流业耦合协调发展模式

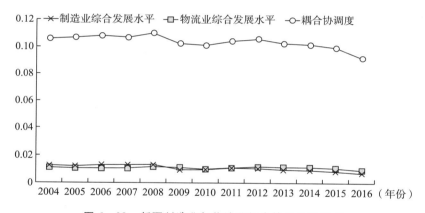

图 6-22　新疆制造业与物流业耦合协调发展模式

②衍化趋同型。属于衍化趋同型的地区有内蒙古、浙江、山东、广东（见图 6-23 至图 6-26）。这类地区的特点是，前期会有发展水平较高的产业占据主导优势，后期随着与之耦合产业的快速发展，其单产业主导优势逐步减弱，最后两业的发展水平趋于一致。其中，内蒙古、浙江、山东在观测期前期，制造业综合发展水平明显高于物流业，对产业耦合程度提升的贡献度较高。之后，随着物流业的快速发展，物流业与制造业的差距逐渐缩小，两业逐渐呈现平衡一致趋势。而广东省在观测期前期，表现为物流业综合发展水平明显高于制造业，对产业耦合程度提升的贡献度较高，之后随着制造业的快速发展，两业逐渐呈现平衡趋势。

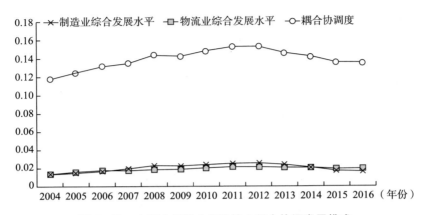

图 6 - 23　内蒙古制造业与物流业耦合协调发展模式

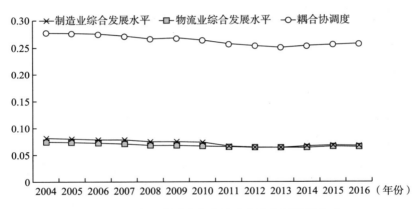

图 6 - 24　浙江制造业与物流业耦合协调发展模式

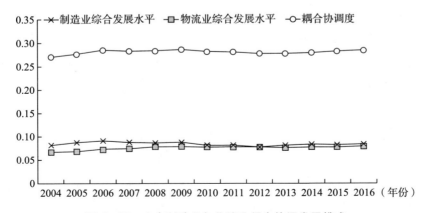

图 6 - 25　山东制造业与物流业耦合协调发展模式

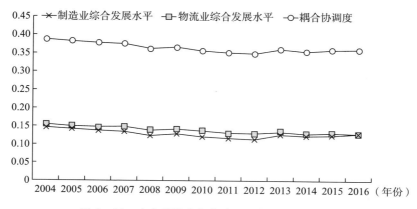

图 6 – 26　广东制造业与物流业耦合协调发展模式

③单产业主导型。属于单产业主导型的地区有北京、山西、吉林、黑龙江、上海、江苏、安徽、江西、河南、湖南、海南、四川、青海所示（见图 6 – 27 至图 6 – 39）。相对于前两种类型，这些地区制造业与物流业发展表现出相对突出的单产业占优现象。其中，北京、山西、黑龙江、上海、四川这五个地区的物流业相对于制造业而言具有更高的发展水平，即在制造业与物流业联动系统中，这五个地区的制造业发展相对滞后于物流业。较低的制造业发展水平，一定程度上会导致物流业发展的需求不足，制约物流业的发展。而吉林、江苏、安徽、江西、河南、湖南、海南、青海这八个地区的制造业相对于物流业而言具有更高

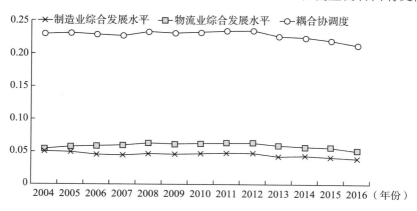

图 6 – 27　北京制造业与物流业耦合协调发展模式

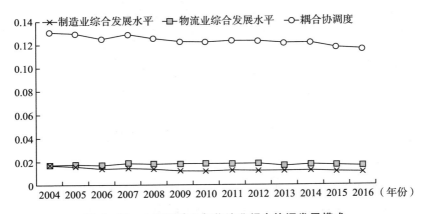

图 6 – 28　山西制造业与物流业耦合协调发展模式

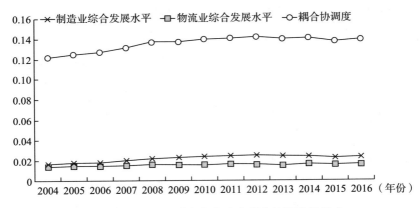

图 6 – 29　吉林制造业与物流业耦合协调发展模式

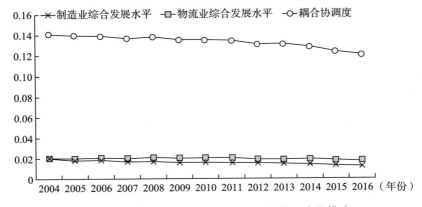

图 6 – 30　黑龙江制造业与物流业耦合协调发展模式

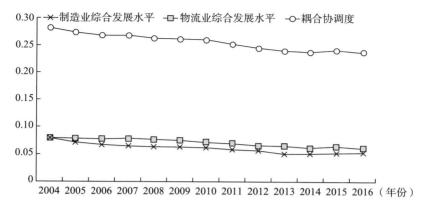

图 6 - 31　上海制造业与物流业耦合协调发展模式

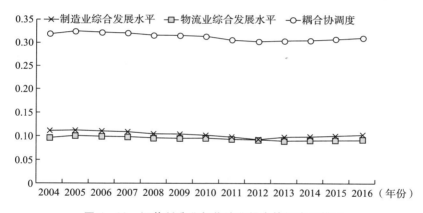

图 6 - 32　江苏制造业与物流业耦合协调发展模式

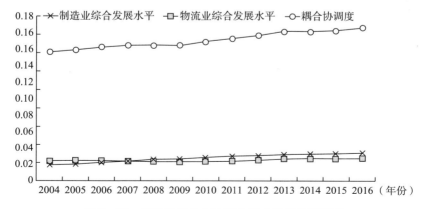

图 6 - 33　安徽制造业与物流业耦合协调发展模式

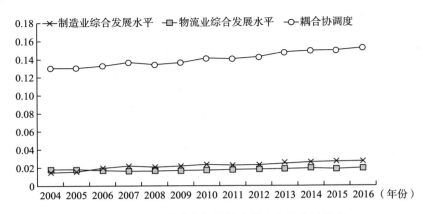

图 6 - 34　江西制造业与物流业耦合协调发展模式

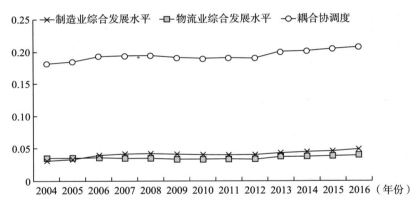

图 6 - 35　河南制造业与物流业耦合协调发展模式

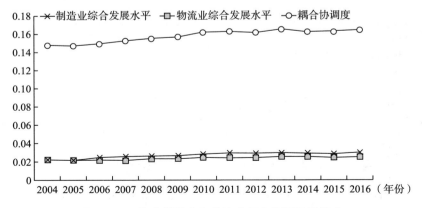

图 6 - 36　湖南制造业与物流业耦合协调发展模式

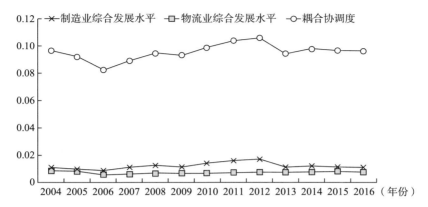

图 6－37 海南制造业与物流业耦合协调发展模式

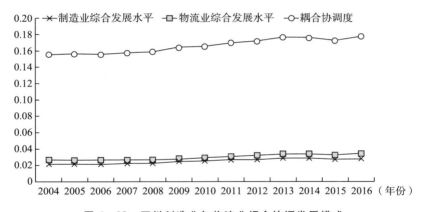

图 6－38 四川制造业与物流业耦合协调发展模式

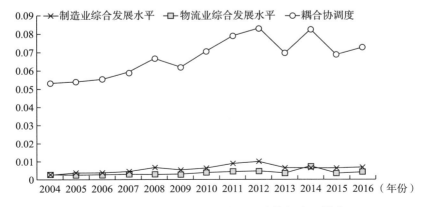

图 6－39 青海制造业与物流业耦合协调发展模式

的发展水平，意味着这八个地区的物流业发展相对滞后于制造业。较低的物流业发展水平，使得物流业对制造业发展水平的提升作用较弱，无法起到有效的支撑作用。

（2）产业发展水平。除了产业间发展的均衡性外，产业发展水平的高低也会直接影响产业耦合协调程度。产业间均衡性很高，但产业发展水平都比较低，它们之间的耦合协调度也不会高；产业间呈现一定的失衡现象，但是产业发展水平都较高，它们之间的耦合协调度会比较高。据此，根据产业发展水平的高低，将30个省份的产业间耦合协调划分为四类。

第一类为高水平产业基础，地区的制造业与物流业综合发展水平基本大于0.05。符合该条件的地区有北京、上海、江苏、浙江、山东、广东，它们的耦合协调度基本位于 [0.20，0.45]，如表6-11所示。

第二类为中高水平产业基础，地区的制造业与物流业综合发展水平基本位于 [0.03，0.05]。符合该条件的地区有天津、河北、辽宁、福建、河南，它们的耦合协调度基本位于 [0.15，0.20]，如表6-12所示。

第三类为中等水平产业基础，地区的制造业与物流业综合发展水平基本位于 [0.01，0.03]。符合该条件的地区有山西、内蒙古、吉林、黑龙江、安徽、江西、湖北、湖南、广西、海南、重庆、四川、云南、陕西、新疆，它们的耦合协调度基本位于 [0.10，0.15]，如表6-13所示。

第四类为低水平产业基础，地区的制造业与物流业综合发展水平基本小于0.01。符合该条件的地区有贵州、甘肃、青海、宁夏，它们的耦合协调度与第三类接近，基本位于 [0.05，0.10]，如表6-14所示。

表6-11 2004~2016年中国制造业与物流业的耦合协调调度（高水平产业基础）

制造业综合发展水平

地区	2004年	2005年	2006年	2007年	2008年	2009年	2010年	2011年	2012年	2013年	2014年	2015年	2016年
北京	0.0521	0.0507	0.0466	0.0450	0.0469	0.0462	0.0470	0.0483	0.0477	0.0437	0.0439	0.0420	0.0398
上海	0.0798	0.0736	0.0680	0.0663	0.0640	0.0635	0.0627	0.0597	0.0572	0.0518	0.0523	0.0534	0.0533
江苏	0.1104	0.1112	0.1108	0.1077	0.1050	0.1048	0.1026	0.0963	0.0939	0.0964	0.0978	0.1000	0.1015
浙江	0.0814	0.0792	0.0792	0.0777	0.0742	0.0754	0.0731	0.0672	0.0647	0.0633	0.0647	0.0664	0.0665
山东	0.0811	0.0872	0.0914	0.0874	0.0841	0.0859	0.0805	0.0800	0.0781	0.0790	0.0799	0.0809	0.0821
广东	0.1485	0.1466	0.1402	0.1362	0.1251	0.1293	0.1224	0.1166	0.1146	0.1277	0.1263	0.1295	0.1305

物流业综合发展水平

地区	2004年	2005年	2006年	2007年	2008年	2009年	2010年	2011年	2012年	2013年	2014年	2015年	2016年
北京	0.0550	0.0575	0.0594	0.0597	0.0632	0.0617	0.0623	0.0638	0.0635	0.0602	0.0578	0.0565	0.0515
上海	0.0806	0.0780	0.0778	0.0783	0.0764	0.0753	0.0735	0.0697	0.0659	0.0656	0.0618	0.0648	0.0616
江苏	0.0966	0.1009	0.0998	0.0994	0.0959	0.0954	0.0965	0.0931	0.0919	0.0903	0.0901	0.0914	0.0929
浙江	0.0742	0.0742	0.0719	0.0707	0.0680	0.0679	0.0666	0.0660	0.0644	0.0636	0.0637	0.0653	0.0660
山东	0.0669	0.0687	0.0736	0.0743	0.0787	0.0791	0.0785	0.0786	0.0778	0.0771	0.0774	0.0781	0.0797
广东	0.1539	0.1501	0.1499	0.1489	0.1392	0.1422	0.1376	0.1318	0.1313	0.1362	0.1294	0.1318	0.1304

续表

制造业与物流业的耦合协调度

地区	2004 年	2005 年	2006 年	2007 年	2008 年	2009 年	2010 年	2011 年	2012 年	2013 年	2014 年	2015 年	2016 年
北京	0.2314	0.2323	0.2294	0.2276	0.2333	0.2310	0.2326	0.2355	0.2345	0.2264	0.2245	0.2207	0.2128
上海	0.2832	0.2752	0.2697	0.2685	0.2644	0.2629	0.2605	0.2540	0.2478	0.2414	0.2384	0.2426	0.2395
江苏	0.3214	0.3254	0.3243	0.3217	0.3168	0.3162	0.3154	0.3077	0.3048	0.3055	0.3064	0.3092	0.3116
浙江	0.2787	0.2768	0.2747	0.2723	0.2665	0.2675	0.2641	0.2581	0.2541	0.2519	0.2534	0.2566	0.2573
山东	0.2714	0.2783	0.2864	0.2838	0.2852	0.2871	0.2820	0.2816	0.2793	0.2794	0.2804	0.2820	0.2844
广东	0.3889	0.3852	0.3807	0.3774	0.3632	0.3683	0.3603	0.3521	0.3502	0.3631	0.3575	0.3615	0.3612

表6-12　2004~2016年中国制造业与物流业的耦合协调度（中高水平产业基础）

制造业综合发展水平

地区	2004年	2005年	2006年	2007年	2008年	2009年	2010年	2011年	2012年	2013年	2014年	2015年	2016年
天津	0.0346	0.0343	0.0333	0.0319	0.0344	0.0321	0.0334	0.0345	0.0356	0.0323	0.0314	0.0313	0.0301
河北	0.0361	0.0370	0.0379	0.0379	0.0374	0.0359	0.0352	0.0351	0.0353	0.0358	0.0355	0.0348	0.0362
辽宁	0.0371	0.0392	0.0390	0.0382	0.0399	0.0412	0.0408	0.0406	0.0403	0.0396	0.0373	0.0318	0.0225
福建	0.0395	0.0388	0.0376	0.0375	0.0372	0.0404	0.0397	0.0416	0.0420	0.0410	0.0414	0.0428	0.0431
河南	0.0320	0.0346	0.0392	0.0416	0.0418	0.0402	0.0400	0.0397	0.0392	0.0427	0.0441	0.0457	0.0478

物流业综合发展水平

地区	2004年	2005年	2006年	2007年	2008年	2009年	2010年	2011年	2012年	2013年	2014年	2015年	2016年
天津	0.0351	0.0348	0.0311	0.0309	0.0315	0.0309	0.0304	0.0307	0.0313	0.0297	0.0299	0.0293	0.0291
河北	0.0366	0.0371	0.0359	0.0362	0.0361	0.0356	0.0364	0.0362	0.0354	0.0369	0.0357	0.0345	0.0356
辽宁	0.0401	0.0400	0.0408	0.0408	0.0423	0.0412	0.0409	0.0407	0.0410	0.0404	0.0391	0.0363	0.0326
福建	0.0430	0.0417	0.0384	0.0380	0.0387	0.0405	0.0394	0.0409	0.0413	0.0407	0.0417	0.0423	0.0425
河南	0.0347	0.0347	0.0360	0.0348	0.0350	0.0332	0.0332	0.0334	0.0346	0.0374	0.0376	0.0386	0.0393

制造业与物流业的耦合协调度

地区	2004年	2005年	2006年	2007年	2008年	2009年	2010年	2011年	2012年	2013年	2014年	2015年	2016年
天津	0.1867	0.1858	0.1793	0.1772	0.1814	0.1775	0.1785	0.1804	0.1826	0.1761	0.1750	0.1739	0.1722
河北	0.1907	0.1925	0.1921	0.1924	0.1917	0.1891	0.1891	0.1889	0.1881	0.1907	0.1886	0.1862	0.1894
辽宁	0.1965	0.1989	0.1997	0.1987	0.2026	0.2030	0.2021	0.2017	0.2017	0.2000	0.1954	0.1843	0.1646
福建	0.2031	0.2006	0.1949	0.1942	0.1948	0.2011	0.1988	0.2031	0.2041	0.2021	0.2038	0.2062	0.2069
河南	0.1825	0.1861	0.1938	0.1951	0.1956	0.1911	0.1908	0.1907	0.1919	0.1999	0.2019	0.2049	0.2082

表 6 - 13　2004 ~ 2016 年中国制造业与物流业的耦合协调度（中等水平产业基础）

制造业综合发展水平

地区	2004 年	2005 年	2006 年	2007 年	2008 年	2009 年	2010 年	2011 年	2012 年	2013 年	2014 年	2015 年	2016 年
山西	0.0170	0.0161	0.0144	0.0147	0.0139	0.0125	0.0122	0.0127	0.0125	0.0127	0.0128	0.0114	0.0110
内蒙古	0.0137	0.0153	0.0172	0.0196	0.0236	0.0216	0.0236	0.0257	0.0261	0.0229	0.0204	0.0183	0.0174
吉林	0.0162	0.0168	0.0179	0.0200	0.0219	0.0226	0.0239	0.0245	0.0255	0.0248	0.0239	0.0226	0.0230
黑龙江	0.0200	0.0193	0.0189	0.0177	0.0177	0.0165	0.0163	0.0161	0.0155	0.0156	0.0144	0.0131	0.0124
安徽	0.0186	0.0193	0.0212	0.0222	0.0226	0.0238	0.0255	0.0266	0.0275	0.0293	0.0295	0.0300	0.0317
江西	0.0160	0.0165	0.0187	0.0210	0.0201	0.0218	0.0233	0.0224	0.0226	0.0258	0.0258	0.0262	0.0272
湖北	0.0232	0.0237	0.0244	0.0240	0.0253	0.0255	0.0284	0.0305	0.0317	0.0321	0.0326	0.0337	0.0343
湖南	0.0213	0.0216	0.0231	0.0252	0.0247	0.0257	0.0277	0.0288	0.0282	0.0296	0.0286	0.0285	0.0290
广西	0.0137	0.0139	0.0147	0.0153	0.0162	0.0161	0.0162	0.0166	0.0179	0.0180	0.0191	0.0203	0.0208
海南	0.0103	0.0090	0.0085	0.0109	0.0126	0.0112	0.0138	0.0159	0.0169	0.0111	0.0117	0.0111	0.0112
重庆	0.0158	0.0154	0.0165	0.0178	0.0194	0.0192	0.0214	0.0227	0.0234	0.0225	0.0243	0.0253	0.0257
四川	0.0218	0.0226	0.0223	0.0233	0.0242	0.0259	0.0262	0.0275	0.0274	0.0296	0.0287	0.0276	0.0286
云南	0.0136	0.0123	0.0112	0.0113	0.0128	0.0116	0.0120	0.0120	0.0139	0.0133	0.0136	0.0127	0.0130
陕西	0.0136	0.0135	0.0139	0.0144	0.0168	0.0162	0.0165	0.0177	0.0188	0.0192	0.0194	0.0199	0.0202
新疆	0.0117	0.0118	0.0130	0.0125	0.0127	0.0103	0.0104	0.0111	0.0111	0.0098	0.0096	0.0090	0.0077

续表

物流业综合发展水平

地区	2004年	2005年	2006年	2007年	2008年	2009年	2010年	2011年	2012年	2013年	2014年	2015年	2016年
山西	0.0174	0.0177	0.0173	0.0188	0.0182	0.0183	0.0185	0.0183	0.0186	0.0172	0.0176	0.0172	0.0167
内蒙古	0.0144	0.0160	0.0179	0.0176	0.0184	0.0193	0.0206	0.0214	0.0213	0.0200	0.0201	0.0188	0.0192
吉林	0.0143	0.0145	0.0151	0.0151	0.0162	0.0159	0.0160	0.0161	0.0160	0.0156	0.0166	0.0160	0.0165
黑龙江	0.0201	0.0198	0.0200	0.0203	0.0208	0.0204	0.0204	0.0203	0.0190	0.0191	0.0189	0.0180	0.0174
安徽	0.0218	0.0221	0.0222	0.0223	0.0214	0.0207	0.0214	0.0224	0.0235	0.0245	0.0246	0.0245	0.0253
江西	0.0181	0.0178	0.0171	0.0167	0.0166	0.0163	0.0171	0.0176	0.0184	0.0185	0.0195	0.0193	0.0199
湖北	0.0259	0.0251	0.0264	0.0265	0.0281	0.0282	0.0287	0.0298	0.0305	0.0294	0.0304	0.0310	0.0320
湖南	0.0224	0.0218	0.0221	0.0218	0.0233	0.0237	0.0247	0.0245	0.0244	0.0253	0.0250	0.0246	0.0254
广西	0.0160	0.0160	0.0155	0.0159	0.0164	0.0169	0.0168	0.0172	0.0179	0.0174	0.0184	0.0190	0.0200
海南	0.0085	0.0081	0.0056	0.0059	0.0063	0.0069	0.0070	0.0074	0.0076	0.0074	0.0079	0.0081	0.0078
重庆	0.0151	0.0155	0.0168	0.0175	0.0180	0.0177	0.0180	0.0193	0.0211	0.0218	0.0236	0.0240	0.0252
四川	0.0271	0.0267	0.0265	0.0268	0.0270	0.0284	0.0294	0.0309	0.0324	0.0336	0.0341	0.0326	0.0348
云南	0.0147	0.0146	0.0136	0.0133	0.0128	0.0127	0.0139	0.0137	0.0136	0.0149	0.0158	0.0153	0.0169
陕西	0.0161	0.0161	0.0166	0.0171	0.0183	0.0188	0.0188	0.0199	0.0196	0.0198	0.0203	0.0215	0.0217
新疆	0.0110	0.0111	0.0107	0.0105	0.0117	0.0109	0.0103	0.0111	0.0115	0.0116	0.0114	0.0112	0.0095

续表

制造业与物流业的耦合协调度

地区	2004 年	2005 年	2006 年	2007 年	2008 年	2009 年	2010 年	2011 年	2012 年	2013 年	2014 年	2015 年	2016 年
山西	0.1312	0.1298	0.1257	0.1290	0.1261	0.1231	0.1226	0.1234	0.1234	0.1215	0.1224	0.1182	0.1165
内蒙古	0.1184	0.1251	0.1325	0.1363	0.1445	0.1429	0.1485	0.1531	0.1536	0.1463	0.1423	0.1363	0.1352
吉林	0.1232	0.1251	0.1281	0.1319	0.1372	0.1377	0.1400	0.1411	0.1422	0.1401	0.1412	0.1379	0.1396
黑龙江	0.1417	0.1398	0.1395	0.1376	0.1384	0.1355	0.1350	0.1346	0.1311	0.1313	0.1285	0.1240	0.1211
安徽	0.1418	0.1437	0.1473	0.1492	0.1483	0.1490	0.1527	0.1563	0.1594	0.1638	0.1641	0.1648	0.1683
江西	0.1304	0.1309	0.1337	0.1370	0.1351	0.1372	0.1414	0.1409	0.1428	0.1478	0.1498	0.1499	0.1525
湖北	0.1566	0.1562	0.1593	0.1587	0.1633	0.1638	0.1689	0.1736	0.1763	0.1752	0.1774	0.1798	0.1820
湖南	0.1478	0.1473	0.1503	0.1532	0.1549	0.1570	0.1618	0.1630	0.1620	0.1654	0.1635	0.1627	0.1647
广西	0.1217	0.1221	0.1228	0.1249	0.1277	0.1284	0.1286	0.1299	0.1339	0.1332	0.1370	0.1402	0.1429
海南	0.0968	0.0925	0.0828	0.0896	0.0946	0.0936	0.0993	0.1041	0.1063	0.0950	0.0980	0.0973	0.0967
重庆	0.1243	0.1244	0.1291	0.1328	0.1366	0.1358	0.1401	0.1447	0.1491	0.1488	0.1547	0.1569	0.1595
四川	0.1560	0.1566	0.1559	0.1580	0.1599	0.1645	0.1665	0.1707	0.1727	0.1776	0.1769	0.1732	0.1776
云南	0.1190	0.1158	0.1111	0.1107	0.1133	0.1102	0.1136	0.1131	0.1172	0.1187	0.1211	0.1180	0.1218
陕西	0.1216	0.1214	0.1232	0.1254	0.1324	0.1321	0.1328	0.1371	0.1385	0.1395	0.1408	0.1439	0.1447
新疆	0.1064	0.1071	0.1087	0.1071	0.1104	0.1029	0.1018	0.1053	0.1064	0.1033	0.1023	0.1000	0.0926

表 6 - 14 2004～2016 年中国制造业与物流业的耦合协调调度（低水平产业基础）

制造业综合发展水平

地区	2004 年	2005 年	2006 年	2007 年	2008 年	2009 年	2010 年	2011 年	2012 年	2013 年	2014 年	2015 年	2016 年
贵州	0.0066	0.0063	0.0065	0.0068	0.0063	0.0069	0.0063	0.0069	0.0082	0.0097	0.0104	0.0117	0.0125
甘肃	0.0065	0.0071	0.0073	0.0075	0.0067	0.0071	0.0071	0.0080	0.0083	0.0087	0.0084	0.0079	0.0084
青海	0.0030	0.0031	0.0034	0.0042	0.0066	0.0049	0.0064	0.0088	0.0101	0.0065	0.0063	0.0061	0.0064
宁夏	0.0047	0.0040	0.0036	0.0042	0.0060	0.0058	0.0053	0.0058	0.0059	0.0056	0.0059	0.0058	0.0061

物流业综合发展水平

地区	2004 年	2005 年	2006 年	2007 年	2008 年	2009 年	2010 年	2011 年	2012 年	2013 年	2014 年	2015 年	2016 年
贵州	0.0071	0.0067	0.0080	0.0079	0.0075	0.0077	0.0080	0.0086	0.0094	0.0105	0.0111	0.0140	0.0119
甘肃	0.0065	0.0064	0.0069	0.0068	0.0064	0.0061	0.0064	0.0067	0.0067	0.0072	0.0077	0.0075	0.0089
青海	0.0028	0.0028	0.0029	0.0029	0.0031	0.0030	0.0040	0.0045	0.0048	0.0037	0.0074	0.0038	0.0045
宁夏	0.0039	0.0036	0.0043	0.0042	0.0046	0.0050	0.0048	0.0053	0.0052	0.0046	0.0052	0.0049	0.0051

制造业与物流业的耦合协调调度

地区	2004 年	2005 年	2006 年	2007 年	2008 年	2009 年	2010 年	2011 年	2012 年	2013 年	2014 年	2015 年	2016 年
贵州	0.0825	0.0808	0.0850	0.0856	0.0829	0.0852	0.0842	0.0880	0.0937	0.1003	0.1037	0.1131	0.1104
甘肃	0.0806	0.0819	0.0843	0.0843	0.0807	0.0810	0.0821	0.0855	0.0864	0.0889	0.0897	0.0877	0.0931
青海	0.0538	0.0543	0.0558	0.0595	0.0671	0.0622	0.0711	0.0795	0.0834	0.0700	0.0829	0.0691	0.0729
宁夏	0.0655	0.0618	0.0628	0.0646	0.0722	0.0732	0.0712	0.0744	0.0742	0.0714	0.0746	0.0731	0.0748

4. 不同区域层面制造业与物流业耦合协调度的进一步分析

根据前文的分析，2004～2016 年，我国 30 个省份制造业与物流业的耦合协调度总体上呈缓慢上升趋势。但由于不同区域经济存在差异，制造业与物流业的耦合协调度可能存在明显的区域差异性。为了进一步探究制造业与物流业耦合协调度的区域差异，我们将 30 个省份划分成东、中、西部地区与八大综合经济区域两种空间区域，以便于更为直观有效地探讨各空间区域产业耦合协调度差异，进而制定有针对性的区域政策。

（1）东、中、西部地区。30 个省份的东中西部地区划分与第四章相同。2004～2016 年，我国东、中、西部地区制造业与物流业耦合协调度的平均值与区域内标准差计算结果如表 6－15 所示，耦合协调度平均值的区域对比情况如图 6－40 所示，耦合协调度标准差的区域对比情况如图 6－41 所示。可以看出，考察期内，制造业与物流业耦合协调度历年平均值从高到低的顺序依次为：东部、中部、西部。其中，东部地区占据绝对领先地位，高于全国平均水平，而中、西部地区低于全国平均水平，这主要是因为东部地区制造业与物流业发展水平都比较高，经济主体的发展水平与联动意愿，以及联动环境都有利于产业联动的推进。不过从变化趋势来看，东部地区制造业与物流业耦合协调度在考察期内呈小幅下降趋势，中、西部地区制造业与物流业耦合协调度则具有小幅增长趋势，最终使得全国两业耦合协调水平呈现平缓增长趋势。可见，中、西部地区制造业与物流业耦合协调度尽管绝对水平较低，但是在持续增长。按照这种趋势，三大区域制造业与物流业耦合协调度差异会出现收敛。

表 6－15　2004～2016 年中国东、中、西部地区制造业与
物流业的耦合协调度

区域	2004 年		2005 年		2006 年		2007 年		2008 年	
	平均值	标准差	平均值	标准差	平均值	标准差	平均值	标准差	平均值	标准差
全国	0.1651	0.0776	0.1651	0.0776	0.1654	0.0768	0.1661	0.0751	0.1674	0.0722

续表

区域	2004 年		2005 年		2006 年		2007 年		2008 年	
	平均值	标准差	平均值	标准差	平均值	标准差	平均值	标准差	平均值	标准差
东部	0.2408	0.0752	0.2403	0.0755	0.2376	0.0772	0.2367	0.0751	0.2359	0.0705
中部	0.1444	0.0175	0.1449	0.0183	0.1472	0.0206	0.1489	0.0200	0.1499	0.0205
西部	0.1045	0.0289	0.1047	0.0297	0.1065	0.0296	0.1081	0.0299	0.1116	0.0302

区域	2009 年		2010 年		2011 年		2012 年		2013 年	
	平均值	标准差	平均值	标准差	平均值	标准差	平均值	标准差	平均值	标准差
全国	0.1670	0.0731	0.1679	0.0709	0.1691	0.0680	0.1697	0.0663	0.1691	0.0679
东部	0.2361	0.0717	0.2348	0.0687	0.2334	0.0649	0.2321	0.0633	0.2301	0.0680
中部	0.1493	0.0199	0.1516	0.0203	0.1530	0.0208	0.1536	0.0216	0.1556	0.0239
西部	0.1108	0.0312	0.1128	0.0315	0.1165	0.0312	0.1190	0.0312	0.1180	0.0328

区域	2014 年		2015 年		2016 年					
	平均值	标准差	平均值	标准差	平均值	标准差				
全国	0.1699	0.0663	0.1691	0.0680	0.1692	0.0679				
东部	0.2292	0.0670	0.2291	0.0691	0.2270	0.0710				
中部	0.1561	0.0246	0.1553	0.0271	0.1566	0.0289				
西部	0.1206	0.0310	0.1192	0.0326	0.1205	0.0331				

资料来源：作者整理得到。

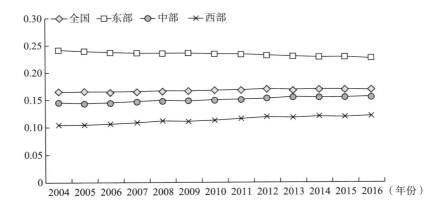

图 6 - 40　2004～2016 年中国东、中、西部地区制造业与
物流业耦合协调度的平均值对比

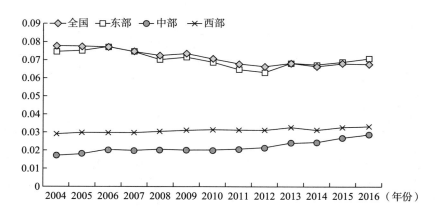

图 6 - 41   2004 ~ 2016 年中国东、中、西部地区制造业与
物流业耦合协调度的标准差对比

进一步地，使用标准差考察产业耦合协调度的区域内差异（见表 6 - 15）。可以看出，区域内差异从低到高的顺序依次为：中部、西部、东部。近几年，东部地区的区域内差异甚至超过全国水平。这表明东部地区内各省份制造业与物流业互动协同的不均衡现象最突出，而中部地区相对最均衡。不过，从变化趋势看，全国、东部地区呈现下降趋势，中、西部地区呈小幅上升趋势。

（2）八大综合经济区域。除了东、中、西部划分外，国务院发展研究中心发展战略和区域经济研究部提出的八大综合经济区域划分也具有一定的现实意义，包括：东北综合经济区（辽宁、吉林、黑龙江），北部沿海综合经济区（北京、天津、河北、山东），南部沿海综合经济区（广东、福建、海南），东部沿海综合经济区（上海、江苏、浙江），黄河中游综合经济区（内蒙古、陕西、山西、河南），长江中游综合经济区（湖北、湖南、江西、安徽），大西南综合经济区（重庆、四川、贵州、云南、广西），大西北综合经济区（甘肃、宁夏、青海、新疆）。

2004 ~ 2016 年，我国八大综合经济区制造业与物流业耦合协调度的平均值与区域内标准差计算结果如表 6 - 16 所示。耦合协调度平均值的区域对比情况如图 6 - 42 所示，耦合协调度标准差的区域对比情况如

图6-43所示。可以看出，考察期内，制造业与物流业耦合协调度历年的平均值从高到低的顺序依次为：东部沿海综合经济区、南部沿海综合经济区、北部沿海综合经济区、东北综合经济区、长江中游综合经济区、黄河中游综合经济区、大西南综合经济区、大西北综合经济区。其中，东部沿海综合经济区占据绝对领先地位；东部沿海综合经济区、南部沿海综合经济区、北部沿海综合经济区这三大区域的制造业与物流业耦合协调度平均值高于全国平均水平；其余五个区域的制造业与物流业耦合协调度平均值要低于全国平均水平。从变化趋势来看，东部沿海综合经济区与东北综合经济区这两个区域的制造业与物流业耦合协调度平均值呈现小幅下降趋势，其他区域的制造业与物流业耦合协调度平均值变化平稳，总体上呈现非常平缓的小幅增长趋势。

表 6-16　2004~2016 年中国八大综合经济区制造业与
物流业的耦合协调度

区域	2004 年		2005 年		2006 年		2007 年		2008 年	
	平均值	标准差	平均值	标准差	平均值	标准差	平均值	标准差	平均值	标准差
全国	0.1651	0.0776	0.1651	0.0776	0.1654	0.0768	0.1661	0.0751	0.1674	0.0722
东北综合经济区	0.1538	0.0311	0.1546	0.0319	0.1558	0.0314	0.1561	0.0302	0.1594	0.0305
北部沿海综合经济区	0.2201	0.0344	0.2222	0.0369	0.2218	0.0416	0.2203	0.0410	0.2229	0.0409
南部沿海综合经济区	0.2296	0.1207	0.2261	0.1209	0.2195	0.1229	0.2204	0.1189	0.2175	0.1108
东部沿海综合经济区	0.2944	0.0192	0.2925	0.0233	0.2895	0.0246	0.2875	0.0243	0.2826	0.0242
黄河中游综合经济区	0.1384	0.0259	0.1406	0.0264	0.1438	0.0291	0.1464	0.0284	0.1497	0.0273
长江中游综合经济区	0.1442	0.0095	0.1445	0.0091	0.1477	0.0092	0.1495	0.0080	0.1504	0.0103
大西南综合经济区	0.1207	0.0233	0.1199	0.0242	0.1208	0.0231	0.1224	0.0240	0.1241	0.0256
大西北综合经济区	0.0766	0.0197	0.0763	0.0205	0.0779	0.0207	0.0789	0.0187	0.0826	0.0168

续表

区域	2009 年		2010 年		2011 年		2012 年		2013 年	
	平均值	标准差	平均值	标准差	平均值	标准差	平均值	标准差	平均值	标准差
全国	0.1670	0.0731	0.1679	0.0709	0.1691	0.0680	0.1697	0.0663	0.1691	0.0679
东北综合经济区	0.1587	0.0313	0.1590	0.0305	0.1591	0.0302	0.1583	0.0310	0.1571	0.0305
北部沿海综合经济区	0.2212	0.0430	0.2205	0.0409	0.2216	0.0405	0.2211	0.0392	0.2181	0.0398
南部沿海综合经济区	0.2210	0.1130	0.2195	0.1075	0.2198	0.1019	0.2202	0.1002	0.2201	0.1102
东部沿海综合经济区	0.2822	0.0241	0.2800	0.0251	0.2733	0.0244	0.2689	0.0255	0.2662	0.0281
黄河中游综合经济区	0.1473	0.0263	0.1487	0.0260	0.1511	0.0252	0.1518	0.0254	0.1518	0.0292
长江中游综合经济区	0.1518	0.0099	0.1562	0.0103	0.1585	0.0119	0.1601	0.0119	0.1630	0.0099
大西南综合经济区	0.1248	0.0264	0.1266	0.0274	0.1293	0.0280	0.1333	0.0269	0.1357	0.0264
大西北综合经济区	0.0798	0.0149	0.0815	0.0125	0.0862	0.0117	0.0876	0.0118	0.0834	0.0137

区域	2014 年		2015 年		2016 年					
	平均值	标准差	平均值	标准差	平均值	标准差				
全国	0.1699	0.0663	0.1691	0.0680	0.1692	0.0679				
东北综合经济区	0.1550	0.0290	0.1487	0.0258	0.1418	0.0179				
北部沿海综合经济区	0.2171	0.0408	0.2157	0.0419	0.2147	0.0428				
南部沿海综合经济区	0.2198	0.1065	0.2217	0.1084	0.2216	0.1085				
东部沿海综合经济区	0.2661	0.0292	0.2695	0.0287	0.2695	0.0307				
黄河中游综合经济区	0.1519	0.0299	0.1508	0.0326	0.1511	0.0345				
长江中游综合经济区	0.1637	0.0098	0.1643	0.0106	0.1669	0.0105				
大西南综合经济区	0.1387	0.0255	0.1403	0.0228	0.1424	0.0244				

续表

区域	2014 年		2015 年		2016 年				
	平均值	标准差	平均值	标准差	平均值	标准差			
大西北综合 经济区	0.0874	0.0102	0.0825	0.0123	0.0833	0.0095			

资料来源：作者整理得到。

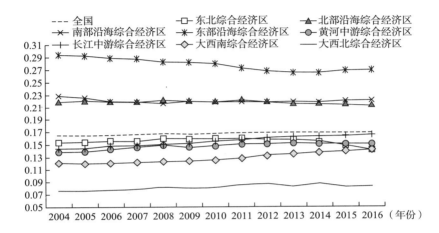

图 6 - 42　2004 ~ 2016 年中国八大综合经济区制造业与
物流业耦合协调度的平均值对比

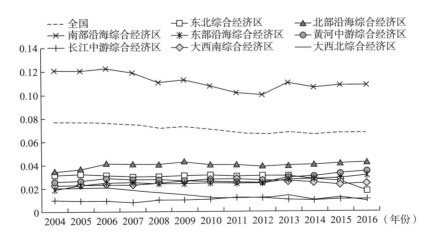

图 6 - 43　2004 ~ 2016 年中国八大综合经济区制造业与
物流业耦合协调度的标准差对比

进一步地，使用标准差考察八大综合经济区域产业耦合协调度的区域内差异（见表 6 – 16）。可以看出，南部沿海综合经济区的区域内差异最突出，它也是高于全国差异水平的唯一区域；其次是北部沿海综合经济区；其余五个区域的区域内差异水平基本接近，其中大西北综合经济区与长江中游综合经济区的区域内差异最低。这表明经济发达的大部分沿海地区制造业与物流业互动协同的不均衡现象突出，而大西北与长江中游区域的各省区市相对均衡。不过，从变化趋势看，南部沿海综合经济区、东北综合经济区、大西北综合经济区的区域内差异呈现下降趋势，其他五个区域的变化非常平稳，总体呈平缓的小幅上升趋势。

本章小结

本章首先运用熵值赋权法与线性加权和法测度了 2004～2016 年中国大陆 30 个省份制造业与物流业的综合发展水平，在此基础上，运用 PVAR 模型分析了它们之间的互动关系，并分析了两业耦合协调度及其地区差异性，主要得到以下结论。

（1）中国大陆 30 个省份中，制造业与物流业综合发展水平的地区分布特征相似，其中广东、江苏、山东、浙江、上海、北京位居前列；其次是天津、河南、河北、辽宁、福建等地区；其他地区位居后位。而且，各地区的综合发展水平变化均非常平缓。

（2）PVAR 模型的检验结果显示，制造业与物流业互为 Granger 因果关系；制造业对物流业发展具有显著促进作用，该促进作用先上升后下降；而物流业对制造业发展具有显著的阻碍作用，但是这种阻碍作用逐渐衰弱并逐步向正向促进作用转变。此外，制造业发展水平受自身的影响先减弱后增强，物流业对其的影响则先增强后减弱；物流业发展水平受制造业的影响呈增强—降低—增强趋势，其受自身的影响则呈降低—增强—降低趋势。

（3）耦合度测算结果显示，除青海、海南、吉林、山西这四个省份的耦合度相对较低而且变化幅度较大外，绝大部分省份制造业与物流业之间具有紧密且平稳的耦合关系。耦合协调度的测算结果显示，当考虑了制造业与物流业的综合发展水平后，两业耦合协调度较低且呈现明显的地区差异性，但各地区两业耦合协调度总体上呈缓慢上升趋势。

（4）根据产业间发展水平均衡性的差异，将各地区产业间耦合协调发展模式归纳为同步均衡型、衍化趋同型、单产业主导型。其中，天津、河北、辽宁、福建、湖北、广西、重庆、陕西、贵州、云南、甘肃、宁夏、新疆属于同步均衡型，这些地区的制造业与物流业联动系统中，无单产业占优现象。内蒙古、浙江、山东、广东属于衍化趋同型，其中内蒙古、浙江、山东表现为物流业向制造业趋同，而广东省表现为制造业向物流业趋同。其他地区属于单产业主导型，其中北京、山西、黑龙江、上海、四川的物流业相对于制造业具有更高的发展水平，而吉林、江苏、安徽、江西、河南、湖南、海南、青海的制造业相对于物流业而言具有更高的发展水平。根据产业发展水平的高低，将各地区产业间耦合协调划分为四类。第一类为高水平产业基础（两业发展水平都比较高），北京、上海、江苏、浙江、山东、广东属于该类。第二类为中高水平产业基础（两业发展水平中高），天津、河北、辽宁、福建、河南属于该类。第三类为中等水平产业基础（两业发展水平中等），山西、内蒙古、吉林、黑龙江、安徽、江西、湖北、湖南、广西、海南、重庆、四川、云南、陕西、新疆属于该类。第四类为低水平产业基础（两业发展水平均比较低），贵州、甘肃、青海、宁夏属于该类。

（5）针对不同空间尺度做进一步分析，东、中、西部层面，制造业与物流业耦合协调度的地区差异具有明显的"梯度化"特征，呈现由西部、中部到东部逐渐增强的分布特征。不过，中、西部地区两业耦合协调度尽管绝对水平较低，但是在持续增强；从区域内差异看，东部区域内两产业互动协同的地区间不均衡现象最突出，而中部地区相对最均衡。八大综合经济区域层面，两业耦合协调度从高到低的顺序依次为东部沿海综合经济区、南部沿海综合经济区、北部沿海综合经济区、东北综合经济区、长江中游综合经济区、黄河中游综合经济区、大西南综合经济区、大西北综合经济区。其中，前三个综合经济区两业耦合协调度高于全国平均水平，其余五个区域两业耦合协调度低于全国平均水平。从区域内差异看，南部沿海综合经济区的区域内差异最突出，其次是北部沿海综合经济区，大西北综合经济区与长江中游综合经济区的区域内差异最小，其他区域居中。

根据上述研究结果，针对中国制造业与物流业的互动融合提出从以下几点建议。首先，我国需要继续大力发展社会化、专业化的第三方物流，促进物流企业与上下游制造企业、商贸企业的深度融合与战略合作。通过聚焦整合资源、优化流程、协同创新，创造供应链新价值，助力制造业转型升级，同时推动物流业转型升级，着力构建面向全球生产、采购、贸易和配送的智能型、高效型全球物流服务体系，切实降低全社会物流成本。其次，深化体制机制改革，推进制造业与物流业区域协调发展。在资金投入、人才引进等方面增强对中西部地区制造业与物流业的政策倾斜，减弱产业发展水平的区域不均衡。

参考文献

［1］崔忠付，贺登才，刘伟华，等．促进我国制造业与物流业联动发展的有关问题研究［R］．北京：中国物流与采购联合会，2009．

［2］何黎明．2008 年中国物流发展特点与 2009 年展望［J］．中国物流与采购，2009，（2）：14 – 17．

［3］李琼．世界经济大辞典［M］．北京：经济科学出版社，2000：87．

［4］聂娜，王笃鹏，周晶．制造企业与物流服务企业的共生关系［J］．东南大学学报（自然科学版），2007，37（S2）：409 – 412．

［5］彭本红，冯良清．现代物流业与先进制造业的共生机理研究［J］．商业经济与管理，2010，（1）：18 – 25．

［6］彭本红．现代物流业与先进制造业的协同演化研究［J］．中国软科学增刊（上），2009：149 – 153．

［7］苏东水．产业经济学［M］．北京：高等教育出版社，2000．

［8］苏秦，张艳．制造业与物流业联动现状分析及国际比较［J］．中国软科

学，2011，(5)：37－45.

[9] 王健，梁红艳. 我国物流业与制造业的产业关联效应研究 [J]. 北京：中国财政经济出版社，2014.

[10] 王珍珍，陈功玉. 我国制造业不同子行业与物流业联动发展协调度实证研究——基于灰色关联模型 [J]. 上海财经大学学报，2010，12 (3)：65－74.

[11] 王珍珍，陈功玉. 制造业与物流业联动发展的竞合模型研究——基于产业生态系统的视角 [J]. 经济与管理，2009，23 (7)：28－34.

[12] 吴群. 制造业与物流业联动共生模式及相关对策研究 [J]. 经济问题探索，2011，(1)：72－75.

[13] 闫莉，薛惠锋，陈青. 制造业与物流业联动发展系统的协同演化模型 [J]. 西安工业大学学报，2011，31 (1)：29－33.

[14] 杨公朴、夏大慰. 产业经济学教程 (第三版) [M]. 上海：上海财经大学出版社，2008.

[15] 伊俊敏，周晶. 江苏省制造业与物流业的发展水平差异分析 [J]. 现代管理科学，2007，(7)：7－9.

[16] 张江华，李晓晨. 我国物流业的投入产出分析研究 [J]. 社会科学辑刊，2010，(5)：118－120.

[17] 张艳，苏秦. 中美物流业的产业关联效应动态比较分析 [J]. 经济地理，2011，31 (11)：1857－1861.

[18] 钟阳胜. 正确选择和建设主导产业的若干问题 [J]. 管理世界，1996，(4)：112.

[19] 朱莉. 基于超网络的制造业与物流业协调优化模型 [J]. 系统工程，2011，29 (6)：100－105.

[20] Chan, J. W. K. Competitive Strategies and Manufacturing Logistics：An Empirical Study of Hong Kong Manufacturers [J]. *International Journal of Physical Distribution and Logistics Management*，2005，35 (1)：40－43.

[21] Craig, T. Outsourcing：Let the Buyers Beware [J]. *Transportation and Distribution*，1996，(5)：102－110.

[22] Daugherty, J., P. Stank, and S. Rogers. Third-Party Logistics Service Provid-

ers: Purchasing Perception [J]. *International Journal of Purchasing and Material Management*, 1996, 32 (2): 23 – 29.

[23] Fugate, B. S., J. T. Mentzer, and D. J. Flint. The Role of Logistics in Market Orientation [J]. *Journal of Business Logistics*, 2008, 29 (2): 1 – 26.

[24] Lieb, R. C., and B. A. Bentz. The Use of Third Party Logistics Services by Large American Manufacturers: The 2004 Survey [J]. *Transportation Journal*, 2005, 44 (2): 5 – 15.

[25] Mortensen, O., and O. W. Lemoine. Integration between Manufacturers and Third Party Logistics Providers [J]. *International Journal of Operations and Production Management*, 2008, 28 (4): 331 – 359.

[26] Razzaque, M. A., and C. C. Sheng. Outsourcing of Logistics Functions: A Literature Survey [J]. *International Journal of Physical Distribution and Logistics Management*, 1998, 28 (2): 89 – 107.

[27] Schramm-Klein, H., and D. Morschett. The Relationship between Marketing Performance, Logistics Performance and Company Performance for Retail Companies [J]. *International Review of Retail, Distribution and Consumer Research*, 2006, 16 (2): 277 – 296.

[28] Sezen, B. The Role of Logistics in Linking Operations and Marketing and Influences on Business Performance [J]. *Journal of Enterprise Information Management*, 2005, 18 (3): 350 – 356.

[29] Sohal, A. S., R. Millen, and S. Moss. A Comparison of the Use of Third-Party Logistics Services by Australian Firms between 1995 and 1999 [J]. *International Journal of Physical Distribution and Logistics Management*, 2002, 32 (1): 59 – 68.

[30] Valerie, I. *The Penguin Dictionary of Physics* [M]. Beijing Foreign Language Press, 1996: 92 – 93.

第七章　信息化与物流业生产率

　　20 世纪 70 年代以来，随着高新技术不断涌出，高新技术产业之间、高新技术产业与传统产业之间也都出现了不同程度的渗透、交叉和重组。产业融合现象已不仅出现在人们最早关注的信息通信、广播电视和邮政等信息产业，还发生在运输业、金融业、旅游业和保险业等服务业之中。21 世纪以后，各国逐渐放松对产业的管制，降低产业壁垒，鼓励企业技术创新和商业模式创新。一系列利好的政策，极大地推动了产业融合的发展。目前，大数据、云计算、物联网等新一代信息技术迅猛发展，对物流业不断渗透，给物流业带来了深刻变化。

　　近年来，我国物流业与信息业的融合日益显著。从国家相关政策来看，2013 年，工业和信息化部发布《关于推进物流信息化工作的指导意见》，明确了以物流信息化标准体系和现代信息技术产业为支撑，以提高全社会的物流效率和效益为宗旨，促进物流发展。2014 年 9 月 12 日，国务院印发的《物流业发展中长期规划（2014～2020 年）》，指出要加强北斗导航、物联网、云计算、大数据、移动互联等先进信息技术在物流领域的应用。2015 年 7 月 4 日，《国务院关于积极推进"互联网+"行动的指导意见》指出，加快完善物流业相关政策法规和标准规范，推动大数据、云计算、物联网等先进信息技术与物流活动深度融合。2016 年 7 月 20 日，在国务院常务会议上，李克强总理再次提及要将信息技术与物流深度融合，推动物流业乃至中国经济的转型升级。可以看出，物流业与信息业的融合发展受到了国家的重点关注。同时，以京东、苏宁为代表的企业，开发出全新的智能化、自动化仓库及相关设施设备。如2014年10月，京东位于上海的亚洲一号正式投入使用，仓库相关设施90%以上实现智能自动化。2016年11月，苏宁云仓正式亮相，苏宁云仓引进了全球最先进的胜斐迩旋转系统（SCS），进而实现了全过程智能自动化拣货。随着物流业与信息业合作、渗透的日益深入，两业融合逐步深化。

关于信息化对物流业发展的影响，学术界从多个角度展开了研究。其中，关于信息化对物流的作用机制，既有研究认为信息化提高了物流运作过程的协调性。Salaimeh（2011）指出协调是信息化在物流中的重要体现，认为信息化能够协调各项物流活动，进而提高物流的运作效率。部分研究基于案例探讨了信息化对物流的作用，Groznik等（2004）基于对斯洛文尼亚运输集群的调查研究，指出信息化可以使供应链上各成员之间的业务活动更加透明，而透明化的业务活动不仅可以有效地提高物流竞争力，而且有利于业务流程的标准化、提高业务绩效、降低成本和提高运输跟踪精准度。Rabah 和 Mahmassani（2002）基于 VMI（Vendor Managed Inventory）案例，评估了信息化对物流的影响，发现采用 VMI 的信息化管理可以实现供应链参与者的信息共享，能有效降低物流总成本。Lucas（1991）检验了将信息技术融入物流是实现有效管理的关键因素，能够提高产业整体运行效率。Banister 和 Stead（2004）研究指出，信息技术对提高运输效率具有重要的作用。部分研究探讨了具体信息技术对物流业发展的影响。Zelbst 等（2010）利用155家企业的数据进行检验，发现 RFID 和信息共享显著提高了供应链绩效。Katrina（2007）基于国际供应链，通过分析37个小样本数据，验证了信息技术对企业绩效的促进作用。吴青（2003）通过分析条形码、电子订货系统、EDI 和射频识别等技术在物流中的应用情况，阐释了信息技术在物流系统中的运行机制。

徐双庆（2010）从识别系统、追踪定位技术和物流信息管理平台三个方面，对现代物流信息技术进行了解析，认为物流信息技术使得物流行业内部的业务更为细化。

关于物流业与信息业间的互动关系，王静（2008）研究指出，信息技术可以有效地促进物流业资源的合理配置、实现物流运作方式的变革、提高物流产业的运作效率以及降低物流的运作成本，还催生了新的物流服务，同时物流业也为信息业发展提供了必要的物流服务。Krmac（2007）认为，随着国际供应链和电子商务的不断发展，物流企业应该加强自身信息化建设以提高在市场中的竞争力。刘有鹏（2006）指出物流业和信息化之间是一种互相促进和共同发展的关系。而关于物流业和信息业之间互动程度的测度，目前的研究主要利用面板模型、灰色关联模型对我国省域物流业与信息业之间的关系进行测度。如何玉华和俞立平（2012）基于2002～2010年中国31个省份的面板数据，采用面板数据变系数模型分析了物流业与信息化的关系，结果表明信息化对物流发展具有显著贡献，不同地区的信息化对物流发展的贡献相差不大。曾倩琳和孙秋碧（2015）运用灰色关联模型对我国31个省份2003～2012年物流业与信息业面板数据进行分析，并测算了两者的关联度和耦合度，结果发现物流业与信息业之间有较强的关联度，但耦合协调度不高。

已有研究从不同视角展开分析并取得了丰富的研究成果。但是，既有研究更多地仅定性讨论或仅测算物流业与信息业的关联度，而没有系统地研究两业融合的理论机制，没有深入研究两业融合水平的测算，也未深入探讨物流业与信息业的融合对物流业发展的影响。基于此，本章围绕"物流业与信息业的产业融合"，重点剖析两业融合的理论机制，分析两业间的互动关系特征，测算两业融合的水平，并研究两业融合对物流业生产率的影响。通过这些问题的逐层展开，以期完善既有研究的不足，并希冀为两业融合的良好发展提供决策依据。

一 物流业与信息业产业融合的
理论基础与实践

20 世纪 40 年代前后，电子技术、计算机技术发生变革，信息技术快速发展。20 世纪 70 年代后，通信技术推动了信息技术的扩散。目前，越来越多的企业将信息技术、互联网技术应用到各个运作环节中，信息技术向其他产业不断渗透，这使得不仅信息产业自身出现融合现象，信息业与其他产业之间的界限也逐步模糊。

（一）物流业与信息业融合的内涵

关于产业融合，目前并未形成一个统一的标准定义。Rosenberg（1963）在研究美国机械工具时发现不同产业之间可以通过特定的相同生产技术密切联系起来，并逐渐形成一个专业化的机械工具产业。这是他最早提出的产业融合概念。随后 Dosi 和 Nelson（1982）提出了一个相似的观点，认为当不同的产业之间出现了新的技术时，那么在这些产业里会有新的技术创新出现，与此同时，产业间的技术基础逐渐扩大，最终会出现产业融合。Lei（2000）认为当不同的产业技术有共同的技术基础时，它可以显著地影响另一个产业中的产品和价值创造过程，这意味着技术融合的产生。从微观视角来看，Malhotra 和 Gupta（2001）认为当两个或两个以上不同产业中的企业成为直接竞争者时就意味着产业融合。Malhotra（2001）认为产业融合是由需求方的功能融合和供给方的机构融合这两个相互关联的融合过程来实现的。

我国学者从不同角度对产业融合进行了研究。吴少平（2002）认为产业融合本质在于产业之间在总体分布上保持一定协调，而在格局上存在内在成长性。从发展角度来看，厉无畏（2002）认为产业融合是一个动态发展过程，在信息技术及经济全球化作用推动下，不同产业间出现了相互渗透、交叉融合的现象，融合的结果就是最终形成了新的产业。何立胜和李世新（2004）认为产业融合是由信息技术所引发的一种产业动态发展的过程，在这个过程中不同产业间的交叉融合逐步产生了新的产业形态。还有学者从产业分工的角度进行分析，胡永佳（2008）认为产业间分工向产业内部分工转变是产业融合的过程，在这个过程中，产业间原有的分工链断开，经过重新组合形成新型产业间的分工链。胡金星（2007）认为分工是经济发展的动力，从分工视角可以有效地认清企业变革的本质，从而厘清产业融合的内在机制。综合来看，技术进步是产业融合发生的根本原因。

随着经济社会的发展，传统物流业难以满足日益增长的社会物流需求。为了解决这一问题，传统物流业应向现代物流业转变，而这种转变须依赖于信息技术的运用。在当今信息经济时代，信息技术在物流业中的应用日益广泛和深入。在传统物流业向现代物流业转变的过程中，信息技术不断渗透到各项物流活动中，推动了物流业与信息业的融合。

（二）物流业与信息业融合的动因

由于早期的产业融合大多发生在对信息技术依赖程度较高的领域，如电信业、金融业等行业，理论界主要将技术创新和管制放松作为产业融合的决定性因素。随着产业融合领域的拓宽，人们认识到产业融合是多种因素相互作用的结果，包括技术创新、管制放松，以及管理创新等。根据既有研究，本章从内在和外在两个层面阐释产业融合的动因。

关于产业融合的内在动因，Porter（1985）通过分析美国电报公司在金融业和电信业的融合现象，提出技术创新在不同产业间的扩散导致了技术融合，产业融合会扩大原有产业边界，而在产业边界扩张时出现的技术创新或技术融合，进一步推动了产业融合的发展。Yoffie（1997）在探究产业融合的动力时，指出企业想要实现融合就必须采取新的技术战略和企业发展战略，而技术创新、战略联盟和管理创新等是产业融合的主要动力。胡金星（2007）也提到企业的互动行为才是产业融合产生的动力。马健（2005）认为，技术革新是产业融合的一个内在原因，它通过改变原有产业产品的技术服务路线和特征来改变原有产业的生产函数，为产业融合提供了动力。关于产业融合的外在动因，日本学者植草益（2001）通过分析日本信息通信业的产业融合情况，指出行业壁垒的降低、政府管制的放松和企业间激烈的竞争推动了产业融合的发展。张磊（2001）在分析电信业融合情况时，发现仅仅是技术进步和电信业的放松管制难以推动产业融合，只有将管理创造性这个因素与技术进步和放松管制结合起来，才能推动产业融合发展。而陈柳钦（2007）则认为放松管制是产业融合的一个重要的外部条件，管制的放松使得其他产业能更容易地加入本产业的竞争中来，为产业融合创造更宽松的环境。可见，产业融合的内在动因主要包括技术创新、战略联盟和管理创新，外在动因主要包括行业壁垒的降低和政府管制的放松。结合物流业的特征，我们主要从产业内在特征、技术创新、市场需求和管制放松等方面分析物流业与信息业产业融合的动因。

（1）产业内在特征。厉无畏（2002）认为推动产业融合的根本原因是产业发展的内部规律。一方面，物流业作为复合型服务业，融合性是其内生特性。物流服务产品主要是通过改变物资在时间和空间上的不一致来实现的，因此物流服务产品相比于实物产品更容易发生融合。另一方面，随着经济发展，现代物流业区别于传统物流业的最大特征是信息技术的广泛应用。可以说，现代物流业的核心特征，促使物流业与信息业发生融合。

（2）技术创新的驱动。日本学者植草益（2001）在分析日本信息通信业的产业融合情况时，发现各产业内技术水平的提高推动产业融合的发展。周振华（2003a；2003b）指出技术创新是产业融合的基础，使得新的技术在产业间得以迅速扩散。技术创新使得不同产业拥有了相似技术基础和平台，从而推动了产业间的技术融合。信息技术创新向物流业的扩散，与物流活动融合，形成新的物流信息技术。这种通过技术发生的融合，逐渐消除产业间的技术壁垒，使得产业间界限模糊。

（3）市场需求的拉动。物流是一个庞大的纵向经济领域，涉及运输、储存、流通加工、信息、装卸搬运等多个环节。客户需求由原来的少品种、大批量、少批次、长周期转变为多品种、小批量、多批次、短周期，对一体化、综合化的物流服务提出了新的要求，导致单一的传统物流服务已无法满足日益增长的社会物流需求。为了满足客户的一体化、综合化物流服务需求，物流企业需要通过信息技术对各项物流活动进行整合与协调。

（4）管制的放松。政府管制是指为了改变或控制经济组织的经营活动而颁布一系列法律及规章制度。Yoffie（1997）指出，政策管制的放松是产业融合的主要动力。陈柳钦（2007）认为放松管制是产业融合的一个重要的外部条件，管制的放松能为产业融合创造更宽松的环境。管制的放松导致其他相关产业的业务加入本产业的竞争中，并逐渐走向产业融合。我国政府制定了一系列物流业发展政策，如2009年国务院发布和出台了《物流业调整和振兴规划》，标志着物流业进入一个新的发展阶段；2010年国务院发布了《关于加快培育和发展战略性新兴产业的决定》，将物流业作为十大振兴产业之一；2013年工业和信息化部发文《关于推进物流信息化工作的指导意见》，以充分发挥信息化支撑的重要作用，促进经济发展方式转变和产业结构升级；2016年，国家发改委制定了《"互联网＋"高效物流实施意见》，旨在着力打破制约"互联网＋"物流发展的体制机制障碍，促进物流高效发展。政府在行政审批、投资审批以及税收制度等方面放松管制，不仅放宽了市场准入，还引入竞争机制，为不同产业之间的相互作用创造了良好环境。

（三）物流业与信息业融合的效应

关于产业融合的效应，学术界主要从创新、优化以及竞争能力方面展开研究。如马健（2002）认为产业融合能够减少企业成本、提高产业组织绩效以及产业的价值创造；可以促进传统产业的创新；有利于产业结构的转换和升级，提高产业竞争力。周振华（2003b）从产业层次划分的角度来探讨产业融合的效应，指出在微观层面，新产品和服务的出现是产业融合发生的结果，这增强了竞争性和市场结构塑造；在中观层面，产业融合是一种新的产业革命，将使得产业之间的关联更加密切，产业融合过程中会伴有巨大的经济增长效应。陈柳钦（2007）认为产业融合能够产生六大效应，包括创新性区域效应、竞争性能力效应、竞争性结构效应、组织性结构效应、消费性能力效应和优化效应。王德波（2011）将产业融合的效应分为促进产业结构优化与升级、加剧市场竞争、降低生产及交易成本、促进经济增长等。

接下来我们结合物流业与信息业的融合特征，探讨物流业与信息业融合的效应，主要包括竞争能力提升效应、创新优化效应和生产率效应。其中，生产率效应是本章的研究重点。

（1）竞争能力提升效应。物流业与信息业之间的融合使得原本分立的两个价值链发生部分或全部融合，融合后的物流产业，能够创造出更多的附加价值，相比于融合之前的产业具有更强的竞争力。融合型产业不仅具有更高的附加值与更大的利润空间，而且为消费者创造了更多、更方便、价值更高的产品或服务。

（2）创新优化效应。在物流业与信息业融合过程中，物流产业原有的技术和信息产业的技术发生融合，产生了新的物流信息技术，而新技术的产生逐渐改变物流产业原有的生产方式，推动物流企业向市场提供新产品和服务。

（3）生产率效应。Bresnahan 和 Trajtenberg（1995）计算了美国 61个行业 23 年的劳动生产率，发现在各个行业中，信息知识密集型行业的生产率增速要快于其他服务业的生产率增速。郭怀英（2008）提出在信息技术的推动下，一些服务业逐渐转变成知识技术密集型产业，使得劳动生产率得以提高。我们从技术扩散、信息不对称及资源配置等方面分析生产率效应的机制。①促进技术的扩散。信息业与物流业的融合一定程度上改变了传统物流业的属性。信息技术在运输业、仓储业、邮政业等的广泛使用，提高了物流企业在订货、运输、仓库管理等环节的运作效率，促使物流各功能趋于一体化，消除了物流各环节之间的流动障碍。21 世纪以来，我国物流信息化建设稳步发展，GPS、GIS、EDI

和 RFID 等信息技术在物流领域得到广泛应用，催生出很多新的物流服务。②降低信息不对称程度。信息技术在物流各环节中的广泛应用，降低了物流各环节信息的不对称程度，确保了各项物流活动之间信息的搜集、处理、储存与发送，便于各部门之间的协调，提高了物流企业的运作效率。③优化资源配置。物流业与信息业产业融合为物流服务创新提供了技术支持，可以优化物流资源配置，提高物流企业的运作效率。比如，GPS、GIS 和 RFID 等信息技术的运用可以对运输网络进行优化，实现选址优化与运输路径优化，提高物流运输效率，降低运输成本；智能化的仓储系统，同样可以提高仓储运作效率。

（四）中国物流业和信息业产业融合的实践

信息业是一个基础性、战略性、先导性的产业，具有技术更新快、产品附加值高、应用领域广、渗透能力强等突出特点，对经济社会发展具有重要的支撑作用。我国工业与信息化部把信息产业分为电子信息产业和通信产业，其中电子信息产业包括电子设备制造业和软件业。随着我国信息化进程的加快，信息产业的投入不断增加，我国电子信息产业仍保持着较快的发展速度。随着物流业与信息业的快速发展，我国物流信息化进程不断深入。2015 年物流信息化监测显示，我国物流企业信息化应用 KPI 表现突出，平均订单准时率达到 93.5%，88.9% 的企业实现了对自有车辆的追踪，89% 的企业实现了物流过程可视化。但我国物流信息化还存在一些问题。戴定一（2003）认为我国物流信息化发展状况主要体现在信息化程度低、系统间独立性较强而互联性低、物流信息系统不健全和物流信息技术方面的专业人才匮乏等方面。李佳民（2006）认为我国物流信息化发展总体水平较低，信息技术的落后是制约我国物流业信息化发展的主要原因，严重影响了各环节的物流运作效率。朱长征和屈军锁（2010）从物流公共服务平台信息化、企业物流信息化和政府物流监管信息化三个方面对我国物流信息化的发展现状进行了分析。

在信息技术快速发展的推动下，我国政府越来越重视物流信息化的发展，近年来出台了一系列利好政策，积极推动物流信息化发展，为物流业与信息业的融合创造了良好的政策环境。同时，以京东、菜鸟网络、苏宁、顺丰为代表的企业，都在积极地探索信息技术在物流中的应用，运用大数据、云计算等，推动信息技术与物流融合。在仓储方面，以京东、苏宁和顺丰等为代表的企业，开发出全新的智能化、自动化仓库及相关设施设备，极大地提高了货物周转率和物流运作效率。在终端配送方面，一些专注于解决最后一公里问题的末端配送企业，如日日顺、云鸟配送等企业，基于互联网联合城市运力开展智能配送、共同配送和及时配送等模式，提升末端物流的配送效率。在物流技术方面，无线射频、定位系统和移动信息服务等一批信息技术在物流中得到广泛应用。越来越多的物流企业运用云计算、大数据等先进的信息技术创新物流服务模式，如百度打造了一个基于互联网、大数据和物流的智能化物流云平台，京东利用大数据提供了全面的物流解决方案。

（1）京东"无人化"。京东在无人化的智慧物流方面做出了巨大努力。具体地，在无人机方面，为了解决传统乡村物流的效率低、配送困难等问题，京东成立了专门研究无人机和无人机器的项目小组。2016年6月8日，京东在江苏宿迁曹集乡完成了第一次无人机乡村配送。从2017年开始，京东逐渐完成了无人机的飞行调度、飞行研发和制造中心等一系列的配套设施。从2017年6月开始，京东在西安和宿迁等地开展了无人机配送常态化运营。2017年2月，京东与陕西省政府签订了智慧物流战略合作协议，这意味着京东将大力发展无人机产业。在无人化设施方面，京东在东莞麻涌建立了全球电商行业唯一的智能机器人分拣中心，在分拣中心配备了300多台具有基于智能算法的自动分拣系统的机器人，以提高仓储运作效率。

（2）菜鸟网络。菜鸟网络一直致力于打造一个共享数据化信息平台来整合来自商家、物流公司、消费者以及第三方的数据。通过数据的整合实现物流过程中信息的数据化和可视化，便于各方获取信息。例如，物流公司可以实时监控整个网络的物流环节，对繁忙度进行实况预警，同时还可以对包裹量进行预测；商家通过信息平台及时了解商品运输状况。菜鸟网络通过智能分仓技术，利用地网在全国布局仓储物流园，再利用天网平台对需求情况进行预测，提醒商家在指定的仓库提前备货，以确保客户下单后货物能迅速到达客户手中。菜鸟网络充分发挥了自身信息技术的优势，为物流企业及商家提供了更加智能化的服务，使得物流和信息紧密地结合起来，提高了物流效率。

（3）苏宁云仓。苏宁云仓是苏宁打造的智慧物流基地，它可以根据不同种类的订单作业需要，智能化运用相应的仓储解决方案，实现自动化存储和补货。例如，苏宁引进的胜斐迩旋转系统不需人工操作，可以根据订单实现全自动拣货，提高分拣效率。此外，苏宁云仓还配备有智能化仓储系统和 Miniload 高密度存储系统等智能化系统。

二　中国物流业与信息业发展水平评价及其互动关系分析

（一）评价指标体系与评价方法

1. 物流业发展水平评价指标体系

关于区域物流业发展水平评价的研究较多，如金凤花等（2010）从场论角度，提出从基础设施、产业规模、地区经济发展水平、物流需求状况和信息化水平 5 个维度来衡量物流业发展水平。张鹏（2010）选用工业总产值、社会消费零售总额、货运量和固定资产投资来反映物流需求情况，用陆运和水运里程、从业人员数反映区域物流供给能力。刘南和李燕（2007）选用货运周转量作为物流需求的衡量指标，选用物流交通基础设施作为供给能力指标。本章借鉴已有研究，除了将物流业增加值作为关键产出指标外，还考虑了供给和需求两方面。供给方面，选取运输网络密度、从业人数、固定资产投资作为衡量指标；需求方面，选取地区人均 GDP、社会零售资产总额、货运量和货物周转量作为衡量指标。如前文所述，本节依然选用交通运输、仓储和邮政业作为物流业的代表行业。为消除价格因素，利用全国交通运输、仓储和邮政业增加值的缩减指数，将产出换算为以 2002 年为基期的不变价。

2. 信息业发展水平评价指标体系

关于信息业发展水平的评价，我们参考《中国信息化发展指数统计监测年度报告》以及《国家信息化指标构成方案》中信息化指标的构成，并考虑数据的可得性，采用人均 GDP、人均电信业产值、电话普及率、长途光缆覆盖率、局用交换机容量、信息业从业人数占总劳动人数比重和信息业固定资产投资作为信息业发展水平的评价指标。

物流业与信息业发展水平评价指标汇总如表 7-1 所示。各指标数据均来源于 2003～2016 年各地统计年鉴和中经网数据库。

表 7-1 物流业与信息业发展水平的评价指标

产业	一级指标	二级指标
物流业	产出指标	物流业增加值
	供给指标	运输网络密度
		物流业从业人员数
		物流业固定资产投资
	需求指标	人均 GDP
		社会零售资产总额
		货运量
		货物周转量
信息业	信息化指标	人均 GDP
		人均电信业产值
		电话普及率
		长途光缆覆盖率
		局用交换机容量
		信息业从业人数占总劳动人数比重
		信息业固定资产投资

3. 评价方法

目前，大多数研究采用模糊综合评价法、层次分析法等方法来分析物流业与信息业发展水平，但这些方法在权重确定上具有一定的主观性，影响了评价结果的准确性。而主成分分析法可以避免这种主观性。本节采用主成分分析法来测算 2002～2015 年中国大陆 30 个地区（西藏因缺失较多数据，未列入样本）的物流业与信息业发展水平，其分析步骤参照第五章第三节第一小节第二部分。

（二）物流业与信息业发展水平的评价结果与分析

1. 物流业发展水平评价结果与分析

2002～2015 年 30 个地区物流业发展水平的测算结果如表 7 - 2 所示。

图 7 - 1 描述了 2002～2015 年我国物流业平均发展水平。可以看出，尽管 2011 年后我国物流业发展水平出现下降，但考察期内总体上呈缓慢上升趋势，这表明我国物流业正稳步发展。物流业发展水平的地区差异性突出，如图 7 - 2 所示。观测期内，北京、上海、江苏、浙江、山东、广东的物流业平均发展水平都在 1 以上，远高于贵州、甘肃、青海、宁夏和新疆等西部地区，这意味着地区经济发展水平对物流业发展水平具有重要的支撑作用。

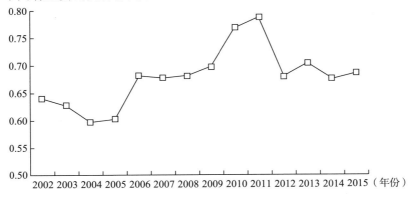

图 7 - 1　2002～2015 年中国物流业的平均发展水平

资料来源：根据测算结果整理而得。

表 7-2 2002～2015 年中国大陆 30 个地区物流业发展水平

地区	2002 年	2003 年	2004 年	2005 年	2006 年	2007 年	2008 年	2009 年	2010 年	2011 年	2012 年	2013 年	2014 年	2015 年
北京	0.9745	1.0451	1.0392	1.0321	1.1589	1.1428	1.1559	1.1162	1.0126	0.9774	1.0467	0.9779	0.9583	0.9610
天津	0.9972	0.9452	0.9859	0.9913	0.9301	0.9795	0.7585	0.9701	0.7859	0.7804	0.8609	0.7762	0.7686	0.7509
河北	0.8230	0.8068	0.7762	0.8022	0.9214	0.9208	0.8618	0.9130	1.1011	1.1382	0.9012	0.9802	0.8770	0.8609
山西	0.6063	0.5859	0.5654	0.5730	0.6159	0.6198	0.5634	0.5804	0.6699	0.6677	0.5342	0.4921	0.4755	0.4753
内蒙古	0.3735	0.3643	0.3612	0.3982	0.4671	0.5207	0.5513	0.6070	0.6924	0.7250	0.5931	0.5705	0.5236	0.5090
辽宁	0.8441	0.8598	0.8062	0.7741	0.9578	0.9509	1.0030	0.9497	1.0780	1.0798	0.9643	1.0396	0.9572	0.9068
吉林	0.3099	0.3188	0.3035	0.3085	0.3178	0.3395	0.3547	0.3673	0.4002	0.3902	0.3713	0.3727	0.3555	0.3484
黑龙江	0.5609	0.5295	0.4416	0.4517	0.4981	0.5061	0.4746	0.4822	0.5486	0.5079	0.3860	0.3869	0.3532	0.3502
上海	1.6522	1.7084	1.6206	1.6542	1.7074	1.7589	1.6880	1.6065	1.3978	1.3605	1.4062	1.4372	1.4133	1.4559
江苏	1.3239	1.2945	1.2597	1.2738	1.3768	1.3524	1.3469	1.3563	1.5552	1.6246	1.3982	1.5112	1.4760	1.4729
浙江	0.9688	1.0475	1.0465	1.0886	1.2644	1.1994	1.1356	1.1394	1.2654	1.3137	1.1326	1.1658	1.1155	1.1641
安徽	0.5865	0.5484	0.5073	0.4975	0.5932	0.5792	0.6917	0.7056	0.8024	0.8518	0.7572	0.8858	0.8335	0.8121
福建	0.6060	0.5770	0.5373	0.5307	0.6207	0.6589	0.6569	0.6751	0.7656	0.7951	0.6742	0.7250	0.6993	0.7538
江西	0.4473	0.4093	0.3738	0.3783	0.4519	0.4288	0.4544	0.4365	0.5076	0.5184	0.4510	0.4588	0.4288	0.4387
山东	1.2164	1.1696	1.1279	1.1384	1.3631	1.3531	1.4954	1.5366	1.7721	1.8159	1.4520	1.4299	1.3346	1.3815
河南	0.8273	0.7627	0.7129	0.7215	0.9374	0.8537	0.8778	0.9005	1.0616	1.1229	0.9304	0.9187	0.8592	0.8862
湖北	0.6544	0.6449	0.6034	0.5975	0.7324	0.7085	0.7293	0.7418	0.8580	0.9073	0.7607	0.7957	0.7807	0.8328
湖南	0.6700	0.5770	0.5130	0.4900	0.5719	0.5850	0.6273	0.6898	0.8675	0.8871	0.6850	0.6952	0.6793	0.7057

续表

地区	2002 年	2003 年	2004 年	2005 年	2006 年	2007 年	2008 年	2009 年	2010 年	2011 年	2012 年	2013 年	2014 年	2015 年
广东	1.6171	1.5751	1.5220	1.4630	1.6500	1.6050	1.5858	1.6210	1.9025	1.9332	1.5856	1.7429	1.7269	1.7818
广西	0.3784	0.3685	0.3400	0.3588	0.3858	0.3898	0.4313	0.4399	0.5506	0.5842	0.4613	0.4502	0.4169	0.4372
海南	0.2491	0.2284	0.2009	0.2067	0.1803	0.1794	0.1733	0.1886	0.1616	0.1583	0.1968	0.1814	0.2010	0.2039
重庆	0.3391	0.3834	0.3824	0.4018	0.5230	0.5421	0.5885	0.5920	0.6043	0.6479	0.5806	0.5872	0.5831	0.6385
四川	0.5838	0.5332	0.4924	0.4814	0.5464	0.5495	0.6156	0.6666	0.8515	0.9266	0.6461	0.7456	0.6992	0.6376
贵州	0.1951	0.1887	0.1563	0.1593	0.2174	0.2239	0.2381	0.2549	0.2969	0.3125	0.2579	0.3030	0.3193	0.3213
云南	0.4773	0.4358	0.3792	0.4002	0.4335	0.4057	0.3012	0.3148	0.4204	0.4199	0.2773	0.3484	0.3112	0.3523
陕西	0.4096	0.4034	0.3787	0.3855	0.4725	0.4747	0.5295	0.5196	0.6034	0.6401	0.5202	0.5488	0.5373	0.5523
甘肃	0.1495	0.1558	0.1590	0.1639	0.1654	0.1407	0.1163	0.1155	0.1379	0.1463	0.1203	0.1264	0.1336	0.1282
青海	0.0563	0.0502	0.0441	0.0569	0.0573	0.0665	0.0781	0.0755	0.0530	0.0548	0.0801	0.0816	0.0711	0.0801
宁夏	0.1020	0.1030	0.1051	0.1003	0.1036	0.1049	0.1338	0.1413	0.1154	0.1262	0.1551	0.1593	0.1608	0.1620
新疆	0.2250	0.2312	0.2147	0.2271	0.2337	0.2141	0.2310	0.2208	0.2464	0.2505	0.2179	0.2449	0.2347	0.2342
平均值	0.6408	0.6284	0.5985	0.6035	0.6818	0.6785	0.6816	0.6975	0.7695	0.7888	0.6801	0.7046	0.6761	0.6865

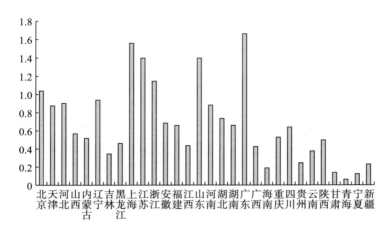

图 7 - 2　2002～2015 年中国 30 个省份物流业平均发展水平对比

资料来源：根据测算结果整理而得。

2. 信息业发展水平评价结果与分析

2002～2015 年各地区信息业发展水平的测算结果如表 7 - 3 所示。

图 7 - 3 描述了 2002～2015 年我国信息业平均发展水平。我国信息业平均发展水平值总体上在 0.53 左右，说明我国信息业发展水平还不高，不过平均发展水平在频繁波动中呈明显上升趋势。各地区信息业的

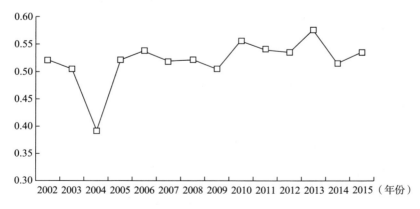

图 7 - 3　2002～2015 年中国信息业的平均发展水平

资料来源：根据测算结果整理而得。

表7-3　2002～2015年中国大陆30个地区信息业综合发展水平

地区	2002年	2003年	2004年	2005年	2006年	2007年	2008年	2009年	2010年	2011年	2012年	2013年	2014年	2015年
北京	0.6180	0.6276	1.1925	0.5822	0.6015	0.6782	0.6276	0.6325	0.6635	0.6157	0.6185	0.8258	0.7304	0.8502
天津	0.5167	0.5281	0.5090	0.5055	0.5165	0.5565	0.5750	0.5560	0.5531	0.5846	0.5648	0.5136	0.5228	0.5233
河北	0.6004	0.5939	0.4523	0.6200	0.6514	0.5857	0.6396	0.5131	0.5905	0.6131	0.6281	0.6556	0.5524	0.5602
山西	0.3680	0.3347	0.2493	0.3774	0.3886	0.3768	0.3924	0.3744	0.3804	0.3471	0.3511	0.4060	0.3044	0.3057
内蒙古	0.3651	0.3376	0.1969	0.3812	0.4025	0.4046	0.4008	0.3873	0.5139	0.5415	0.5307	0.5776	0.6214	0.4507
辽宁	0.6125	0.6035	0.4985	0.5556	0.6414	0.5705	0.6356	0.6210	0.6987	0.6585	0.6600	0.6992	0.6263	0.6503
吉林	0.3165	0.3018	0.2424	0.3442	0.3425	0.3211	0.3104	0.3002	0.3390	0.3158	0.3392	0.3610	0.3390	0.3517
黑龙江	0.6391	0.5873	0.3691	0.6119	0.6192	0.5993	0.5984	0.5246	0.4997	0.5049	0.5128	0.5768	0.6886	0.4673
上海	0.6349	0.6249	0.9026	0.6026	0.6841	0.6087	0.6708	0.6493	0.6656	0.6129	0.6025	0.6740	0.6345	0.6964
江苏	0.9312	0.9537	0.7432	1.0218	1.0783	1.0172	1.0732	1.0627	1.2006	1.2540	1.2790	1.4088	1.2695	1.3590
浙江	0.8780	0.8889	0.7972	0.8865	0.9216	0.9543	0.9129	0.8823	0.9630	0.9501	0.8454	1.0128	0.8670	0.8694
安徽	0.4786	0.4288	0.2051	0.4496	0.4606	0.4264	0.3946	0.4187	0.4759	0.4497	0.4279	0.4505	0.4195	0.4648
福建	0.6005	0.5685	0.4773	0.5876	0.5505	0.5458	0.5942	0.5878	0.6326	0.6026	0.5881	0.6268	0.5129	0.5929
江西	0.3571	0.3336	0.2134	0.3747	0.3624	0.3562	0.3029	0.3028	0.3579	0.3162	0.3067	0.2998	0.2743	0.3269
山东	0.9807	0.9237	0.6429	0.8857	0.9254	0.8647	0.8913	0.8842	0.8882	0.9028	1.0420	1.0031	0.8655	0.9557
河南	0.6779	0.6215	0.3636	0.6977	0.6959	0.6574	0.6489	0.6347	0.6740	0.5967	0.6129	0.6605	0.5616	0.6193
湖北	0.4943	0.4846	0.3128	0.4940	0.5417	0.4907	0.4894	0.4784	0.5446	0.5530	0.5360	0.5575	0.4617	0.5149
湖南	0.5301	0.5012	0.2518	0.5294	0.5484	0.5304	0.5439	0.5300	0.6330	0.5724	0.5283	0.5536	0.4986	0.5722

地区	2002 年	2003 年	2004 年	2005 年	2006 年	2007 年	2008 年	2009 年	2010 年	2011 年	2012 年	2013 年	2014 年	2015 年
广东	1.7255	1.7636	1.3727	1.7498	1.7454	1.6961	1.6639	1.6269	1.7108	1.6754	1.6721	1.7233	1.4993	1.6359
广西	0.4463	0.4346	0.2040	0.4654	0.4590	0.4138	0.3999	0.4289	0.4786	0.4782	0.4403	0.5243	0.4272	0.4714
海南	0.0423	0.0362	0.1292	0.0552	0.0649	0.0650	0.0638	0.0641	0.0690	0.0873	0.0721	0.0891	0.0721	0.0849
重庆	0.2850	0.2644	0.2613	0.2604	0.2739	0.2724	0.2760	0.2677	0.3190	0.2699	0.2863	0.3203	0.2357	0.2525
四川	0.6277	0.6061	0.3154	0.6917	0.6908	0.6961	0.7243	0.7745	0.7554	0.7297	0.6909	0.7349	0.6244	0.6809
贵州	0.2614	0.2545	0.0502	0.2711	0.2833	0.2738	0.2773	0.2624	0.3072	0.2885	0.2782	0.2857	0.2381	0.2603
云南	0.4450	0.3467	0.1506	0.3844	0.3994	0.3914	0.3770	0.3400	0.3927	0.4045	0.3822	0.4059	0.3560	0.3684
陕西	0.3847	0.4014	0.2141	0.4678	0.4822	0.4363	0.3992	0.3873	0.4675	0.4445	0.4413	0.4866	0.4478	0.4387
甘肃	0.2684	0.2474	0.0967	0.2580	0.2506	0.2337	0.2214	0.2101	0.2635	0.2546	0.2450	0.2507	0.2098	0.1930
青海	0.0846	0.0831	0.0642	0.1022	0.1117	0.1055	0.1198	0.0948	0.1538	0.1309	0.1457	0.1541	0.1659	0.1623
宁夏	0.0652	0.0661	0.1094	0.0685	0.0564	0.0651	0.0723	0.0749	0.0882	0.0873	0.0689	0.0870	0.1008	0.0809
新疆	0.4104	0.4046	0.1807	0.3725	0.3698	0.3495	0.3542	0.3049	0.3777	0.3713	0.3423	0.3562	0.3236	0.2965
平均值	0.5215	0.5051	0.3923	0.5218	0.5373	0.5181	0.5217	0.5059	0.5553	0.5405	0.5347	0.5760	0.5150	0.5352

发展水平存在较大差异，如图 7 - 4 所示。经济发达地区信息业发展水平较高，如广东、上海、江苏、山东、浙江、北京的发展水平值在 0.7 以上，而经济欠发达的地区如宁夏、甘肃、青海、新疆、海南的发展水平值在 0.4 以下，同样也表明地区经济基础对信息业的发展具有重要支撑作用。

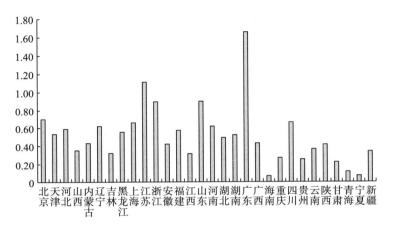

图 7 - 4　2002～2015 年中国 30 个省份信息业平均发展水平的对比

资料来源：根据测算结果整理而得。

（三）物流业与信息业的互动关系

我们采用 PVAR 模型对我国物流业与信息业之间的动态关系进行研究。PVAR 模型的思想已在第六章详细阐述。本章构建的 PVAR 模型如下：

$$y_{i,t} = \alpha_{0t} + \sum_{p=1}^{m} \alpha_{pt} y_{i,t-p} + \sum_{p=1}^{m} \delta_{pt} x_{i,t-p} + \Psi_t f_i + \varepsilon_{i,t} \qquad (7-1)$$

其中，i 表示地区，t 表示年份，p 表示滞后期数，f_i 为无法观测到的地区固定效应；α_{0t}、α_{pt}、δ_{pt}、Ψ_t 分别为常数项、$y_{i,t}$ 的滞后项、$x_{i,t}$ 的滞后项以及地区固定效应 f_i 的待估参数；$\varepsilon_{i,t}$ 为随机扰动项。$y_{i,t}$ 为物流

业发展水平变量（*Logit*）和信息业发展水平变量（*Infor*）。

1. 变量的平稳性检验

为了避免因变量的非平稳性带来的虚假回归问题，在估计模型前采用 LLC、IPS、Fisher-ADF 和 Fisher-PP 检验方法对 *Logit* 和 *lnfor* 两个变量进行面板单位根检验，检验结果如表 7 - 4 所示。结果显示，*Logit* 和 *lnfor* 均在 1% 的显著性水平上拒绝原假设，即物流业发展水平变量（*Logit*）和信息业发展水平变量（*Infor*）均为平稳序列。

表 7 - 4　面板单位根检验结果

检验变量	检验方法			
	LLC	IPS	Fisher-ADF	Fisher-PP
Logit	− 4. 2692 ***	− 3. 8861 ***	90. 6188 ***	90. 6188 ***
Infor	− 7. 5624 ***	− 7. 5284 ***	274. 4713 ***	274. 4713 ***

注：*** 表示在 1% 的水平上显著。

2. PVAR 模型的建立

接着采用最终预报误差（FPE）、赤池信息准则（AIC）、施瓦茨信息准则（SIC）和汉南 - 奎因准则（QIC）来确定 PVAR 模型的滞后阶数，检验结果见表 7 - 5。可知，2 阶 PVAR 模型具有最小的 MBIC、MAIC 和 MQIC，因此将 PVAR 模型的滞后阶数确定为 2。

表 7 - 5　PVAR 滞后阶数选择

滞后阶数	FPE	MBIC	MAIC	MQIC
1	0. 009084	-1.72×10^{-31}	-1.72×10^{-31}	-1.72×10^{-31}
2	0. 593204	-1.91×10^{-31} *	-1.91×10^{-31} *	-1.91×10^{-31} *
3	0. 723192	-1.29×10^{-31}	-1.29×10^{-31}	-1.29×10^{-31}
4	0. 704973	-1.33×10^{-31}	-1.33×10^{-31}	-1.33×10^{-31}

注：* 表示选择的 PVAR 模型滞后阶数。

滞后 2 阶的 PVAR 模型估计结果如表 7 - 6 所示。估计结果表明，滞后 2 期的信息业发展水平对地区物流业发展水平具有显著的正向影响，信息业发展水平每提高1%，物流业发展水平提高0.1279%。滞后2期的物流业发展水平对地区信息业发展水平也具有显著的正向影响，物流业发展水平每提高1%，信息业发展水平提高0.1066%。这表明，地区物流业与信息业之间具有显著的相互促进作用，而且信息业对物流业的促进作用要强于物流业对信息业的促进作用。

表 7 – 6　PVAR 模型的估计结果

被解释变量	Logit			Infor		
	系数估计	标准误差	P 值	系数估计	标准误差	P 值
$Logit_{t-1}$	– 0. 0778	0. 0731	0. 287	– 0. 0286	0. 0544	0. 599
$Infor_{t-1}$	0. 0539	0. 0439	0. 219	– 0. 6283 ***	0. 0798	0. 000
$Logit_{t-2}$	– 0. 0802	0. 0919	0. 383	0. 1066 *	0. 0579	0. 066
$Infor_{t-2}$	0. 1279 ***	0. 0477	0. 007	– 0. 3707 ***	0. 0707	0. 000

注：* 表示在10%的水平上显著，*** 表示在1%的水平上显著。

图 7 – 5 报告了模型的稳定性检验结果。可以看到，所有特征值都位于单位圆之内，说明构建的滞后 2 阶 PVAR 模型是稳定的。

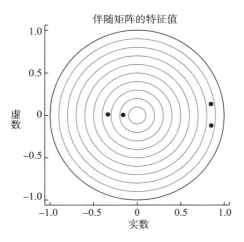

图 7 – 5　PVAR 模型稳定性的判别

3. Granger 因果关系检验

在对 PVAR 模型进行估计之后，接下来进行 Granger 因果关系检验，检验结果见表 7 - 7。结果表明，信息业是物流业的 Granger 原因，而物流业不是信息业的 Granger 原因。

表 7 - 7　物流业与信息业的 Granger 因果关系检验结果

原假设	Chi² 统计量	自由度	P 值
信息业不是物流业的 Granger 原因	7.612 **	2	0.022
物流业不是信息业的 Granger 原因	4.031	2	0.133

注：** 表示在 5% 的水平上显著。

4. 脉冲响应和方差分解

（1）脉冲响应。图 7 - 6 和图 7 - 7 分别刻画了物流业发展水平对自身以及信息业发展水平冲击的脉冲响应函数。横轴表示滞后期数，滞后区间设定为 15 期，纵轴表示响应程度。可以看出，当在本期受自身一个标准差冲击后，物流业当期具有较强的响应，且在当期达到最大值 0.08，之后这种响应迅速减弱，之后有小幅上升并最终稳定于零。当在本期受到信息业一个标准差冲击后，物流业立即响应而且正向效应上升显著，在滞后第 1 期达到最大值 0.012，之后冲击减弱，最终在第 4 期后稳定为零。这说明信息业对物流业发展具有显著的促进作用，而且这种促进作用在冲击早期最明显。

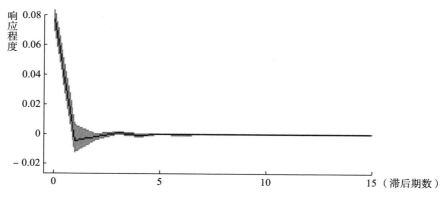

图 7 - 6　物流业对自身冲击的脉冲响应

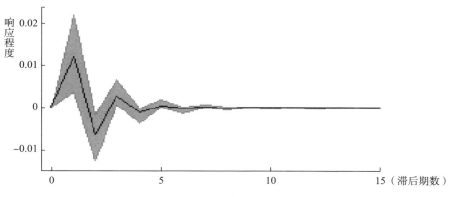

图 7 - 7　物流业对制造业冲击的脉冲响应

图 7 - 8 和图 7 - 9 分别刻画了信息业发展水平受自身以及物流业发展水平冲击的脉冲响应函数。可以看出，当在本期受自身一个标准差冲击后，信息业当期具有较强的正向响应，随后冲击减弱且在滞后第 1 期达到最小值 - 0.045，随后有小幅上涨并在第 2 期达到最大值 0.025，第 3 期以后稳定为零。当在本期受到物流业一个标准差冲击后，信息业对物流业有一定的正响应，但影响迅速下降，且在滞后第 1 期达到最小值 - 0.015。在第 1 期后受到的冲击响应上涨，在第 2 期达到最大值 0.009，随后冲击减弱，在第 5 期以后稳定为零。可见，信息业对物流业冲击未产生具有上升趋势的正向响应。

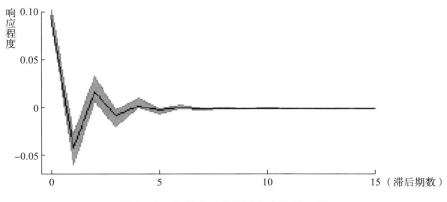

图 7 - 8　信息业对自身冲击的脉冲响应

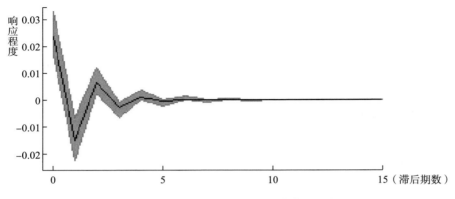

图 7 - 9　信息业受物流业冲击的脉冲响应

（2）方差分解。我们对 PVAR（2）模型进行方差分解，结果如表 7 - 8 所示。可以看到，对物流业发展水平进行向前 1 年的预测，其预测方差几乎完全来自自身，对物流业发展水平进行向前 15 年的预测，发现物流业发展水平受自身的影响逐渐减弱，第 15 期为 44.476%。信息业对物流业预测误差的影响，从第 1 期的 8.586% 逐渐增长至第 15 期的 55.715%。对信息业发展水平进行向前 1 年的预测，其预测方差完全来自自身，对信息业发展水平进行向前 15 年的预测，信息业发展水平受自身的影响逐渐减弱，不过自身的作用仍占绝对主导地位，第 15 期时仍有 97.035%。而物流业对信息业预测方差的解释力度很小，尽管从第 1 期开始上升，但第 15 期也仅为 2.874%。这说明信息业对物流业的影响要远高于物流业对信息业的影响，这可能是信息业的产业特征所致。

表 7 - 8　方差分解结果

时期	Logit 的预测方差分解		Infor 的预测方差分解	
	Logit	Infor	Infor	Logit
1	91.414	8.586	100	0
2	86.603	13.397	98.964	1.035
3	78.069	21.931	99.143	0.857

时期	Logit 的预测方差分解		Infor 的预测方差分解	
	Logit	Infor	Infor	Logit
4	70.687	29.312	99.228	0.772
5	64.151	35.848	99.112	0.888
6	58.869	41.130	98.918	1.082
7	54.705	45.294	98.646	1.353
8	51.522	48.478	98.350	1.649
9	49.144	50.856	98.054	1.945
10	49.414	50.986	97.783	1.916
11	44.142	53.808	97.550	2.449
12	46.191	54.642	97.360	2.639
13	45.357	55.186	97.213	2.786
14	44.413	55.523	97.105	2.894
15	44.476	55.715	97.035	2.874

三　中国物流业与信息业的融合水平

（一）产业融合水平的测算方法

产业融合水平的测度是一个难点，目前多数研究从技术融合角度，利用产业间技术融合水平来近似代替产业融合水平，常见的产业融合水平测算方法有以下几种。

（1）赫芬达尔指数法。赫芬达尔指数是一种衡量产业集中度的指标，Gambardella 和 Torrisi（1998）采用赫芬达尔指数法研究了电子信息产业的产业融合水平。其表达式为：$HI = \sum_{i=1}^{m} \left(\frac{X_i}{X} \right)^2$。其中，$X$ 表示整个产业的技术专利个数，X_i 表示第 i 个行业的技术专利个数，m 表示该产业内的企业数。HI 值越小，代表技术融合水平越高；HI 值越高，代表技术融合水平越低。

（2）专利系数法。这种方法利用产业专利的相关系数来表示产业间融合水平，比如 Fai 和 von Tunzelmann（2001）利用该方法计算了美国电子、交通运输、化学和机械行业的技术融合度。

（3）投入产出法。李美云（2006）提出利用投入产出法刻画产业融合度。徐盈之和孙剑（2009）利用投入产出法测算了信息业和制造业的融合度，用制造业各行业信息技术产出占总产出的比值来表示信息业与制造业各行业的融合度。比值越大，表示两业融合程度越大。

赫芬达尔指数法和专利系数法存在一定的片面性，同时数据的获取也有一定难度。而关于投入产出法，一方面投入产出表编制年份不连续，同时各地区投入产出数据不易获取。鉴于此，我们选择非参数随机前沿法，结合协调发展系数法测算中国 30 个省份 2002～2015 年物流业与信息业的产业融合水平。

（二）物流业与信息业产业融合水平测算

1. 协调发展系数

王维国（1995）利用协调发展系数法，即各子系统的实际值与其协调值的接近程度来衡量国民经济系统的协调发展程度。这种方法通过评估各个子系统的发展水平，计算各子系统间的协调发展系数以衡量大系统的协调发展程度，计算公式如下：

$$w(i,j) = \frac{\min\left[w\left(\frac{i}{j}\right), w\left(\frac{j}{i}\right)\right]}{\max\left[w\left(\frac{i}{j}\right), w\left(\frac{j}{i}\right)\right]} \qquad (7-2)$$

其中，$w(i/j)$ 和 $w(j/i)$ 分别表示系统 i 对系统 j 和系统 j 对系统 i 的协调系数，$w(i,j)$ 代表系统 i 与系统 j 之间的协调发展程度。

谢康等（2012）利用非参数随机前沿法，结合上述协调发展系数测算了工业化与信息化融合水平，其核心思想是利用工业化和信息化融合的实际水平和理想水平之间的距离来测算两化融合水平。我们借鉴谢康等（2012）的方法，采用非参数随机前沿法建立物流业与信息业融合的协调发展模型，并针对物流业与信息业的融合提出两条路径：一是面向物流业的融合路径；二是面向信息业的融合路径。在面向物流业的融合路径中，信息业的要素投入直接影响物流业所能达到的过程状态；在面向信息业的融合路径中，物流业的要素投入直接影响信息业所能达到的过程状态。无论是面向物流业的融合路径还是面向信息业的融合路径，由于摩擦成本的存在，现实和理想状态之间都存在一定差距。

2. 基于非参数随机前沿法的产业融合模型

随机前沿法（SFA）是研究技术效率的常用方法之一。技术效率是Farrell 在 1957 年提出来的，它是指在既定要素投入和技术水平下，生产单元实际产出与生产前沿上最大产出之间的比率。基于该思想，分析在面向物流业的融合路径中，物流业应达到的理想发展水平；以及在面向信息业融合路径中，信息业应达到的理想发展水平。

我们借鉴 Henderson 和 Simar（2005）的研究，建立关于物流业与信息业融合的非参数随机前沿模型，并将个体效应与时间效应以非参数形式纳入模型中：

$$y_{it} = f(x_{it}, i, t) + \varepsilon_{it}, i = 1, 2, \cdots, n; t = 1, 2, \cdots, T \qquad (7-3)$$

利用 Henderson 和 Simar（2005）的思想对模型（7-3）进行局部线性估计。首先对 $f(x_{it}, i, t)$ 在 x 处进行 1 阶 Taylor 展开，$\beta(x, i, t)$ 被定义为 $f(x_{it}, i, t)$ 关于 x 的 1 阶偏导数，由此有：

$$y_{it} = f(x_{it}, i, t) + (x_{it} - x)\beta(x, i, t) + \varepsilon_{it} \qquad (7-4)$$

由于模型中涉及个体变量 i 和时间变量 t 的非参数性，还需要对它们进行光滑处理，借鉴 Li 和 Racine（2004）使用的乘积核函数进行处理：

$$K_{ijts}(h_c, h_u, h_o) = \{\prod_{r=1}^{q} k[(x_{r,js} - x_r)/h_{cr}]\} l_{u,ij} l_{o,ts} \qquad (7-5)$$

其中，$k(\cdot)$ 为核函数；$l_{u,ij}$ 为个体变量，$l_{o,ts}$ 为时间变量，它们的核函数分别为：

$$l_{u,ij} = \begin{cases} 1, j = i \\ h_u, j \neq i \end{cases} \qquad l_{o,ts} = \begin{cases} 1, s = i \\ (h_u)^{|s-t|}, s \neq i \end{cases} \tag{7-6}$$

其中，h_c，h_u，h_o 分别为解释变量、个体变量和时间变量的光滑化窗宽。

$\delta(x, i, t) \equiv [f(x, i, t), \beta(x, i, t)']'$ 的非参估计为：

$$\hat{\delta}(x, i, t) = [\hat{f}(x, i, t), \hat{\beta}(x, i, t)']'$$

$$= \left[\sum_{j=1}^{n} \sum_{s=1}^{T} K_{(h_c, h_u, h_o)} \begin{pmatrix} 1 & x_{js} - x \\ x_{js} - x & (x_{js} - x)(x_{js} - x)' \end{pmatrix} \right]^{-1}$$

$$\times \left[\sum_{j=1}^{n} \sum_{s=1}^{T} K_{(h_c, h_u, h_o)} \begin{pmatrix} 1 \\ x_{js} - x \end{pmatrix} y_{js} \right] \tag{7-7}$$

对于式（7-3），选用 4 阶高斯核函数 $K(u) = (1.5 - 0.5u^2) \exp(-u^2/2) \sqrt{2\pi}$。最佳窗宽 (h_c, h_u, h_o) 由最小二乘交叉纠正法（Least Square Cross Validation，LSCV）确定：

$$h_c = h_{0c} std(x)(nT)^{-1/(4+q)} \tag{7-8}$$

$$(h_{0c}, h_u, h_o) = \mathrm{argmin} CV(b_{0c}, b_u, b_o) \equiv \sum_{t=1}^{T} \sum_{i=1}^{n} [y_{it} - \hat{f}_{-i}(x_{it}, i, t)]^2 \tag{7-9}$$

其中，$\hat{f}_{-i}(x_{it}, i, t)$ 是剔除 $x = X_i$ 处各年数据后的样本，采用交叉纠正法是为了避免因没有剔除观察点数据而将有用的数据排除在外的情况。解释变量、个体变量和时间变量的窗宽分别为 $b_{0c} std(x)(nT)^{-1/(4+q)}$，$b_u$，$b_o$，窗宽均为正数。$std(x)$ 为解释变量的样本标准差向量。

基于以上非参数随机前沿模型（7-3），建立物流业与信息业融合的非参数随机前沿模型。其中，面向物流业的融合模型为：

$$INW_{it} = INW_{it}' + \varepsilon_{it} = f(INX_{it}, i, t) + \varepsilon_{it} \tag{7-10}$$

其中，INW_{it}表示地区i第t年的物流业实际发展水平，INX_{it}表示地区i第t年的信息业实际发展水平，$INW_{it}^{'} = f(INX_{it}, i, t)$表示在信息业实际发展水平下的物流业理想发展水平，$\varepsilon_{it}$为随机扰动项。

面向信息业的融合模型为：

$$INX_{it} = INX_{it}^{'} + \varepsilon_{it} = g(INW_{it}, i, t) + \varepsilon_{it} \qquad (7-11)$$

其中，INX_{it}表示地区i第t年的信息业实际发展水平，INW_{it}表示地区i第t年的物流业实际发展水平，$INX_{it}^{'} = f(INW_{it}, i, t)$表示在物流业实际发展水平下的信息业理想发展水平，$\varepsilon_{it}$为随机扰动项。

接下来，运用非参数局部线性估计法，分析非参数随机前沿模型（7-10）和（7-11），得到物流业理想发展水平和信息业理想发展水平。我们将地区i信息业实际发展水平INX_{it}所要求的物流业理想发展水平与样本中所有地区 $\{j=1, 2, \cdots, n\}$ 在同一时间t以同样的信息业实际发展水平INX_{it}所要求的最大可能物流业理想发展水平之间的差距，看作地区i信息业带动物流业发展的融合水平，较小的差距说明信息业带动物流业发展的融合程度较高。同样地，将地区i物流业实际发展水平INW_{it}所要求的信息业理想发展水平与样本中地区 $\{j=1, 2, \cdots, n\}$ 在同一时间t以同样的物流业实际发展水平INW_{it}所要求的最大可能信息业理想发展水平之间的差距，看作地区i物流业带动信息业发展的融合水平，较小的差距说明物流业促进信息业发展的融合程度较高。

将面向物流业融合路径中的两业融合系数（信息业带动物流业的融合系数）定义为：

$$IC1_{it} = \exp\left[f(INX_{it}, i, t) - \max_{j=1,\cdots,n} f(INX_{it}, j, t) \right] \qquad (7-12)$$

将面向信息业融合路径中的两业融合系数（物流业促进信息业的融合系数）定义为：

$$IC2_{it} = \exp\left[g(INW_{it}, i, t) - \max_{j=1,\cdots,n} g(INW_{it}, j, t) \right] \qquad (7-13)$$

最后，借鉴协调发展系数法［见式（7-2）］，定义物流业与信息业的融合水平：

$$IC_{it} = \frac{\min\{IC1_{it}, IC2_{it}\}}{\max\{IC1_{it}, IC2_{it}\}} \qquad (7-14)$$

式（7-14）反映了两条融合路径之间的差距，系数越接近 1 表明融合水平越高。

（三）物流业与信息业融合水平测度结果与分析

首先，运用最小二乘交叉纠正法（LSCV），得到模型（7-10）的最优窗宽（h_c，h_u，h_o）为（2.773，22.371，1.653），模型（7-11）的最优窗宽（h_c，h_u，h_o）为（32.542，34.375，1.571）。接着，采用技术效率的思想分析面向物流业和面向信息业的融合系数。

1. 面向物流业的融合系数

基于式（7-12），面向物流业的融合系数测算结果如表 7-9 所示。图 7-10 描述了 2002～2015 年我国信息业面向物流业的平均融合水平变化。可以看到，我国信息业面向物流业的平均融合系数在 0.60 和 0.80 之间波动。图 7-11 描述了 2002～2015 年我国各地区信息业面向物流业的融合水平。除天津、吉林、福建、广东、四川、云南等地外，

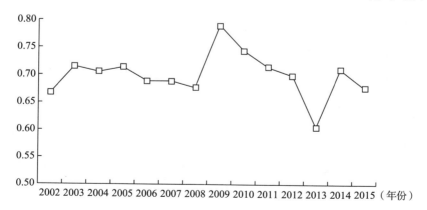

图 7-10　2002～2015 年中国面向物流业的平均融合系数

资料来源：根据测算结果整理而得。

表 7 - 9　2002～2015 年中国 30 个地区面向物流业的融合系数 IC1

地区	2002 年	2003 年	2004 年	2005 年	2006 年	2007 年	2008 年	2009 年	2010 年	2011 年	2012 年	2013 年	2014 年	2015 年
北京	0.60	0.64	0.63	0.62	0.62	0.60	0.61	0.72	0.70	0.64	0.61	0.53	0.68	0.60
天津	0.48	0.49	0.53	0.56	0.49	0.43	0.47	0.73	0.63	0.53	0.51	0.39	0.67	0.46
河北	0.66	0.70	0.71	0.71	0.68	0.68	0.66	0.79	0.73	0.68	0.68	0.60	0.68	0.67
山西	0.97	0.93	0.89	0.92	1.00	1.00	0.96	0.90	0.83	0.96	0.95	0.92	0.82	0.97
内蒙古	0.68	0.72	0.72	0.74	0.70	0.68	0.68	0.81	0.76	0.72	0.71	0.60	0.71	0.68
辽宁	0.86	0.97	0.91	0.83	0.81	0.89	0.92	1.00	1.00	0.95	0.85	0.63	0.75	0.92
吉林	0.39	0.41	0.45	0.46	0.41	0.50	0.41	0.46	0.44	0.46	0.42	0.37	0.48	0.44
黑龙江	0.85	0.99	0.92	0.90	0.93	0.95	0.86	0.92	0.90	0.91	0.89	1.00	0.76	0.87
上海	0.76	0.82	0.83	0.73	0.79	0.69	0.74	0.77	0.77	0.84	0.83	0.70	1.00	0.71
江苏	0.60	0.65	0.69	0.73	0.64	0.57	0.64	0.79	0.68	0.66	0.64	0.55	0.70	0.60
浙江	0.69	0.74	0.73	0.72	0.70	0.70	0.70	0.81	0.77	0.74	0.72	0.64	0.72	0.70
安徽	0.63	0.68	0.71	0.71	0.66	0.64	0.64	0.80	0.79	0.69	0.67	0.57	0.74	0.63
福建	0.45	0.52	0.45	0.46	0.47	0.49	0.44	0.56	0.56	0.45	0.46	0.43	0.52	0.48
江西	0.89	0.98	0.96	1.00	0.94	0.92	0.89	1.00	0.96	0.94	0.93	0.85	0.88	0.89
山东	0.65	0.69	0.69	0.69	0.68	0.68	0.64	0.78	0.68	0.69	0.67	0.59	0.71	0.66
河南	0.60	0.65	0.64	0.65	0.60	0.59	0.62	0.72	0.68	0.67	0.63	0.51	0.67	0.60
湖北	0.73	0.78	0.76	0.76	0.73	0.74	0.74	0.82	0.78	0.77	0.75	0.67	0.73	0.73
湖南	0.67	0.72	0.72	0.75	0.76	0.76	0.70	0.90	0.82	0.72	0.76	0.48	0.72	0.76

续表

地区	2002年	2003年	2004年	2005年	2006年	2007年	2008年	2009年	2010年	2011年	2012年	2013年	2014年	2015年
广东	0.48	0.51	0.50	0.50	0.55	0.57	0.47	0.58	0.54	0.51	0.51	0.39	0.54	0.51
广西	1.00	1.00	1.00	0.91	0.89	0.98	1.00	0.95	0.92	1.00	1.00	0.89	0.78	1.00
海南	0.65	0.70	0.66	0.69	0.67	0.66	0.66	0.84	0.78	0.70	0.68	0.59	0.73	0.65
重庆	0.76	0.82	0.84	0.89	0.80	0.77	0.77	0.96	0.87	0.83	0.82	0.72	0.90	0.74
四川	0.35	0.36	0.36	0.45	0.35	0.37	0.38	0.48	0.40	0.39	0.37	0.32	0.46	0.36
贵州	0.65	0.71	0.68	0.70	0.68	0.67	0.66	0.80	0.74	0.69	0.68	0.61	0.70	0.66
云南	0.49	0.55	0.52	0.57	0.50	0.51	0.50	0.60	0.56	0.56	0.55	0.43	0.60	0.50
陕西	0.76	0.79	0.77	0.77	0.78	0.79	0.78	0.85	0.83	0.80	0.77	0.68	0.75	0.77
甘肃	0.67	0.72	0.72	0.74	0.69	0.69	0.68	0.82	0.76	0.73	0.71	0.61	0.73	0.67
青海	0.66	0.71	0.70	0.72	0.68	0.68	0.67	0.81	0.75	0.71	0.69	0.60	0.71	0.67
宁夏	0.67	0.71	0.70	0.72	0.69	0.68	0.68	0.81	0.75	0.71	0.70	0.60	0.71	0.67
新疆	0.76	0.81	0.81	0.84	0.79	0.78	0.77	0.91	0.82	0.82	0.82	0.69	0.78	0.76
平均值	0.67	0.72	0.71	0.72	0.69	0.69	0.68	0.79	0.74	0.71	0.70	0.68	0.71	0.68

其余 24 个地区信息业面向物流业的平均融合系数在 0.6 以上，信息业
促进物流业的融合效果比较显著。

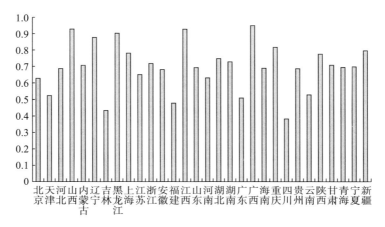

图 7 - 11　2002～2015 年中国 30 个地区面向物流业的平均融合系数

资料来源：根据测算结果整理而得。

2. 面向信息业的融合系数

基于式（7 - 13），面向信息业的融合系数测算结果如表 7 - 10 所
示。图 7 - 12 描述了 2002～2015 年我国物流业面向信息业的平均融合
水平变化。可以看到，我国物流业面向信息业的平均融合系数处于 0.5
以下，融合度较低。图 7 - 13 描述了 2002～2015 年我国各地区物流业
面向信息业的融合水平。除江苏、广东的面向信息业融合系数在 0.6 以
上，其他大部分地区面向信息业的平均融合系数在 0.4 水平上下浮动。
$IC2$ 数值越小，说明面向信息业的融合效果越差，即物流业带动信息业
的融合效果不明显。

3. 物流业与信息业的融合水平

基于式（7 - 14），物流业与信息业融合水平的测算结果如
表 7 - 11 所示。图 7 - 14 描述了 2002～2015 年我国物流业与信息业
的平均融合水平变化。可以看到，观测期内，我国物流业和信息业平
均融合水平呈现先下降再逐渐上升的趋势。特别是近五年来，我国物
流业和信息业融合水平呈现较快上升趋势。图 7 - 15 描述了 2002～2015

表 7 - 10 2002～2015 年中国 30 个地区面向信息业的融合系数 *IC2*

地区	2002 年	2003 年	2004 年	2005 年	2006 年	2007 年	2008 年	2009 年	2010 年	2011 年	2012 年	2013 年	2014 年	2015 年
北京	0.19	0.20	0.18	0.23	0.26	0.23	0.24	0.26	0.24	0.21	0.27	0.16	0.27	0.30
天津	0.39	0.39	0.40	0.41	0.42	0.43	0.45	0.47	0.48	0.50	0.46	0.35	0.50	0.51
河北	0.28	0.30	0.26	0.28	0.29	0.29	0.33	0.32	0.33	0.32	0.33	0.33	0.36	0.37
山西	0.37	0.38	0.37	0.38	0.39	0.39	0.41	0.42	0.42	0.42	0.43	0.39	0.46	0.46
内蒙古	0.50	0.37	0.38	0.43	0.47	0.47	0.56	0.59	0.57	0.55	0.64	0.57	0.67	0.53
辽宁	0.31	0.32	0.30	0.31	0.32	0.31	0.35	0.35	0.35	0.34	0.36	0.34	0.40	0.38
吉林	0.36	0.36	0.37	0.37	0.39	0.39	0.41	0.42	0.42	0.43	0.43	0.38	0.46	0.46
黑龙江	0.31	0.27	0.29	0.33	0.31	0.33	0.33	0.30	0.31	0.29	0.32	0.34	0.35	0.36
上海	0.24	0.24	0.21	0.25	0.25	0.24	0.26	0.25	0.23	0.22	0.28	0.18	0.30	0.30
江苏	1.00	1.00	1.00	1.00	1.00	1.00	1.00	1.00	1.00	1.00	1.00	0.79	1.00	1.00
浙江	0.20	0.20	0.17	0.20	0.18	0.19	0.21	0.20	0.21	0.19	0.22	0.21	0.24	0.23
安徽	0.28	0.29	0.29	0.30	0.30	0.29	0.32	0.35	0.35	0.31	0.33	0.30	0.35	0.37
福建	0.26	0.28	0.26	0.27	0.28	0.27	0.30	0.31	0.37	0.37	0.31	0.29	0.34	0.36
江西	0.38	0.39	0.40	0.40	0.41	0.41	0.44	0.45	0.44	0.44	0.44	0.40	0.48	0.48
山东	0.22	0.23	0.21	0.21	0.23	0.24	0.25	0.25	0.24	0.25	0.27	0.26	0.27	0.28
河南	0.33	0.34	0.32	0.34	0.35	0.33	0.36	0.36	0.35	0.33	0.36	0.38	0.40	0.39
湖北	0.34	0.36	0.34	0.35	0.35	0.36	0.39	0.40	0.40	0.38	0.41	0.38	0.44	0.44
湖南	0.31	0.34	0.33	0.34	0.34	0.32	0.37	0.36	0.37	0.37	0.40	0.43	0.43	0.40

续表

地区	2002 年	2003 年	2004 年	2005 年	2006 年	2007 年	2008 年	2009 年	2010 年	2011 年	2012 年	2013 年	2014 年	2015 年
广东	0.81	0.91	0.69	0.79	0.69	0.77	0.86	0.83	0.80	0.68	0.84	1.00	0.76	0.84
广西	0.34	0.36	0.34	0.36	0.37	0.37	0.40	0.43	0.41	0.40	0.40	0.38	0.44	0.45
海南	0.37	0.38	0.39	0.39	0.39	0.41	0.42	0.46	0.47	0.49	0.43	0.38	0.45	0.48
重庆	0.42	0.45	0.45	0.45	0.47	0.46	0.50	0.52	0.53	0.54	0.52	0.46	0.56	0.54
四川	0.27	0.29	0.26	0.28	0.27	0.27	0.29	0.31	0.33	0.29	0.31	0.34	0.38	0.38
贵州	0.37	0.38	0.38	0.38	0.39	0.40	0.42	0.44	0.44	0.45	0.43	0.36	0.46	0.48
云南	0.48	0.45	0.46	0.48	0.50	0.52	0.58	0.54	0.39	0.55	0.53	0.59	0.53	0.55
陕西	0.23	0.23	0.24	0.24	0.26	0.25	0.27	0.27	0.27	0.33	0.30	0.27	0.31	0.35
甘肃	0.39	0.40	0.42	0.41	0.43	0.43	0.46	0.48	0.49	0.50	0.47	0.41	0.51	0.50
青海	0.38	0.38	0.39	0.39	0.40	0.41	0.43	0.46	0.47	0.48	0.43	0.38	0.47	0.49
宁夏	0.37	0.38	0.39	0.39	0.39	0.41	0.42	0.46	0.47	0.49	0.43	0.38	0.46	0.48
新疆	0.39	0.40	0.40	0.41	0.41	0.42	0.45	0.46	0.46	0.47	0.45	0.41	0.49	0.46
平均值	0.37	0.38	0.36	0.38	0.38	0.39	0.42	0.42	0.42	0.42	0.43	0.40	0.45	0.45

表 7 - 11　2002～2015 年中国 30 个地区物流业与信息业融合水平 IC

地区	2002 年	2003 年	2004 年	2005 年	2006 年	2007 年	2008 年	2009 年	2010 年	2011 年	2012 年	2013 年	2014 年	2015 年
北京	0.324	0.321	0.283	0.368	0.424	0.377	0.400	0.353	0.347	0.332	0.447	0.293	0.406	0.495
天津	0.810	0.803	0.757	0.731	0.861	0.995	0.970	0.638	0.759	0.937	0.895	0.896	0.749	0.905
河北	0.428	0.419	0.372	0.392	0.427	0.427	0.506	0.406	0.450	0.471	0.483	0.558	0.528	0.555
山西	0.379	0.402	0.416	0.411	0.392	0.388	0.424	0.462	0.507	0.443	0.448	0.418	0.566	0.476
内蒙古	0.744	0.512	0.529	0.585	0.671	0.690	0.826	0.734	0.755	0.757	0.900	0.960	0.953	0.778
辽宁	0.354	0.326	0.326	0.375	0.397	0.349	0.374	0.346	0.345	0.354	0.427	0.538	0.528	0.413
吉林	0.904	0.882	0.816	0.816	0.959	0.774	0.992	0.921	0.963	0.941	0.989	0.979	0.946	0.950
黑龙江	0.368	0.267	0.312	0.362	0.338	0.351	0.385	0.328	0.346	0.323	0.361	0.341	0.457	0.407
上海	0.308	0.295	0.257	0.339	0.319	0.352	0.343	0.327	0.300	0.264	0.336	0.262	0.297	0.417
江苏	0.600	0.647	0.686	0.732	0.636	0.567	0.640	0.793	0.680	0.659	0.637	0.694	0.699	0.598
浙江	0.292	0.271	0.237	0.281	0.262	0.268	0.301	0.251	0.268	0.253	0.306	0.332	0.335	0.329
安徽	0.437	0.421	0.404	0.415	0.450	0.462	0.501	0.441	0.436	0.447	0.488	0.527	0.478	0.583
福建	0.585	0.546	0.579	0.595	0.597	0.551	0.670	0.549	0.655	0.820	0.669	0.677	0.653	0.746
江西	0.424	0.398	0.416	0.398	0.435	0.443	0.489	0.452	0.459	0.473	0.475	0.472	0.543	0.536
山东	0.336	0.334	0.309	0.302	0.337	0.354	0.384	0.324	0.304	0.369	0.400	0.450	0.374	0.433
河南	0.541	0.530	0.506	0.520	0.587	0.565	0.577	0.501	0.522	0.495	0.577	0.756	0.596	0.654
湖北	0.472	0.457	0.446	0.459	0.485	0.488	0.531	0.483	0.510	0.491	0.544	0.576	0.600	0.601
湖南	0.469	0.480	0.465	0.452	0.443	0.415	0.530	0.396	0.450	0.513	0.530	0.885	0.601	0.532

续表

地区	2002 年	2003 年	2004 年	2005 年	2006 年	2007 年	2008 年	2009 年	2010 年	2011 年	2012 年	2013 年	2014 年	2015 年
广东	0.597	0.557	0.718	0.629	0.793	0.735	0.545	0.704	0.677	0.748	0.606	0.389	0.709	0.611
广西	0.343	0.357	0.341	0.400	0.413	0.373	0.398	0.448	0.446	0.398	0.395	0.428	0.563	0.454
海南	0.576	0.541	0.589	0.564	0.585	0.615	0.644	0.548	0.600	0.700	0.631	0.653	0.621	0.741
重庆	0.556	0.543	0.533	0.499	0.592	0.600	0.654	0.543	0.610	0.656	0.628	0.634	0.622	0.730
四川	0.770	0.799	0.728	0.618	0.771	0.729	0.747	0.653	0.836	0.747	0.838	0.939	0.823	0.946
贵州	0.563	0.530	0.561	0.549	0.579	0.588	0.637	0.551	0.597	0.648	0.635	0.599	0.668	0.715
云南	0.973	0.810	0.881	0.839	0.991	0.980	0.872	0.897	0.695	0.989	0.954	0.722	0.885	0.906
陕西	0.307	0.296	0.305	0.315	0.325	0.314	0.348	0.315	0.323	0.420	0.385	0.403	0.407	0.456
甘肃	0.589	0.562	0.574	0.556	0.613	0.628	0.669	0.583	0.645	0.680	0.659	0.667	0.695	0.739
青海	0.568	0.539	0.561	0.549	0.582	0.609	0.633	0.569	0.626	0.685	0.627	0.627	0.651	0.726
宁夏	0.558	0.532	0.553	0.541	0.572	0.600	0.627	0.567	0.626	0.687	0.616	0.634	0.646	0.719
新疆	0.515	0.488	0.499	0.487	0.523	0.536	0.584	0.503	0.565	0.566	0.557	0.598	0.625	0.607
平均值	0.523	0.496	0.499	0.503	0.545	0.537	0.573	0.520	0.543	0.575	0.581	0.597	0.608	0.625

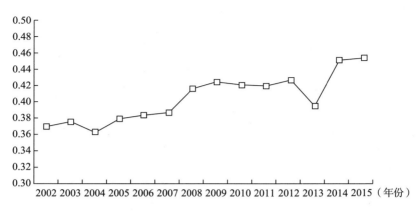

图 7 - 12　2002 ~ 2015 年中国面向信息业的平均融合系数

资料来源：根据测算结果整理而得。

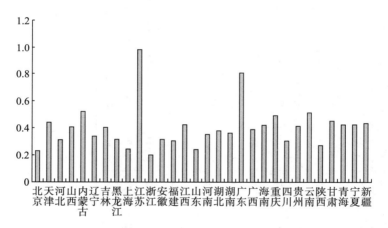

图 7 - 13　2002 ~ 2015 年中国 30 个地区面向信息业的平均融合系数

资料来源：根据测算结果整理而得。

年我国各地区物流业与信息业的平均融合水平。我们发现，各地区两业融合水平差异较大，而且经济发展较好的地区如北京、山东、浙江等地区并不具有较高的融合水平，而吉林、内蒙古、四川等地区的两业融合情况较好，可能的原因是物流业与信息业的融合水平与两业发展水平高低以及两业发展的协调性均有关，意味着产业发展水平失衡会导致两业融合水平偏低。图 7 - 16 描绘了 2002 ~ 2015 年我国物流业与信息业融合系统中，$IC1$、$IC2$、IC 三个系数平均水平的变化。可以看到，面向物

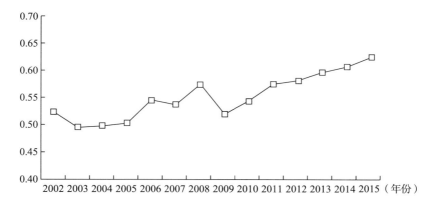

图 7 - 14　2002～2015 年中国物流业与信息业的平均融合水平

资料来源：根据测算结果整理而得。

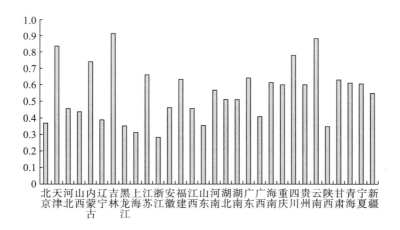

**图 7 - 15　2002～2015 年中国 30 个地区物流业与
信息业的平均融合水平**

资料来源：根据测算结果整理而得。

流业的融合水平要高于物流业与信息业融合水平以及面向信息业的融合
水平。这说明，在我国物流业与信息业融合系统中，以信息业促进物流
业融合为主，物流业对信息业发展的拉动作用不明显。

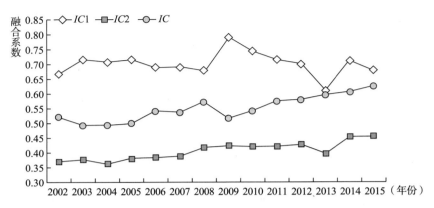

图 7 – 16　2002～2015 年中国物流业与信息业融合发展趋势

资料来源：根据测算结果整理而得。

四　中国物流业全要素生产率的测度与分析

（一）全要素生产率的分析方法

目前，全要素生产率的计算方法主要有增长核算法、非参数法和参数法。关于增长核算法，美国经济学家罗伯特·索洛（Robert M. Solow）于 1957 年提出利用索洛余值来度量全要素生产率，他将经济增长扣除劳动和资本投入两个生产要素所导致的经济增长后的部分归为技术进步的结果，这部分被称为索洛余值。关于非参数法，Charnes 等（1978）提出数据包络分析法（Data Envelopment Analysis，DEA）。DEA 主要使用数学规划模型评价具有多个输入和多个输出的决策单位间的相对有效性。目前应用最广泛的是 DEA-Malmquist 指数法。该指数由瑞典统计学家 Sten Malmquist 在 1953 年分析不同时期消费变化中提出，Caves 等（1982）首次使用 Malmquist 指数来测度全要素生产率。随后，Fare 等（1994）将 Malmquist 指数和 DEA 相结合。关于参数法，1977 年，Aigner、Lovell 和 Schmidt 以及 Meeusen 和 van den Broeck 提出随机前沿生产函数。随机前沿生产函数的一个优点是，能很好地处理技术无效率项和随机扰动项，但是该方法对函数形式的设定要求较高。

关于物流业全要素生产率，目前较常用的测度方法为数据包络分析法（DEA）和随机前沿分析法（SFA）。余思勤等（2004）利用 DEA-Malmquist 分析了我国交通运输业全要素生产率的变动及其影响因素。林坦和王玲（2008）运用 SFA 方法对我国物流生产效率进行了测算，结果发现我国各省份之间的物流效率差异随着时间推移逐步缩小。田刚和李南（2009）运用超越对数随机前沿分析法分析了我国 29 个省份物流业全要素生产率，发现各地区存在资源浪费现象，而且存在突出的地区差异性。余泳泽和武鹏（2010）利用随机前沿模型对我国区域物流的整体技术效率和全要素生产率进行了评价，发现我国物流产业整体效率并不高，但呈稳步上升趋势。王健和梁红艳（2013）运用 DEA-Malmquist 指数方法测算了我国 30 个省份 1996～2010 年物流业的全要素生产率，研究发现技术进步是 TFP 增长的主要源泉，技术效率相反起到了阻碍作用。张毅和牛冲槐（2013）将共同前沿方法与 Malmquist 指数方法相结合，对 1995～2009 年东部十省市物流业的生产率指数进行了测度，研究发现环渤海大多数地区物流业的技术效率更接近共同技术前沿。

本节采用产出导向的 DEA-Malmquist 指数法计算各地区物流业全要素生产率。非参数 DEA-Malmquist 指数法有以下几点优势：（1）不需要设定生产函数的具体形式，投入产出的变量权重主要由数学模型决定，不受主观因素影响；（2）能处理多输入、多输出的生产过程；（3）可以将 Malmquist 指数分解为技术效率变化与技术进步变动。

根据 Fare 等（1994）的定义，全要素生产率指数可以用 Malmquist 指数表示：

$$M_0^t(x_{t+1}, y_{t+1}, x_t, y_t) = d_0^t(x_{t+1}, y_{t+1}) / d_0^t(x_t, y_t) \qquad (7-15)$$

这个指数测度了在时期 t 的技术条件下，从时期 t 到时期 $t+1$ 的技术效率变化。

时期 $t+1$ 技术条件下的 Malmquist 指数：

$$M_0^{t+1}(x_{t+1},y_{t+1},x_t,y_t) = d_0^{t+1}(x_{t+1},y_{t+1})/d_0^{t+1}(x_t,y_t) \qquad (7-16)$$

利用式（7-15）和式（7-16）中两个 Malmquist 指数的几何平均值来衡量生产率变化，从而避免了时期选择的随意性导致的差异。

$$M_0^{t,t+1}(x_{t+1},y_{t+1},x_t,y_t) = \left[\frac{d_0^t(x_{t+1},y_{t+1})}{d_0^t(x_t,y_t)} \times \frac{d_0^{t+1}(x_{t+1},y_{t+1})}{d_0^{t+1}(x_t,y_t)}\right]^{1/2} \qquad (7-17)$$

Malmquist 指数可以分解为规模报酬不变条件下的技术进步变化指数（Technical Change，TECH）和技术效率变化指数（Technological Efficiency Change，EFFCH），具体分解如下：

$$M_0^{t,t+1}(x_{t+1},y_{t+1},x_t,y_t) = \left[\frac{d_0^t(x_{t+1},y_{t+1})}{d_0^{t+1}(x_{t+1},y_{t+1})} \times \frac{d_0^t(x_t,y_t)}{d_0^{t+1}(x_t,y_t)}\right]^{1/2} \times \frac{d_0^{t+1}(x_{t+1},y_{t+1})}{d_0^t(x_t,y_t)}$$

$$\qquad (7-18)$$

$$TECH = \left[\frac{d_0^t(x_{t+1},y_{t+1})}{d_0^{t+1}(x_{t+1},y_{t+1})} \times \frac{d_0^t(x_t,y_t)}{d_0^{t+1}(x_t,y_t)}\right]^{1/2} \qquad (7-19)$$

$$EFFCH = \frac{d_0^{t+1}(x_{t+1},y_{t+1})}{d_0^t(x_t,y_t)} \qquad (7-20)$$

其中，TECH 表示技术进步变化指数，测度了技术前沿面从 t 到 $t+1$ 时期的变动，该值大于 1，表示技术进步。EFFCH 表示规模报酬不变且要素自由处置条件下的技术效率变化指数，该值大于 1，表示与生产前沿的距离在缩小。

（二）变量说明与数据来源

1. 变量说明

全要素生产率的测算需要确认物流业劳动力投入与资本投入、物流业产出这 3 个变量，逐一说明如下。

（1）劳动力投入（L）。选取 2002 ~ 2015 年各地区物流业从业人数作为劳动力投入变量。

（2）资本投入（K）。Goldsmith（1951）提出的永续盘存法是资本存量的常用计算方法。永续盘存法的计算公式为：$K_{it} = K_{i,t-1}$（$1 - \delta_{it}$）$+$ I_{it}。其中，K_{it} 和 $K_{i,t-1}$ 分别表示第 t 期和第 $t-1$ 期的资本存量，δ_{it} 为折旧率，I_{it} 为当期的固定资产投资。资本存量估算需要确认基期资本存量、当年投资、投资品价格平减指数和折旧率这 4 个变量。

①基期资本存量。Hall 和 Jones（1999）采用当年的固定资产形成总额与（$6\% + g_{1960}^j$）的比值来估计经济体在 1960 年的资本存量，其中 6% 为第 j 个经济体在 1960 年的资产折旧率，g_{1960}^j 为第 j 个经济体在 1960 年的投资几何平均增长率。徐现祥等（2007）在此基础上对基期资本存量进行估计，分母变为（$3\% + g_{it}^j$），其中 3% 为折旧率，g_{it}^j 为 i 省 j 业的增长速度。我们采用徐现祥的做法来估计各省物流业基期资本存量，计算公式为：$K_{i,2002} = I_{i,2002} /$（$3\% + g_{iy}$）。其中，$I_{i,2002}$ 为以 2002 年为基期的交通运输、仓储和邮政业固定资产投资，3% 是折旧率，g_{iy} 为 i 省的物流业增加值的增长速度。

②当年投资。张军等（2004）利用固定资产形成总额来代表当年投资。而由于目前统计年鉴中没有公布 2002～2015 年物流业固定资产形成总额，我们借鉴刘秉镰等（2010）的做法，使用各地区统计年鉴中交通运输、仓储和邮政业固定资产投资作为当年投资。

③固定资产投资价格指数。由于缺乏分行业的固定资产投资价格指数，故利用各省份固定资产投资价格指数计算得到以 2002 年为基期的价格缩减指数。

④折旧率。我们借鉴宋海岩等（2003）的处理方式，假定各省份每年的折旧率为全国折旧率加上各省份当年的经济增长率。对于全国折旧率的选择，我们采用张军等（2004）计算得到各省份固定资产形成总额的折旧率 9.6%。

（3）产出指标（Y）。采用各地区的交通运输、仓储和邮政业增加值作为产出指标。为消除价格因素，利用全国交通运输、仓储和邮政业增加值的价格缩减指数，将产出换算为以 2002 年为基期的不变价。

2. 数据来源

本节选取 2002 ~ 2015 年我国 30 个省、自治区和直辖市为研究对象。由于数据缺失和收集数据的难度，港澳台和西藏地区未纳入分析样本范围。各指标数据来源于各年份《中国统计年鉴》、各地区统计年鉴、各年份《中国城市统计年鉴》以及中经网数据库。

（三）物流业全要素生产率的测度结果与分析

1. 物流业全要素生产率测度结果

各地区物流业全要素生产率的测算结果及分解情况如表 7 - 12 至表 7 - 14 所示。

2. 物流业全要素生产率分析

（1）全国总体情况。2002 ~ 2015 年我国物流业全要素生产率变化指数、技术进步变化指数和技术效率变化指数的平均水平如图 7 - 17 所示。可以看出，2002 ~ 2005 年和 2012 ~ 2013 年全要素生产率变化指数的平均值处于 1 以下，全要素生产率增长率呈下降趋势，其余年份处于 1 以上，呈增长趋势。技术进步变化情况和全要素生产率的变化情况十分相似，而技术效率则大体上呈相反变化趋势。尽管部分时间段技术效率降低了，但由于技术进步的作用大于技术效率降低的作用，使得全要素生产率最终呈上升趋势。这表明，我国物流业全要素生产率增长主要源于技术进步。可能的原因是，改革开放以后，物流基础设施和物流信息化投资力度的加强使得物流业技术水平快速提高，但是由于重复建设，各种物流设施利用率不高，导致技术效率水平仍较低。

（2）地区差异性。2002 ~ 2015 年，各地区全要素生产率变化指数、技术效率变化指数和技术进步变化指数平均水平的变化如图 7 - 18 所示。从全要素生产率来看，大部分地区全要素生产率变化指数的平均值大于 1，说明我国物流业全要素生产率总体上保持着一定的增长趋势。其中，贵州、内蒙古和宁夏的平均增长率超过 5%；湖南、青海、江西、四川、河南、甘肃、山西、湖北、广西、江苏、云南、新疆、吉

表7-12　2002~2015年中国各地区物流业全要素生产率变化指数

地区	2002~2003年	2003~2004年	2004~2005年	2005~2006年	2006~2007年	2007~2008年	2008~2009年	2009~2010年	2010~2011年	2011~2012年	2012~2013年	2013~2014年	2014~2015年
北京	0.586	0.822	1.199	0.963	0.954	0.894	1.003	1.181	1.044	0.946	1.025	1.028	1.010
天津	0.684	0.915	0.756	1.056	1.084	1.021	1.441	1.190	1.119	0.918	1.032	0.981	0.954
河北	0.691	0.931	0.823	1.236	1.112	1.025	1.084	1.113	1.130	1.041	0.992	0.951	0.978
山西	0.761	0.895	1.298	0.999	1.007	1.320	1.052	1.220	1.226	0.951	1.332	0.508	1.118
内蒙古	1.348	1.070	1.832	1.092	1.004	1.157	1.139	1.225	1.171	1.133	0.780	0.948	0.847
辽宁	0.639	0.890	0.748	0.933	1.006	0.985	1.017	1.080	1.129	1.061	0.998	1.027	1.123
吉林	0.703	0.933	0.961	1.318	1.106	1.106	1.031	1.074	1.074	0.887	0.952	1.094	0.983
黑龙江	0.660	0.973	0.835	0.987	0.979	1.118	1.027	1.056	1.097	1.337	0.795	1.130	1.029
上海	0.614	0.906	1.023	1.149	1.020	1.014	0.776	1.266	0.929	1.074	0.760	1.081	1.048
江苏	0.856	1.006	0.730	1.172	1.062	1.127	1.137	1.181	1.162	1.082	0.870	0.930	1.027
浙江	0.781	0.951	0.547	1.155	1.094	1.021	0.965	1.129	1.024	0.975	0.936	1.052	1.076
安徽	0.798	0.967	1.073	1.108	1.121	1.106	0.821	1.061	0.982	1.088	0.909	1.140	1.001
福建	0.868	1.043	0.728	1.058	1.118	1.089	0.962	1.095	1.022	1.054	0.840	1.163	1.106
江西	0.959	1.150	0.831	0.888	1.034	1.046	1.045	1.083	1.158	1.135	0.957	1.347	0.971
山东	0.716	1.068	0.883	1.182	1.018	1.235	0.880	1.070	1.127	1.029	1.011	0.846	1.071
河南	1.078	1.191	0.889	1.053	1.137	1.150	0.741	1.015	1.019	1.166	0.833	1.278	1.053
湖北	0.736	0.956	0.719	1.031	1.204	1.096	1.071	1.124	1.120	1.142	1.222	1.005	1.013

续表

地区	2002～2003年	2003～2004年	2004～2005年	2005～2006年	2006～2007年	2007～2008年	2008～2009年	2009～2010年	2010～2011年	2011～2012年	2012～2013年	2013～2014年	2014～2015年
湖南	1.112	1.232	0.869	1.060	0.975	1.082	1.335	1.178	0.985	1.069	1.064	0.793	1.006
广东	0.678	0.871	0.618	1.037	1.077	1.058	1.042	1.075	1.028	1.112	0.892	0.999	1.057
广西	0.689	0.926	0.659	1.071	1.294	1.125	0.991	1.480	0.975	0.995	1.165	1.080	1.092
海南	0.970	0.850	0.899	0.788	1.556	1.062	0.854	1.092	1.051	1.077	0.936	1.266	0.864
重庆	0.587	0.770	1.099	1.024	0.904	1.012	1.022	1.028	1.075	1.048	1.058	1.150	1.029
四川	0.885	1.150	0.709	1.075	1.058	1.069	0.862	1.304	1.057	1.069	0.536	1.397	1.936
贵州	0.722	1.350	1.005	1.092	1.199	0.873	2.060	1.117	1.118	1.184	0.851	0.804	2.570
云南	1.010	1.357	0.698	0.964	1.072	1.463	0.781	1.203	0.968	1.082	0.701	1.371	0.847
陕西	0.711	0.976	0.787	1.085	1.047	1.057	1.185	1.096	1.085	1.199	0.842	0.902	1.059
甘肃	0.739	0.836	1.461	1.349	1.322	1.046	0.955	1.025	1.163	1.085	0.938	0.825	0.967
青海	1.394	0.896	0.743	0.978	1.092	0.945	1.110	1.293	0.996	1.061	0.768	4.128	0.402
宁夏	1.103	0.570	2.408	1.026	1.048	1.094	1.631	1.257	1.019	1.056	0.876	0.712	1.205
新疆	0.712	1.085	0.999	0.922	0.998	1.051	1.029	0.983	1.010	1.319	0.878	1.135	1.131
平均值	0.804	0.971	0.909	1.055	1.084	1.076	1.043	1.139	1.066	1.075	0.912	1.060	1.043

表 7-13 2002~2015 年中国各地区物流业技术进步变化指数

地区	2002~2003年	2003~2004年	2004~2005年	2005~2006年	2006~2007年	2007~2008年	2008~2009年	2009~2010年	2010~2011年	2011~2012年	2012~2013年	2013~2014年	2014~2015年
北京	0.725	0.923	0.831	1.151	0.998	0.989	1.046	1.055	1.078	1.031	1.034	1.053	0.99
天津	0.735	0.937	0.728	1.180	1.132	1.109	1.103	1.151	1.167	1.078	0.951	0.948	1.085
河北	0.691	0.931	0.823	1.236	1.112	1.025	1.084	1.113	1.130	1.041	0.992	0.951	0.978
山西	0.714	0.927	0.760	1.236	1.172	1.096	1.102	1.152	1.169	1.078	0.940	0.948	1.026
内蒙古	0.930	1.094	1.088	1.092	1.004	1.157	1.139	1.225	1.171	1.133	0.780	0.948	1.354
辽宁	0.639	0.890	0.857	1.131	0.985	0.990	1.047	1.06	1.079	1.023	1.025	1.022	0.982
吉林	0.730	0.931	0.748	1.212	1.133	1.109	1.104	1.150	1.167	1.077	0.961	0.948	1.054
黑龙江	0.713	0.948	0.724	1.214	1.159	1.098	1.103	1.153	1.174	1.077	0.949	0.948	1.077
上海	0.722	0.930	0.746	1.216	1.151	1.101	1.103	1.153	1.175	1.075	0.987	0.967	0.959
江苏	0.818	1.001	0.736	1.147	1.101	1.116	1.108	1.146	1.155	1.084	0.921	0.948	1.134
浙江	0.781	0.951	0.703	1.177	1.129	1.109	1.103	1.152	1.173	1.075	0.965	0.947	1.023
安徽	0.766	0.944	0.715	1.173	1.122	1.112	1.105	1.149	1.166	1.079	0.947	0.948	1.097
福建	0.868	1.043	0.760	1.136	1.097	1.116	1.108	1.146	1.159	1.081	0.939	0.948	1.102
江西	0.945	1.086	0.855	1.116	1.080	1.12	1.111	1.142	1.146	1.088	0.898	0.948	1.441
山东	0.749	0.940	0.721	1.182	1.137	1.105	1.102	1.153	1.173	1.076	0.96	0.948	1.060
河南	0.913	1.081	0.887	1.092	1.053	1.128	1.115	1.139	1.141	1.090	0.897	0.949	1.219
湖北	0.772	0.953	0.694	1.207	1.148	1.106	1.102	1.152	1.171	1.078	0.938	0.948	1.128

续表

地区	2002～2003年	2003～2004年	2004～2005年	2005～2006年	2006～2007年	2007～2008年	2008～2009年	2009～2010年	2010～2011年	2011～2012年	2012～2013年	2013～2014年	2014～2015年
湖南	0.992	1.094	1.078	1.068	1.017	1.157	1.160	1.258	1.134	1.092	0.815	0.948	1.287
广东	0.748	0.938	0.715	1.202	1.149	1.102	1.103	1.154	1.177	1.074	0.988	0.957	0.977
广西	0.707	0.926	0.800	1.278	1.162	1.091	1.108	1.154	1.175	1.074	0.967	0.948	1.050
海南	0.900	1.064	0.748	1.166	1.118	1.117	1.108	1.146	1.158	1.082	0.927	0.949	1.128
重庆	0.604	0.847	0.972	1.024	0.904	1.012	1.022	1.028	1.075	1.048	1.058	1.150	1.029
四川	0.849	1.034	0.744	1.145	1.102	1.116	1.108	1.144	1.146	1.088	0.923	0.948	1.176
贵州	1.026	1.094	1.204	1.087	1.004	1.168	1.124	1.138	1.140	1.091	0.858	0.949	1.770
云南	0.868	1.055	0.852	1.106	1.066	1.152	1.163	1.262	1.172	1.094	0.833	0.948	1.315
陕西	0.763	0.944	0.713	1.180	1.131	1.109	1.104	1.150	1.167	1.080	0.940	0.948	1.072
甘肃	0.872	0.974	0.707	1.170	1.085	1.123	1.111	1.143	1.149	1.086	0.907	0.949	1.237
青海	0.957	1.094	0.882	1.105	1.069	1.123	1.112	1.141	1.145	1.088	0.901	0.948	1.793
宁夏	0.856	0.964	0.817	1.116	1.074	1.122	1.111	1.143	1.152	1.084	0.922	0.948	1.110
新疆	0.974	1.078	0.842	1.117	1.086	1.120	1.110	1.144	1.155	1.083	0.933	0.948	1.118
平均值	0.804	0.985	0.807	1.154	1.087	1.102	1.104	1.146	1.151	1.077	0.933	0.961	1.144

表 7 - 14　2002～2015 年中国各地区物流业技术效率变化指数

地区	2002～2003 年	2003～2004 年	2004～2005 年	2005～2006 年	2006～2007 年	2007～2008 年	2008～2009 年	2009～2010 年	2010～2011 年	2011～2012 年	2012～2013 年	2013～2014 年	2014～2015 年
北京	0.807	0.891	1.443	0.836	0.956	0.904	0.958	1.120	0.968	0.918	0.991	0.977	1.016
天津	0.931	0.976	1.039	0.896	0.958	0.921	1.306	1.034	0.959	0.851	1.086	1.035	0.880
河北	1.000	1.000	1.000	1.000	1.000	1.000	1.000	1.000	1.000	1.000	1.000	1.000	1.000
山西	1.066	0.966	1.707	0.809	0.859	1.204	0.955	1.059	1.049	0.882	1.417	0.536	1.089
内蒙古	1.450	0.978	1.684	1.000	1.000	1.000	1.000	1.000	1.000	1.000	1.000	1.000	0.625
辽宁	1.000	1.000	0.873	0.826	1.021	0.996	0.971	1.019	1.046	1.037	0.973	1.004	1.144
吉林	0.963	1.002	1.285	1.087	0.976	0.997	0.934	0.934	0.920	0.824	0.990	1.155	0.933
黑龙江	0.926	1.026	1.153	0.813	0.845	1.017	0.931	0.915	0.935	1.241	0.838	1.192	0.955
上海	0.850	0.975	1.371	0.946	0.886	0.921	0.704	1.098	0.790	0.999	0.770	1.118	1.092
江苏	1.046	1.005	0.992	1.022	0.965	1.010	1.026	1.031	1.005	0.999	0.945	0.981	0.905
浙江	1.000	1.000	0.778	0.981	0.969	0.921	0.876	0.979	0.873	0.907	0.970	1.110	1.052
安徽	1.042	1.025	1.500	0.945	0.999	0.995	0.743	0.924	0.842	1.009	0.960	1.202	0.913
福建	1.000	1.000	0.958	0.931	1.019	0.975	0.868	0.956	0.882	0.975	0.894	1.227	1.004
江西	1.015	1.059	0.973	0.796	0.958	0.934	0.941	0.948	1.011	1.043	1.066	1.421	0.674
山东	0.956	1.136	1.226	1.000	0.895	1.117	0.799	0.929	0.961	0.957	1.053	0.893	1.010
河南	1.181	1.102	1.002	0.964	1.080	1.019	0.664	0.891	0.893	1.070	0.928	1.346	0.864
湖北	0.954	1.004	1.036	0.854	1.049	0.991	0.972	0.976	0.956	1.059	1.304	1.060	0.898

续表

地区	2002~2003年	2003~2004年	2004~2005年	2005~2006年	2006~2007年	2007~2008年	2008~2009年	2009~2010年	2010~2011年	2011~2012年	2012~2013年	2013~2014年	2014~2015年
湖南	1.121	1.126	0.806	0.992	0.959	0.936	1.151	0.936	0.869	0.979	1.305	0.837	0.782
广东	0.907	0.929	0.864	0.862	0.937	0.959	0.945	0.931	0.874	1.035	0.902	1.043	1.082
广西	0.975	1.000	0.823	0.838	1.114	1.031	0.894	1.283	0.829	0.926	1.205	1.140	1.040
海南	1.078	0.799	1.201	0.676	1.392	0.950	0.771	0.953	0.908	0.995	1.010	1.335	0.766
重庆	0.972	0.909	1.131	1.000	1.000	1.000	1.000	1.000	1.000	1.000	1.000	1.000	1.000
四川	1.041	1.113	0.953	0.939	0.960	0.958	0.778	1.140	0.923	0.983	0.580	1.474	1.645
贵州	0.704	1.234	0.835	1.005	1.193	0.747	1.833	0.981	0.981	1.085	0.991	0.847	1.452
云南	1.164	1.286	0.820	0.872	1.006	1.270	0.672	0.953	0.826	0.989	0.842	1.447	0.644
陕西	0.932	1.034	1.104	0.920	0.926	0.953	1.073	0.953	0.930	1.111	0.896	0.951	0.988
甘肃	0.847	0.859	2.066	1.152	1.219	0.931	0.860	0.897	1.012	0.999	1.033	0.870	0.781
青海	1.457	0.819	0.842	0.885	1.021	0.841	0.999	1.133	0.870	0.975	0.852	4.355	0.224
宁夏	1.287	0.591	2.946	0.919	0.976	0.975	1.468	1.099	0.885	0.975	0.950	0.751	1.085
新疆	0.731	1.006	1.186	0.825	0.919	0.939	0.927	0.859	0.875	1.218	0.941	1.197	1.012
平均值	1.000	0.986	1.127	0.915	0.997	0.976	0.944	0.994	0.927	0.998	0.977	1.103	0.911

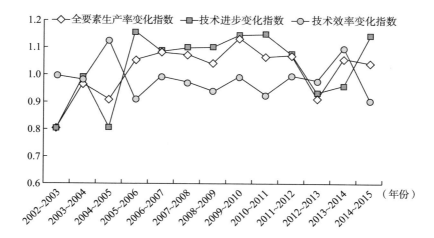

**图 7 – 17　2002～2015 年中国全要素生产率变化指数
及其分解的平均水平**

资料来源：根据测算结果整理而得。

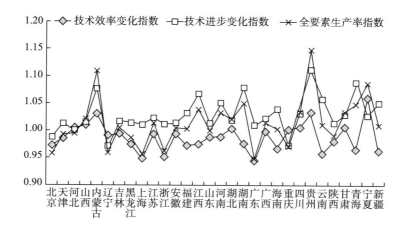

**图 7 – 18　2002～2015 年中国 30 个地区全要素生产率变化
指数及其分解的平均水平**

资料来源：根据测算结果整理而得。

林、安徽、福建、海南、山东等地区全要素生产率的平均增长率为
正；其余地区全要素生产率负增长。关于技术效率变化指数，只有
宁夏、贵州、内蒙古、山西、四川、甘肃、湖北和河北的技术效率

变化指数平均值大于 1，表明这些地区存在技术效率的改进，而其余地区技术效率都出现了下降，表明仅少数地区的技术效率在不断提高。从技术进步变化指数来看，只有北京、河北、重庆和辽宁等地区出现技术退步，其余地区均表现为技术进步。综合来看，各地区物流业全要素生产率的增长机制与全国的增长情况基本一致，物流业全要素生产率增长主要源于技术进步，而技术效率的变动一定程度上阻碍了其增长。

五　中国物流业与信息业产业融合的生产率效应

本节主要考察我国物流业与信息业的融合对物流业生产率的影响。为了深入讨论产业融合的生产率效应，我们同时也分析产业融合对物流业技术进步和技术效率的影响。

（一）变量说明与数据来源

（1）被解释变量。物流业全要素生产率增长率（*Tfp*），以及技术进步变动指数（*Tech*）和技术效率变化指数（*Effch*）这两个分解项，这三个变量的数据见上一节的测算结果。

（2）核心解释变量。物流业与信息业产业融合水平（*IC*），对应的数据见本章第三节。

（3）控制变量。从供给、需求和政策三个方面选择控制变量。第一，供给方面。既有研究在从供给角度分析物流业全要素生产率的影响因素时，主要考虑交通基础设施和人力资本。如，刘瑞娟等（2017）利用空间计量经济学方法检验了西北 5 省区交通基础设施对物流业效率的空间溢出效应。田刚和李南（2011）认为人力资本决定了吸收先进技术的能力，进而影响地区物流业效率。本节也选取这两个变量展开分析。①基础设施发展水平（*Trans*），选取铁路、公路、水运等基础设施的网络密度作为衡量指标。②人力资本存量（*Human*）。Romer（1986）分析了人力资本对技术进步的推动作用。我们采用各地区平均受教育年限来衡量人力资本存量，具体计算公式为：平均受教育年限 =（大专以上文化人数 × 16 + 高中文化人数 × 12 + 初中文化人数 × 9 + 小学文化人数 × 6）/6 岁以上人口总数。第二，需求方面。既有研究主要分析地区经济发展水平及产业结构这两个需求因素对物流业效率的影响。如Lucas（1989）认为随着经济发展，人们不断增加的新需求会促进企业的创新，从而推动技术进步。赵雷（2014）认为经济的高速发展能够给地区带来大量的物流需求进而促进物流业发展。刘南和李燕（2007）也认为物流在经济增长中起到了引导作用。林剑（2010）认为物流需求会受到产业结构优化的影响，工业发展会促进物流业发展。基于已有研究，我们选取地区经济增长和产业结构展开分析。①地区经济增长（*Gdp*），采用各地区生产总值的增长率作为衡量指标。②产业结构（*Sec*），以各地区第二产业增加值占生产总值的比重表示工业化进程，以此衡量地区产业结构。第三，政策方面。余泳泽和武鹏（2010）研究指出我国市场化程度低导致物流效率低。林剑（2010）也认为物流市场化引起的制度变迁能优化物流行业各要素的协同，从而提高物流业的 *TFP*。借鉴该研究，我们选取地区市场化程度（*Mark*）作为政策方面的影响因素。具体地，采用非国有投资占全社会固定资产总投资的比重作为市场化指数。上述控制变量的衡量指标数据来源于各地区统计年鉴。

（二）模型构建与检验结果分析

1. 模型构建

本节构建如下计量模型［模型（1）］展开分析：

$$Tfp_{it} = c + \alpha_1 IC_{it} + \alpha_2 \ln(Trans_{it}) + \alpha_3 \ln(Gdp_{it}) + \alpha_4 \ln(Sec_{it})$$
$$+ \alpha_4 \ln(Mark_{it}) + \alpha_5 \ln(Human_{it}) + f_i + \lambda_t + \mu_{it} \qquad (7-21)$$

其中，i 和 t 分别表示地区和年份，α_1、α_2、α_3、α_4、α_5 为待估系数，c 为截距项，f_i 表示地区效应，λ_t 表示时间效应，μ_{it} 为随机误差项。被解释变量为技术进步变动指数（$Tech$）和技术效率变化指数（$Effch$）时，改变被解释变量即可，此时对应的模型分别为模型（2）和模型（3）。另外，为了消除异方差性，我们对各控制变量进行了对数化处理。

2. 面板数据的平稳性检验

为了避免伪回归，我们采用 LLC、ADF 和 PP 三种方法对各变量的平稳性进行检验，检验结果如表 7-15 所示。因变量 Tfp、$Tech$ 和 $Effch$ 为平稳序列，自变量 $\ln Mark$、$\ln Human$ 和 IC 为平稳变量，而 $\ln Trans$、$\ln Gdp$ 和 $\ln Sec$ 为一阶单整变量。因此，在后续分析中，我们利用 $\ln Trans$、$\ln Gdp$、$\ln Sec$ 这三个变量的一阶差分变量展开研究。

表 7-15　面板数据的单位根检验结果

		$\ln Trans$		$\ln Gdp$		$\ln Sec$	
		统计量	P 值	统计量	P 值	统计量	P 值
水平值	LLC	-1.484	0.069	2.310	0.990	-6.075	0.000
	ADF-Fisher	16.050	1.000	38.254	0.987	61.059	0.438
	PP-Fisher	16.370	1.000	103.285	0.000	73.405	0.115
一阶差分	LLC	-16.437	0.000	-16.685	0.000	-13.817	0.000
	ADF-Fisher	156.566	0.000	199.500	0.000	159.440	0.000
	PP-Fisher	338.150	0.000	307.747	0.000	241.158	0.000
		$\ln Mark$		$\ln Human$		IC	
		统计量	P 值	统计量	P 值	统计量	P 值
水平值	LLC	-30.438	0.000	-5.739	0.000	-13.216	0.000
	ADF-Fisher	124.861	0.000	115.318	0.000	168.061	0.000
	PP-Fisher	94.703	0.003	111.037	0.000	256.565	0.000
一阶差分	LLC	-12.016	0.000	-15.718	0.000	-19.264	0.000
	ADF-Fisher	144.585	0.000	208.743	0.000	242.950	0.000
	PP-Fisher	215.268	0.000	320.260	0.000	453.179	0.000

续表

		Tfp		Tech		Effch	
		统计量	P 值	统计量	P 值	统计量	P 值
水平值	LLC	-13.216	0.000	-9.821	0.000	-5.121	0.000
	ADF-Fisher	168.061	0.000	95.002	0.003	80.742	0.026
	PP-Fisher	256.565	0.000	143.122	0.000	91.340	0.003
一阶差分	LLC	-19.264	0.000	-9.427	0.000	-18.262	0.000
	ADF-Fisher	242.950	0.000	107.617	0.000	204.604	0.000
	PP-Fisher	453.179	0.000	112.678	0.000	292.403	0.000

3. 面板回归结果及分析

在选择面板数据模型的类型时，我们首先采用 F 检验决定选用混合模型还是固定效应模型，然后用 Hausman 检验确定应该建立随机效应模型还是固定效应模型。模型（1）、模型（2）和模型（3）的 F 检验结果显示，应拒绝原假设，故三个模型均不选用混合模型。三个模型的 Hausman 检验结果如表 7 - 16 所示。根据检验结果，模型（1）和模型（2）应选择固定效应模型，模型（3）应选择随机效应模型。模型（1）、模型（2）、模型（3）的计量分析结果如表 7 - 17 所示。

表 7 - 16　Hausman 检验结果

模型	Chi^{2}统计量	自由度	P 值
模型（1）	25.83	6	0.0002
模型（2）	57.54	6	0.0000
模型（3）	2.64	6	0.8525

表 7 - 17　面板模型的回归结果

	模型（1）被解释变量：Tfp 固定效应（FE）	模型（2）被解释变量：Tech 固定效应（FE）	模型（3）被解释变量：Effch 随机效应（RE）
IC	0.205 ** （0.09）	0.495 *** （0.11）	0.205 ** （0.09）
InTrans	0.027 （0.04）	0.085 * （0.05）	0.027 （0.04）

	模型（1）被解释变量：Tfp固定效应（FE）	模型（2）被解释变量：Tech固定效应（FE）	模型（3）被解释变量：Effch随机效应（RE）
lnGdp	0.166 *** （0.05）	− 0.157 ** （0.07）	0.166 *** （0.05）
lnSec	− 0.079 （0.13）	0.223 （0.16）	− 0.079 （0.13）
ln$Mark$	0.028 （0.03）	0.073 * （0.04）	0.028 （0.03）
ln$Human$	− 0.855 *** （0.25）	0.583 * （0.31）	− 0.855 *** （0.25）
c	1.812 ** （0.73）	− 1.373 （0.92）	1.812 ** （0.73）
R^2	0.2446	0.5170	0.0967
F	20.73	68.51	45.04
观测值 N	420	420	420

注：*、**、*** 分别表示在 10%、5%、1% 的水平上显著，括号内为标准误。

根据表 7-17，物流业与信息业的产业融合水平对物流业全要素生产率、技术进步和技术效率的变化均有显著影响，其中融合水平对技术进步的影响最强。物流业与信息业融合水平每提高 1%，将使得物流业技术进步提升 0.495%，物流业技术效率提升 0.205%，全要素增长率增长 0.205%。互联网、云计算、大数据等新兴技术在物流业的广泛应用，让嵌入物联网技术的物流设施设备快速发展，车联网技术让车辆实现智能调度，云计算服务和大数据帮助物流企业分析运力需求，通过推动技术进步与提高技术效率，提高物流业全要素生产率。在物流业与信息业融合的发展过程中，信息技术、现代管理技术与物流技术相结合，带动产品设计方式和工具的创新、企业管理模式的创新，从而全面提高物流企业竞争力。

关于控制变量的估计结果。地区经济增长对物流业全要素生产率有显著的正向影响，地区 GDP 每增长 1%，物流业全要素生产率会提升 0.166%。区域经济的发展会带来日益增长的物流需求，会促使物流企业运用信息化的新技术来提高自身的物流效率。市场化程度与物流业全要素生产率之间呈正向关系但并不显著。人力资本存量与物流业全要素生产率之间呈显著负向关系，可能是因为具有物流专业知识和技能的中高级物流人才还比较缺乏。基础设施水平和物流业全要素生产率之间呈正向关系但不显著，运输网络密度每增加 1%，物流业全要素生产率会增加 0.027%。产业结构对物流业全要素生产率增长具有阻碍作用，第二产业比重每上升 1%，物流业全要素生产率会下降约 0.079%，这可能是由我国工业与物流业融合水平偏低所致。

（三） 基于面板数据门限回归模型的进一步分析

产业融合与全要素生产率之间是否具有非线性特征，还有待进一步研究。为进一步研究产业融合对全要素生产率的非线性影响，本节运用门限回归模型 （Threshold Regressive Model） 考察产业融合水平影响物流业全要素生产率的门限特征。

1. 门限回归模型

随着研究的深入，人们发现经济变量之间往往存在非线性关系。针对非线性关系，传统的做法是，研究者主观确定门限值，根据门限值划分样本，但这种做法没有经过参数估计和检验，所得结果不一定可靠。Hansen 在 1999 年提出门限回归模型，该模型以严格的统计方法对门限值进行参数估计和统计检验，其应用很广泛。如，戴小勇和成力为 （2013） 研究发现，只有跨过门槛时，研究投入对企业绩效的影响才显著。李瑞茜 （2014） 运用门限回归模型研究政府 R&D 资助对企业技术创新的影响，发现它们之间存在一种倒 U 形关系。门限回归模型分为单门限回归模型、双门限回归模型，以及多门限回归模型。单门限回归模型为：

$$y_{it} = \mu_i + \beta'_1 x_{it} + \varepsilon_{it}, q_{it} \leq \gamma$$
$$y_{it} = \mu_i + \beta'_2 x_{it} + \varepsilon_{it}, q_{it} > \gamma \qquad (7-22)$$

其中，i 为个体，t 为时间，q_{it} 为门限变量，它可以是解释变量 x_{it} 的一部分。ε_{it} 为残差，μ_i 为个体截距项，γ 为待估计门限值。解释变量中

不包含 y_{it} 的滞后值。上式等价于：

$$y_{it} = \mu_i + \beta'_1 x_{it} I(q_{it} \le \gamma) + \beta'_2 x_{it} I(q_{it} > \gamma) + \varepsilon_{it} \qquad (7-23)$$

其中，$I(\cdot)$ 为示性函数，若括号中表达式为真，则取 1，反之则取 0。

在实际中可能会碰到多门限情况，需要对上述模型进行拓展。如双门限回归模型为：

$$y_{it} = \mu_i + \beta'_1 x_{it} I(q_{it} \le \gamma_1) + \beta'_2 x_{it} I(\gamma_1 \le q_{it} \le \gamma_2) + \beta'_3 x_{it} I(q_{it} > \gamma_2) + \varepsilon_{it}$$

$$(7-24)$$

其中，i 为个体，t 为时间，q_{it} 为门限变量，它可以是解释变量 x_{it} 的一部分。γ 为待估计门限值，ε_{it} 为残差，μ_i 为个体截距项。

2. 模型构建及检验

（1）模型构建。本部分以产业融合水平作为门限变量，构建产业融合水平和物流业全要素生产率之间的门限回归模型：

$$Tfp_{it} = \alpha_1 \ln(Trans_{it}) + \alpha_2 \ln(Gdp_{it}) + \alpha_3 \ln(Sec_{it}) + \alpha_4 \ln(Mark_{it})$$

$$+ \alpha_5 \ln(Human_{it}) + \beta_1 IC_{it} I(q_{it} \le \gamma) + \beta_2 IC_{it} I(q_{it} > \gamma) + \varepsilon_{it} \qquad (7-25)$$

其中，i 表示省份，t 表示时间。Tfp 为被解释变量，$\ln Trans$、$\ln Gdp$、$\ln Sec$、$\ln Mark$ 和 $\ln Human$ 为控制变量。IC 为门限变量 q_{it}，γ 为门限值，β_1 和 β_2 分别为门限变量在 $q_{it} \le \gamma$ 和 $q_{it} > \gamma$ 的影响系数，$\varepsilon_{it} \sim idd$（$0, \sigma^2$）。各变量的说明以及相关检验见前文，在此不再赘述。

（2）门限效应检验。在使用门限回归模型之前，需要对门限存在性进行检验，确定门限个数以及门限回归模型的具体形式。本节用假设检验的方法来确定门限的存在。原假设 H_0 为 $\beta_1 = \beta_2$，即不存在门限效应；备择假设 H_1 为 $\beta_1 \ne \beta_2$，即存在门限效应。检验统计量为：

$$F(\gamma) = \frac{[SSE_0 - SSE_1(\hat{\gamma})]/1}{SSE_1(\hat{\gamma})/n(T-1)} = \frac{SSE_0 - SSE_1(\hat{\gamma})}{\hat{\sigma}^2} \qquad (7-26)$$

在原假设 H_0 下，门限值 γ 是无法识别的，F 统计量的分布是非标准的，不能从标准分布中准确查到固定的值，需要通过 Bootstrap 自抽样获得 F 统计量渐进分布，并构造 P 值。我们使用 Bootstrap 法来计算 P 值，次数为 300 次，检验结果如表 7 - 18 所示。表 7 - 18 报告了单一门限、双门限和三门限的存在性检验结果。结果显示，单一门限在 10% 的水平上显著，而双门限和三门限并不显著，故采用单门限回归模型来分析物流业与信息业融合水平影响物流业全要素生产率的非线性特征。

表 7 - 18 门限效应检验结果

门限类型	F 值	P 值	临界值		
			10%	5%	1%
单门限	15.06	0.0833	14.4280	17.0579	23.5062
双门限	5.03	0.7833	13.4342	16.1315	20.9881
三门限	7.55	0.3367	10.5978	12.4767	16.7509

（3）门限估计量是否等于真实值。接下来，进一步确定门限值的置信区间。原假设 H_0 为 $\gamma = \gamma_0$，备择假设 H_1 为 $\gamma \neq \gamma_0$。似然比统计量（LR）为：

$$LR_1(\gamma) = \frac{SSE_1(\gamma) - SSE_1(\hat{\gamma})}{\hat{\sigma}^2} \qquad (7-27)$$

当 $LR_1(\gamma_0) \leqslant c(\alpha) = -2\ln[1 - \sqrt{(1-a)}]$ 时，不能拒绝原假设 $\gamma = \gamma_0$。在 95% 的置信水平下，$c(\alpha) = 7.35$。图 7 - 19 是该检验的似然比函数图。可以看出，当 LR 等于 0 时门限变量（IC）的取值为 0.596。由式（7 - 27）可知，在 5% 的显著性水平下的临界值为 7.35，如图中的虚线所示。门限估计值处于 LR 以下的部分为门限变量的区间。可以看出，在 95% 的置信水平下，置信区间为 [0.579, 0.598]，门限值估计有效。

3. 检验结果及分析

门限回归模型的估计结果如表 7 - 19 所示。可以看出，产业融合对

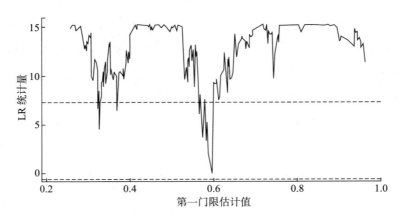

图 7 - 19　门限估计值与置信区间

全要素生产率的影响是非线性的，只有超过一个门限值时，才能对物流业全要素生产率产生显著的促进作用。当产业融合水平低于门限值 0.596 时，两业融合水平每提高 1%，将引起物流业全要素生产率提升 0.222%，但是这种影响不显著。当产业融合水平高于门限值 0.596 时，两业融合水平每提高 1%，将引起物流业全要素生产率提升 0.567%，且在 10% 的水平上显著。

表 7 - 19　门限模型的估计结果

TFP	系数	标准差	t 值	P 值	95% 的置信区间	
IC_1	0.222	0.338	0.66	0.512	- 0.443	0.887
IC_2	0.567 *	0.308	1.84	0.067	- 0.039	1.172
ln$Trans$	0.145 ***	0.053	2.73	0.007	0.041	0.250
lnGdp	0.179 *	0.069	- 2.59	0.01	- 0.314	- 0.043
lnSec	0.064	0.170	0.38	0.705	- 0.271	0.399
ln$Mark$	0.064	0.041	1.55	0.122	- 0.017	0.145
ln$Human$	0.462	0.339	1.36	0.173	- 0.204	1.129

注：*、*** 分别表示在 10%、1% 的水平上显著。

从 2002 ~ 2015 年我国各地区物流业与信息业平均融合水平来看（见图 7 - 15），吉林、天津、四川、江苏、广东、福建、重庆、云南、内蒙古、甘肃、海南、青海、宁夏、贵州这 14 个地区产业融合平均水平高于门限值，意味着这些地区的物流业和信息业融合水平对物流业全要素生产率具有显著的促进作用。其余 16 个地区产业融合平均水平低于门限值，其两业融合水平无法对物流业全要素生产率产生显著的正向影响。关于控制变量的影响，产业结构、市场化程度和人力资本存量与物流业全要素生产率存在正相关关系，但并不显著，基础设施水平和地区经济增长与物流业全要素生产率显著正相关，这与前文的估计结果基本一致。

本章小结

本章围绕物流业与信息业产业融合的生产率效应，考察了物流业与信息业之间互动关系的特征，在测算两业融合水平与物流业全要素生产率的基础上，对两业融合对物流业生产率的影响及其门槛特征进行了经验检验，主要得到以下结论。

（1）技术创新的驱动、市场需求的拉动和管制的放松共同促进了物流业与信息业的融合。物流业与信息业的融合会对物流业产生竞争能力提升效应、创新优化效应和生产率效应。

（2）我国 30 个省份物流业与信息业的发展水平测度结果显示，经济较为发达的地区具有较高的物流业和信息业发展水平，而经济欠发达地区的物流业与信息业发展水平较低。我国物流业与信息业之间存在长期的互动关系，且信息业对物流业的影响高于物流业对信息业的影响。

（3）结合非参数随机前沿方法与协调发展系数法测算了我国物流业与信息业的产业融合水平，结果显示，在面向物流业的融合发展过程中，信息业促进物流业的平均融合系数较高；在面向信息业的融合发展过程中，物流业带动信息业的平均融合系数较低，这说明目前我国物流业与信息业的融合系统中，以信息业面向物流业融合为主。总体上，我国物流业与信息业之间的融合水平呈逐步上升趋势，同时具有明显的地区差异性。

（4）总体上，我国物流业全要素生产率呈现增长趋势，其中技术进步是物流业全要素生产率增长的主要来源，而技术效率具有一定的阻碍作用。物流业与信息业的产业融合对我国物流业全要素生产率具有显著的提升作用，并且这一提升作用主要通过影响物流业的技术进步而实现。进一步地，我国物流业与信息业的产业融合对物流业全要素生产率的影响存在显著的门限效应，当产业融合水平超过 0.596 时，物流业与信息业的产业融合才对物流业生产效率具有显著的促进作用。目前，天津、江苏、广东、福建等 14 个地区的平均产业融合水平高于门限值，而其他地区的融合水平还未达到能够产生显著促进作用的门限值。

基于上述研究结论，得到以下政策启示。（1）为了增强物流业和信息业之间的融合度，政府可以提供面向产业链、产业集群的信息化服务，在信息技术和平台建设等方面加大扶持力度，拓展产业发展空间。（2）对于两业融合水平较高的地区，政府应重点加强综合运输信息以及物流资源交易、车辆匹配等信息平台建设，推动平台之间数据对接和信息互联；对于两业融合水平较低的地区，应重点提高该地区信息化水平，大力扶持物流产业，加强信息平台、GPS 等基础信息项目建设，加快对数据传输、信息系统等物流信息化设施的建设。

参考文献

[1] 陈柳钦. 产业融合效应分析及我国的应对措施 [J]. 经济前沿，2007，(5)：17 - 21.

[2] 戴定一. 物流信息化：需求分三层 [J]. 信息系统工程，2003，(3)：12 - 13.

[3] 戴小勇，成力为. 研发投入强度对企业绩效影响的门限效应研究 [J]. 科学学研究，2013，31 (11)：1708 - 1716.

[4] 郭怀英. 信息化促进服务业现代化研究 [J]. 经济研究参考，2008，(10)：41 - 53.

[5] 何立胜，李世新. 产业融合与产业变革 [J]. 中州学刊，2004，(6)：59 - 62.

［6］何玉华，俞立平．基于面板数据变系数模型的信息化与物流关系研究
［J］．情报杂志，2012，31（4）：107－111．

［7］胡金星．产业融合的内在机制研究［D］．上海：复旦大学，2007．

［8］胡永佳．产业融合的经济学分析［M］．北京：中国经济出版社，2008．

［9］金凤花，李全喜，孙磐石．基于场论的区域物流发展水平评价及聚类分析
［J］．经济地理，2010，30（7）：1138－1143．

［10］李佳民．我国物流信息化的现状及对策［J］．情报科学，2006，24（4）：
526－530．

［11］李美云．论服务业的跨产业渗透与融合［J］．外国经济与管理，2006，
28（10）：25－33，42．

［12］李瑞茜．政府R&D资助对企业技术创新的影响——基于门限回归的实证
研究［D］．南京：南京师范大学，2014．

［13］厉无畏．产业融合与产业创新［J］．上海管理科学，2002，（4）：4－6．

［14］林剑．中国物流业全要素生产率及其影响因素研究［D］．长沙：湖南大
学，2010．

［15］林坦，王玲．基于SFA方法的我国区域物流效率分析［J］．港口经济，
2008，（12）：46－49．

［16］刘秉镰，武鹏，刘玉海．交通基础设施与中国全要素生产率增长——基
于省域数据的空间面板计量分析［J］．中国工业经济．2010，（3）：54－
64．

［17］刘南，李燕．现代物流与经济增长的关系研究——基于浙江省的实证分
析［J］．管理工程学报，2007，21（1）：151－154．

［18］刘瑞娟，王建伟，黄泽滨．交通基础设施、空间溢出效应与物流产业效
率——基于"丝绸之路经济带"西北5省区的实证研究［J］．工业技术
经济，2017，36（6）：21－27．

［19］刘有鹏．我国城市信息化与物流现代化的关系及发展道路［J］．上海经
济研究，2006，（8）：72－76．

［20］马健．产业融合理论研究评述［J］．经济学动态，2002，（5）：78－81．

［21］马健．产业融合识别的理论探讨［J］．社会科学辑刊，2005，（3）：86－
89．

[22] 宋海岩，刘淄楠，蒋萍．改革时期中国总投资决定因素的分析 [J]．世界经济文汇，2003，（1）：44－56.

[23] 田刚，李南．中国物流业技术进步与技术效率研究 [J]．数量经济技术经济研究，2009，（2）：76－87.

[24] 田刚，李南．中国物流业技术效率差异及其影响因素研究——基于省级面板数据的实证分析 [J]．科研管理，2011，32（7）：34－44.

[25] 王德波．产业融合的经济绩效 [D]．广州：暨南大学，2011.

[26] 王健，梁红艳．中国物流业全要素生产率的影响因素及其收敛性分析 [J]．福州大学学报（哲学社会科学版），2013，27（3）：16－24.

[27] 王静．物流信息化下信息产业与物流产业的交互关系 [J]．情报杂志，2008，27（5）：25－27.

[28] 王维国．论国民经济协调系数体系的建立 [J]．统计研究，1995，（4）：66－68.

[29] 吴青．基于信息技术的现代物流体系 [J]．武汉理工大学学报（社会科学版），2003，（6）：683－687.

[30] 吴少平．产业创新升级与产业融合发展之路径 [J]．首都经济贸易大学学报，2002，（2）：13－16.

[31] 谢康，肖静华，周先波等．中国工业化与信息化融合质量：理论与实证 [J]．经济研究，2012，（1）：4－16，30.

[32] 徐双庆．现代物流信息技术发展解析 [J]．环渤海经济瞭望，2010，（7）：59－61.

[33] 徐现祥，周吉梅，舒元．中国省区三次产业资本存量估计 [J]．统计研究，2007，24（5）：6－13.

[34] 徐盈之，孙剑．信息产业与制造业的融合——基于绩效分析的研究 [J]．中国工业经济，2009，（7）：56－66.

[35] 余思勤，蒋迪娜，卢剑超．我国交通运输业全要素生产率变动分析 [J]．同济大学学报（自然科学版），2004，32（6）：827－831.

[36] 余泳泽，武鹏．我国物流产业效率及其影响因素的实证研究——基于中国省际数据的随机前沿生产函数分析 [J]．产业经济研究，2010，（1）：65－71.

［37］曾倩琳，孙秋碧．我国物流业与信息业耦合关联的时空分异分析——基于我国内地31个省（市）、自治区的面板数据［J］．亚太经济，2015，（3）：113－119．

［38］张军，吴桂英，张吉鹏．中国省际物质资本存量估算：1952—2000［J］．经济研究，2004（10）：35－44．

［39］张磊．产业融合与互联网管制［M］．上海：上海财经大学出版社，2001．

［40］张鹏．区域物流发展水平测度研究［D］．长春：吉林大学，2010．

［41］张毅，牛冲槐．考虑地区技术差距的区域物流业生产率指数的研究——基于共同前沿Malmquist指数方法［J］．数理统计与管理，2013，32（6）：1100－1114．

［42］赵雷．我国省域物流产业效率及其影响因素研究［D］．北京：北京交通大学，2014．

［43］植草益．信息通讯业的产业融合［J］．中国工业经济，2001，（2）：24－27．

［44］周振华．产业融合：产业发展及经济增长的新动力［J］．中国工业经济，2003a，（4）：46－52．

［45］周振华．信息化与产业融合［M］．上海：上海三联书店，上海人民出版社，2003b．

［46］朱长征，屈军锁．我国物流信息化发展现状分析［J］．西安邮电大学学报，2010，15（6）：55－58．

［47］Aigner, D. J., K. C. A. Lovell and P. Schmidt. Formulation and Estimation of Stochastic Frontier Production Function Models［J］. *Journal of Econometrics*, 1977, 6 (1): 21－37.

［48］Banister, D., and D. Stead. Impact of Information and Communications Technology on Transport［J］. *Transport Reviews*, 2004, 24 (5): 611－632.

［49］Battese, G. E., and T. J. Coelli. A Model for Technical Inefficiency Effects in a Stochastic Frontier Production Function for Panel Data［J］. *Empirical Economics*, 1995, 20 (2): 325－332.

［50］Bresnahan, T. F., and M. Trajtenberg. General Purpose Technologies "Engines of Growth"？［J］. *Journal of Econometrics*，1995，65（1）：83－108.

［51］ Caves，D. W.，L. R. Christensen，and W. E. Diewert. The Economic Theory of Index Numbers and the Measurement of Input，Output，and Productivity ［J］. *Econometrica*，1982，50（6）：1393－1414.

［52］ Charnes，A.，C. T. Clark，W. W. Cooper，and B. Golany. A Developmental Study of Data Envelopment Analysis in Measuring the Efficiency of Maintenance Units in the US Air Forces ［J］. *Annals of Operations Research*，1984，2 （1）：95－112.

［53］ Charnes，A.，W. W. Cooper and E. Rhodes. Measuring the Efficiency of De-cision-Making Units ［J］. *European Journal of Operational Research*，1978，2 （6）：429－444.

［54］ Dosi，G.，and R. R. Nelson. Technological Paradigms and Technological Traj-ectories ［J］. *Research Policy*，1982，11（3）：147－162.

［55］ Fai，F.，and N. von Tunzelmann. Industry-specific Competencies and Conver-ging Technological Systems：Evidence from Patents ［J］. *Structural Change and Economic Dynamics*，2001，12（2）：141－170.

［56］ Farrell，M. J. The Measurement of Productive Efficiency ［J］. *Journal of the Royal Statistical Society*，1957，120（3）：253－290.

［57］ Fare，R.，S. Grosskopf，M. Norris and Z. Zhang. Productivity Growth，Tech-nical Progress and Efficiency Change in Industrialized Countries ［J］. *American Economic Review*，1994，84（1）：66－83.

［58］ Gambardella，A.，and S. Torrisi. Does Technological Convergence Imply Con-vergence in Markets？ —Evidence from the Electronics Industry ［J］. *Research Policy*，1998，27（5）：445－463.

［59］ Goldsmith，R. W. "A Perpetual Inventory of National Wealth"，in：*Confer-ence on Research in National Income and Wealth*，*Studies in Income and Wealth*，vol. 14 ［M］. New York：National Bureau of Economic Research，1951：5－73.

［60］ Groznik，A.，A. Kovacic，B. Zorc，and D. Vicic. E-logistics：Informatization of Slovenian Transport Logistics Cluster ［C］. Proceedings of 26th International Conference on Information Technology Interfaces, Cavtat, Croatia: IEEE, 2004.

[61] Hansen, B. E. Threshold Effects in Non-Dynamic Panels: Estimation, Testing, and Inference [J]. *Journal of Econometrics*, 1999, 93 (2): 345 – 368.

[62] Hall, R. E. and C. I. Jones. Why Do Some Countries Produce So Much More Output per Worker than Others? [J]. *Quarterly Journal of Economics*, 1999, 114 (1): 83 – 116.

[63] Henderson, D. J., and L. Simar. A Fully Nonparametric Stochastic Frontier Model for Panel Data [R]. STAT Discussion Paper – 0525, 2005.

[64] Katrina, S. Internal and External Logistics Information Technologies: The Performance Impact in an International Setting [J]. *International Journal of Physical Distribution and Logistics Management*, 2007, 37 (6): 454 – 468.

[65] Krmac, E. V. Interdependence Between Logistics Activities and Information Communication Technologies [J]. *Promet-Traffic-Traffico*, 2007, 19 (2): 115 – 119.

[66] Lei, D. T. Industry Evolution and Competence Development the Imperatives of Technological Convergence [J]. *International Journal of Technology Management*, 2000, 19 (7 – 8): 699 – 738.

[67] Li, Q., and J. Racine. Cross-validated Local Linear Nonparametric Regression [J]. *Statistica Sinica*, 2004, 14 (2): 485 – 512.

[68] Lucas, D. I. The Impact of Information Technology on Logistics [J]. *International Journal of Physical Distribution and Logistics Management*, 1991, 21 (5): 32 – 37.

[69] Lucas, R. E. On the Mechanics of Economic Development [J]. *Journal of Monetary Economics*, 1989, 22 (1): 3 – 42.

[70] Malhotra, A., and A. K. Gupta. An Investigation of Firms' Strategic Responses to Industry Convergence [J]. *Academy of Management Proceedings*, 2001: G1 – G6.

[71] Malhotra, A. Firm Strategy in Converging Industries: An Investigation of U. S. Commercial Bank Responses to U. S. Commercial-Investment Banking Convergence [D]. College Park: University of Maryland, 2001.

[72] Malmquist, S. Index Numbers and Indifference Curves [J]. *Trabajos de Es-*

tatistica，1953，4（1）：209 – 242.

[73] Meeusen，W.，and J. van den Broeck. Efficiency Estimation from Cobb-Dauglas Production Function with Composed Error [J]. *International Economic Review*，1977，18（2）：435 – 444.

[74] Porter，M. E. *Competitive Advantage* [M]. New York：Free Press，1985.

[75] Rabah，M.，and H. S. Mahmassani. Impact of Information and Communication Technologies on Logistics and Freight：Example of Vendor-Managed Inventories [J]. *Transportation Research Record Journal of the Transportation Research Board*，2002，92：10 – 19.

[76] Romer，P. M. Increasing Returns and Long-Run Growth [J]. *Journal of Political Economy*，1986，94（5）：1002 – 1037.

[77] Rosenberg，N. Technological Change in the Machine Tool Industry，1840 – 1910 [J]. *The Journal of Economic History*，1963，23（4）：414 – 443.

[78] Salaimeh，S. A. A New Model for Information Logistics System Architecture [J]. *Journal of Theoretical and Applied Information Technology*，2011，28（1）：39 – 47.

[79] Solow，R. M. Technical Change and the Aggregate Production Function [J]. *The Review of Economics and Statistics*，1957，39（3）：312 – 320.

[80] Yoffie，D. B. *Competing in the Age of Digital Convergence* [M]. Boston：Harvard Business School Press，1997.

[81] Zelbst，P. J.，G. Baker，V. E. Sower，K. W. Green，and E. P. Lou. RFID Utilization and Information Sharing：The Impact on Supply Chain Performance [J]. *Journal of Business and Industrial Marketing*，2010，25（8）：582 – 589.

第八章 战略联盟与物流业市场竞争力

　　20 世纪 80 年代以后，伴随着经济全球化，战略联盟成为企业创造价值、获取竞争优势的重要途径。战略联盟可以使成员企业共享资源、共担风险，完成独自无法完成的任务，通过整合产业优质资源，提升产业整体竞争力。

　　近年来，我国物流企业面临巨大的挑战，特别是一些综合实力相对较弱的物流企业，在资金、信息、设施设备、管理等方面难以与大型物流企业竞争。另外，物流企业拥有的资源有限，为了提升自身竞争力，一些物流企业开始向外寻找资源。而且，客户对物流服务效率和质量要求越来越高。正是在这样的背景下，大批物流企业开始组成战略联盟。例如，由北京"大中"、上海"家乐"等企业联合组建的"中永通泰"采购联盟；由江苏"五星"、天津"一商"等流通大户发起组建的"超级采购联盟"；由山东博远物流公司牵头的"山东博远钢铁联盟"；中国外轮理货总公司与中国远洋运输总公司为实现优势互补，进行的强强联合；中中物流联盟；华中甩挂运输联盟；苏州市公铁水联运企业联盟等。

　　随着物流企业战略联盟的不断发展，联盟成员的协同问题、联盟运营的优劣成为成员企业关注的重点，联盟绩效作为衡量联盟优劣的重要标尺，也受到联盟成员的广泛关注。盟员企业通过对联盟各方面的管理，促进彼此的协同并提高联盟绩效水平，为自己和其他成员带来直接或间接的经济效益。在联盟管理的过程中，联盟企业间的关系质量成为解决盟员融合问题的关键，这些关系影响联盟的协调控制、学习和运营等诸多方面，进而影响联盟的顺利运行和长远发展。联盟管理者对联盟企业间关系质量的准确判断和维护，成为促进联盟绩效水平提升的先决条件。

本章拟以联盟成员的关系质量为切入点，考察物流企业战略联盟的关系质量对联盟绩效的影响，并探究关系质量影响联盟绩效的内部机制及调节因素，期冀为我国物流企业实施战略联盟，以及我国物流业整体竞争力的提高提供理论参考。

一　物流企业战略联盟的理论基础

（一）　战略联盟

1. 战略联盟的概念

战略联盟，也称为策略联盟（Strategic Alliance），起源于军事联盟，后来逐渐被应用于经济领域。当经济发展到一定阶段，企业在关注竞争、偏重提升自我盈利的同时，从竞争走向竞合，形成战略联盟。战略联盟的概念最早由美国 DEC 公司总裁简·霍普兰德和管理学家罗杰·奈格尔提出。他们认为，战略联盟是由两个或两个以上有着共同战略利益和对等经营实力的企业，为达到共同拥有市场、共同使用资源等战略目标，通过各种协议、契约而结成的优势互补或优势相长、风险共担、生产要素水平式双向或多向流动的一种松散的合作模式。

关于战略联盟，学术界还有多种解释，其中比较具代表性的有：威廉姆森基于交易成本理论将战略联盟称为"非标准商业市场合同"（Williamson，1975）；基于联盟组织多边性，将战略联盟称为"网络化"（Thorelli，1986）；Porter（1985）认为，联盟是企业之间的一种合作形式，企业无须扩大规模就可以扩展自身的市场边界，它超越了正常的市场交易，但又未达到合并的程度，联盟的方式包括技术许可生产、供应协定、营销协定和合资企业。Teece（1992）以资源基础理论和组织学习理论为基础，认为企业构筑战略联盟是为了更方便地学习联盟伙伴在技术开发、财务、市场营销及生产等方面的先进知识和经验。Taylor 和 Jonker（1978）以博弈论为基础，指出企业在产业集群中进行动态博弈，在竞合之间进行选择，而联盟就是企业进行博弈后选择合作的结果。

结合上述分析，我们认为战略联盟是两个或两个以上的企业为实现某种共同的战略目标，以契约方式联结的共担成本、风险，共享资源、利益的松散合作模式。

2. 战略联盟的特点

从战略联盟的定义出发，战略联盟具有以下特点。

（1）边际模糊。与传统企业不同，战略联盟并没有明确的边界和层级，联盟中的企业通常以契约或资产联结在一起，并对资产进行最优化配置。成员企业之间可能存在纵向关系，如供应商、生产商和分销商之间以联盟的形式组成的战略共同体；也可能存在横向关系，如竞争对手之间因为市场的驱动而形成的战略共同体，从而产生一种相互交融的局面。

（2）关系松散。传统企业主要以行政方式进行协调和控制，而战略联盟主要通过契约的形式完成组建，并进行相应的管理。与传统企业的管理方式相比，战略联盟成员之间的关系比较灵活。另外，战略联盟兼具了市场机制与行政管理的特点，联盟中出现问题和须做重要决策时，通常以协商的方式予以解决和实现。并且联盟成员企业通常会在联盟成立之初对其存续时间进行协商，根据彼此的具体需求规定联盟的持续时间或解散时间。因此，战略联盟既具有传统组织模式的稳定性，又可以根据自身阶段性的需求调整合作模式。

（3）机动灵活。在出现有利于企业发展的市场机会时，联盟能够迅速组建并发挥相应的作用。另外，联盟组建企业之间的关系相对松散，使得联盟的组建或者解散较为便捷，因此，在市场环境动态变化时，战略联盟成员企业能够根据自身的需求做出相应的调整。

（4）创造价值。战略联盟汇聚了成员企业的各种资源，如基础设施设备、信息系统和人力等相关资源，形成资源共享、风险共担格局。在联盟整体实力增强的同时，成员企业的竞争力也得到了相应提升，使其能够完成独自无法完成的任务，从而创造出额外的收益。

3. 战略联盟的分类

以往研究从不同视角对战略联盟的类型进行划分。例如，希特等（2016）依据成员企业与联盟间的资产关系以及资产关系的紧密程度，将战略联盟划分为资产联盟和非资产联盟两种类型。巴尼（Barney，2003）依据战略联盟的组建形式，将其划分为股权联盟、合资企业和合作企业三种类型。Yoshino 和 Rangan（1995）依据联盟成员间的互动关系，将联盟区分为后竞争、竞争、非竞争和前竞争四种类型。皮埃尔·杜尚哲（Pierre Dussauge）和贝尔纳·加雷特（Bernard Garrette）（2006）则结合成员企业所属产业的类型，将战略联盟区分为非竞争企业间的联盟和竞争企业间的联盟，这两种战略联盟类型阐述如下。

（1）非竞争企业间的战略联盟。这种类型是指战略联盟成员企业所在的产业不尽相同。组建联盟能够为企业进入新业务领域提供极大的帮助，在一定程度上取代了传统的扩张模式，比如绿地投资（Greenfield Investment）和收购。更进一步，依据进驻业务领域的不同，非竞争企业之间的合作关系还可以细分为国际合资企业、纵向伙伴关系和跨产业合作协定。

（2）竞争企业间的战略联盟。这种战略联盟是指成员企业之间竞争关系与合作关系共存。其优势在于能够有效整合同行业各种核心资源，提高自身竞争力，并扩展业务范围。但这种合作关系也存在一些不利的因素，例如合作内容较少，难以保证合作各方的战略目标顺利完成。另外，如果企业共享较多资源，则可能出现弱化自身竞争力的风险。这种类型的战略联盟还可以进一步细化为供应共享型联盟、准集中化联盟和互补型联盟三种类型。

（二）战略联盟绩效

战略联盟绩效一直是战略联盟领域的研究重点，相关研究主要集中于讨论战略联盟绩效的定义、衡量指标及其影响因素。

1. 战略联盟绩效的定义

关于战略联盟绩效的界定，Arino（2003）、Ratten（2004）认为战略联盟绩效是有效实现合作伙伴目标的程度。在衡量的指标上，Arino（2003）、Ratten（2004）认为应该包括三个主要指标——财务绩效、运营绩效和组织有效性。

2. 战略联盟绩效的影响因素

本章主要从以下七个不同视角，分析战略联盟绩效的影响因素。

（1）产业组织理论视角。Holmberg 和 Cummings（2009）、Swoboda 等（2011）、冯文娜和杨蕙馨（2011）基于产业组织理论，探讨了行为因素和结构因素对联盟绩效的影响。由于行为影响绩效，既有研究针对行为因素进行了较多讨论，Kalaignanam 等（2007）发现行为因素主要从资源、契约、范围三个特征方面对联盟绩效产生影响。资源特征是引起联盟行为产生不同绩效水平的主要原因（Jiang et al.，2008）。Dussauge 等（2000）对资源特征做了进一步的细化，认为联盟中企业投入同质化的资源构成规模联盟，投入异质化的资源构成关联联盟，这种资源特征的不同最终导致联盟绩效水平的不同。在契约特征和范围特征方面，Murray 和 Kotabe（2005）认为股权形式可以增强联盟参与者的信赖感和利益相关关系，从而规避风险，提高联盟的绩效。Yan 和 Zeng（1999）认为联盟跨越了不同的文化和组织，增加了控制和协调风险，如果是跨国家的联盟还存在法律、政策和规则等方面的差异，这些因素也会影响联盟成员间的合作关系。

（2）交易成本理论视角。Zaheer 和 Venkatraman（1995）认为影响联盟绩效的许多因素都与交易成本理论相关，比如联盟伙伴在东道国的经验与交易的频率直接相关，信任和冲突等企业间关系与资产专用性存在一定关系等。而 Meier（2011）主要研究了信任这一企业行为，指出信任能够降低企业交易成本和减少机会主义行为、企业间冲突行为等，有利于联盟稳定和联盟绩效的提升。另外，Glaister 和 Buekley（1999）从先期的合作关系入手，验证了先期关系能够降低交易成本，从而提高战略联盟的绩效和成功率。徐二明和徐凯（2012）从资源互补和机会主义的角度，阐述了合作与竞争对联盟绩效的影响，指出企业间资源的互补能够提高联盟的财务绩效，而机会主义则对联盟财务绩效有反向影响。

（3）资源基础理论视角。战略联盟是企业获取自身缺乏资源的一种重要方式（Tsang，1998）。贾生华等（2007）、龙勇和付建伟（2011）通过对联盟中资源依赖性、关系风险和绩效的研究，得出资源依赖性对联盟关系风险具有显著正向影响的结论。李薇（2009）证明了联盟成员投入的资源对联盟绩效有显著影响。李丹和郭建民（2008）指出股权式联盟模式会降低企业无形资产的价值积蓄，而非股权模式则有相反的作用。

（4）社会网络理论视角。既有研究多从关系、结构两个维度对联盟网络进行刻画（Lavie，2007）。网络的关系特征是指网络结点之间的某种特定关系，包括关系的强度、质量和冗余等。联盟网络结构特征是指企业所嵌入的整合关系模式，包括网络中心度、结构洞、密度、结构对等性等（Wassmer，2010）。在网络关系的研究中，Granovetter（1973）认为强网络关系会带来冗余信息，对企业的利益获取存在不利的影响。与之相反的是，Coleman（1990）认为强关系有利于成员企业间信任、规范、权威和制裁等制度的建立与维系，从而有助于联盟企业利益的获取。在对网络结构的研究中，Mahavan（1996）的研究表明企业占据联盟网络中的中心性位置，会给企业绩效带来不利影响。与之相反的是，Rowley 和 Baum（2008）研究发现，企业占据网络中心位置对企业获取和整合网络中的资源非常有利。而 Hoffmann（2007）在对西门子公司联盟的研究中发现，不同的联盟战略会对网络构建产生不同影响，分别是适应型战略，倾向于构建以低冗余、弱联系为主的网络；稳定型战略，倾向于构建高冗余、强联系的网络；而塑造型战略则会构建高冗余、强联系偏多的网络。

（5）组织学习理论视角。这方面的研究主要研究知识转移对联盟绩效的影响。Gravier 等（2008）认为 2/3 联盟的企业间知识转移活动显著地提升了企业的创新绩效。Hendriks（1999）认为，知识转移是源单元和目标单元之间知识的二元交换。Kang 和 Kim（2013）认为知识转移是知识源与知识接受者间的沟通，知识接受者吸收知识并消化。Grant（1996）、Gomes-Casseres 等（2006）指出，战略联盟便利了信息、技术和知识的转移，并认为这些转移可以提高企业竞争力并对联盟绩效有促进作用。张红兵（2015）将战略柔性（能力柔性和资源柔性）作为中介变量，证明了知识转移通过增强联盟能力提升联盟创新绩效，而资源柔性则具有相反的作用。

（6）关系质量视角。联盟企业间的关系质量会影响联盟企业间的知识、信息、资源交换和管理等因素，进而对联盟绩效产生影响。对于联盟成员关系的界定，比较有代表性的是，Woo 和 Ennew（2004）认为联盟成员关系是伙伴间交互作用的总体评价。Quinn（2004）将关系质量定义为合作双方为构建积极的、长期的伙伴关系而努力的程度，并指出关系质量是一个包含信任、沟通、合作等关系指标的多维度构架。对于它的构成维度，不同研究的看法不尽相同，姚作为（2005）通过梳理以往研究，指出信任、承诺与满意是所有关系质量维度结构中的核心维度。Roberts 等（2003）认为冲突也是关键评价维度之一。在关系质量与联盟绩效的研究中，早期的研究发现，导致联盟失败的原因是企业间缺乏沟通、信任、管理层的支持、规划等（Ellram，1990）。其中沟通和信任就是联盟中企业关系质量维度。还有研究者针对联盟企业的单个关系展开研究，Dhanaraj 和 Beamish（2004）通过实证，指出联盟成员间的沟通、信任有利于隐性知识的转移，从而影响联盟的绩效。贾生华等（2007）研究指出，信任、承诺和沟通对联盟绩效有显著影响。吴焕香（2006）研究得出，联盟伙伴的协作、承诺、沟通和冲突对联盟绩效有显著影响。周青等（2011）研究指出，信任、承诺对技术联盟具有显著的促进作用。张延锋和田增瑞（2007）、江旭等（2008）对联盟中企业的信任关系进行了研究，前者认为信任通过知识获取这一中介对企业绩效产生了正向影响，后者指出建立感性信任更有利于联盟的绩效。左志刚（2015）通过对国外研究的综述，指出成员企业的行为因素主要包括承诺、信任、作业协同和冲突。

（7）联盟能力视角。Kale（1999）第一次明确地指出联盟能力是基于知识管理过程的动态能力形式。也有研究认为联盟能力是企业获取、分享、传播和应用管理技巧和惯例的能力（Heimeriks and Duysters，2007）。郑胜华和芮明杰（2008）从惯例和组织过程切入，认为企业联盟能力是由运营能力、提升能力和协控能力构成的自组织能力整合系统。对于联盟能力与联盟绩效，Simonin（1997）基于调研数据的分析，发现联盟能力的强弱与盟员企业从联盟中获取的利益成正比。Anand 和 Khanna（2000）对比了联盟能力在研发联盟和产销联盟中的作用，研究发现联盟能力的强弱与研发联盟的绩效成正比，但对产销联盟的影响不明显。也有研究分析联盟能力影响联盟绩效的内部机制，结果表明联盟能力通过联盟经验、联盟结构的传导，影响联盟绩效水平（Schilke and Goerzen，2010）。

（三）物流企业战略联盟

物流企业战略联盟作为一种重要的组织模式，自20世纪90年代后期在国外迅速发展。学术界围绕物流企业战略联盟展开了一系列研究，主要集中在以下几个方面。

1. 物流企业战略联盟的概念与内涵

国标《物流术语》将物流企业战略联盟解释为：两个或两个以上的经济组织为实现特定的物流目标而采取的长期联合与合作。既有研究普遍认为，物流企业战略联盟是为了达到比独立从事物流活动更好的效果，企业间形成的相互信任、共担风险、共享收益的伙伴关系。物流企业战略联盟是企业在物流方面通过契约形成优势互补、要素双向或多向流动的一种中间组织（田宇和朱道立，2000）。物流企业战略联盟是物流企业之间通过超越传统的市场关系而又未达到合并程度的长期契约或协议而结成的优势互补、风险共担的松散型组织（胡蔚波，2005）。物流企业战略联盟，是指由若干具备专业特色与互补特征的物流组织，通过契约关系结成的长期联合与合作（李辉，2008）。

Yoshino 和 Rangan（1995）认为联盟虽然签订了长期协议，但不属于合并的范畴，它克服了企业之间相互协调的难题。Bowersox（1990）将其定义为一种双方共担风险、共享利益，为满足自身的需求而进行长期合作的企业战略关系。与其相似的解释还有 Teece（1992）、Yoshino 和 Rangan（1995），他们将物流企业战略联盟解释为：有两个或多个物流企业为了实现资源共享、优势互补等战略目标，在特定业务层面上的联结，属于商业伙伴关系。同时，Teece（1992）还指出了五种具体的联盟形式，分别是排他性的购买协议、合作生产、技术成果互换、研发协议和共同营销。此外，Bagehi 和 Virum（1996）、Moore（1998）、Murphy 和 Poist（2000）从纵向联盟的角度，指出物流企业战略联盟是物流服务提供方和物流服务需求方建立的长期伙伴关系，并借此完成服务需求方全部或部分的物流工作。还有一些研究从其他角度展开分析，如 Gulati（1998）基于社会网络视角，将物流企业战略联盟解释为企业之间的一种自发行为，形成基础是企业社会存在的客观性和融入性的要求。Beamish 和 Killing（1997）结合组织学习理论，认为物流企业战略联盟是介于市场交易和科层组织间的一种中间边际状态组织。唐建民（2010）通过梳理国外学者对物流企业战略联盟的解释，认为物流企业战略联盟是物流要素的有机匹配整合和复杂的非线性相互作用所产生的单个企业无法实现的协同效应。

2. 物流企业战略联盟的动因

Fernie（1999）、van Laarhoven 等（2000）的实证研究表明，物流企业战略联盟的动因主要包括削减企业的运作成本、改善企业服务水平、增强企业运作柔性、集中发展企业核心能力、改善企业资产利用率、确定企业的战略系统和对企业物流的管理。Quelin 和 Duhamel（2003）通过实证研究归纳出七种物流外包的动因，包括提升企业自身竞争力、降低投资并提高成本的可测性、将固定成本转换为可变成本和增强对内部部门的控制等。此外，史占中（2001）基于交易费用、价值链和资产互补性等理论提出了五个方面的动因，包括共享信息、共担风险、促进资源的重组、实现企业间战略协同等。基于既有研究，我们从交易费用理论、企业资源基础理论与组织学习理论出发分析物流企业战略联盟的动因。

（1）交易费用理论视角下的物流企业战略联盟。交易费用经济学的研究对象是经济组织及其边界。科斯（Coase，1937）在《企业的性质》中指出，市场和企业是社会经济生活中两种不同的资源配置方式和协调生产的手段。企业的显著特点是对价格机制的替代。在企业外部，价格的变化能够调节生产，并通过一系列市场交易来实现。在企业内部，由企业家对生产进行调节。关于什么情况下企业比市场的配置资源效率更高，科斯认为，可以通过比较市场配置资源的"交易费用"和企业配置资源的"行政协调费用"的高低来确定。交易费用包括企业寻找供应商和顾客、谈判和签订合同，以及监督和履行合同等一系列活动所产生的费用。这些交易活动，虽然与产品的生产活动不直接相关，但常常会出现耗时长、过程复杂、风险大和费用高等问题。为了避免较高的交易费用，市场参与者可能将交易关系制度化、组织化和内部化，从企业外部的市场交易转化为企业内部由行政协调机制指导。Williamson（1979）对交易费用理论做了更深层次的分析，指出交易费用的高低，主要由交易过程的动态变化程度、资产的专用程度和交易的频繁程度三个因素共同决定。

物流企业战略联盟本质上是存在于企业外部市场和企业内部之间的资源配置方式，联盟形成和发展的根本原因是能为物流企业节约交易费用（Hennart，1988）。所以一些研究尝试利用交易费用理论解释联盟组建的本质及其结构。当物流企业发现以市场配置资源或以企业内部行政协调制度配置资源均不能有效降低交易费用时，联盟就成为物流企业的选择。联盟使单个物流企业跳出固有的资源配置方式，充分发挥两种资源配置手段的优势，从而降低交易费用和行政协调费用。由于物流活动的多环节性、市场环境的动态变化、信息的不对称性和机会主义的存在，单个物流企业的物流设备设施有限，无法在所有环节中都具备强竞争力。并且，单个物流企业资源的完全内部化，不仅增加了交易费用和运营风险，而且增加了物流资源的浪费。另外，单个物流企业如果在物流活动的所有环节都面面俱到，将难以发挥自身的核心竞争力。相反，战略联盟不仅能够通过规模经济降低服务成本，而且能够更大程度地满足成员企业的需求，促进物流企业的发展。

（2）企业资源基础理论视角下的物流企业战略联盟。企业独有的竞争优势使企业能够在激烈的市场竞争中获得长期的生存和发展，并取得超额利润，而这种独有的竞争优势源于企业的战略定位和产业竞争结构的调整（Porter，1985），源于企业拥有的高价值、稀缺、难以替代和模仿的资源（Prahalad and Hamel，1990）。企业本质上是一个资源集合体，不同企业拥有的资源不尽相同，而这些差异化的资源和能力正是企业独有竞争优势的来源。因此，企业必须不断积累差异化的资源，从而提升自身竞争力。

基于企业资源基础理论，物流企业组建战略联盟，主要是为了获取自身所缺少的资源，弥补短板。通过组建联盟，企业能够在短时期内直接或间接获得互补性资源，从而提高竞争力（Chung et al.，2000）。由于企业的异质性，单一物流企业很难同时拥有各类资源，而联盟的出现则为企业获得这些资源提供了合法的渠道和机会（Miner et al.，1990）。

战略联盟通过对不同资源的整合，连接成员企业开展各类业务服务，能够创造出满足市场需求的新竞争手段。

单个物流企业的主营业务不同，如仓储、公路运输、配送、集装箱运输、水运、空运等。因此，如果单个物流企业要扩大业务范围，可以通过战略联盟，增强自身竞争力并满足市场需求变化。通过战略联盟，企业可以在不投入大量资本的前提下，获取所需资源，弥补自身不足，实现物流基础设施设备、人力资源、信息资源和专利技术的共享，增强竞争优势。

（3）组织学习理论视角下的物流企业战略联盟。组织学习理论是在结合行为科学、系统动力学和组织理论等不同学科理论的基础上提出的。在企业外部环境持续变动的情形下，企业唯有不断创新，不断增强自身实力，才能适应外界变化，才能始终处于优势地位。通过建立开放、动态的高效学习机制，企业能从容面对外部环境的不断变化（Argyris and Schon，1978）。

基于组织学习理论，联盟通过整合成员企业差异化资源，促进成员企业间不同显性、隐性知识和技能的转移，为企业的学习提升提供了便利。另外，盟员企业间日常的接触交流，不仅能够为成员企业创造良好的学习机会和途径，并且可以让成员企业通过"干中学"获取合作伙伴的各类知识，甚至能够创造出新的知识技能（Doz and Hamel，1998）。物流企业虽然受内部拥有的、与新的知识相近的知识和技能的制约（Fiol and Lyles，1985），但可以依靠联盟平台上的资源，同时加强终身学习制度的建立，向学习型企业发展。单个物流企业的闭关自守往往是不可取的，企业要想生存和发展，就必须不断进步，而进步的前提便是对新知识的学习。但是同行业的核心知识往往不易获得，物流联盟的组建为企业提供了学习新知识的有效途径和广阔空间，物流企业能够通过学习伙伴企业的先进技术、管理经验，进而对知识进行识别、整理、吸收和运用，以提升竞争力。

二 物流企业战略联盟的探索性案例研究

本节拟选取 3 个不同类型物流企业战略联盟的案例，借助案例内分析、案例间对比分析、数据编码与总结归纳，针对联盟企业间关系质量、联盟能力和联盟绩效的内在联系，以及环境动态性在关系质量与联盟绩效间的作用机制，初步提出理论假设。

（一） 案例分析方法及步骤

案例研究法是社会科学研究的一种重要方法，研究者通过考察现实中的某些现象并对其进行描述以达到探索事件之间相互关系的目的（Yin，1989）。考察一些理论在特定情境下能否适用时，案例研究方法能够获取一般定量研究无法获取的更为丰富和准确的数据资料，表现出更强的适用性和优越性；研究者能通过案例研究验证已有理论或形成新理论，从而获得一个较为全面的观点（Gummessen，1991）。

采用何种案例研究方法取决于研究目的和案例性质。描述性、解释性和评价性案例研究侧重于对观测到的人、事件或现象进行描述、总结或评价，而探索性案例研究的目的是通过观测事件发现新规律或新观点（Yin，1989）。由于既有研究较少考虑联盟中物流企业之间的关系质量，因此我们采用探索性案例来考察物流联盟企业间关系质量与联盟绩效的关系。

Eisenhardt 于 1989 年提出探索性案例研究的过程，主要包括定义问题、选择案例和研究方法、确定数据收集方法、进入现场收集数据、案例分析、形成假设并将结果与现有文献进行比对等步骤。Yin（1989）提出案例分析应遵照研究设计（包括确定研究问题、提出理论假设、确定分析单位和研究结果标准）、数据搜集准备、搜集数据、分析数据并撰写调研报告的流程。之后的相关研究多在 Eisenhardt 和 Yin 的基础上进行修改、调整和补充。结合本节的研究问题，我们按照研究准备（包括确定研究问题和研究方法、选择案例）、收集数据、分析数据、结果讨论、形成初始假设的步骤进行探索性案例分析。首先，我们通过案例内和案例间分析，识别案例企业间关系质量以及联盟绩效特征，在形成初步结果后反馈给相关企业进行检验，然后根据反馈结果进行修改，最后对特征评判结果进行比较归纳，形成关于物流联盟中企业间关系质量与联盟绩效相关性的初始研究假设。

（二）案例研究设计

1. 研究问题界定

关于企业战略联盟绩效，以往研究多以产业组织、交易成本、资源基础、社会网络、组织学习等理论为切入点来进行探索分析，并且取得了丰硕的研究成果。随着联盟企业协同问题的凸显，人们开始关注企业在联盟中的关系性因素，认为联盟企业间关系质量会对联盟绩效产生直接或间接的影响。具体而言，联盟企业间的承诺对联盟绩效有显著影响（贾生华等，2007）；联盟成员间的沟通、信任会通过影响隐性知识的转移，影响联盟绩效（Dhanaraj and Beamish，2004）。又如企业间的信任会通过影响双方资源开放和承诺的履行，间接提升联盟绩效（Zaheer et al.，1998）等。

本章主要探究物流企业战略联盟伙伴间的关系质量、联盟能力和联盟绩效的关系，根据联盟模式的类型选择了三个典型案例，拟通过单案例的内部分析及三个案例之间的比较分析，重点解决以下四个问题：（1）物流联盟企业间关系质量与联盟绩效之间的关系；（2）物流联盟企业间关系质量与联盟能力之间的关系；（3）联盟能力与联盟绩效之间的联系；（4）联盟外部环境的动态变化会对联盟绩效产生怎样的影响。

2. 案例选择

为了提高研究的严谨性、一般性和稳定性，我们采用多案例研究方法，选取三个典型案例，通过案例间的反复验证，对同一概念在不同场合下的运作结果进行深入探究。

案例的选择过程，主要遵循四个原则：（1）案例必须是国内物流企业战略联盟；（2）联盟成员需在两个以上，并且联盟持续时间为1年以上；（3）因不同类型物流企业战略联盟的合作关系可能不同，所以联盟案例的类型不能重叠；（4）所选联盟案例，需在物流领域有一定的代表性并且能够获得相关信息。根据这四个原则，本节选取了网络集成型联盟——中中物流联盟、资源整合型联盟——众盟物流联盟和业务协作型联盟——苏浙沪集装箱（上海）联盟这三个物流企业战略联盟作为探索性研究案例。

3. 案例资料收集

我们主要通过访谈、电视或网络报道、联盟官方网站、行业年报、优秀的物流企业案例出版物、硕博士学位论文中所引用的案例及相关研究资料等多种渠道收集数据。其中，访谈对象主要针对物流联盟成员企业的相关管理人员，访谈内容以本研究所界定的问题为主。在数据收集完整后，根据研究内容对数据进行整理，按照之前设定的研究问题进行归类整合，以确保数据符合本研究的真实需求，达到分析的客观性和准确性要求。

4. 案例资料分析

资料分析是案例研究的核心环节，主要包括案例内分析和案例间对比分析两个阶段。在案例内分析阶段，在概括联盟外部环境的基础上，具体分析每个联盟的合作模式、资源投入、组织架构、运作体系及成效。在案例间分析阶段，分别对关系质量、联盟能力、联盟绩效及环境动态性等主要变量进行编码、制表，识别各案例的变量特征，并把所有案例包含的变量整理在一起，探索关系质量对联盟绩效的作用机制，从而提出初始研究命题。

（三）案例企业简介

1. 网络集成型联盟——中中物流联盟

中国中部地区物流联盟（简称"中中物流联盟"）是由河南长通物流有限公司于2013年5月26日倡议并发起，山东佳怡物流有限公司、安徽大中原物流有限公司、湖北大道物流有限公司、河北鑫磊物流有限公司、山西天和旺物流有限公司、陕西明亨物流有限公司等 6 省重点物流企业响应，在河南郑州组建成立的国内首家跨省域物流企业联盟。联盟拥有员工 1.8 万人、货运车辆 8000 辆，年资金流达 300 亿元，年货物吞吐量约 12000 万吨，固定会员计 20 多万家。该联盟能够形成以郑州为中心的服务范围 500km、12h 直达所辖县城的一级配送圈，以郑州为中心，以 7 省省会为中转配送节点的服务范围 1000km、36h 直达所辖县城的二级配送圈，最终实现 7 省所有县城无盲点的、约占我国大陆面积 1/3 的物流覆盖区域。

2. 资源整合型联盟——众盟物流联盟

众盟物流联盟有限公司成立于 2013 年 6 月，是在交通部和国家政策的引导下，在无锡市有关政府部门的支持下，在夏氏、中卡等物流企业的倡导与协调下，由无锡众达、益源、诚亿、正连、好加杰、大夏等物流企业响应，相关企业自愿参加的业务、资源合作组织联盟。该联盟主要提供公路、铁路、海运、空运、集装箱运输等多种物流运输服务。联盟注册资本 1000 万元，总资产 1.2 亿元，拥有员工 1478 人、自有运营车辆 189 辆、联运车辆 1200 多辆，年运输量 280 万吨，仓储面积 12 万 m^2，场站合计使用面积 $66000m^2$，各类大中型装载机械 100 余台（套）。联盟拥有品牌线路 20 条，业务覆盖长三角、珠三角、东北三省、华中等地区。

3. 业务协作型联盟——苏浙沪集装箱（上海）联盟

苏浙沪集装箱（上海）联盟于 2014 年 7 月 23 日正式成立，由上海康芸物流发展有限公司发起，并与江苏飞力达国际物流股份有限公司、上海国际航运仲裁咨询服务中心、上海吴淞国际物流园区开发有限公司、振石集团浙江宇石国际物流有限公司、江苏中外运有限公司苏州分公司、昆山无水港国际物流发展有限公司、上海富鹰物流有限公司等企业共同组成。苏浙沪集装箱（上海）股份有限公司由盟员企业以入股形式成立，是一家独立的联盟运营机构。注册资本 5000 万元，拥有车辆 568 辆，并使用统一标识。成员分布于重要海港周边、货物集散地，业务范围包括普通货运，集装箱堆存，仓储服务、装拆箱，海上、航空、陆路、国际货物运输代理业务及订舱，结算运杂费及其他相关业务。核心业务为信息化系统导入，构建甩挂运输平台，推动甩挂运输项目运作。

（四）案例内分析

本部分将对三个案例逐个进行分析，用定性的资料和定量的数据分别对各案例中的关系质量、联盟能力和联盟绩效进行描述和分析，以得出结构化的数据信息，为之后深入分析变量之间的关系打下基础。对于联盟企业间关系质量和联盟能力这些抽象的构念，在案例资料中并不能直接观测出来，故通过对这些抽象构念的具体表现形式，如联盟成员资源投入、联盟合作模式、联盟组织架构、联盟运作体系及联盟的成效等联盟运营情况进行描述和分析，达到观测这些抽象构念的目的。

1. 中中物流联盟的内部分析

中中物流联盟内部分析汇总如表 8 - 1 所示。

表 8 - 1　中中物流联盟内部分析汇总

构念	内容
关系质量	中中物流联盟成员企业具有相似的商业模式、相似的发展经历、较大区域影响力、相近的未来发展诉求、物流服务链条中平等的地位、相同的权利和义务等组建基础。联盟成员企业逐步实现网点、资源、设施设备和车辆的共享，并借鉴德国物流企业的联盟形式，采用一体化的经营模式开展联盟的运营活动。联盟企业间相互维护彼此和联盟声誉，共担风险，定期交流运营经验，分享运营过程中的各类信息。
联盟能力	联盟在平行模式的基础上由核心企业领导和业务骨干组织并建立联盟协调机构，对联盟内的资源和技术力量实行统一计划和管理，从而实现联盟内资源的优化调度。与此同时，联盟制定了运行机制，对联盟企业和业务流程进行有效管理。另外，联盟设定共同的战略目标，开发统一的数据交换平台，推行物流管理、物流业务、物流网络、物流信息等标准化管理，坚持开放的心态，在服务上形成优势互补。
联盟绩效	联盟成立后，取得了超过预期的经济效益。比如安徽合肥分公司在主营合肥—河南物流往返业务中，月到货量价值由 8 万元左右，增加到 16 万元左右；月返程货运量由 13 万元左右增加至 28 万元左右，并且业绩持续保持上升态势。 另外，车辆运营费用和场地人工费用分别从联盟成立前的 16 万元左右和 3 万元左右，下降至 8 万元左右和 2 万元左右。可见，企业成员在成本节约和受益增加方面成效显著。

续表

构念	内容
联盟外部环境	2012 年 11 月，国务院文件《中原经济区规划》明确将中原经济区建成全国重要的现代综合交通枢纽和物流中心。2013 年 3 月，国家发改委批准了《郑州航空港经济综合实验区发展规划（2013～2015 年）》，郑州成为国内首个航空港经济发展先行区，这直接加速了中中物流联盟的成立。 市场方面，商户对客户（B2C）电子商务模式快速发展，客户对物流多样化服务和质量的要求越来越高，商品流通范围进一步扩大，跨省域商品流通大幅增加。郑州航空港经济综合实验区未来不仅仅需要航空货运的快速发展，更需要与之匹配的地面运输的辅助。 另外，现代物流发展要求通过集约化、产品化、标准化、网络化和信息化，来实现服务水平的提高和全社会物流成本的降低。

2. 众盟物流联盟的内部分析

众盟物流联盟内部分析汇总如表 8-2 所示。

表 8-2 众盟物流联盟内部分析汇总

构念	内容
关系质量	众盟物流联盟采用独特的"股份+加盟"的联盟结构体系，是一种混合型的物流企业联盟。公司内部下设运营部、市场部、行政人事部、财务部、仓储、配送中心等多个部门，并自主研发基于网络信息化的运输管理、仓储管理及调度系统等管理系统。通过信息系统联盟企业实现充分的信息共享，并且定期组织大型交流会议，分享各企业特色和经验，共同商议联盟运行过程中的重大决策问题。
联盟能力	联盟采用股份制合作的方式，成立董事会并设董事长一名，确定股份所占比例和利润分配、制定或修改联盟章程、审批联盟内部标准、审查联盟成员资格及协调联盟成员之间的关系和纠纷等事项由董事会讨论决定。 联盟运作方面，实行统一领导、统一管理等运作模式，对外统一使用联盟标识。另外，成员之间进行业务合作时，按照联盟统一的内部结算价格，使用联盟内部的站场和车辆资源；零担业务按照自有网络覆盖区域所在地优先获得运输服务。 采购方面，依托联盟整体的力量进行统一采购，以获得优惠价格；日常业务交流统一在联盟自有的信息平台操作。营销方面，联盟作为一个整体进行市场营销活动，以实现市场资源、运输资源、信息资源的共享。信息平台建设方面，联盟与顿楷国际物流信息部联合研发新的信息网络管理技术，并整合成员企业的信息系统。最后，联盟会统一制定操作规则和物流品质控制措施，要求联盟成员遵照执行，并由运营部监管执行情况。

续表

构念	内容
联盟绩效	联盟成立后，业务量较整合前增加了49%；新加盟了十几家中等规模客户，订单业务在新增业务中占67%左右。通过联盟信息平台统一调度，车辆使用率提升了14%，满载率提高了11%；淘汰一批老旧车辆，更新换购甩挂运输车辆，减少驾驶员30多名，降低了人工成本；通过联盟统一采购，降低设备采购成本10%左右；通过联盟作业标准输出，货物流转效率提升，货损货差水平较联盟前降低20%；客户满意度提升，投诉率降低14%。已开发的信息平台，能够完善物流信息采集、处理和服务的交换共享机制，极大地提升了联盟内部整个运输活动的组织能力及运转效率。
联盟外部环境	政策方面，无锡市响应交通运输部和国家其他部门扶持物流企业发展的政策，积极发展甩挂运输，组织开展甩挂运输试点，众盟物流联盟在良好的政策环境下得到了良好的发展。 市场方面，无锡市运输企业的规模较小、分散单一、竞争力不强，运输市场处于"多、小、散、弱"的困境，促使了联盟的形成和发展。 客户需求方面，物流运输需求者对物流服务模式的要求越来越高，如保障物流服务低成本、高效率运作，以及安全环保等。 另外，物流企业的燃油费、人工费、路桥通行费等硬性成本在不断攀升，这对物流联盟的生存形成了很大的制约。

3. 苏浙沪集装箱（上海）联盟的内部分析

苏浙沪集装箱（上海）联盟内部分析汇总如表8-3所示。

表8-3　苏浙沪集装箱（上海）联盟内部分析汇总

构念	内容
关系质量	成员以入股的形式加入联盟，其中最大股东出资占比为26%，最小股东出资占比为2%。联盟以"智慧共享、资源共享、财富共享"为宗旨共谋企业发展，成员企业共享车辆、客户资源、物流园区、仓库、停车场地、车辆维修车间、大型货物堆场等基础设施，并统一使用联盟标识。 联盟自主研发堆场、运输、订舱、报关、仓储等方面的软件，实现与港区、船公司的数据交换功能。另外，联盟通过协议或合同规范加盟企业的行为，加强成员企业的沟通交流，使得成员企业能够相互维护彼此利益。成员加盟后，联盟会向成员下发《加盟告知书》等作为承诺的一部分。
联盟能力	联盟以上海港口放空箱平台为切入点，实现各船公司及车队的平台对接，有效降低空箱因人工操作成本过高的影响。联盟成立公司后，由该公司负责联盟的日常管理和运营工作，并设立联盟大会为联盟最高决策机构，指导联盟开展工作，决定联盟重大事务，另外设立理事会和联盟秘书处负责联盟日常工作，对联盟大会负责。此外，联盟制定目标责任制、绩效考核制度、人事管理制度、甩挂运输运行统计监测考核制度等一系列相关的管理制度。 同时，联盟以综合信息平台为依托，制定统一的战略目标，积极交流学习，吸取各家在经营、管理、安全控制、信息化操作方面的成功经验，实现高效运营。

续表

构念	内容
联盟绩效	联盟的成立破解了集装箱运输链各环节的难题，降低了运输消耗，减少了物流成本；同时以集装箱营运为切入点打造放箱、配重和财务支付平台，提升了营运效率，成功完成了苏浙沪集装箱（上海）联盟运输、仓储、货代、信息资源的逐步整合，实现了一体化运作、网络化经营。 同时，联盟以甩挂串联各企业优势业务，通过集约化、信息化运作，提高运输组织化程度，实现双重运输，实现资源配置的全局最优和运输效率与服务品质的提升，为上海航运中心建设做出了一定的贡献。 最后，联盟开发了上海港口放空箱平台，并将平台以最优惠价格推向市场，从而减少了集装箱运输环节，降低了空箱提取成本，提高了运输车辆重载里程利用率。
联盟外部环境	政府相关部门出台一系列政策，积极推动甩挂运输的发展。 上海集装箱运输行业呈散、小、乱、差现象，并且大多数企业缺乏现代管理理念，业务开拓、车辆调度、财务结算、企业管理、安全生产等各项工作安排不合理，导致管理落后、信息化程度低，难以满足物流供应商的需求和集装箱货物运输高效快捷的要求。 另外，一些大型船务公司对集装箱运输企业的运输能力和服务能力的要求越来越高，但集装箱公司与船务公司之间费用环节过多且无序，导致集装箱押金不断攀升，造成集装箱运输企业运营资金链极度紧张，成本不断攀升。

（五）案例间分析

在案例内分析部分，对案例企业在关系质量、联盟能力、联盟绩效和联盟外部环境方面的表现进行了详细描述。为了进一步了解这些构念之间的关系，我们在对案例数据做描述分析的基础上，针对各案例企业的现实情况对其在关系质量、联盟能力、联盟绩效和环境动态性等四个方面的表现进行编码和评判打分，并请联盟组织中被采访人员与研究人员对其做进一步审核与修正，用很高、较高、一般、较低、很低 5 个等级依次表示案例联盟各项指标的水平。具体结果如表 8 - 4 所示。

表 8 - 4 案例变量汇总及编码

变量	中中物流联盟	众盟物流联盟	苏浙沪集装箱（上海）联盟
关系质量	一般	较高	较高
联盟能力	一般	很高	很高
联盟绩效	一般	较高	较高
环境动态性	较高	很低	一般

1. 关系质量与联盟绩效

通过对三个案例中关系质量和联盟绩效的分析，我们认为关系质量和联盟绩效之间可能存在正相关的关系。其中，中中物流联盟、众盟物流联盟和苏浙沪集装箱（上海）联盟的关系质量程度与联盟绩效之间有着相关关系。具体而言，中中物流联盟中，通过资源共享、彼此间良好的沟通交流、义务分担、利益共享等良好的互动关系，联盟成员企业取得货运量增加、成本降低等一系列令人满意的成果。众盟物流联盟中，各企业通过大量资源共享、利益的相互维护、沟通及合作制度的建立等关系基础，使得联盟业务量、设备利用率、满载率、货物流转率、客户满意度等指标得到显著提升，并且使得运营成本得到降低，最终提升联盟内部运输活动的组织能力及运转效率。苏浙沪集装箱（上海）联盟中，通过"智慧的共享、资源的共享、财富的共享"、利益的彼此维护、相关制度的建立等关系基础，联盟成员企业的运输消耗、物流成本不断降低以及服务品质得到有效提升。

鉴于此，提出初始假设 1：联盟企业间的关系质量正向影响联盟绩效。

2. 关系质量与联盟能力

关系质量与联盟能力之间的关系如何是拟回答的关键问题。关于联盟企业间的关系质量，众盟物流联盟和苏浙沪集装箱（上海）联盟很重视企业间关系的培育与维护，具体表现在以下方面。（1）在联盟过程中，盟员企业都投入了专用性较强的设施设备或工具等。如众盟物流联盟成员企业投入的专业人员、运输车辆、大中型装载机械、场站等，苏浙沪集装箱（上海）联盟成员企业投入的物流园区、停车场地、货物堆场等。（2）两个物流联盟都是以企业入股的形式组建联盟，盟员之间利益共享，能够维护各方利益。（3）制定了加盟制度，使得盟员企业能够在共享资源的基础上，承担相应的义务。（4）联盟企业高层都非常重视各方的交流沟通。而根据前文描述，可以发现中中物流联盟关系质量程度要略低于上述两个物流联盟。

　　另外，关于联盟能力，众盟物流联盟和苏浙沪集装箱（上海）联盟的联盟能力要高于中中物流联盟，具体表现为：（1）三个物流联盟都专设管理部门和人员处理联盟相关事务，而众盟物流联盟和苏浙沪集装箱（上海）联盟，在部门划分和人员分配方面，规划更为精细；（2）三个联盟都具有统一的信息平台和运作模式；（3）众盟物流联盟和苏浙沪集装箱（上海）联盟在战略的制定和实施方面，有着更为突出的能力；（4）众盟物流联盟和苏浙沪集装箱（上海）联盟的沟通和交流更为活跃，主要表现在会议的召开和讨论频率方面。

　　综上，我们认为良好的关系质量可能会增强成员企业之间的信任，促进企业深入地交流沟通及学习；减少盟员之间的冲突；促进联盟管理部门对联盟进行有效的控制和管理。

　　鉴于此，提出初始假设2：联盟企业间的关系质量正向影响联盟能力。

3. 联盟能力与联盟绩效

　　从案例中变量的汇总及编码中可以看出，较强的联盟能力可能有利于联盟绩效的有效提升。三个联盟案例的联盟绩效水平与其联盟能力总体上呈正相关关系。

　　具体而言，中中物流联盟组织业务骨干和主要领导并建立了专门的管理机构对资源和技术力量、联盟流程实行统一管理，具有较好的协调控制能力；联盟还设定共同的战略目标，开发统一的信息交换平台，体现了良好的联盟运营能力。这些活动的开展提高了联盟能力，确保联盟战略目标的实现。与中中物流联盟不同的是，众盟物流联盟成立董事会并设董事长一名，通过相关规章制度来统筹联盟。在运作方面，该联盟制定统一的战略目标，组建统一的信息平台等，以此实现联盟日常运营的顺利进行。这些联盟能力带来市场份额的扩大、营业利润和客户满意度的提高。苏浙沪集装箱（上海）联盟与众盟物流联盟相似，在联盟成立的同时，设立联盟大会为最高决策机构，指导联盟工作的开展和重大决策的制定，另设理事会和秘书处负责联盟日常工作，对联盟大会负责，充分显示出了联盟的协调控制能力。另外，联盟制定统一战略目标，依托统一的信息平台，并积极交流学习。较强的联盟能力，提高了联盟绩效，包括提升企业获利能力、提升综合服务质量、扩大市场份额等。

鉴于此，提出初始假设 3：联盟能力正向影响联盟绩效。

4. 环境动态性与联盟绩效

环境动态性是指以政府政策、企业规模、市场变化等为主要内容的企业外部环境要素的变化速度、幅度以及不可预见的程度（焦豪等，2007）。根据研究问题，我们主要从行业竞争、客户需求、经济环境、政府政策四个方面来评价物流联盟的外部环境。

通过对案例环境动态性的编码比较，可以看出，外部环境的动态性与联盟绩效之间可能存在负相关关系。对于行业竞争，相比于众盟物流联盟和苏浙沪集装箱（上海）联盟，由于有更多短距单线物流公司的存在，中中物流联盟面临的行业竞争更为激烈，这直接影响着联盟绩效。而众盟物流联盟属于资源整合型的联盟，并专注于甩挂运输，在多企业资源整合后，在业务范围内有较强的竞争力。客户需求方面，三个联盟的客户要求均在不断提高。客户要求的提升，一方面会促使企业提高服务质量和服务效率，但另一方面会增加企业运营成本，使得实力相对较弱的物流企业无力支撑而被淘汰。外部经济环境变化可能会导致运营成本增加，进而制约物流联盟的生存和发展，并影响联盟企业对资源的投入意愿，最终影响联盟绩效。而政府政策方面，对于研究的三个案例来说，政府对物流企业的联盟均持支持态度。

鉴于此，提出初始假设 4：环境动态性在联盟企业关系质量与联盟绩效间存在调节作用。

三　理论分析与研究设计

（一）研究假设

通过探索性案例分析，我们提出了关于物流联盟企业间关系质量、联盟能力、联盟绩效以及环境动态性之间关系的初始命题。为深入考察物流联盟成员企业间的关系质量对联盟绩效的影响，并探究关系质量影响联盟绩效的作用机理及路径，本节基于初始理论假设，并结合已有研究和相关理论做进一步的讨论，以验证初始命题的普适性，从而厘清本章的理论假设和概念模型。

1. 关系质量与联盟绩效

关系质量被认为是企业间交互作用的结果。但对于关系质量维度的刻画已有研究尚未形成一致意见，为了全面、准确地反映关系质量，我们基于 Roberts 等（2003）、Fynes 等（2005）、姚作为（2005）对关系质量的刻画，将关系质量区分为信任、承诺、沟通和合作四个维度。

信任是关系质量的关键要素（常荔，2002），是个体或组织通过一系列相互作用所获得的对其他个体或组织可依赖程度的认识（顾新，2003）。企业间的信任为伙伴企业提供了顺利完成联盟任务的信心，可以降低关系风险和冲突、减少交易过程中的复杂性和不确定性、便于协调各伙伴企业活动并有助于解决争端（Ring and van de Ven，1994）。此外，信任降低了交易费用，从而便利了有效的合作关系并增加了关系的利益（Dyer，1996）。合作各方的高度信任关系，可以避免机会主义，促使合作各方的资源、技术、信息和经验能够得到更深层次的交流。因此，企业间的信任被广泛认为是联盟成功和企业高绩效水平的重要指示器（Zaheer et al.，1998）。以往研究已证明了信任对联盟绩效的重要性，如 Muthusamy 等（2007）认为联盟成员企业间有价值的知识交换建立在联盟成员间的相互信任上，特别是隐性知识的交换，信任是其唯一的转移通道。Adobor（2005）的研究表明，信任的构建需要企业间良好感觉的不断积累，是一个长期的过程，并且存在一个最佳的期许水平，而这种感觉可以理解为联盟内部各类程序的公正性（Luo，2008）。

承诺反映了成员企业决策者对关系延续的行为及态度，对联盟目标与合作企业价值观的接收程度，以及在合作中的资源投入意愿（Sarkar et al.，2001）。这些资源包括企业对联盟的人、财、物投入，而一旦有成员撤出投入，盟员企业就可能遭受重大损失（Gudmundson et al.，2003）。具体到物流企业战略联盟，这种承诺表现在车辆、仓库、设施设备等硬件资源的投入，也包括信息系统、人才等软件资源的投入。另外，承诺可以增强合作关系中资源交换的确定性和有效性，能够显著降低合作伙伴获取资源的风险和成本，为联盟发展和绩效提升奠定了坚实的基础。Antoncic 和 Prodan（2008）进一步指出，合作各方高水平的承诺显示出了他们合作的意愿和为战略目标实现所做的努力。因此，合作各方的承诺与合作的成功密不可分。如果合作各方的承诺水平较低，则不兑现承诺者就可能陷入某种次优的行为模式，导致孤立、联系的断裂以及网络关系的衰退，从而破坏联盟网络的平衡。

联盟成员企业间的沟通反映了成员企业之间正式及非正式的信息共享。而信息和交流的数量和质量是衡量联盟成员信息共享程度的标尺。其中，数量是共享信息的总量和频度；质量是指信息能够充分、及时并正确地转移给需求者（郑胜华，2007）。联盟成员沟通的范围和深度体现了联盟的开放程度，反映了组织惯例中联盟成员企业对联盟运营的支持意愿和能力。信息共享是联盟成员交流沟通的直接结果，是联盟能够顺利而高效运行的重要保障。良好的沟通不仅能够使联盟内显性知识和隐性知识得到有效传递，联盟战略得到高效实施，而且能避免联盟成员间冲突的发生，从而促使联盟绩效水平提升。

合作是指联盟成员企业自觉采取协调行动，共同争取现在或未来个体及联盟目标的达成（Becker and Dietz，2004）。联盟企业的合作具备长期关系的特点，与市场交易不同，它不仅涵盖成员企业的合作意识，企业之间通过配合协调而实现共同目标、个人利益也获得满足的合作内在动机，而且包括成员企业在联盟运行过程中稳定、自觉化的合作行为，以及基于共同努力的双方获益对未来项目持续合作的推动作用（Robson et al.，2002）。高水平的联盟合作，除了拥有完善的协作体系，还必须保持成员企业资源配置的独立性和灵活性（Luo，2002），而成员企业之间资源的匹配程度和企业相互依赖程度是联盟企业建立长期稳定关系的重要支撑点（Lancaster and Lages，2006）。Wiklund 和 Shepherd（2009）指出联盟成员企业间的相互信任和合作，会随着企业间互动关系时间的增加而增强。因此，联盟成员间的合作关系越稳固，成员企业间的互动频率越高、深度和范围越大，联盟企业间资源和知识的转移速度越快，联盟的绩效水平也越高（de Man et al.，2010）。

综上，企业间的关系质量会影响联盟企业间的知识、信息和资源交换数量和质量，进而对联盟的运营、控制和学习产生影响，最终影响联盟绩效（见图 8 – 1），从而提出如下假设。

H1a：联盟企业间信任程度对联盟绩效具有正向影响。

H1b：联盟企业间承诺水平对联盟绩效具有正向影响。

H1c：联盟企业间沟通程度对联盟绩效具有正向影响。

H1d：联盟企业间合作程度对联盟绩效具有正向影响。

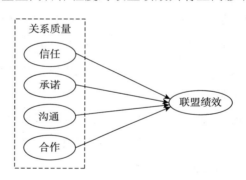

图 8 – 1　关系质量与联盟绩效间关系的概念模型

2. 关系质量与联盟能力

在联盟能力的构建方面，不同研究基于不同视角展开了讨论。基于已有研究，结合物流企业的特征，本章借鉴 Heimeriks 和 Duysters（2007）、郑胜华和芮明杰（2008）、Schilke 和 Goerzen（2010）对联盟能力的刻画，将联盟能力分为协控能力、学习能力和运营能力三个维度。

Kale 等（2002）指出，企业间关系质量的提升有利于增强联盟企业的学习能力，通过联盟成员之间显性或隐性知识的共享，促进各类知识在联盟中的传播，在吸收并应用企业外部知识的同时，也保护了自身的核心技术或知识，规避企业的机会主义；也可以促进缄默性技术知识的转移，提高联盟的协控能力（Collins and Hitt，2006）。较高的关系质量还可以保证信息的有效传递、战略规划的有效实施等（Carmeli and Azeroual，2009）。具体而言，高水平的关系质量，能够促进成员企业的长期合作，提高成员企业间的信任度，从而有利于联盟各项活动和成员企业行为的协调和同步，提升联盟的协调控制能力；可以增强相互间的承诺力度，使合作各方资源投入意愿加强，进而提升联盟运营能力；还有利于联盟成员的沟通交流，促使联盟间知识的传递和吸收等。

综上，联盟企业间关系质量与联盟能力之间的关系如图 8 - 2 所示，并提出如下假设。

H2a：联盟企业间信任程度越高，则联盟协控能力越强。

H2b：联盟企业间信任程度越高，则联盟学习能力越强。

H2c：联盟企业间信任程度越高，则联盟运营能力越强。

H3a：联盟企业间承诺水平越高，则联盟协控能力越强。

H3b：联盟企业间承诺水平越高，则联盟学习能力越强。

H3c：联盟企业间承诺水平越高，则联盟运营能力越强。

H4a：联盟企业间沟通程度越高，则联盟协控能力越强。

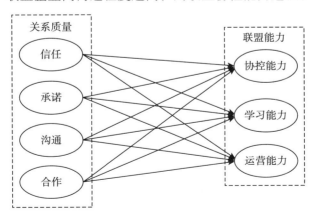

图 8 - 2　关系质量与联盟能力间关系的概念模型

H4b：联盟企业间沟通程度越高，则联盟学习能力越强。

H4c：联盟企业间沟通程度越高，则联盟运营能力越强。

H5a：联盟企业间合作程度越高，则联盟协控能力越强。

H5b：联盟企业间合作程度越高，则联盟学习能力越强。

H5c：联盟企业间合作程度越高，则联盟运营能力越强。

3. 联盟能力与联盟绩效

联盟能力作为一种动态能力，能够帮助企业获得竞争优势，是战略联盟研究的重要议题（周杰和张卫国，2012）。Kale 等（2002）认为联盟的成功与否与联盟能力的强弱息息相关。Duysters 和 Heimeriks（2002）不仅认为联盟能力的强弱是决定联盟成功与否的重要因素，还进一步指出联盟能力提升联盟绩效的方式是构建组织学习机制。而Heimeriks（2002）的研究表明联盟能力能够正向影响联盟绩效。

物流企业合作过程中，成员企业的协调能力越强，意味着企业在资源分配、任务合作和知识交流等方面效率越高，降低企业潜在管理和协调成本的能力越强，从而越能提高企业的营业收入和盈利能力（Hoffmann，2007）。联盟的学习能力，通过对联盟知识的整合、编码、吸收和应用，改变联盟惯例的知识单元，推动惯例知识基础和框架的调整，从而不断地丰富和提升联盟惯例，确保企业更为有效地执行联盟任务和管理联盟网络，为联盟绩效水平的提升奠定坚实基础（郑胜华和芮明杰，2008）。而联盟的运营能力通常包括联盟机会的预见、联盟战略的制定、联盟的构建、联盟的运行、联盟的终止等，直接影响着企业制定出的联盟战略的优劣，能够最大限度地减少可能的机会主义行为造成的风险，确保联盟的顺利开展和稳步提升。

综上，物流企业联盟能力与联盟绩效间的关系如图 8－3 所示，并提出如下假设。

H6a：联盟协控能力对联盟绩效具有正向影响。

H6b：联盟学习能力对联盟绩效具有正向影响。

H6c：联盟运营能力对联盟绩效具有正向影响。

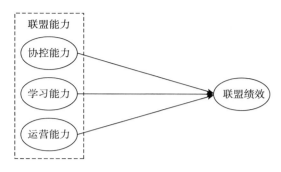

图 8 - 3　联盟能力与联盟绩效间关系的概念模型

4. 环境动态性在关系质量与联盟绩效之间的调节作用

环境动态性反映了企业外部环境，如政府政策、行业竞争、客户需求、经济环境等的变化速度、幅度及不可预见程度。行业竞争加剧、客户需求的多样化、经济环境的动态变化，对我国物流企业战略联盟造成冲击。这些外部环境因素是组织管理中需要重点关注的权变因素。环境动态性程度越高意味着企业所面临的风险越大、企业事前规划受到的限制越多、行动方案可选择的范围越小，与各种战略方案选择相关的成本和概率也越难计算。因此，企业决策者要正确诠释环境因素，并根据环境变化适时调整企业发展战略（Kale，1999）。联盟外部环境有较大变化时，针对联盟运营过程中出现的问题，联盟成员企业需要与其他企业加强沟通交流，通过自身调整有效应对外界变化。另外，环境动态性越高，企业组建时的战略目标越难以实现，同时也分散了企业在合作关系维护方面的投入，从而影响联盟进程。

综上，环境动态性在关系质量和联盟绩效之间的调节作用如图 8 - 4 所示，并提出如下假设。

H7a：环境动态性负向调节信任与联盟绩效之间的关系。

H7b：环境动态性负向调节承诺与联盟绩效之间的关系。

H7c：环境动态性正向调节沟通与联盟绩效之间的关系。

H7d：环境动态性负向调节合作与联盟绩效之间的关系。

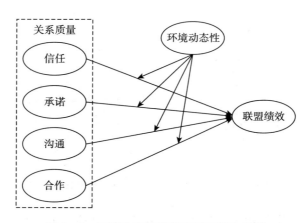

图 8 - 4 环境动态性调节作用的概念模型

5. 联盟能力在关系质量与联盟绩效之间的中介作用

前文已经讨论过物流联盟企业间关系质量和联盟能力对联盟绩效的影响，而关系质量对联盟绩效的具体影响路径，还有待进一步分析。Kale（1999）发现，联盟成员之间的关系质量越强，联盟成员间相互学习的程度越高，对核心技术或知识的保护能力越强，并认为关系质量是存在于联盟合作之间个人层次的紧密相互作用，对于企业联盟绩效的提升具有重要作用。联盟企业间的关系质量越强，成员之间的联系越紧密，联盟企业间的经验、知识和信息传播越迅速。通过联盟成员之间的紧密联系，成员企业才能发现学习的对象和内容，才能更好地形成学习惯行，提升市场竞争力（Dyer and Singh，1998）。

联盟企业间高水平的关系质量，能够促进联盟的存续，增进成员企业的信任程度，使联盟的学习和交流更为充分、行为的同步和协调更加默契、联盟战略的实施更加高效；可以增强成员企业间的承诺和信任，从而降低企业做出机会主义行为的可能性，降低联盟运营过程中的冲突，致使合作企业能够从双赢的角度进行联盟战略的调整和决策；便利经验、信息和技术的转移，使合作企业间的学习和运营更加充分有效等。这些确保了联盟能力的有效提升，为联盟绩效水平的提升奠定了基础（闫立罡和吴贵生，2006）。

综上，联盟能力在关系质量与联盟绩效间的中介作用如图 8 – 5 所示，并提出如下假设。

H8a：联盟能力在信任与联盟绩效的关系中具有中介作用。

H8b：联盟能力在承诺与联盟绩效的关系中具有中介作用。

H8c：联盟能力在沟通与联盟绩效的关系中具有中介作用。

H8d：联盟能力在合作与联盟绩效的关系中具有中介作用。

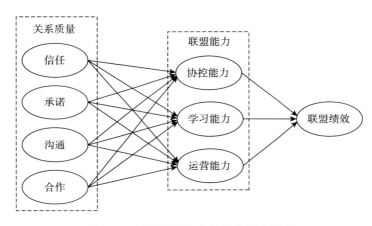

图 8 – 5　联盟能力中介作用的概念模型

（二）问卷设计

1. 问卷设计思路

合理的问卷设计是保证研究信度和效度的重要前提。我们参照 Hoffmann （2005）、龙勇和付建伟 （2011） 提出的问卷设计基本原则，具体思路如下。

（1） 设计问卷初稿。通过阅读国内外相关文献，借鉴发表在权威期刊上的成熟量表，通过翻译、梳理和整合，形成调查问卷初稿。根据研究目的对测量问项及其表述做相应调整。

（2） 问卷审议。请 5 位物流企业的中高层领导、3 位教授、2 位副教授和多名博士研究生，针对调查问卷提出修改意见和建议，主要涉及企业对问项的理解、问项是否符合企业现实情况等，汇总相关意见和建议后再对问卷进行一次修改和调整。

（3）预调研及调整。对调查问卷进行审议后，在小范围内进行正式问卷调查前的预调研，根据回收的有效问卷整理所需数据，并进行统计分析以检验问卷的信度和效度。最后，根据预调研的分析结果，对调查问卷进行调整，形成最终的调查问卷。

2. 问卷内容

本次问卷内容设计主要分为五个部分：第一部分为物流联盟企业和联盟的基本信息，主要内容包括公司名称、公司地址、公司规模以及战略联盟持续的时间；第二部分为关系质量四个维度的测量题项，包括信任、承诺、沟通和合作，共计17个测量题项；第三部分为联盟能力三个维度的测量题项，包括协控能力、学习能力和运营能力，共计13个测量题项；第四部分为环境动态性的测量题项，共计4个题项；第五部分为联盟绩效的测量题项，共计4个题项。以上问卷测量题项的测量形式，第一部分采用虚拟变量的处理形式，其余均采用李克特7级量表打分方法，从1至7代表程度从低到高（"1"表示非常不赞同，"2"代表不赞同、"3"代表不太赞同、"4"代表既不反对也不赞同、"5"代表轻微赞同、"6"代表赞同、"7"代表非常赞同）。

（三）变量测量

1. 关系质量的测量

关于信任的测量，借鉴 Morgan 和 Hunt（1994）、Das 和 Teng（1998）的研究，共设计5个测量题项，全面地涵盖联盟成员企业间感性信任和理性信任的内容；关于承诺，借鉴 Mohr（2006）、Fynes 等（2005）的研究，共设计5个测量题项，来评价组织间的承诺特征和企业对联盟合作的投入意愿；关于沟通，借鉴 Lee 等（2007）的研究，共设计3个测量题项，从信息和沟通的数量和质量来评价沟通的特征；关于合作，采用 Cannon 和 Perreault（1999）的研究，共设计4个测量题项，来衡量企业的合作关系特征（如表8-4所示）。

表 8 - 4　关系质量构念维度划分及测量

变量	维度	测量题项	文献来源
关系质量	信任	T1：合作伙伴员工很诚实。	Morgan 和 Hunt（1994）、Das 和 Teng（1998）
		T2：合作伙伴间相互维护公司声誉。	
		T3：联盟过程中，若合作终止，很难找到更好的合作者。	
		T4：我们感到合作伙伴在联盟的过程中公正地对待我们。	
		T5：我们相信在合作过程中，伙伴的决策不会损害我方的利益。	
	承诺	RC1：我方投入了专用性很强的生产设备或工具。	Mohr（2006）、Fynes 等（2005）
		RC2：伙伴企业间做出了公开的承诺，并保证承担相应的义务。	
		RC3：为了进行合作，伙伴企业都投入了其他大量的资源。	
		RC4：伙伴企业高层非常重视该联盟关系，并提供大量支持。	
		RC5：伙伴企业均打算将联盟关系继续下去。	
	沟通	CM1：公司与合作伙伴的交流时间很充足。	Lee 等（2007）
		CM2：公司与合作伙伴的交流内容很全面。	
		CM3：公司通过交流所获得的信息质量很可靠。	
	合作	CO1：伙伴企业都愿意进行合作。	Cannon 和 Pereault（1999）
		CO2：联盟各方一起工作很成功。	
		CO3：对可能影响到彼此利益的决策，伙伴企业间能够相互协商。	
		CO4：一次合作结束后，各方会寻求新的合作机会。	

2. 联盟能力的测量

关于协控能力的测量，借鉴 Schilke 和 Goerzen（2010）、Hoffmann（2005）的研究，共设计 4 个测量题项，来评价联盟的协调控制能力；关于学习能力，借鉴 Kale 等（2000）的研究，共设计 5 个测量题项，以比较完整地反映联盟知识获取、知识共享、知识整合和知识运用的能力；关于运营能力，借鉴 Parise 和 Casher（2003）、Dyer 和 Hatch（2004）

的研究，共设计 4 个测量题项，衡量单个联盟运营能力和联盟组合运营能力（如表 8 - 5 所示）。

表 8 - 5　联盟能力构念维度划分及测量

变量	维度	测量题项	文献来源
联盟能力	协控能力	CA1：公司的活动和行为与联盟伙伴的活动和行为是相协调和同步的。	Schilke 和 Goerzen（2010）、Hoffmann（2005）
		CA2：公司在进行大多数决策时与联盟伙伴进行了很好的沟通互动。	
		CA3：公司有专门的联盟部门管理联盟的相关事务。	
		CA4：公司有专门的领导处理联盟相关事务。	
	学习能力	LA1：公司能够从联盟伙伴获得新的知识或信息。	Kale 等（2000）
		LA2：联盟伙伴间经常交流联盟相关信息和经验。	
		LA3：联盟伙伴间采用会议、面对面交流等方式来讨论和分析技术或经验。	
		LA4：公司定期收集和整理联盟过程中获取的相关知识和信息。	
		LA5：公司能够通过联盟提高现有的能力或技术。	
	运营能力	OA1：公司有很好的联盟战略规划并能有效地实施。	Parise 和 Casher（2003）、Dyer 和 Hatch（2004）
		OA2：公司能够很好掌控联盟发展情况并及时调整。	
		OA3：公司在联盟过程中能够很好地互动交流，且冲突较少。	
		OA4：公司能在恰当时期通过合理的方式结束联盟。	

3. 联盟绩效的测量

联盟绩效是联盟各个参与者有效实现联盟目标的程度。根据前文对联盟绩效的阐述，在联盟绩效的评价方面，既有研究大体将其分为财务指标和非财务指标两类。在联盟绩效的测量指标选取方面，综合财务指标与非财务指标，我们借鉴 Mohr（2006）、龙勇和付建伟（2011）、贾生华等（2007）的研究，共设计 4 个测量题项，对联盟绩效进行测量。具体被测变量及测量题项如表 8 - 6 所示。

表 8 – 6　联盟绩效构念测量

变量	测量题项	文献来源
联盟绩效	AP1：通过战略联盟，公司的营业利润得到了明显的提高。	Mohr（2006）、龙勇和付建伟（2011）、贾生华等（2007）
	AP2：通过战略联盟，公司扩大了市场份额。	
	AP3：公司对战略合作过程很满意。	
	AP4：联盟实现了公司预期的战略目标。	

4. 环境动态性的测量

环境动态性表示政府政策、企业规模、技术发展、市场变化等企业外部经营要素的变化速度、幅度以及不可预见的程度（焦豪等，2007）。我们借鉴 Miller 和 Friesen（1983）、Jansen 等（2006）的研究，共设计 4 个测量题项，来评价物流企业所面临的环境（如表 8 – 7 所示）。

表 8 – 7　环境动态性构念测量

变量	测量题项	文献来源
环境动态性	ET1：竞争对手的行为很难预测。	Miller 和 Friesen（1983）、Jansen 等（2006）
	ET2：行业竞争格局变化速度非常快。	
	ET3：顾客要求越来越高。	
	ET4：公司面临的政策和经济环境经常发生变化。	

（四）分析方法与程序

1. 分析方法。

（1）描述性统计分析。主要是对性质、规模、类型和持续时间等企业基本特征进行统计分析，以描述样本的类别、特性以及构成情况等。

（2）信度和效度分析。①信度分析。信度即测量的可靠性，指测量结果的一致性或稳定性。测量误差越大，测量的信度就越低。如果测量误差不大，不同题项的得分应该趋近，或是在不同时点下，测验分数前后具有稳定性（邱浩政，2013）。我们主要针对内部一致性进行检验，依据邱浩政（2013）的处理方法，选取 Cronbach's α 系数、项目删除后的 Cronbach's α 系数和 CITC 值来对问卷的可靠性进行检验。通常认为，观测变量的 Cronbach's α 系数应该大于 0.7，项目删除后的 Cronbach's α 系数应该小于潜变量的系数，而 CITC 值应该大于 0.35，如果检验结果没有满足上述标准，应该对测量题项进行修改或者删除。

②效度分析。效度即测量的有效性或正确性，指测验或其他测量工具确实能够测量，得其所欲测量的构念之程度。效度越高，表示测量结果越能反映其测量内容的真正特征。效度主要包括内容效度（Content Validity）、构念效度（Construct Validity）和关联效度（Criteria-related Validity）三种形式。我们主要检验构念效度，构念效度是指测量工具能测得一个抽象概念的程度，通常利用因子分析法进行验证。因子分析包括探索性因子分析（Exploratory Factor Analysis）和验证性因子分析（Conformatory Factor Analysis）两种基本形式。

其中，探索性因子分析致力于找出事物内在结构，即依据资料数据、统计软件得出因子结构。主要分析步骤如下。第一步，判断观测数据是否适合做因子分析。选取 KMO 值和 Bartlett 球形检验结果作为判断指标，依据邱浩政（2013）提出的评判标准，当 KMO 值大于 0.7，并且 Barteltt's 卡方值显著异于 0 时，适宜做因子分析。第二步，提取公因子。通过主成分分析法确定因子个数。一般采用特征值大于等于 1 的主成分作为初始因子，并且选取的因子数能使累计方差贡献率达到 50% 以上。第三步，因子旋转。采用正交旋转的方差最大法，因子载荷值大于 0.5 的观测变量共享对应的公因子。

验证性因子分析是用来检验探索性因子分析中提取出的因子结构拟合实际数据的能力。主要分析步骤为：第一步，建立假设模型；第二步，模型辨识，将需检测的模型，转换成统计模型；第三步，参数估计与模型检验；第四步，模型评价与参数报告分析，即判别验证性因子分析结果，检验各项数据的正确性。我们主要参考吴明隆（2009）的结构方程模型适配度的评价指标及其评价标准，进行验证性因子分析。

（3）回归分析。回归分析是运用变量间的关系来进行解释与预测的统计技术。在进行多元线性回归分析前，需检验变量之间是否存在多重共线性、序列相关、异方差三大问题（马庆国，2002），在此按照以下准则对回归分析三大问题分别进行检验。

①多重共线性检验。一般选用 Variance Inflation Factor 值（VIF 值）来评估共线性的影响。通常认为 VFI 值大于 0 且小于 10，变量之间不存在多重共线性问题。

②序列相关检验。通常选用模型的 Durbin-Watson 值（DW 值）来检验模型是否存在序列相关问题，一般认为 DW 值介于 1.5 和 2.5 之间不存在序列相关问题。

③异方差检验。异方差问题是指随着解释变量的变化，被解释变量的方差存在异于常数方差特征的变化趋势。通常用散点图判断，若散点分布呈现无序状态，则认为不存在异方差。

（4）结构方程模型分析。①结构方程模型的基本概念。结构方程模型（SEM）是用来检验观察变量和潜变量及潜变量与潜变量之间假设关系的一种多重统计分析方法。结构方程模型能够同时分析潜变量及其观测变量之间的关系，允许自变量含有测量误差并能估计出测量误差的大小和其他参数，可以同时处理多个因变量，模型的设定具有弹性。SEM 在管理学、社会科学领域应用广泛，能够很好地解释现实问题并且具有较好的有效性（陈晓萍等，2012）。

②结构方程模型的应用步骤。SEM 的应用步骤：第一步，模型设定，根据理论设定初始理论模型；第二步，模型识别，决定所研究的模型是否能够求出参数估计的唯一解；第三步，模型估计，通常采用最大似然法和广义最小二乘法对模型进行估计；第四步，模型评价，根据参数估计值和模型拟合指标，评价数据与模型间的拟合情况；第五步，模型修正，根据模型与数据的拟合情况及模型修改指数，对模型进行修正和再设定。

对于模型评价，参考吴明隆（2009）的研究，运用绝对拟合指数与相对拟合指数，选取 χ^2/df、RMSEA、GFI、CFI、IFI、NFI 作为模型的拟合指数，具体评价标准如表 8 – 8 所示。

表 8 – 8 SEM 模型适配度的评价指标及其评价标准

统计检验量	指标数值范围	适配的标准或临界值
χ^2/df（卡方值自由度比）	大于 0	<5，<3 模型拟合更好
RMSEA（渐进残差均方和平方根）	大于 0	<0.1，<0.05 模型拟合更好
GFI（适配指数）	0 ~ 1	>0.9，越接近 1 模型拟合越好
CFI（比较适配指数）	0 ~ 1	>0.9，越接近 1 模型拟合越好
IFI（增值适配指数）	0 ~ 1	>0.9，越接近 1 模型拟合越好
NFI（规准适配指数）	0 ~ 1	>0.9，越接近 1 模型拟合越好

2. 分析程序

问卷预测试（预调查）阶段，使用 SPSS22.0 软件对数据进行可靠性和有效性（内容效度）分析，然后对各变量进行因子分析，提取各变量因子，以确定变量的构成。

大样本数据分析阶段，首先，使用 SPSS22.0 对数据进行描述性统计分析。然后，综合利用 SPSS22.0 和 AMOS22.0，对大样本数据进行可靠性和有效性（构念效度）分析，以验证数据的可信度及模型的适配情况。最后，利用层次回归分析法和结构方程模型，检验环境动态性的调节作用和联盟能力的中介作用。

（五）问卷调查

1. 问卷预测试

此次问卷的预测试，自 2016 年 4 月 5 日开始至 2016 年 4 月 28 日结束，主要通过两种渠道进行问卷发放：一是通过课题调研，在福州市邮政业"十三五"规划工作座谈会上对相关参会人员进行访谈并发放问卷；二是在市邮管局的支持下，走访福州市多家物流企业，并与企业高层管理人员与技术主管等交流并填写问卷。本次数据的采集过程中，共发放问卷 87 份，回收问卷 73 份，其中有效问卷 67 份，有效回收率 77%。

2. 数据分析与问卷修正

（1）信度分析。潜变量关系质量的信度分析结果见表 8－9。潜变量各维度的整体 Cronbach's α 系数均大于 0.7，符合研究的要求；在题项删除后的 Cronbach's α 系数中除了题项 T3 的检测数值大于整体 Cronbach's α 系数 0.893 外，其余检测数值均符合要求，并且在剔除 T3 后整体 Cronbach's α 系数提高为 0.925，说明信任这一维度的可信度增强；另外各题项 CITC 值也均大于 0.35。因此，可以判定关系质量的测量量表通过可信度检验，并将 T3 剔除。

表 8－9　关系质量的信度分析

潜变量	维度	题项	CITC 值	题项删除后的 Cronbach's α 系数	Cronbach's α 系数
关系质量	信任	T1	0.796	0.856	0.893
		T2	0.872	0.838	
		T3	0.469	0.925	
		T4	0.881	0.839	
		T5	0.701	0.878	
	承诺	RC1	0.567	0.820	0.835
		RC2	0.588	0.814	
		RC3	0.669	0.794	
		RC4	0.681	0.789	
		RC5	0.682	0.789	
	沟通	CM1	0.763	0.811	0.872
		CM2	0.761	0.814	
		CM3	0.740	0.832	
	合作	CO1	0.585	0.793	0.816
		CO2	0.649	0.763	
		CO3	0.736	0.724	
		CO4	0.603	0.792	

潜变量联盟能力、环境动态性和联盟绩效的信度分析结果分别见表 8 - 10、表 8 - 11 与表 8 - 12。这三个潜变量各维度的 Cronbach's α 系数均大于 0.7；项目删除后的 Cronbach's α 系数均小于潜变量各维度的 Cronbach's α 系数；各题项的 CITC 值也均大于 0.35。因此，可以判定联盟能力、环境动态性和联盟绩效的测量量表通过了信度检验。

表 8 - 10　联盟能力的信度分析

潜变量	维度	题项	CITC 值	题项删除后的 Cronbach's α 系数	Cronbach's α 系数
联盟能力	协控能力	CA1	0.724	0.865	0.887
		CA2	0.811	0.834	
		CA3	0.738	0.859	
		CA4	0.752	0.859	
	学习能力	LA1	0.649	0.812	0.844
		LA2	0.720	0.796	
		LA3	0.623	0.820	
		LA4	0.598	0.828	
		LA5	0.678	0.805	
	运营能力	OA1	0.606	0.823	0.839
		OA2	0.702	0.783	
		OA3	0.698	0.784	
		OA4	0.695	0.790	

表 8 - 11　环境动态性的信度分析

潜变量	题项	CITC 值	题项删除后的 Cronbach's α 系数	Cronbach's α 系数
环境动态性	ET1	0.535	0.759	0.780
	ET2	0.644	0.699	
	ET3	0.723	0.661	
	ET4	0.501	0.777	

表 8 - 12　联盟绩效的信度分析

潜变量	题项	CITC 值	题项删除后的 Cronbach's α 系数	Cronbach's α 系数
联盟绩效	AP1	0.707	0.825	0.862
	AP2	0.721	0.819	
	AP3	0.769	0.798	
	AP4	0.643	0.850	

（2）效度分析。根据前述 EFA 的执行步骤，由检验结果（见表 8 - 13）可知，各潜变量的测量题项 KMO 值均大于 0.7，并且 Barteltt's 卡方值显著异于 0，说明拒绝零假设，即相关矩阵不是单位矩阵。所以，各组观测变量均适合进行因子分析。

表 8 - 13　潜变量的 KMO 值和 Bartlett 球形度检验

潜变量	KMO 值	Barteltt's 卡方值	自由度	显著性水平
关系质量	0.845	682.436	120	0.000
联盟能力	0.791	489.576	78	0.000
联盟绩效	0.758	80.041	6	0.000
环境动态性	0.768	127.292	6	0.000

关系质量的因子提取结果如表 8 - 14 所示。关系质量的所有观测变量被提取为 4 个因子，并且这 4 个因子的累计方差贡献率达到了 72.966%，大于 50%。同时，被提取因子各题项的因子载荷值均大于 0.6，证明关系质量各题项的效度符合要求。根据测量题项的含义，将提取出的四个因子分别命名为 F1、信任，F2、合作，F3、承诺，F4、沟通。

表 8 - 14　关系质量因子提取结果

因子	题项	F1	F2	F3	F4	特征值	累计方差 贡献率（%）
F1	T4	0.860	0.206	0.204	0.219	3.230	20.187

续表

因子	题项	F1	F2	F3	F4	特征值	累计方差贡献率（%）
F1	T5	0.816	0.248	0.068	0.116	3.230	20.187
	T2	0.803	0.254	0.264	0.336		
	T1	0.746	0.186	0.327	0.359		
F2	CO3	0.167	0.783	0.140	0.249	2.992	18.702
	CO1	0.210	0.771	−0.067	0.165		
	CO2	0.124	0.743	0.322	0.100		
	CO4	0.300	0.649	0.096	0.219		
F3	RC1	0.035	−0.076	0.822	0.155	2.887	18.041
	RC2	0.168	0.024	0.788	0.119		
	RC3	0.171	0.410	0.632	0.167		
	RC4	0.356	0.394	0.627	0.026		
	RC5	0.320	0.374	0.600	0.213		
F4	CM1	0.215	0.216	0.154	0.823	2.566	16.036
	CM2	0.212	0.261	0.147	0.818		
	CM3	0.258	0.158	0.180	0.811		
合计							72.966

联盟能力的因子提取结果如表8-15所示。联盟能力的所有测量题项最终被提取为3个因子，3个因子的累计方差贡献率为69.396%，超过50%。而被提取因子各题项的因子载荷值均大于0.6，说明问题项与其因子之间的共同方差大于题项误差方差之间的共同方差。根据题项含义，将3个因子分别命名为F1、学习能力，F2、协控能力，F3、运营能力。

表8-15 联盟能力因子提取结果

因子	题项	F1	F2	F3	特征值	累计方差贡献率（%）
F1	LA2	0.870	0.173	0.038	3.111	23.928
	LA1	0.763	0.149	0.210		

续表

因子	题项	F1	F2	F3	特征值	累计方差贡献率（%）
F1	LA5	0.718	0.215	0.249	3.111	23.928
	LA3	0.698	0.281	0.091		
	LA4	0.607	0.136	0.437		
F2	CA4	0.110	0.841	0.226	3.044	23.413
	CA2	0.282	0.838	0.134		
	CA3	0.145	0.837	0.150		
	CA1	0.310	0.795	0.026		
F3	OA1	−0.024	0.061	0.823	2.867	22.055
	OA2	0.300	0.044	0.775		
	OA4	0.248	0.183	0.775		
	OA3	0.202	0.258	0.767		
合计						69.396

环境动态性的因子提取结果如表 8-16 所示。按照主成分特征值大于 1 的提取方式，全部测量题项可以提取出 1 个因子，而此因子累计方差贡献率为 61.812%，大于 50%；另外各题项的因子载荷值均超过 0.6，因此环境动态性测量量表具有良好的结构效度。

表 8-16　环境动态性因子提取结果

因子	题项	F1	特征值	累计方差贡献率（%）
F1	ET3	0.868	2.472	61.812
	ET2	0.828		
	ET1	0.738		
	ET4	0.698		

联盟绩效的因子提取结果如表 8-17 所示。联盟绩效的所有测量题项被提取为 1 个因子，此因子的累计方差贡献率达到 70.767%；另外各题项的因子载荷值都超过了 0.6，符合效度检验要求。因此，可以认为

389

联盟绩效测量量表具有良好的结构效度。

表 8 - 17　联盟绩效因子提取结果

因子	题项	F1	特征值	累计方差贡献率（%）
F1	AP3	0.882	2.831	70.767
	AP2	0.847		
	AP1	0.838		
	AP4	0.795		

3. 正式问卷发放

经预调研与问卷的测试修改，形成了本章的最终问卷（见附录4）。本研究从2016年5月4日开始进行正式调研，历时三个月左右。数据收集的主要对象是近五年内建立过战略联盟关系的物流企业与研究机构。数据收集的方式主要有四种：一是实地走访物流企业；二是参加大型的物流行业会议；三是向相关 MBA 学员发放问卷；四是通过专业问卷调研网站向相关企业人员发放问卷。其中，数据实地收集的范围主要集中在福建、广东、江苏这几个省份；MBA 学员的问卷发放主要集中在福州大学、华南理工大学、南京大学等高校。

本次数据收集，共发放问卷422份，回收问卷275份，回收率为65%。在问卷收集完成之后，对问卷进行了详细筛选，把填写人职务不相符、数据缺失率过高、填写存在明显错误以及联盟持续时间在半年以下的问卷剔除。最终剩余有效问卷226份，问卷有效率为54%。

4. 描述性统计分析

样本的基本情况如表 8 - 18 所示。企业性质方面，民营企业数量最多，有197家，占比达87.2%；中外合资企业16家，占比7.1%；国有企业4家，占比1.8%；外商独资企业9家，占比4.0%。联盟持续时间方面，联盟持续时间为1~3年的企业最多，为150家，占比达66.4%；联盟持续时间在1年以下的企业42家，占比18.6%；联盟持续时间为4~6年的企业28家，占比12.4%；持续时间为7~9年的企业 6 家，占比 2.7%。从联盟涉及的行业看，交通运输业为 109 家，占比达 48.2%；批发零售业 47 家，占比 20.8%；加工制造业 34 家，占比 15.0%；IT 产业 12 家，占比 5.3%；医药化工业 15 家，占比 6.6%；其他行业 9 家，占比 4.0%。企业员工数方面，员工数在 501~1000 人这个范围的企业最多，数量为 67 家，占比达到 29.6%，其次是员工数为 201~500 人的企业 59 家，占比 26.1%；员工数为 50~200 人的企业 34 家，占比 15.0%；1001~2000 人的企业 27 家，占比 11.9%；员工数在 2000 人以上的企业 28 家，占比 12.4%；员工数在 50 人以下的企业 11 家，占比 4.9%。

表 8-18 样本的基本情况

单位：家，%

	类别	样本数量	占比		类别	样本数量	占比
企业性质	国有企业	4	1.8	联盟持续时间	1 年以下	42	18.6
	民营企业	197	87.2		1~3 年	150	66.4
	外商独资企业	9	4.0		4~6 年	28	12.4
	中外合资企业	16	7.1		7~9 年	6	2.7
	其他	0	0		10 年以上	0	0
主要涉及行业	加工制造业	34	15.0	企业员工数量	50 人以下	11	4.9
	批发零售业	47	20.8		50~200 人	34	15.0
	IT 产业	12	5.3		201~500 人	59	26.1
	医药化工业	15	6.6		501~1000 人	67	29.6
	交通运输业	109	48.2		1001~2000 人	27	11.9
	其他	9	4.0		2000 人以上	28	12.4

在 SEM 样本容量方面，Mueller（1997）认为样本至少在 100 个以上，200 个以上更佳；Thompson（2000）认为样本数与观察变量数的比例至少为 10∶1~15∶1。本研究有效样本数为 226 个，满足样本容量要求。此外，利用极大似然法进行 SEM 估计时，要求样本数据服从正态分布，即样本数据的中值应与中位数相近，偏度小于 2，峰度小于 5

（吴明隆，2009）。表8-19给出了样本的描述性统计情况，可见各题项的样本数据偏度都小于2，峰度都小于5，表明样本数据均符合正态分布的要求，适合进行结构方程模型估计。

表8-19　变量描述性统计

变量	题项	均值	标准差	偏度	峰度
信任	T1	4.33	1.146	-0.209	-0.887
	T2	4.31	1.190	-0.162	-1.002
	T3	4.33	1.240	-0.135	-1.149
	T4	4.26	1.254	-0.063	-1.057
承诺	RC1	4.51	0.991	-0.147	-0.760
	RC2	4.54	1.012	-0.221	-0.707
	RC3	4.63	1.084	-0.307	-0.718
	RC4	4.61	0.972	-0.133	-0.898
	RC5	4.55	1.049	-0.186	-0.797
沟通	CM1	4.50	1.101	-0.369	-0.571
	CM2	4.35	1.130	-0.398	-0.573
	CM3	4.35	1.094	-0.321	-0.505
合作	CO1	4.75	1.197	-0.575	-0.311
	CO2	4.33	1.149	-0.146	-0.788
	CO3	4.20	1.102	-0.129	-0.721
	CO4	4.25	1.223	-0.155	-0.876
协控能力	CA1	4.17	1.073	-0.102	-0.739
	CA2	4.20	1.052	-0.161	-0.779
	CA3	4.02	1.141	0.085	-1.012
	CA4	3.99	1.241	0.028	-0.955
学习能力	LA1	4.31	1.053	-0.098	-0.671
	LA2	4.38	0.972	-0.164	-0.547
	LA3	4.41	1.006	-0.206	-0.539
	LA4	4.18	1.077	0.088	-0.664
	LA5	4.24	1.016	-0.195	-0.578

续表

变量	题项	均值	标准差	偏度	峰度
运营能力	OA1	4.53	1.190	−0.386	−0.612
	OA2	4.49	1.187	−0.315	−0.689
	OA3	4.42	1.143	−0.369	−0.624
	OA4	4.35	1.268	−0.289	−1.056
环境动态性	ET1	3.46	0.857	0.306	−0.588
	ET2	3.77	0.911	0.218	−0.941
	ET3	4.02	1.036	0.027	−0.691
	ET4	3.70	1.043	0.201	−0.722
联盟绩效	AP1	3.77	0.889	−0.040	−0.703
	AP2	4.02	0.812	−0.297	−0.458
	AP3	4.11	0.855	−0.317	−0.460
	AP4	4.21	0.859	−0.297	−0.352

四　检验结果与分析

（一）信度与效度检验

1. 关系质量的检验

关系质量的信度检验结果如表 8 – 20 所示。关系质量各维度的 Cronbach's α 系数均大于 0.7；题项删除后的 Cronbach's α 系数都小于潜变量各维度的 Cronbach's α 系数；各题项的 CITC 值也均大于 0.35。表明关系质量的测量量表具有良好的信度。

表 8 – 20　关系质量的信度分析结果

变量	维度	题项	CITC 值	题项删除后的 Cronbach's α 系数	Cronbach's α 系数
关系质量	信任	T1	0.749	0.822	0.869
		T2	0.763	0.816	
		T3	0.695	0.844	

393

变量	维度	题项	CITC 值	题项删除后的 Cronbach's α 系数	Cronbach's α 系数
关系质量	信任	T4	0.682	0.849	0.869
	承诺	RC1	0.627	0.799	0.832
		RC2	0.613	0.803	
		RC3	0.615	0.802	
		RC4	0.671	0.786	
		RC5	0.624	0.800	
	沟通	CM1	0.717	0.777	0.844
		CM2	0.687	0.806	
		CM3	0.727	0.768	
	合作	CO1	0.650	0.813	0.843
		CO2	0.674	0.803	
		CO3	0.734	0.777	
		CO4	0.657	0.811	

关系质量的效度检验结果如表 8 - 21 和图 8 - 6 所示。可以看到，$\chi^2/\mathrm{df} = 2.260$，小于 3；RMSEA $= 0.068$，小于 0.1；GFI $= 0.935$，CFI $= 0.968$，IFI $= 0.937$，NFI $= 0.917$，均大于 0.9，达到了模型可适配标准。另外，模型各标准化路径系数均大于 0.6，并且各路径系数均在 P 值 < 0.001 的水平上显著。因此，可以认为关系质量的测量量表具有良好的构念效度。

表 8 - 21　关系质量测量模型的参数估计及拟合指标

路径	标准化路径系数	S. E.（标准误差）	C. R.（临界比）	P（显著性）
T1 <--- 信任	0.832			
T2 <--- 信任	0.836	0.075	13.764	***
T3 <--- 信任	0.753	0.078	12.169	***
T4 <--- 信任	0.745	0.079	12.017	***
RC1 <--- 承诺	0.698			

续表

路径	标准化 路径系数	S. E. （标准误差）	C. R. （临界比）	P （显著性）
RC2 <--- 承诺	0.676	0.111	8.824	***
RC3 <--- 承诺	0.674	0.116	8.802	***
RC4 <--- 承诺	0.755	0.118	9.667	***
RC5 <--- 承诺	0.720	0.115	9.308	***
CM1 <--- 沟通	0.818			
CM2 <--- 沟通	0.762	0.083	11.426	***
CM3 <--- 沟通	0.828	0.084	12.048	***
CO1 <--- 合作	0.715			
CO2 <--- 合作	0.754	0.087	10.142	***
CO3 <--- 合作	0.825	0.093	10.839	***
CO4 <--- 合作	0.741	0.078	9.985	***

χ^2/df	RMSEA	GFI	CFI	IFI	NFI
2.260	0.068	0.935	0.968	0.937	0.917

注：*** 表示路径系数的 P 值小于 0.001。

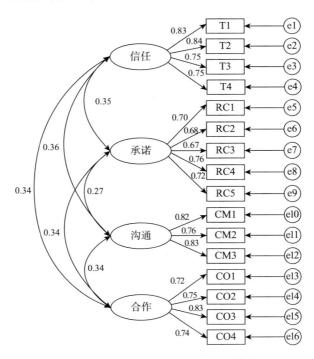

图 8-6　关系质量标准化估计值模型

2. 联盟能力的检验

联盟能力的信度分析结果见表 8 – 22。联盟能力各维度的 Cronbach's α 系数均大于 0.7；题项删除后的 Cronbach's α 系数都小于潜变量各维度的 Cronbach's α 系数；各题项的 CITC 值也均远大于 0.35。证明联盟能力的测量量表具有良好的信度。

表 8 – 22　联盟能力的信度分析

变量	维度	题项	CITC 值	题项删除后的 Cronbach's α 系数	Cronbach's α 系数
联盟能力	协控能力	CA1	0.748	0.875	0.896
		CA2	0.828	0.846	
		CA3	0.761	0.870	
		CA4	0.750	0.875	
	学习能力	LA1	0.648	0.812	0.844
		LA2	0.638	0.815	
		LA3	0.635	0.816	
		LA4	0.655	0.810	
		LA5	0.671	0.806	
	运营能力	OA1	0.570	0.730	0.778
		OA2	0.650	0.689	
		OA3	0.587	0.722	
		OA4	0.528	0.756	

联盟能力的效度检验结果如表 8 – 23 和图 8 – 7 所示。$\chi^2/df = 1.605$，小于最优适配指标 3；RMSEA = 0.052，接近最优适配指标 0.05；而 GFI = 0.940，CFI = 0.971，IFI = 0.971，NFI = 0.927，均大于适配指标 0.9。因此，模型的适配情形良好。另外，模型各标准化路径系数均大于 0.6，并且各路径系数均在 P 值 < 0.001 的水平上显著。因此，联盟能力的测量量表具有良好的构念效度。

表 8 - 23　联盟能力测量模型参数估计及拟合指标

路径	标准化路径系数	S. E.（标准误差）	C. R.（临界比）	P（显著性）
CA1 <--- 协控能力	0. 815			
CA2 <--- 协控能力	0. 903	0. 070	15. 706	***
CA3 <--- 协控能力	0. 813	0. 075	13. 808	***
CA4 <--- 协控能力	0. 785	0. 081	13. 163	***
LA1 <--- 学习能力	0. 721			
LA2 <--- 学习能力	0. 707	0. 097	9. 574	***
LA3 <--- 学习能力	0. 708	0. 099	9. 589	***
LA4 <--- 学习能力	0. 716	0. 087	9. 692	***
LA5 <--- 学习能力	0. 750	0. 091	10. 098	***
OA1 <--- 运营能力	0. 701			
OA2 <--- 运营能力	0. 782	0. 094	9. 137	***
OA3 <--- 运营能力	0. 662	0. 086	8. 280	***
OA4 <--- 运营能力	0. 604	0. 084	7. 670	***
χ^2/df	RMSEA	GFI	CFI	IFI	NFI
1. 605	0. 052	0. 940	0. 971	0. 971	0. 927

注：*** 表示路径系数的 P 值小于 0.001。

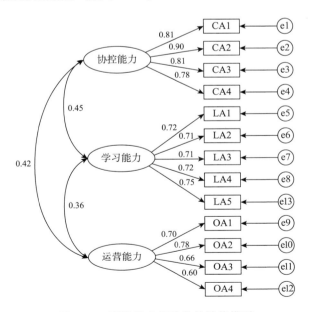

图 8 - 7　联盟能力标准化估计值模型

3. 联盟绩效的检验

联盟绩效的信度分析结果见表 8 – 24。联盟绩效的 Cronbach's α 系数为 0.853，大于 0.7；题项删除后的 Cronbach's α 系数都小于潜变量的 Cronbach's α 系数；各题项的 CITC 值也均远大于 0.35。证明联盟绩效的测量量表具有良好的信度，适合做下一步的效度分析。

表 8 – 24 联盟绩效的信度分析

变量	题项	CITC 值	题项删除后的 Cronbach's α 系数	Cronbach's α 系数
联盟绩效	AP1	0.729	0.799	0.853
	AP2	0.729	0.800	
	AP3	0.698	0.812	
	AP4	0.626	0.842	

联盟绩效的效度检验结果如表 8 – 25 和图 8 – 8 所示。$\chi^2/df = 3.124$，小于 5；RMSEA = 0.097，小于 0.1；GFI = 0.986，CFI = 0.989，IFI = 0.989，NFI = 0.984，均大于适配指标 0.9。因此，可以判定模型的适配情形良好。另外，模型各标准化路径系数均大于 0.6，并且各路径系数均在 P 值 < 0.001 的水平上通过了显著性检验。因此，联盟绩效的测量量表具有良好的构念效度。

表 8 – 25 联盟绩效测量模型参数估计及拟合指标

路径		标准化路径系数	S. E.（标准误差）	C. R.（临界比）	P（显著性）
AP1 <–––联盟绩效		0.829			
AP2 <–––联盟绩效		0.826	0.073	12.899	***
AP3 <–––联盟绩效		0.754	0.075	11.789	***
AP4 <–––联盟绩效		0.671	0.077	10.286	***
χ^2/df	RMSEA	GFI	CFI	IFI	NFI
3.124	0.097	0.986	0.989	0.989	0.984

注：*** 表示路径系数的 P 值小于 0.001。

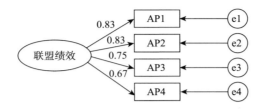

图 8 – 8　联盟绩效标准化估计值模型

4. 环境动态性的检验

环境动态性的信度分析结果见表 8 – 26。环境动态性的 Cronbach's α 系数为 0.850，大于 0.7；题项删除后的 Cronbach's α 系数都小于潜变量的 Cronbach's α 系数；各题项的 CITC 值也均远大于 0.35。证明环境动态性的测量量表具有良好的信度，适合做进一步的效度分析。

表 8 – 26　环境动态性的信度分析

变量	题项	CITC 值	题项删除后的 Cronbach's α 系数	Cronbach's α 系数
环境动态性	ET1	0.704	0.807	0.850
	ET2	0.707	0.802	
	ET3	0.694	0.808	
	ET4	0.664	0.821	

环境动态性的效度检验结果如表 8 – 27 和图 8 – 9 所示。$\chi^2/df = 1.344$，小于最优适配指标 3；RMSEA = 0.028，小于最优适配指标 0.05；GFI = 0.957，CFI = 0.991，IFI = 0.990，NFI = 0.987，均大于适配指标 0.9，可见模型的适配情形良好。另外，模型各标准化路径系数均大于 0.6，各路径系数均在 P 值 < 0.001 的水平上显著。因此，环境动态性的测量量表具有良好的构念效度。

表 8 – 27　环境动态性测量模型参数估计及拟合指标

路径	标准化路径系数	S. E.（标准误差）	C. R.（临界比）	P（显著性）
ET1 <--- 环境动态性	0.786			

续表

路径	标准化路径系数	S. R. （标准误差）	C. R. （临界比）	P （显著性）
ET2 <--- 环境动态性	0.792	0.097	11.565	***
ET3 <--- 环境动态性	0.768	0.105	11.253	***
ET4 <--- 环境动态性	0.730	0.105	10.692	***
χ^2/df	RMSEA	GFI	CFI	IFI	NFI
1.344	0.028	0.957	0.991	0.990	0.987

注：*** 表示路径系数的 P 值小于 0.001。

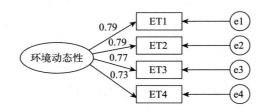

图 8 - 9　环境动态性标准化估计值模型

综上，各变量的信度和效度检验结果表明样本数据具有良好的可靠性，且模型拟合效果较好，可以开展进一步的路径分析。

（二）环境动态性的调节效应

1. 相关分析

根据前文主成分提取法的分析结果，以各题项的因子载荷系数为权重乘以题项的原始数据，形成新的变量。以 *T*、*RC*、*CM*、*CO*、*CA*、*LA*、*OA*、*ET* 和 *AP* 分别代表前述信任、承诺、沟通、合作、协控能力、学习能力、运营能力、环境动态性和联盟绩效。各变量间的 Pearson 系数分析结果如表 8 - 28 所示。可以看到，关系质量与联盟能力、联盟能力与联盟绩效之间均存在显著的相关关系。不过它们之间的关系还有待进一步的检验。

表 8 – 28　变量的相关分析结果

	T	RC	CM	CO	CA	LA	OA	ET	AP
T	1								
RC	0.286 **	1							
CM	0.300 **	0.216 **	1						
CO	0.300 **	0.291 **	0.301 **	1					
CA	0.645 **	0.344 **	0.446 **	0.218 **	1				
LA	0.341 **	0.396 **	0.490 **	0.284 **	0.398 **	1			
OA	0.249 **	0.229 **	0.278 **	0.283 **	0.360 **	0.297 **	1		
ET	– 0.496 **	– 0.338 **	0.565 **	– 0.302 **	– 0.658 **	– 0.652 **	– 0.453 **	1	
AP	0.500 **	0.383 **	0.549 **	0.394 **	0.656 **	0.654 **	0.522 **	– 0.811 **	1

注：表中数据表示 Pearson 相关系数；** 表示相关系数的 P 值小于 0.01。

2. 调节效应检验

通过 SPSS 软件对各模型进行检验，首先，发现所有模型的 VIF 值介于 1 和 5 之间，可以认为解释变量之间不存在严重的多重共线性。其次，回归模型的残差散点图均呈无序状，可以认为不存在严重的异方差问题。另外，由于本章使用的是横截面数据，故不考虑序列相关问题。

以联盟绩效作为因变量，以信任、承诺、沟通和合作作为自变量，以环境动态性作为调节变量，利用多元层次回归分析法检验环境动态性在关系质量影响联盟绩效过程中的调节作用。检验之前，先对连续型自变量进行中心化处理，然后计算交互项，再将交互项引入模型，防止加入交互项后产生多重共线性问题（钱锡红等，2010）。分析步骤为：第一步，将企业规模、联盟持续时间这两个控制变量加入模型；第二步，在控制变量的基础上加入关系质量的四个维度，即信任、承诺、沟通、合作这四个自变量和环境动态性这个调节变量，检验直接效应；第三步，在前一步的基础上，加入自变量和调节变量的交互项，以检验调节作用。

调节效应的检验结果如表 8 – 29 所示。模型（1）中，企业规模的估计系数为 0.218，且在 1% 的水平上显著，表明企业规模对物流企业联盟绩效具有显著的提升作用。联盟持续时间的估计系数为正，但未通过显著性检验。模型（2）中，将信任、承诺、沟通、合作和调节变量环境动态性加入模型后，模型的解释力达到了 69.5%，F 值为 25.309，且在 0.1% 的水平上显著；R^2 提高至 0.359，表明自变量和调节变量的加入能够有效提升模型的解释力。其中，承诺、沟通的回归系数分别是 0.159、0.429，且在 5% 的水平上显著；信任、合作的回归系数分别为 0.351、0.131，且在 1% 的水平上显著；环境动态性的回归系数为 -0.641，在 0.1% 的水平上显著。这表明信任、承诺、沟通和合作对物流企业联盟绩效具有正向影响，环境动态性对物流企业联盟绩效具有负向影响，假设 H1a、H1b、H1c、H1d 通过了验证。

表 8 – 29　调节效应的检验结果

变量	模型（1）		模型（2）		模型（3）	
	标准回归系数	T 值	标准回归系数	T 值	标准回归系数	T 值
企业规模	0.218 **	2.057	0.209 **	1.994	0.207 **	1.994
联盟持续时间	0.133	1.645	0.097	1.356	0.076	0.983
信任			0.351 **	1.918	0.348 **	1.778
承诺			0.159 *	2.047	0.154 *	1.829
沟通			0.429 *	2.373	0.433 *	2.356
合作			0.131 **	3.248	0.126 **	2.832
环境动态性			-0.641 ***	-12.887	-0.633 ***	-12.244
信任 × 环境动态性					-0.040 **	0.923
承诺 × 环境动态性					-0.050 **	1.167
沟通 × 环境动态性					0.035	0.874
合作 × 环境动态性					-0.001	-0.011
R^2	0.336		0.695		0.709	
F	15.046 ***		25.309 ***		28.582 ***	
调整后的 R^2	0.328		0.699		0.697	
R^2 变化			0.359		0.014	

注：*** 表示 0.1% 的显著性水平（双尾检验），** 表示 1% 的显著性水平（双尾检验），* 表示 5% 的显著性水平（双尾检验）。

在增加了环境动态性与关系质量的交互项后，模型（3）的参数估计显著性相比模型（2）有显著性改善，说明环境动态性对企业间关系质量与物流联盟绩效的调节作用显著。具体地，交互项"信任×环境动态性"的回归系数为 −0.040，在 1% 的水平上显著，说明环境动态性负向调节信任对物流企业联盟绩效的影响，假设 H7a 通过验证。交互项"承诺×环境动态性"的回归系数为 −0.050，在 1% 的水平上显著，说明环境动态性负向调节承诺对物流企业联盟绩效的影响，假设 H7b 通过验证。交互项"沟通×环境动态性"的回归系数为 0.035，不显著，假设 H7c 未得到样本检验的支持。交互项"合作×环境动态性"的回归系数为 −0.001，不显著，假设 H7d 也未得到样本检验的支持。

（三）联盟能力的中介效应

1. 初始模型的构建

联盟企业间关系质量、联盟能力和联盟绩效之间关系的初始模型如图 8 − 10 所示。图中包含 8 个潜变量、16 个外因观测变量、17 个内因观测变量，其中信任、承诺、沟通、合作属于外因变量（Exogenous Variables），联盟绩效属于内因变量（Endogenous Variables），协控能力、学习能力和运营能力同时具有外因变量与内因变量的属性，为中介变量。此外，模型中还有 33 个观测变量的残差变量和 4 个内因潜变量的残差变量。

2. 中介效应检验

我们借鉴温忠麟和叶宝娟（2014）提出的中介效应检验方法，对联盟能力在关系质量与联盟绩效之间的中介效应进行检验。

（1）中介效应的原理。变量 X 影响变量 Y，且 X 通过变量 M 对 Y 产生影响，那么变量 M 就是中介变量。中介效应分为完全中介效应和部分中介效应。完全中介表示变量 X 完全通过变量 M 对 Y 产生影响。部分中介表示变量 X 对 Y 的影响一部分是直接的，另一部分通过 M 传导。变量 X、Y 和 M 之间的关系可以用图 8 − 11 所示路径表示（陈晓萍

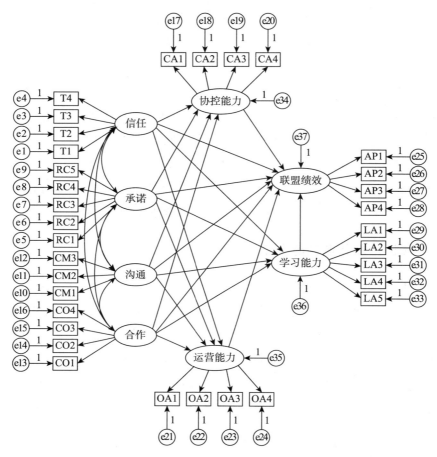

图 8 – 10　基于概念模型的初始结构方程模型

等，2012），也可用下述方程来描述：

$$Y = cX + e_1 \qquad\qquad (8-1)$$

$$M = aX + e_2 \qquad\qquad (8-2)$$

$$Y = c'X + bM + e_3 \qquad\qquad (8-3)$$

式（8 – 1）中，c 为自变量 X 影响因变量 Y 的总效应；式（8 – 2）中，a 为自变量 X 对中介变量 M 的影响；式（8 – 3）中，b 是控制了自变量 X 的影响后，中介变量 M 对 Y 的影响，系数 c' 是控制了中介变量

M 的影响后，X 对 Y 的直接影响；e_1、e_2、e_3 是回归残差。

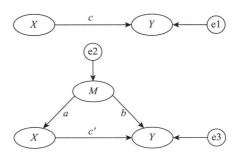

图 8 – 11 中介模型示意图

（2）中介效应的检验流程。中介效应的检验流程如图 8 – 12 所示，具体步骤如下。第一步，检验式（8 – 1）的系数 c，如果显著，继续第二步；否则停止接下来的检验。第二步，依次检验式（8 – 2）的系数 a 和式（8 – 3）的系数 b，如果两个都显著，转到第四步；如果至少有一个不显著，进行第三步。第三步，Sobel 检验。如果显著，则中介效应显著；否则中介效应不显著，停止检验。第四步，检验式（8 – 3）的系数 c'，如果不显著，即直接效应不显著，说明具有完全中介效应。如果显著，即直接效应显著，说明具有部分中介效应（温忠麟和叶宝娟，2014）。

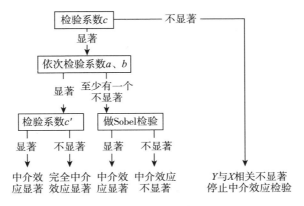

图 8 – 12 中介效应的检验流程

（3）中介效应的检验过程。①关系质量与联盟绩效的路径分析。根据步骤，首先检验联盟关系质量对联盟绩效的影响，检验结果如表 8 – 30 和图 8 – 13 所示。根据检验结果，模型适配指标 $\chi^2/df = 1.954 < 3$；RMSEA $= 0.065 < 0.1$；GFI $= 0.926$，CFI $= 0.930$，IFI $= 0.931$，NFI $= 0.909$，均大于 0.9，达到了模型可适配标准。同时，模型所有路径系数的临界比（C. R.）绝对值大于 1.96，并且达到显著水平。这表明模型拟合较好，模型拟合通过检验。而且，信任、承诺、沟通和合作与联盟绩效之间的 4 条路径，全部通过显著性检验。结果表明，联盟企业间信任、承诺、沟通和合作对物流联盟绩效有显著的正向影响，符合中介效应检验的第一个条件。

表 8 – 30　关系质量与联盟绩效的关系模型拟合结果

路径	标准化路径系数	S. E.（标准误）	C. R.（临界比）	P（显著性）
联盟绩效 <--- 信任	0.352	0.061	5.029	**
联盟绩效 <--- 承诺	0.159	0.071	2.409	*
联盟绩效 <--- 沟通	0.429	0.063	6.128	*
联盟绩效 <--- 合作	0.126	0.052	2.223	***
χ^2/df	RMSEA	GFI	CFI	IFI	NFI
1.954	0.065	0.926	0.930	0.931	0.909

注：* 表示路径系数的 P 值小于 0.05，** 表示路径系数的 P 值小于 0.01，*** 表示路径系数的 P 值小于 0.001。

②关系质量与联盟能力的路径分析。检验自变量对中介变量的影响。首先，信任、承诺、沟通和合作对联盟能力影响的显著性检验结果如表 8 – 31 和图 8 – 14 所示。$\chi^2/df = 1.577 < 3$；RMSEA $= 0.051 < 0.1$；GFI $= 0.918$，CFI $= 0.935$，IFI $= 0.936$，NFI $= 0.902$，均大于 0.9，达到了模型可适配标准。根据表 8 – 31，"协控能力 <--- 信任"（$\beta = 0.623$，P 值 < 0.001）、"学习能力 <--- 信任"（$\beta = 0.140$，P 值 < 0.05），达到了显著性水平；而"运营能力 <--- 信任"（$\beta = 0.136$，P 值 = 0.114）未达到显著性水平。表明信任对协控能力和学习能力具有显著提升作用，对运营

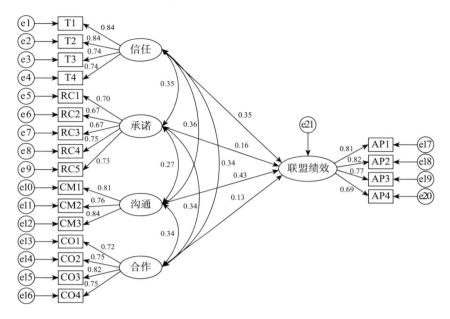

图 8 – 13　关系质量与联盟绩效影响的关系模型

能力的影响不显著。假设 H2a、H2b 通过了验证，假设 H2c 未通过验证。"协控能力 <--- 承诺"（$\beta = 0.142$，P 值 < 0.05）、"学习能力 <--- 承诺"（$\beta = 0.301$，P 值 < 0.001），达到了显著性水平；而"运营能力 <--- 承诺"（$\beta = 0.126$，P 值 = 0.147）未达到显著性水平。表明承诺对协控能力和学习能力具有显著提升作用，对运营能力的影响不显著。假设 H3a、H3b 通过了验证，假设 H3c 未通过验证。"协控能力 <--- 沟通"（$\beta = 0.293$，P 值 < 0.001）、"学习能力 <--- 沟通"（$\beta = 0.446$，P 值 < 0.001）、"运营能力 <--- 沟通"（$\beta = 0.236$，P 值 < 0.01），全部达到显著性水平，表明沟通对协控能力、学习能力和运营能力均存在显著的正向影响。假设 H4a、H4b、H4c 通过了验证。"协控能力 <--- 合作"（$\beta = 0.105$，P 值 = 0.090）、"学习能力 <--- 合作"（$\beta = 0.025$，P 值 = 0.729）、"运营能力 <--- 合作"（$\beta = 0.149$，P 值 = 0.089），均未达到显著性水平，表明合作对协控能力、学习能力和运营能力的影响均不显著。假设 H5a、H5b、H5c 未通过验证。

表 8 – 31　关系质量与联盟能力的关系模型拟合结果

路径	标准化路径系数	S. E.（标准误）	C. R.（临界比）	P（显著性）
协控能力 <–––信任	0.623	0.068	8.716	***
学习能力 <–––信任	0.140	0.056	1.997	*
运营能力 <–––信任	0.136	0.061	1.579	0.114
协控能力 <–––承诺	0.142	0.084	2.281	*
学习能力 <–––承诺	0.301	0.085	3.823	***
运营能力 <–––承诺	0.126	0.056	1.451	0.147
协控能力 <–––沟通	0.293	0.069	4.631	***
学习能力 <–––沟通	0.446	0.071	5.508	***
运营能力 <–––沟通	0.236	0.080	2.701	**
协控能力 <–––合作	0.105	0.043	1.694	0.090
学习能力 <–––合作	0.025	0.067	0.347	0.729
运营能力 <–––合作	0.149	0.085	1.702	0.089

χ^2/df	RMSEA	GFI	CFI	IFI	NFI
1.577	0.051	0.918	0.935	0.936	0.902

注：* 表示路径系数的 P 值小于 0.05，** 表示路径系数的 P 值小于 0.01，*** 表示路径系数的 P 值小于 0.001。

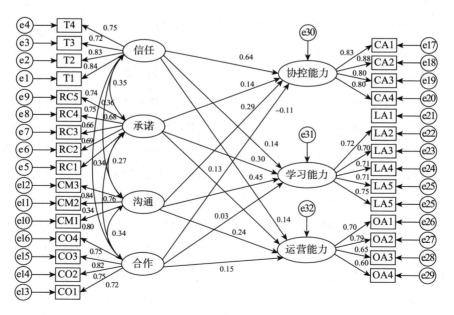

图 8 – 14　关系质量对联盟能力影响的关系模型

③联盟能力与联盟绩效的路径分析。中介变量与因变量之间的关系分析结果见表 8-32 和图 8-15。模型适配指标 $\chi^2/\mathrm{df} = 1.546 < 3$；RMSEA $= 0.049 < 0.05$；GFI $= 0.921$，CFI $= 0.968$，IFI $= 0.969$，NFI $= 0.916$，均大于 0.9，达到了模型可适配标准。模型所有路径系数的临界比（C. R.）绝对值大于 1.96，并且达到显著性水平，可见模型拟合较好。根据路径分析结果（见表 8-32），联盟能力与协控能力、学习能力和运营能力间的 3 条路径，"联盟绩效 <--- 协控能力"（$\beta = 0.406$，P 值 <0.001）、"联盟绩效 <--- 学习能力"（$\beta = 0.502$，P 值 <0.001）、"联盟绩效 <--- 运营能力"（$\beta = 0.263$，P 值 <0.001）均达到显著水平，说明协控能力、学习能力和运营能力对联盟绩效均存在显著正向影响，假设 H6a、H6b、H6c 通过检验。

表 8-32　联盟能力与联盟绩效的关系模型拟合结果

路径	标准化路径系数	S. E.（标准误）	C. R.（临界比）	P（显著性）
联盟绩效 <--- 协控能力	0.406	0.037	6.891	***
联盟绩效 <--- 学习能力	0.502	0.062	7.653	***
联盟绩效 <--- 运营能力	0.263	0.060	4.520	***

χ^2/df	RMSEA	GFI	CFI	IFI	NFI
1.546	0.049	0.921	0.968	0.969	0.916

*** 表示路径系数的 P 值小于 0.001。

综合②、③可知，信任和承诺对协控能力和学习能力都存在显著的正向影响，沟通对协控能力、学习能力和运营能力均存在显著的正向影响；协控能力、学习能力和运营能力对联盟绩效均存在显著的正向影响。根据检验步骤，可以转到第四步的检验。而信任和承诺对运营能力不存在显著影响，合作对协控能力、学习能力和运营能力均不存在显著的正向影响，根据检验步骤，需要对这五条路径进行 Sobel 检验。

Sobel 检验的计算公式 $Z = \dfrac{ab}{\sqrt{a^2 S_b^2 + b^2 S_a^2}}$。其中，$a$ 代表自变量到

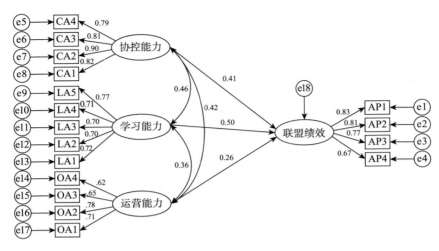

图 8 - 15　联盟能力对联盟绩效影响的关系模型

中介变量的标准化路径系数；b 代表中介变量到因变量的标准化路径系数；S_a、S_b 分别代表回归系数 a、b 的标准误差（侯杰泰等，2004）。根据公式计算得出的 Z 值与标准正态分布临界 z 值比较，若大于临界 z 值，则中介效应显著，否则中介效应不显著，具体检验结果如表 8 - 33 所示。结果表明，学习能力、运营能力在合作与联盟绩效间的中介效应不显著，运营能力在信任、承诺与联盟绩效之间具有显著的中介效应，协控能力在合作与联盟绩效之间具有中介效应。

表 8 - 33　中介变量的 Sobel 检验结果

因果链	a	S_a	b	S_b	Z	显著性
信任—运营能力—联盟绩效	0.136	0.061	0.263	0.050	2.053	显著
承诺—运营能力—联盟绩效	0.126	0.056	0.263	0.060	2.002	显著
合作—协控能力—联盟绩效	0.105	0.043	0.406	0.037	2.384	显著
合作—学习能力—联盟绩效	0.025	0.067	0.502	0.062	0.373	不显著
合作—运营能力—联盟绩效	0.149	0.085	0.263	0.060	1.627	不显著

④加入联盟能力后关系质量与联盟绩效的路径分析。由表 8 - 34 和图 8 - 16 可知，模型适配指标 $\chi^2/\mathrm{df} = 1.521 < 3$；RMSEA $= 0.048 <$

0.05；其他指标中 GFI = 0.916，CFI = 0.937，IFI = 0.938，NFI = 0.908，均大于 0.9，达到了模型可适配标准，可见模型拟合较好。根据表 8 - 34，模型路径"联盟绩效 < - - - 信任"（$\beta = 0.002$，P 值 = 0.976）、"联盟绩效 < - - - 承诺"（$\beta = -0.078$，P 值 = 0.182）、"联盟绩效 < - - - 沟通"（$\beta = 0.034$，P 值 = 0.616）的系数临界比（C. R.）绝对值都小于 1.96，未达到显著性水平。通过与①的分析结果对比，路径"联盟绩效 < - - - 信任""联盟绩效 < - - - 承诺""联盟绩效 < - - - 沟通"由直接作用时的显著，变为间接作用时的不显著，说明协控能力、学习能力和运营能力在信任、承诺、沟通与联盟绩效之间均具有完全中介效应，假设 H8a、H8b、H8c 通过验证。路径"联盟绩效 < - - - 合作"（$\beta = 0.116$，P 值 = 0.031 < 0.05），结合 Sobel 检验结果，可知协控能力在合作与联盟绩效的关系中具有部分中介效应，假设 H8d 部分通过了验证。

表 8 - 34　联盟能力中介作用模型拟合结果

路径	标准化路径系数	S. E.（标准误差）	C. R.（临界比）	P（显著性）
协控能力 < - - - 信任	0.624	0.067	8.726	***
学习能力 < - - - 信任	0.139	0.056	1.988	*
运营能力 < - - - 信任	0.136	0.068	1.572	0.116
协控能力 < - - - 承诺	0.142	0.084	2.280	*
学习能力 < - - - 承诺	0.300	0.086	3.823	***
运营能力 < - - - 承诺	0.127	0.056	1.456	0.145
协控能力 < - - - 沟通	0.293	0.068	4.636	***
学习能力 < - - - 沟通	0.448	0.071	5.552	***
运营能力 < - - - 沟通	0.236	0.079	2.674	**
协控能力 < - - - 合作	0.105	0.043	1.696	0.090
学习能力 < - - - 合作	0.026	0.068	0.358	0.720
运营能力 < - - - 合作	0.151	0.085	1.717	0.086
联盟绩效 < - - - 协控能力	0.412	0.037	6.769	***
联盟绩效 < - - - 学习能力	0.487	0.062	7.322	***

续表

路径	标准化路径系数	S. E.（标准误差）	C. R.（临界比）	P（显著性）
联盟绩效 <--- 运营能力	0.261	0.060	4.455	***
联盟绩效 <--- 信任	0.002	0.063	0.030	0.976
联盟绩效 <--- 承诺	− 0.078	0.068	− 1.333	0.182
联盟绩效 <--- 沟通	0.034	0.064	0.501	0.616
联盟绩效 <--- 合作	0.116	0.053	2.158	*

χ^2/df	RMSEA	GFI	CFI	IFI	NFI
1.521	0.048	0.916	0.937	0.938	0.908

注：* 表示路径系数的 P 值小于 0.05，** 表示路径系数的 P 值小于 0.01，*** 表示路径系数的 P 值小于 0.001。

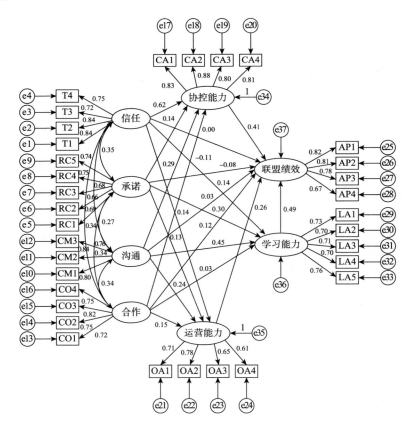

图 8 - 16　联盟能力中介作用模型

本章小结

　　战略联盟成为物流企业提升自身竞争力、应对市场快速变化的重要途径。本章围绕物流联盟企业间的关系质量对物流联盟绩效的影响，重点研究以下问题：物流联盟企业间的关系质量对联盟绩效具有怎样的影响？关系质量对物流联盟绩效的作用机理是怎样的？外部环境的变化对关系质量与联盟绩效的关系有着怎样的调节作用？通过理论分析与经验检验，得到以下主要研究结论。

　　（1）物流联盟企业间关系质量对联盟绩效具有正向影响。物流联盟企业间信任、承诺、沟通和合作均对联盟绩效具有显著的提升作用。联盟对成员企业间关系质量的维护和管理，对于联盟的顺利运营和发展具有重要意义。

　　（2）物流联盟企业间关系质量对联盟能力具有正向影响。其中，物流战略联盟企业间的信任、承诺对联盟协控能力和学习能力均具有正向影响；沟通对联盟协控能力、学习能力和运营能力均具有正向影响；而合作对联盟能力三个维度的影响均不显著。可以看出，物流企业战略联盟成员企业间的信任、承诺和沟通，均能正向影响联盟的协调控制能力和学习能力。主要原因在于物流企业战略联盟企业间的信任、承诺和沟通通过促进联盟企业间较高关系资本的形成，降低关系风险和冲突、交易过程的复杂性和不确定性，促进伙伴企业对软件和硬件资源的投入，有助于成员企业间冲突的解决和机会主义的规避，增强联盟的协调和管理能力，确保联盟战略和规划的有效实施。另外，联盟企业间的信任、承诺和沟通还可以通过促进物流联盟企业间的互动和交流，增强信息的共享深度和信息的质量，促进联盟内部知识的有效传递和共享，从而提高联盟的学习能力。

　　（3）联盟能力对物流企业联盟绩效水平存在正向影响。联盟协控能力、学习能力和运营能力能够增强物流联盟伙伴企业的相互协调与合作，提高物流企业在复杂资源分配、任务合作和知识交流等方面的运作效率，推动知识的快速传递和吸收，增强对联盟的掌控能力，从而降低潜在的管理和协调成本，减少冲突和风险，提升联盟绩效水平。

（4）联盟能力在物流联盟企业间关系质量与联盟绩效的关系中具有显著的中介效应。联盟协控能力、学习能力和运营能力在信任、承诺和沟通与物流联盟绩效的关系中具有完全中介作用；协控能力在合作与联盟绩效的关系中具有部分中介作用。这说明，物流联盟企业间信任、承诺和合作的程度越高，越能够促进联盟成员对新知识的学习和利用，促进联盟战略和规划的有效实施，减少联盟的交易费用等，进而降低和减少联盟的运营风险和不利因素，为物流联盟绩效水平的提升奠定良好基础。

（5）物流企业战略联盟的外部环境动态性在信任、承诺与联盟绩效间具有负向的调节作用，在沟通和合作影响物流联盟绩效过程中的调节作用不显著。这意味着，外部环境的变化，会影响到联盟企业间关系的稳定性，影响联盟企业的投入意愿，导致知识壁垒的形成，运营成本的不断增加，制约物流联盟的生存和发展，从而不利于联盟绩效水平的提升。

基于上述研究结论，得到以下启示。（1）物流企业应高度重视企业间关系的培育与维护，通过各种正式与非正式制度，对关系质量进行投资与管理，积累有效的关系资本。（2）实施以能力提高为导向的长期联盟战略。制定以能力提高为导向的联盟战略，企业将更加明晰战略目标，规避机会主义行为，更加明确合作的方向。物流企业应该树立长远发展的战略目标，在联盟合作过程中取长补短、坚持创新，建设学习型、创新型企业。（3）在联盟运作的过程中，全面考虑联盟的外部环境。在联盟的运作过程中，要根据外部环境的变化，适时地调整联盟的运营策略和战略目标或者适时地终结联盟，以确保企业的根本利益。

参考文献

［1］常荔．论基于战略联盟的关系资本的形成［J］．外国经济与管理，2002，

24（7）：29－33.

［2］陈晓萍，徐淑英，樊景立．组织与管理研究的实证方法［M］．北京：北京大学出版社，2012.

［3］冯文娜，杨蕙馨．合作性竞争行为与合作性竞争绩效的关系：联盟结构的中介效应分析［J］．中国工业经济，2011，（12）：78－88.

［4］顾新．社会资本及其在知识链中的作用［J］．科研管理，2003，24（5）：44－48.

［5］侯杰泰，温忠麟，成子娟．结构方程模型及其应用［M］．北京：教育科学出版社，2004.

［6］胡蔚波．制造企业物流联盟模式研究［D］．武汉：武汉大学，2005.

［7］贾生华，吴波，王承哲．资源依赖、关系质量对联盟绩效影响的实证研究［J］．科学学研究，2007，25（2）：334－339.

［8］江旭，廖貅武，高山行．战略联盟中信任、冲突与知识获取和企业绩效关系的实证研究［J］．预测，2008，27（6）：24－29.

［9］焦豪，周江华，谢振东．创业导向与组织绩效间关系的实证研究——基于环境动态性的调节效应［J］．科学学与科学技术管理，2007，28（11）：70－76.

［10］杰恩·巴尼著．王俊杰，杨彬等译．获得与保持竞争优势（第二版）［M］．北京：清华大学出版社，2003.

［11］李丹，郭建民．高科技企业战略联盟方式与经营绩效的实证研究［J］．软科学，2008，22（5）：129－133.

［12］李辉．虚拟物流企业联盟合作伙伴选择［D］．长沙：中南大学，2008.

［13］李薇．竞争性战略联盟的合作效应研究［D］．重庆：重庆大学，2009.

［14］龙勇，付建伟．资源依赖性、关系风险与联盟绩效的关系——基于非对称竞争性战略联盟的实证研究［J］．科研管理，2011，32（9）：91－99.

［15］马庆国．管理统计：数据获取、统计原理、SPSS 工具与应用研究［M］．北京：科学出版社，2002.

［16］〔美〕迈克尔·A. 希特，R. 杜安·爱尔兰，罗伯特·E. 霍斯基森著．焦豪译．战略管理：竞争与全球化（第 11 版）［M］．北京：机械工业出版社，2016.

［17］皮埃尔·杜尚哲，贝尔纳·加雷特. 战略联盟［M］. 北京：中国人民大学出版社，2006.

［18］钱锡红，杨永福，徐万里. 企业网络位置、吸收能力与创新绩效——一个交互效应模型［J］. 管理世界，2010，（5）：118 - 129.

［19］邱浩政. 量化研究与统计分析［M］. 重庆：重庆大学出版社，2013.

［20］史占中. 企业战略联盟［M］. 上海：上海财经大学出版社，2001.

［21］唐建民. 物流联盟协同机制研究［D］. 长沙：中南大学，2010.

［22］田宇，朱道立. 物流联盟形成机理研究［J］. 物流技术，2000，（2）：34 - 36.

［23］温忠麟，叶宝娟. 中介效应分析：方法和模型发展［J］. 心理科学进展，2014，22（5）：731 - 745.

［24］吴焕香. 跨国公司战略联盟绩效研究［D］. 济南：山东大学，2006.

［25］吴明隆. 结构方程模型——AMOS 的操作与应用［M］. 重庆：重庆大学出版社，2009.

［26］徐二明，徐凯. 资源互补对机会主义和战略联盟绩效的影响研究［J］. 管理世界，2012，（1）：93 - 103.

［27］闫立罡，吴贵生. 联盟绩效的影响因素分析［J］. 研究与发展管理，2006，18（5）：22 - 28.

［28］姚作为. 关系质量的关键维度——研究述评与模型整合［J］. 科技管理研究，2005，25（8）：132 - 137.

［29］张红兵. 知识转移对联盟企业创新绩效的作用机理——以战略柔性为中介［J］. 科研管理，2015，36（7）：1 - 9.

［30］张延锋，田增瑞. 战略联盟绩效影响因素的实证研究［J］. 研究与发展管理，2007，19（3）：63 - 68.

［31］郑胜华，芮明杰. 联盟能力的形成机理研究［J］. 软科学，2008，22（10）：1 - 5，10.

［32］郑胜华. 透视企业联盟能力：基于动态能力的 S - IPL 分析框架［M］. 北京：中国社会科学出版社，2007.

［33］周杰，张卫. 国外联盟能力研究述评与展望［J］. 外国经济与管理，2012，34（9）：42 - 50.

［34］ 周青，韩文慧，杜伟锦. 技术标准联盟伙伴关系与联盟绩效的关系研究
［J］. 科研管理，2011，32（8）：1-8.

［35］ 左志刚. 国外企业战略联盟研究的整体性分析：结构趋势与整合成果
［J］. 外国经济与管理，2015，37（1）：62-70，81.

［36］ Adobor, H. Trust as Sensemaking: The Microdynamics of Trust in Interfirm
Alliances ［J］. *Journal of Business Research*, 2005, 58（3）: 330-337.

［37］ Anand, B. N., and T. Khanna. Do Firms Learn to Create Value? —The Case
of Alliances ［J］. *Strategic Management Journal*, 2000, 21（3）: 295-315.

［38］ Antoncic, B., and I. Prodan. Alliances, Corporate Technological Entrepreneur-
ship and Firm Performance: Testing a Model on Manufacturing Firms ［J］.
Technovation, 2008, 28（5）: 257-265.

［39］ Argyris, C., and D. A. Schon. *Organizational Learning* ［M］. Reading, MA:
Addison-Wesley, 1978.

［40］ Arino, A. Measures of Strategic Alliance Performance: Analysis of Construct
Validity ［J］. *Journal of International Business Studies*, 2003, 34（1）: 66-
79.

［41］ Bagehi, P. K., and H. Virum. European Logistics Alliances: A Management
Model ［J］. *International Journal of Logistics Management*, 1996, 7（1）: 93-
108.

［42］ Beamish, P. W., and J. P. Killing. *Cooperative Strategies: European Perspec-
tives* ［M］. San Francisco : New Lexington Press, 1997.

［43］ Becker, W., and J. Dietz. R&D Cooperation and Innovation Activities of Firms-
Evidence for the German Manufacturing Industry ［J］. *Research Policy*, 2004,
33（2）: 209-223.

［44］ Bowersox, D. J. The Strategic Benefits of Logistics Alliances ［J］. *Harvard
Business Review*, 1990, 68（4）: 36-45.

［45］ Cannon, J. P., and W. D. Perreault. Buyer-Seller Relationships in Business
Markets ［J］. *Journal of Marketing Research*, 1999, 36（4）: 439-460.

［46］ Carmeli, A., and B. Azeroual. How Relational Capital and Knowledge Combi-
nation Capability Enhance the Performance of Work Units in a High Technology

Industry [J]. *Strategic Entreneurship Journal*, 2009, 3 (1): 85 – 103.

[47] Chung, S., H. Singh, and K. Lee. Complementarity, Status Similarity and Social Capital as Drivers of Alliance Formation [J]. *Strategic Management Journal*, 2000, 21 (1): 1 – 22.

[48] Coase, R. H. The Nature of the Firm [J]. *Economics*, 1937, 4 (16): 386 – 405.

[49] Coleman, J. S. *Foundations of Social Theory* [M]. Cambridge, MA: Belknap Press, 1990.

[50] Collins, J. D., and M. A. Hitt. Leveraging Tacit Knowledge in Alliance: The Importance of Using Relational Capabilities to Build and Leverage Relational Capital [J]. *Journal of Engineering and Technology Management*, 2006, 23 (4): 147 – 167.

[51] Das, T. K., and B. S. Teng. Between Trust and Control Developing Confidence in Parther Cooperation in Alliances [J]. *Academy of Management Review*, 1998, 23 (3): 491 – 512.

[52] de Man, A. P., N. Roijakkers, and H. de Graauw. Managing Dynamics through Robust Alliance Governance Structures: The Case of KLM and Northwest Airlines [J]. *European Management Journal*, 2010, 28 (3): 171 – 181.

[53] Dhanaraj, C., and P. W. Beamish. Effect of Equity Ownership on the Survival of International Joint Ventures [J]. *Strategic Management Journal*, 2004, 25 (3): 295 – 305.

[54] Doz, Y. L., and G. Hamel. Alliance Advantage: The Art of Creating Value through Partnering [M]. Boston, MA: Harvard Business School Press, 1998.

[55] Dussauge, P., B. Garrette, and W. Mitchell. Learning from Competing Partners: Outcomes and Durations of Scale and Link Alliances in Europe, North America and Asia [J]. *Strategic Management Journal*, 2000, 21 (2): 99 – 126.

[56] Duysters, G. M., and K. H. Heimeriks. The Influence of Alliance Capabilities on Alliance Performance: An Empirical Investigation [R]. Working Papers 02. 08, Eindhoven Center for Innovation Studies, 2002.

[57] Dyer, J. H., and H. Singh. The Relational View: Cooperative Strategy and Sources of Interorganizational Competitive Advantage [J]. *The Academy of Management Review*, 1998, 23 (4): 660 – 679.

[58] Dyer, J. H., and N. W. Hatch. Using Supplier Networks to Learn Faster [J]. *MIT Sloan Management Review*, 2004, 45 (3): 57 – 63.

[59] Dyer, J. H. Specialized Supplier Networks as a Source of Competitive Advantage: Evidence from the Auto Industry [J]. *Strategic Management Journal*, 1996, 17 (4): 271 – 291.

[60] Eisenhardt, K. M. Building Theories from Case Study Research [J]. *Academy of Management Review*, 1989, 14 (4): 532 – 550.

[61] Ellram, L. M. The Supplier Selection Decision in Strategic Partnerships [J]. *Journal of Purchasing and Materials Management*, 1990, 26 (4): 8 – 14.

[62] Fernie, J. Outsourcing Distribution in UK Retailing [J]. *Journal of Business Logistics*, 1999, 20 (2): 83 – 95.

[63] Fiol, C. M., and M. A. Lyles. Organizational Learning [J]. *Academy of Management Review*, 1985, 10 (4): 803 – 813.

[64] Fynes, B., C. Voss, and S. de Búrcac. The Impact of Supply Chain Relationship Quality on Quality Performance [J]. *International Journal of Production Economics*, 2005, 96 (3): 339 – 354.

[65] Glaister, K. W., and P. J. Buekley. Performance Relationships in UK International Alliances [J]. *Management International Review*, 1999, 39 (2): 123 – 147.

[66] Gomes-Casseres, B., J. Hagedoorn, and A. B. Jaffe. Do Alliances Promote Knowledge Flows [J]. *Journal of Financial Economics*, 2006, 80 (1): 5 – 33.

[67] Granovetter, M. S. The Strength of Weak Ties [J]. *American Journal of Sociology*, 1973, 78 (6): 1360 – 1380.

[68] Grant, R. M. Toward a Knowledge-Based Theory of the Firm [J]. *Strategic Management Journal*, 1996, 17 (S2): 109 – 122.

[69] Gravier, M. J., W. S. Randall, and D. Strutton. Investigating the Role of Knowledge in Alliance Performance [J]. *Journal of Knowledge Management*,

2008, 12 (4): 117 –130.

[70] Gudmundson, D. , C. B. Tower, and E. A . Hartman. Innovation in Small Businesses: Culture and Ownership Structure Do Matter [J]. *Journal of Developmental Entrepreneurship*, 2003, 8 (1): 1 – 17.

[71] Gulati, R. Alliance and Networks [J]. *Strategic Management Journal*, 1998, 19 (4): 293 – 317.

[72] Gummesson, E. *Qualitative Methods in Management Research* [M]. London: Sage, 1991.

[73] Heimeriks, K. Alliance Capability, Collaboration Quality, and Alliance Performance: An Integrated Framework [J]. Working Papers 02. 05, Eindhoven Center for Innovation Studies, 2002.

[74] Heimeriks, K. H. , and G. Duydters. Alliance Capability as a Mediator Between Experience and Alliance Performance: An Empirical [J]. *Journal of Management Studies*, 2007, 44 (1): 25 – 49.

[75] Hendriks, P. Why Share Knowledge? —The Influence of ICT on the Motivation for Knowledge Sharing [J]. *Knowledge and Process Management*, 1999, 6 (2): 91 – 100.

[76] Hennart, J. F. A Transaction Cost Theory of Equity Joint Ventures [J]. *Strategic Management*, 1988, 9 (4): 361 – 374.

[77] Hoffmann, W. H. How to Manage a Portfolio of Alliances [J]. *Long Range Planning*, 2005, 38 (2): 121 – 143.

[78] Hoffmann, W. H. Strategies for Managing a Portfolio of Alliances [J]. *Strategic Management Journal*, 2007, 28 (8): 827 – 856.

[79] Holmberg, S. R. , and J. L. Cummings. Building Successful Strategic Alliances: Strategic Process and Analytical Tool for Selecting Partner Industries and Firms [J]. *Long Range Planning*, 2009, 42 (2): 164 – 193.

[80] Jansen, J. J. P. , F. A. J. van den Bosch, and H. W. Volberda. Exploratory Innovation, Exploitative Innovation, and Performance: Effects of organizational Antecedents and Environmental Moderators [J]. *Management Science*, 2006, 52 (11): 1661 – 1674.

［81］ Jiang, X. , Y. Li, and S. X. Gao. The Stability of Strategic Alliances: Characteristics, Factors and Stages ［J］. *Journal of International Management*, 2008, 14 (2): 173 – 189.

［82］ Kalaignanam, K. , V. Shankar, and R. Varadarajan. Asymmetric New Product Development Alliance: Win-Win or Win-Lose Partnership ［J］. *Management Science*, 2007, 53 (3): 357 – 374.

［83］ Kale, P. , H. Singh, and H. Perlmutter. Learning and Protection of Proprietary Assets in Strategic Alliances: Building Relational Capital ［J］. *Strategic Management Journal*, 2000, 21 (3): 217 – 237.

［84］ Kale, P. , J. H. Dyer, and H. Singh. Alliance Capability, Stock Market Response, and Long-Term Alliance Success: The Role of the Alliance Function ［J］. *Strategic Management Journal*, 2002, 23 (8): 747 – 767.

［85］ Kale, P. V. Alliance Capability and Success: A Knowledge-based Approach ［D］. Philadelphia : Wharton School, University of Pennsylvania, 1999.

［86］ Kang, M. , and B. Kim. Embedded Resources and Knowledge Transfer among R&D Employees ［J］. *Journal of Knowledge Management*, 2013, 17 (5): 709 – 723.

［87］ Lancaster, A. , and L. F. Lages. The Relationship between Buyer and a B2B E-Marketplace: Cooperation Determinants in an Electronic Market Context ［J］. *Industrial Marketing Management*, 2006, 35 (6): 774 – 789.

［88］ Lavie, D. Alliance Portfolios and Firm Performance: A Study of Value Creation and Appropriation in the U. S. Software Industry ［J］. *Strategic Management Journal*, 2007, 28 (12): 1187 – 1212.

［89］ Lee, S. C. , S. N. Chang, C. Y. Liu, and J. Yang. The Effect of Knowledge Protection, Knowledge Ambiguity, and Relational Capital on Alliance Performance ［J］. *Knowledge and Process Management*, 2007, 14 (1): 58 – 69.

［90］ Luo, Y. Contract, Cooperation, and Performance in International Joint Ventures ［J］. *Strategic Management Journal*, 2002, 23 (10): 903 – 919.

［91］ Luo, Y. Procedural Fairness and Interfirm Cooperation in Strategic Alliances ［J］. *Strategic Management Journal*, 2008, 29 (1): 27 – 46.

［92］ Mahavan，R. Strategic Flexibility in the Steel Industry：The Role of Inter-Firm Linkages ［D］. Pittsburgh：University of Pittsburgh，1996.

［93］ Meier，M. Knowledge Management in Strategic Alliance：A Review of Empirical Evidence ［J］. *International Journal of Management Reviews*，2011，13 (1)：1 –23.

［94］ Miller，D. ，and P. H. Friesen. Strategy-Making and Environment：The Third Link ［J］. *Strategic Management Journal*，1983，4 (3)：221 –235.

［95］ Miner，A. S. ，T. L. Amburgey，and T. M. Stearns. Interorganizational Linkages and Population Dynamics：Buffering and Transformational Shields ［J］. *Administrative Science Quarterly*，1990，35 (4)：689 –713.

［96］ Mohr，A. T. A Multiple Constituency Approach To IJV Performance Measurement ［J］. *Journal of World Business*，2006，41 (3)：247 –260.

［97］ Moore，K. R. Trust and Relationship Commitment in Logistics Alliances：A Buyer Perspective ［J］. *International Journal of Purchasing and Materials Management*，1998，9 (6)：66 –73.

［98］ Morgan，R. M. ，and S. D. Hunt. The Commitment-Trust Theory of Relationship Marketing ［J］. *Journal of Marketing*，1994，58 (3)：20 –38.

［99］ Mueller，R. O. Structural Equation Modeling：Back to Basics ［J］. *Structural Equation Modeling：A Multidisciplinary Journal*，1997，4 (4)：353 –369.

［100］ Murphy，P. R. ，and R. F. Poist. Third-Party Logistics：Some User Versus Provider Perspectives ［J］. *Journal of Business Logistics*，2000，21 (1)：121 –133.

［101］ Murray，J. Y. ，and M. Kotabe. Performance Implications of Strategic Fit between Alliance Attributes and Alliance Forms ［J］. *Journal of Business Research*，2005，58 (11)：1525 –1533.

［102］ Muthusamy，S. K. ，M. A. White，and A. Carr. An Empirical Examination of the Role of Social Exchanges in Alliance Performance ［J］. *Journal of Managerial Issues*，2007，19 (1)：53 –75.

［103］ Parise，S. ，and A. Casher. Alliance Portfolios：Designing and Managing Your Network of Business-Partner Relationships ［J］. *Academy of Manage-*

ment Executive, 2003, 17（4）: 25 - 39.

［104］ Porter, M. E. *Competitive Advantage*［M］. New York: Free Press, 1985.

［105］ Prahalad, C. K. , and G. Hamel. The Core Competence of the Corporation
［J］. *Harvard Business Review*, 1990, 68（3）: 79 - 91.

［106］ Quelin, B. , and F. Duhamel. Bringing. Together Strategic Outsourcing and
Corporate Strategy: Outsourcing Motives and Risks［J］. *European Manage-
ment Journal*, 2003, 21（5）: 647 - 661.

［107］ Quinn, F. J. Don't Forget the Service Supply Chain［J］. *Supply Chain Man-
agement Review*, 2004, 8（5）: 7.

［108］ Ratten, V. The Role of Learning and Information Dissemination in Logistics
Alliances［J］. *Asia Pacific Journal of Marketing and Logistics*, 2004, 16
（4）: 65 - 81.

［109］ Ring, P. S. , and A. H. van de Ven. Developmental Processes of Cooperative
Interorganizational Relationships［J］. *The Academy of Management Review*,
1994, 19（1）: 90 - 118.

［110］ Roberts, K. , S. Varki, and R. Brodie. Measuring the Quality Of Relation-
ships in Consumer Services: An Empirical Study［J］. *European Journal of
Marketing*, 2003, 37（1/2）: 169 - 196.

［111］ Robson, M. J. , L. C. Leonidou, and C. S. Katsikeas. Factors Influencing In-
ternational Joint Venture Performance: Theoretical Perspectives, Assess-
ment, and Future Directions［J］. *Management International Review*, 2002,
42（4）: 385 - 418.

［112］ Rowley, T. J. , and J. A. C. Baum. The Dynamics of Network Strategies and Po-
sitions［J］. *Advances in Strategic Management*, 2008, 97（25）: 641 - 671.

［113］ Sarkar, M. B. , R. Echambadi, S. T. Cavusgil, and P. S. Aulakh. The Influ-
ence of Complementarity, Compatibility, and Relationship Capital on Alli-
ance Performance［J］. *Journal of the Academy of Marketing Science*, 2001,
29（4）: 358 - 373.

［114］ Schilke, O. , and A. Goerzen. Alliance Management Capability: An Investi-
gation of the Construct and its Measurement［J］. *Journal of Management*,

2010，36（5）：1192 – 1219.

[115] Simonin，B. L. The Importance of Collaborative Know-How：An Empirical Test of the Learning Organization ［J］. *Academy of Management Journal*，1997，40（5）：1150 – 1174.

[116] Swoboda，B.，M. Meierer，T. Foscht，and D. Morschett. International SME Alliances：The Impact of Alliance Building and Configurationally Fit on Success ［J］. *Long Range Planning*，2011，44（4）：271 – 288.

[117] Taylor，P. D.，and L. B. Jonker. Evolutionarily Stable Strategy and Game Dynamics ［J］. *Mathematical Biosciences*，1978，40（1 – 2）：145 – 156.

[118] Teece，D. J. Competition，Cooperation，and Innovation：Organizational Arrangements for Regimes of Rapid Technological Progress ［J］. *Journal of Economic Behavior and Organization*，1992，18（1）：1 – 25.

[119] Thompson，B. Ten Commandments of Structural Equation Modeling. In Grimm，L. G.，and P. R. Yarnold（Eds.），*Reading and Understanding More Multivariate Statistics* ［M］. Washington，DC，US：American Psychological Association，2000，pp. 261 – 283.

[120] Thorelli，H. B. Networks：Between Markets and Hierarchies ［J］. *Strategic Management Journal*，1986，7（1）：37 – 51.

[121] Tsang，Eric W. K. Motives for Strategic Alliance：A Resource-Based Perspective ［J］. *Scandinavian Journal of Management*，1998，14（3）：207 – 221.

[122] van Laarhoven，P.，M. Berglund.，and M. Peters. Third-Party Logistics in Europe-Five Years Later ［J］. *International Journal of Physical Distribution and Logistics Management*，2000，30（5）：425 – 442.

[123] Wassmer，U. Alliance Portfolios：A Review and Research Agenda ［J］. *Journal of Management*，2010，36（1）：141 – 171.

[124] Wiklund，J.，and D. A. Shepherd. The Effectiveness of Alliances and Acquisitions：The Role of Resource Combination Activities ［J］. *Entrepreneurship Theory and Practice*，2009，33（1）：193 – 212.

[125] Williamson，O. E. *Markets and Hierarchies：Analysis and Antitrust Implica-*

tions [M]. New York: The Free Press, 1975.

[126] Williamson, O. E. Transaction Cost Economics: The Governance of Contratual Relations [J]. *Journal of Law and Economics*, 1979, 22 (2): 233 – 261.

[127] Woo, K. S., and C. T. Ennew. Business-to-Business Relationship Quality: An IMP Interaction-Based Conceptualization and Measurement [J]. *European Journal of Marketing*, 2004, 38 (9/10): 1252 – 1271.

[128] Yan, A., and M. Zeng. International Joint Venture Instability: A Critique of Previous Research, A Reconceptualization and Directions for Future Research [J]. *Journal of International Business Studies*, 1999, 30 (2): 397 – 414.

[129] Yin, R. K. *Case Study Research: Design and Methods* [M]. Beverly Hills, CA: Sage, 1989.

[130] Yoshino, M. Y., and U. S. Rangan. *Strategic Alliances: An Entrepreneurial Approach to Globalization* [M]. Boston, MA: Harvard Business School Press, 1995.

[131] Zaheer, A., and N. Venkatraman. Relational Governance as an Inter Organizational Strategy: An Empirical Test of the Role of Trust in Economic Exchange [J]. *Strategic Management Journal*, 1995, 16 (5): 373 – 392.

[132] Zaheer, A., B. Mcevily, and V. Perrone. Does Trust Matter? —Exploring the Effects of Interorganizational and Interpersonal Trust On Performance [J]. *Organizational Science*, 1998, 9 (2): 141 – 159.

附　录

附录 1　中国各省份物流业全要素生产率增长率及其分解项

表 1　2004～2016 年各省份物流业的技术效率

省份	2004 年	2005 年	2006 年	2007 年	2008 年	2009 年	2010 年	2011 年	2012 年	2013 年	2014 年	2015 年	2016 年
北京	0.4436	0.4359	0.4282	0.4204	0.4127	0.4049	0.3971	0.3893	0.3815	0.3736	0.3658	0.3580	0.3502
天津	0.4557	0.4481	0.4404	0.4327	0.4250	0.4172	0.4094	0.4017	0.3938	0.3860	0.3782	0.3704	0.3626
河北	0.8945	0.8924	0.8902	0.8880	0.8857	0.8834	0.8811	0.8787	0.8763	0.8738	0.8713	0.8687	0.8661
山西	0.4786	0.4711	0.4635	0.4559	0.4483	0.4406	0.4329	0.4252	0.4174	0.4097	0.4019	0.3941	0.3863
内蒙古	0.5503	0.5432	0.5362	0.5290	0.5218	0.5146	0.5073	0.4999	0.4925	0.4851	0.4776	0.4701	0.4625
辽宁	0.5493	0.5423	0.5352	0.5280	0.5208	0.5136	0.5063	0.4989	0.4915	0.4840	0.4766	0.4690	0.4614
吉林	0.3057	0.2980	0.2904	0.2827	0.2751	0.2676	0.2601	0.2527	0.2453	0.2380	0.2308	0.2236	0.2165
黑龙江	0.3678	0.3600	0.3521	0.3443	0.3365	0.3287	0.3209	0.3132	0.3055	0.2978	0.2901	0.2825	0.2749
上海	0.5079	0.5006	0.4932	0.4858	0.4783	0.4707	0.4632	0.4556	0.4479	0.4403	0.4326	0.4248	0.4171
江苏	0.8802	0.8778	0.8753	0.8728	0.8703	0.8677	0.8651	0.8624	0.8597	0.8569	0.8540	0.8512	0.8482
浙江	0.5899	0.5833	0.5765	0.5697	0.5629	0.5560	0.5490	0.5420	0.5349	0.5277	0.5205	0.5133	0.5060
安徽	0.4053	0.3975	0.3897	0.3819	0.3740	0.3662	0.3584	0.3506	0.3427	0.3349	0.3271	0.3194	0.3116

续表

省份	2004 年	2005 年	2006 年	2007 年	2008 年	2009 年	2010 年	2011 年	2012 年	2013 年	2014 年	2015 年	2016 年
福建	0.6265	0.6203	0.6139	0.6075	0.6010	0.5945	0.5879	0.5812	0.5745	0.5677	0.5608	0.5539	0.5469
江西	0.3705	0.3627	0.3548	0.3470	0.3392	0.3314	0.3236	0.3159	0.3081	0.3004	0.2927	0.2851	0.2775
山东	0.9601	0.9593	0.9585	0.9576	0.9567	0.9558	0.9549	0.9539	0.9530	0.9520	0.9510	0.9500	0.9489
河南	0.6235	0.6172	0.6109	0.6044	0.5979	0.5913	0.5847	0.5780	0.5712	0.5644	0.5575	0.5505	0.5435
湖北	0.4717	0.4641	0.4565	0.4489	0.4412	0.4335	0.4258	0.4180	0.4103	0.4025	0.3947	0.3869	0.3790
湖南	0.5405	0.5334	0.5262	0.5190	0.5117	0.5044	0.4970	0.4896	0.4822	0.4746	0.4671	0.4595	0.4519
广东	0.9415	0.9403	0.9391	0.9378	0.9366	0.9352	0.9339	0.9325	0.9312	0.9297	0.9283	0.9268	0.9253
广西	0.3384	0.3306	0.3228	0.3151	0.3073	0.2996	0.2920	0.2843	0.2767	0.2692	0.2617	0.2543	0.2469
海南	0.1731	0.1667	0.1604	0.1542	0.1481	0.1422	0.1363	0.1306	0.1250	0.1195	0.1142	0.1090	0.1039
重庆	0.3461	0.3383	0.3305	0.3228	0.3150	0.3073	0.2996	0.2919	0.2843	0.2767	0.2691	0.2616	0.2542
四川	0.4299	0.4222	0.4144	0.4066	0.3989	0.3910	0.3832	0.3754	0.3676	0.3597	0.3519	0.3441	0.3363
贵州	0.4211	0.4133	0.4055	0.3977	0.3899	0.3821	0.3742	0.3664	0.3586	0.3508	0.3429	0.3351	0.3274
云南	0.1906	0.1839	0.1773	0.1708	0.1644	0.1582	0.1520	0.1460	0.1401	0.1343	0.1286	0.1230	0.1176
陕西	0.3561	0.3483	0.3404	0.3326	0.3249	0.3171	0.3093	0.3016	0.2940	0.2863	0.2787	0.2712	0.2636
甘肃	0.2538	0.2464	0.2391	0.2319	0.2247	0.2176	0.2106	0.2036	0.1968	0.1900	0.1833	0.1768	0.1703
青海	0.1217	0.1164	0.1111	0.1060	0.1010	0.0961	0.0914	0.0868	0.0823	0.0780	0.0739	0.0698	0.0659
宁夏	0.2509	0.2435	0.2362	0.2290	0.2219	0.2148	0.2078	0.2009	0.1941	0.1873	0.1807	0.1742	0.1678
新疆	0.2609	0.2534	0.2461	0.2387	0.2315	0.2243	0.2172	0.2102	0.2033	0.1964	0.1897	0.1830	0.1764

资料来源：作者基于 Frontier 4.1 软件估计结果计算得到。

表 2　2004~2016 年各省份物流业的技术效率变化率

省份	2004 年	2005 年	2006 年	2007 年	2008 年	2009 年	2010 年	2011 年	2012 年	2013 年	2014 年	2015 年	2016 年
北京	-0.0173	-0.0177	-0.0181	-0.0185	-0.0189	-0.0193	-0.0197	-0.0201	-0.0205	-0.0210	-0.0214	-0.0219	-0.0223
天津	-0.0167	-0.0171	-0.0175	-0.0178	-0.0182	-0.0186	-0.0190	-0.0194	-0.0198	-0.0203	-0.0207	-0.0212	-0.0216
河北	-0.0024	-0.0024	-0.0025	-0.0025	-0.0026	-0.0026	-0.0027	-0.0028	-0.0028	-0.0029	-0.0029	-0.0030	-0.0031
山西	-0.0157	-0.0160	-0.0164	-0.0167	-0.0171	-0.0175	-0.0178	-0.0182	-0.0186	-0.0190	-0.0194	-0.0198	-0.0203
内蒙古	-0.0127	-0.0130	-0.0133	-0.0136	-0.0139	-0.0142	-0.0145	-0.0148	-0.0151	-0.0154	-0.0157	-0.0161	-0.0164
辽宁	-0.0128	-0.0130	-0.0133	-0.0136	-0.0139	-0.0142	-0.0145	-0.0148	-0.0151	-0.0155	-0.0158	-0.0161	-0.0165
吉林	-0.0252	-0.0258	-0.0263	-0.0269	-0.0275	-0.0281	-0.0287	-0.0293	-0.0299	-0.0306	-0.0312	-0.0319	-0.0326
黑龙江	-0.0213	-0.0218	-0.0222	-0.0227	-0.0232	-0.0237	-0.0242	-0.0247	-0.0253	-0.0258	-0.0264	-0.0269	-0.0275
上海	-0.0144	-0.0147	-0.0151	-0.0154	-0.0157	-0.0160	-0.0164	-0.0167	-0.0171	-0.0175	-0.0178	-0.0182	-0.0186
江苏	-0.0027	-0.0028	-0.0028	-0.0029	-0.0030	-0.0030	-0.0031	-0.0032	-0.0032	-0.0033	-0.0034	-0.0034	-0.0035
浙江	-0.0112	-0.0115	-0.0117	-0.0120	-0.0122	-0.0125	-0.0128	-0.0130	-0.0133	-0.0136	-0.0139	-0.0142	-0.0145
安徽	-0.0192	-0.0196	-0.0201	-0.0205	-0.0209	-0.0214	-0.0219	-0.0223	-0.0228	-0.0233	-0.0238	-0.0243	-0.0248
福建	-0.0100	-0.0102	-0.0104	-0.0106	-0.0108	-0.0111	-0.0113	-0.0116	-0.0118	-0.0121	-0.0123	-0.0126	-0.0129
江西	-0.0211	-0.0216	-0.0221	-0.0225	-0.0230	-0.0235	-0.0240	-0.0245	-0.0251	-0.0256	-0.0262	-0.0267	-0.0273
山东	-0.0009	-0.0009	-0.0009	-0.0009	-0.0009	-0.0010	-0.0010	-0.0010	-0.0010	-0.0010	-0.0011	-0.0011	-0.0011
河南	-0.0101	-0.0103	-0.0105	-0.0107	-0.0110	-0.0112	-0.0114	-0.0117	-0.0119	-0.0122	-0.0124	-0.0127	-0.0130
湖北	-0.0160	-0.0163	-0.0167	-0.0171	-0.0174	-0.0178	-0.0182	-0.0186	-0.0190	-0.0194	-0.0198	-0.0202	-0.0207
湖南	-0.0131	-0.0134	-0.0137	-0.0140	-0.0143	-0.0146	-0.0149	-0.0152	-0.0155	-0.0159	-0.0162	-0.0166	-0.0169

续表

省份	2004 年	2005 年	2006 年	2007 年	2008 年	2009 年	2010 年	2011 年	2012 年	2013 年	2014 年	2015 年	2016 年
广东	-0.0013	-0.0013	-0.0013	-0.0014	-0.0014	-0.0014	-0.0015	-0.0015	-0.0015	-0.0016	-0.0016	-0.0016	-0.0017
广西	-0.0231	-0.0236	-0.0241	-0.0246	-0.0251	-0.0257	-0.0262	-0.0268	-0.0274	-0.0279	-0.0286	-0.0292	-0.0298
海南	-0.0374	-0.0382	-0.0390	-0.0398	-0.0407	-0.0415	-0.0424	-0.0434	-0.0443	-0.0452	-0.0462	-0.0472	-0.0482
重庆	-0.0226	-0.0231	-0.0236	-0.0241	-0.0246	-0.0251	-0.0257	-0.0262	-0.0268	-0.0274	-0.0280	-0.0286	-0.0292
四川	-0.0180	-0.0184	-0.0188	-0.0192	-0.0196	-0.0200	-0.0204	-0.0209	-0.0213	-0.0218	-0.0222	-0.0227	-0.0232
贵州	-0.0184	-0.0188	-0.0192	-0.0196	-0.0201	-0.0205	-0.0209	-0.0214	-0.0218	-0.0223	-0.0228	-0.0233	-0.0238
云南	-0.0353	-0.0361	-0.0368	-0.0376	-0.0384	-0.0393	-0.0401	-0.0410	-0.0419	-0.0428	-0.0437	-0.0446	-0.0456
陕西	-0.0220	-0.0225	-0.0229	-0.0234	-0.0239	-0.0245	-0.0250	-0.0255	-0.0261	-0.0266	-0.0272	-0.0278	-0.0284
甘肃	-0.0292	-0.0298	-0.0305	-0.0311	-0.0318	-0.0325	-0.0332	-0.0339	-0.0346	-0.0354	-0.0361	-0.0369	-0.0377
青海	-0.0448	-0.0458	-0.0468	-0.0478	-0.0488	-0.0499	-0.0510	-0.0521	-0.0532	-0.0543	-0.0555	-0.0567	-0.0579
宁夏	-0.0295	-0.0301	-0.0307	-0.0314	-0.0321	-0.0328	-0.0335	-0.0342	-0.0349	-0.0357	-0.0364	-0.0372	-0.0380
新疆	-0.0286	-0.0292	-0.0299	-0.0305	-0.0312	-0.0318	-0.0325	-0.0332	-0.0339	-0.0347	-0.0354	-0.0362	-0.0369

资料来源：作者基于 Frontier 4.1 软件估计结果计算得到。

表 3 2004~2016 年各省份物流业的技术进步

省份	2004 年	2005 年	2006 年	2007 年	2008 年	2009 年	2010 年	2011 年	2012 年	2013 年	2014 年	2015 年	2016 年
北京	0.1527	0.1464	0.1401	0.1338	0.1275	0.1213	0.1150	0.1087	0.1024	0.0961	0.0899	0.0836	0.0773
天津	0.1527	0.1464	0.1401	0.1338	0.1275	0.1213	0.1150	0.1087	0.1024	0.0961	0.0899	0.0836	0.0773
河北	0.1527	0.1464	0.1401	0.1338	0.1275	0.1213	0.1150	0.1087	0.1024	0.0961	0.0899	0.0836	0.0773
山西	0.1527	0.1464	0.1401	0.1338	0.1275	0.1213	0.1150	0.1087	0.1024	0.0961	0.0899	0.0836	0.0773
内蒙古	0.1527	0.1464	0.1401	0.1338	0.1275	0.1213	0.1150	0.1087	0.1024	0.0961	0.0899	0.0836	0.0773
辽宁	0.1527	0.1464	0.1401	0.1338	0.1275	0.1213	0.1150	0.1087	0.1024	0.0961	0.0899	0.0836	0.0773
吉林	0.1527	0.1464	0.1401	0.1338	0.1275	0.1213	0.1150	0.1087	0.1024	0.0961	0.0899	0.0836	0.0773
黑龙江	0.1527	0.1464	0.1401	0.1338	0.1275	0.1213	0.1150	0.1087	0.1024	0.0961	0.0899	0.0836	0.0773
上海	0.1527	0.1464	0.1401	0.1338	0.1275	0.1213	0.1150	0.1087	0.1024	0.0961	0.0899	0.0836	0.0773
江苏	0.1527	0.1464	0.1401	0.1338	0.1275	0.1213	0.1150	0.1087	0.1024	0.0961	0.0899	0.0836	0.0773
浙江	0.1527	0.1464	0.1401	0.1338	0.1275	0.1213	0.1150	0.1087	0.1024	0.0961	0.0899	0.0836	0.0773
安徽	0.1527	0.1464	0.1401	0.1338	0.1275	0.1213	0.1150	0.1087	0.1024	0.0961	0.0899	0.0836	0.0773
福建	0.1527	0.1464	0.1401	0.1338	0.1275	0.1213	0.1150	0.1087	0.1024	0.0961	0.0899	0.0836	0.0773
江西	0.1527	0.1464	0.1401	0.1338	0.1275	0.1213	0.1150	0.1087	0.1024	0.0961	0.0899	0.0836	0.0773
山东	0.1527	0.1464	0.1401	0.1338	0.1275	0.1213	0.1150	0.1087	0.1024	0.0961	0.0899	0.0836	0.0773
河南	0.1527	0.1464	0.1401	0.1338	0.1275	0.1213	0.1150	0.1087	0.1024	0.0961	0.0899	0.0836	0.0773
湖北	0.1527	0.1464	0.1401	0.1338	0.1275	0.1213	0.1150	0.1087	0.1024	0.0961	0.0899	0.0836	0.0773
湖南	0.1527	0.1464	0.1401	0.1338	0.1275	0.1213	0.1150	0.1087	0.1024	0.0961	0.0899	0.0836	0.0773

续表

省份	2004 年	2005 年	2006 年	2007 年	2008 年	2009 年	2010 年	2011 年	2012 年	2013 年	2014 年	2015 年	2016 年
广东	0.1527	0.1464	0.1401	0.1338	0.1275	0.1213	0.1150	0.1087	0.1024	0.0961	0.0899	0.0836	0.0773
广西	0.1527	0.1464	0.1401	0.1338	0.1275	0.1213	0.1150	0.1087	0.1024	0.0961	0.0899	0.0836	0.0773
海南	0.1527	0.1464	0.1401	0.1338	0.1275	0.1213	0.1150	0.1087	0.1024	0.0961	0.0899	0.0836	0.0773
重庆	0.1527	0.1464	0.1401	0.1338	0.1275	0.1213	0.1150	0.1087	0.1024	0.0961	0.0899	0.0836	0.0773
四川	0.1527	0.1464	0.1401	0.1338	0.1275	0.1213	0.1150	0.1087	0.1024	0.0961	0.0899	0.0836	0.0773
贵州	0.1527	0.1464	0.1401	0.1338	0.1275	0.1213	0.1150	0.1087	0.1024	0.0961	0.0899	0.0836	0.0773
云南	0.1527	0.1464	0.1401	0.1338	0.1275	0.1213	0.1150	0.1087	0.1024	0.0961	0.0899	0.0836	0.0773
陕西	0.1527	0.1464	0.1401	0.1338	0.1275	0.1213	0.1150	0.1087	0.1024	0.0961	0.0899	0.0836	0.0773
甘肃	0.1527	0.1464	0.1401	0.1338	0.1275	0.1213	0.1150	0.1087	0.1024	0.0961	0.0899	0.0836	0.0773
青海	0.1527	0.1464	0.1401	0.1338	0.1275	0.1213	0.1150	0.1087	0.1024	0.0961	0.0899	0.0836	0.0773
宁夏	0.1527	0.1464	0.1401	0.1338	0.1275	0.1213	0.1150	0.1087	0.1024	0.0961	0.0899	0.0836	0.0773
新疆	0.1527	0.1464	0.1401	0.1338	0.1275	0.1213	0.1150	0.1087	0.1024	0.0961	0.0899	0.0836	0.0773

资料来源：作者基于 Frontier 4.1 软件估计结果计算得到。

表 4 2004～2016 年各省份物流业的规模经济性

省份	2005 年	2006 年	2007 年	2008 年	2009 年	2010 年	2011 年	2012 年	2013 年	2014 年	2015 年	2016 年
北京	0.0065	0.0096	0.0045	0.0042	0.0048	0.0026	0.0068	0.0006	0.0015	0.0081	0.0011	-0.0013
天津	-0.0034	0.0023	0.0019	0.0019	-0.0009	0.0038	-0.0057	0.0099	-0.0098	0.0019	0.0048	0.0003
河北	-0.0021	-0.0037	-0.0038	0.0014	-0.0038	-0.0039	0.0011	0.0578	-0.0517	0.0046	0.0047	0.0052
山西	-0.0078	0.0051	-0.0002	-0.0006	-0.0027	0.0015	0.0036	0.0951	-0.0739	0.0028	-0.0049	0.0068
内蒙古	-0.0003	-0.0021	0.0058	0.0057	0.0035	-0.0001	0.0007	0.0241	0.0162	-0.0186	-0.0027	0.0018
辽宁	0.0011	-0.0021	0.0128	-0.0025	0.0167	-0.0144	0.0029	-0.0009	0.0012	0.0033	-0.0041	-0.0020
吉林	-0.0101	0.0038	-0.0005	0.0014	-0.0030	-0.0034	0.0049	0.0021	0.0072	0.0007	-0.0006	0.0103
黑龙江	-0.0048	0.0009	0.0019	-0.0045	-0.0004	-0.0051	0.0068	0.0119	-0.0047	-0.0066	-0.0185	0.0024
上海	0.0038	0.0016	0.0028	0.0083	0.0025	0.0022	0.0060	-0.0007	0.0133	0.0061	0.0039	0.0009
江苏	0.0052	0.0022	0.0013	0.0075	0.0023	0.0043	0.0007	0.0625	-0.0393	0.0034	0.0014	0.0055
浙江	0.0005	0.0021	0.0015	0.0013	0.0021	0.0028	0.0056	0.0032	0.0042	0.0045	0.0057	0.0036
安徽	-0.0007	0.0034	-0.0056	-0.0109	-0.0138	-0.0033	0.0037	0.0013	0.0143	0.0034	0.0048	0.0069
福建	-0.0006	0.0031	0.0007	0.0063	0.0042	0.0057	0.0074	0.0049	0.0128	0.0031	0.0063	0.0031
江西	0.0042	0.0028	-0.0004	0.0034	0.0008	0.0008	0.0041	-0.0031	0.0164	0.0057	0.0032	-0.0007
山东	-0.0004	0.0034	0.0032	-0.0009	0.0088	0.0052	0.0058	0.0042	0.0130	0.0019	-0.0024	0.0041
河南	-0.0033	-0.0030	-0.0005	-0.0076	-0.0030	-0.0013	0.0029	0.0011	0.0110	0.0032	0.0034	0.0039
湖北	-0.0028	-0.0023	0.0028	0.0022	0.0031	-0.0047	0.0058	0.0034	0.0216	0.0019	0.0009	-0.0008
湖南	-0.0031	0.0006	-0.0008	-0.0037	-0.0001	0.0075	-0.0005	0.0028	0.0007	0.0053	-0.0014	-0.0073

续表

省份	2005 年	2006 年	2007 年	2008 年	2009 年	2010 年	2011 年	2012 年	2013 年	2014 年	2015 年	2016 年
广东	0.0031	0.0109	0.0019	0.0035	0.0034	0.0013	0.0065	0.0010	0.0154	0.0046	0.0032	0.0039
广西	0.0032	0.0039	0.0039	0.0006	0.0057	-0.0054	-0.0001	0.0431	-0.0341	0.0011	-0.0054	-0.0040
海南	0.0009	-0.0011	-0.0018	0.0070	0.0047	0.0035	0.0007	0.0310	-0.0213	0.0033	0.0059	-0.0031
重庆	-0.0042	0.0021	0.0013	0.0042	0.0008	0.0019	0.0066	0.0043	0.0239	0.0054	0.0035	0.0041
四川	0.0039	0.0010	0.0041	-0.0011	0.0047	0.0014	-0.0057	0.0043	0.0211	-0.0062	0.0039	0.0000
贵州	0.0004	-0.0018	0.0028	0.0039	0.0025	0.0036	-0.0007	0.0008	0.0164	-0.0001	0.0017	0.0038
云南	0.0073	-0.0069	-0.0014	0.0047	0.0029	0.0001	0.0036	0.0011	0.0122	0.0034	-0.0041	0.0026
陕西	-0.0091	-0.0046	0.0024	-0.0046	0.0407	-0.0352	-0.0018	-0.0020	0.0205	0.0008	-0.0007	0.0023
甘肃	-0.0034	-0.0020	-0.0052	0.0015	0.0032	-0.0012	0.0035	0.0029	0.0124	0.0021	0.0030	0.0039
青海	-0.0104	0.0095	-0.0021	-0.0048	0.0019	-0.0034	-0.0020	-0.0029	0.0121	-0.0082	0.0033	0.0051
宁夏	-0.0041	-0.0045	-0.0017	0.0056	0.0042	0.0035	0.0051	0.0072	0.0040	0.0026	0.0020	-0.0002
新疆	0.0008	-0.0015	-0.0013	-0.0009	-0.0061	0.0019	0.0025	0.0031	0.0183	-0.0008	-0.0006	0.0011

资料来源：作者基于 Frontier 4.1 软件估计结果计算得到。

表 5 2004～2016 年各省份物流业的全要素生产率增长率

省份	2005 年	2006 年	2007 年	2008 年	2009 年	2010 年	2011 年	2012 年	2013 年	2014 年	2015 年	2016 年
北京	0.1352	0.1316	0.1199	0.1129	0.1068	0.0979	0.0954	0.0825	0.0767	0.0766	0.0628	0.0536
天津	0.1258	0.1249	0.1179	0.1112	0.1018	0.0997	0.0836	0.0925	0.0661	0.0711	0.0672	0.0560
河北	0.1419	0.1339	0.1275	0.1263	0.1148	0.1084	0.1070	0.1574	0.0416	0.0915	0.0853	0.0795
山西	0.1225	0.1288	0.1169	0.1098	0.1011	0.0987	0.0941	0.1789	0.0033	0.0732	0.0589	0.0638
内蒙古	0.1331	0.1247	0.1260	0.1193	0.1106	0.1005	0.0946	0.1115	0.0970	0.0555	0.0648	0.0627
辽宁	0.1344	0.1247	0.1330	0.1111	0.1238	0.0861	0.0968	0.0864	0.0819	0.0774	0.0634	0.0589
吉林	0.1105	0.1176	0.1064	0.1014	0.0902	0.0829	0.0843	0.0746	0.0728	0.0593	0.0511	0.0550
黑龙江	0.1199	0.1188	0.1130	0.0998	0.0972	0.0857	0.0908	0.0891	0.0657	0.0569	0.0382	0.0522
上海	0.1354	0.1266	0.1213	0.1201	0.1077	0.1008	0.0980	0.0846	0.0920	0.0781	0.0692	0.0596
江苏	0.1488	0.1394	0.1322	0.1321	0.1205	0.1162	0.1062	0.1617	0.0536	0.0899	0.0815	0.0793
浙江	0.1354	0.1304	0.1233	0.1166	0.1109	0.1050	0.1012	0.0923	0.0867	0.0805	0.0751	0.0664
安徽	0.1260	0.1234	0.1077	0.0957	0.0860	0.0898	0.0901	0.0809	0.0872	0.0695	0.0641	0.0594
福建	0.1357	0.1328	0.1239	0.1230	0.1144	0.1094	0.1045	0.0955	0.0969	0.0807	0.0773	0.0675
江西	0.1289	0.1209	0.1108	0.1079	0.0985	0.0918	0.0883	0.0743	0.0869	0.0694	0.0601	0.0493
山东	0.1451	0.1426	0.1361	0.1257	0.1291	0.1192	0.1135	0.1056	0.1081	0.0907	0.0801	0.0803
河南	0.1328	0.1266	0.1226	0.1090	0.1071	0.1023	0.0999	0.0916	0.0950	0.0806	0.0742	0.0682
湖北	0.1273	0.1211	0.1195	0.1123	0.1065	0.0921	0.0959	0.0869	0.0984	0.0720	0.0643	0.0558
湖南	0.1299	0.1271	0.1191	0.1095	0.1066	0.1076	0.0930	0.0897	0.0809	0.0790	0.0656	0.0531

续表

省份	2005 年	2006 年	2007 年	2008 年	2009 年	2010 年	2011 年	2012 年	2013 年	2014 年	2015 年	2016 年
广东	0.1482	0.1497	0.1343	0.1297	0.1232	0.1148	0.1137	0.1019	0.1100	0.0929	0.0852	0.0796
广西	0.1260	0.1199	0.1131	0.1030	0.1013	0.0834	0.0819	0.1181	0.0341	0.0625	0.0491	0.0435
海南	0.1091	0.1001	0.0922	0.0939	0.0844	0.0760	0.0660	0.0891	0.0296	0.0469	0.0422	0.0260
重庆	0.1191	0.1186	0.1110	0.1071	0.0969	0.0912	0.0891	0.0800	0.0927	0.0673	0.0586	0.0522
四川	0.1319	0.1223	0.1187	0.1069	0.1060	0.0959	0.0821	0.0854	0.0954	0.0614	0.0647	0.0541
贵州	0.1279	0.1191	0.1170	0.1114	0.1033	0.0977	0.0866	0.0814	0.0902	0.0670	0.0620	0.0573
云南	0.1176	0.0964	0.0948	0.0937	0.0849	0.0750	0.0714	0.0616	0.0656	0.0495	0.0349	0.0344
陕西	0.1148	0.1125	0.1128	0.0990	0.1375	0.0548	0.0814	0.0744	0.0900	0.0634	0.0551	0.0512
甘肃	0.1132	0.1076	0.0975	0.0972	0.0919	0.0806	0.0783	0.0707	0.0732	0.0558	0.0497	0.0435
青海	0.0901	0.1028	0.0839	0.0739	0.0732	0.0607	0.0547	0.0463	0.0539	0.0262	0.0302	0.0245
宁夏	0.1122	0.1048	0.1007	0.1011	0.0927	0.0850	0.0797	0.0747	0.0645	0.0561	0.0484	0.0391
新疆	0.1179	0.1087	0.1020	0.0955	0.0833	0.0843	0.0780	0.0716	0.0798	0.0537	0.0468	0.0415

资料来源：作者基于 Frontier 4.1 软件估计结果计算得到。

附录2　中国各省份物流业生产率的贡献

表1　北京物流业全要素生产率增长率和劳动力投入增长率及其贡献

年份	产出（增加值）增长率（％）	TFP 增长率（％）	劳动力投入增长率（％）	TFP 增长率贡献（％）	劳动劳动力投入贡献（％）
2005	9.2161	13.5164	9.4768	146.6609	102.8291
2006	8.3350	13.1583	13.9839	157.8684	167.7738
2007	1.9420	11.9852	6.5700	617.1535	338.3092
2008	-4.0725	11.2929	6.2066	-277.2967	-152.4033
2009	13.3494	10.6796	7.0141	80.0005	52.5424
2010	20.8660	9.7920	3.8172	46.9279	18.2938
2011	6.9374	9.5436	9.9917	137.5676	144.0276
2012	-1.6035	8.2498	0.8743	-514.5001	-54.5275
2013	3.8034	7.6660	2.1662	201.5568	56.9556
2014	5.6722	7.6568	11.8833	134.9865	209.4982
2015	0.9825	6.2777	1.5597	638.9759	158.7530
2016	5.8397	5.3630	-1.9505	91.8373	-33.4002

资料来源：作者计算整理得到。

表2　天津物流业全要素生产率增长率和劳动力投入增长率及其贡献

年份	产出（增加值）增长率（％）	TFP 增长率（％）	劳动力投入增长率（％）	TFP 增长率贡献（％）	劳动劳动力投入贡献（％）
2005	18.7772	12.5828	-5.0499	67.0111	-26.8941
2006	4.8779	12.4908	3.3337	256.0666	68.3414
2007	3.2539	11.7876	2.7806	362.2617	85.4554
2008	22.1871	11.1168	2.7133	50.1046	12.2290
2009	10.0410	10.1755	-1.3013	101.3392	-12.9597
2010	17.9852	9.9748	5.5385	55.4611	30.7948
2011	1.8532	8.3601	-8.3101	451.1166	-448.4142
2012	5.3175	9.2467	14.4739	173.8917	272.1922
2013	-4.0258	6.6109	-14.2984	-164.2139	355.1679
2014	3.8285	7.1051	2.7667	185.5846	72.2671
2015	-1.5663	6.7235	7.0243	-429.2708	-448.4724
2016	-2.2246	5.6029	0.4758	-251.8622	-21.3888

资料来源：作者计算整理得到。

表 3　河北物流业全要素生产率增长率和劳动力投入增长率及其贡献

年份	产出（增加值）增长率（%）	TFP 增长率（%）	劳动力投入增长率（%）	TFP 增长率贡献（%）	劳动劳动力投入贡献（%）
2005	26.9579	14.1865	− 3.0527	52.6247	− 11.3240
2006	13.4352	13.3902	− 5.4436	99.6647	− 40.5172
2007	13.8571	12.7482	− 5.5731	91.9973	− 40.2184
2008	10.2721	12.6331	2.0130	122.9847	19.5973
2009	13.3253	11.4805	− 5.5873	86.1558	− 41.9301
2010	11.9699	10.8372	− 5.7314	90.5370	− 47.8815
2011	10.0447	10.7025	1.5730	106.5490	15.6602
2012	5.3232	15.7371	84.5591	295.6334	1588.5123
2013	3.0325	4.1560	− 75.7128	137.0497	− 2496.7429
2014	− 0.5584	9.1513	6.7030	− 1638.9030	− 1200.4395
2015	− 4.2901	8.5299	6.8888	− 198.8278	− 160.5753
2016	− 1.2742	7.9493	7.6750	− 623.8708	− 602.3459

资料来源：作者计算整理得到。

表 4　山西物流业全要素生产率增长率和劳动力投入增长率及其贡献

年份	产出（增加值）增长率（%）	TFP 增长率（%）	劳动力投入增长率（%）	TFP 增长率贡献（%）	劳动劳动力投入贡献（%）
2005	− 1.8462	12.2502	− 11.4817	− 663.5276	621.9007
2006	12.4215	12.8779	7.4044	103.6741	59.6097
2007	14.4557	11.6871	− 0.3218	80.8477	− 2.2263
2008	13.0604	10.9813	− 0.9355	84.0814	− 7.1632
2009	− 19.2935	10.1103	− 3.9579	− 52.4025	20.5141
2010	18.5409	9.8673	2.2266	53.2192	12.0090
2011	8.6924	9.4102	5.2868	108.2574	60.8206
2012	8.8704	17.8878	139.1681	201.6578	1568.9127
2013	− 10.7425	0.3272	− 108.1478	− 3.0461	1006.7297
2014	− 0.8687	7.3212	4.0368	− 842.7980	− 464.7052
2015	8.6147	5.8857	− 7.1750	68.3223	− 83.2882
2016	2.4569	6.3834	9.9266	259.8128	404.0273

资料来源：作者计算整理得到。

表5 内蒙古物流业全要素生产率增长率和劳动力投入增长率及其贡献

年份	产出（增加值）增长率（%）	TFP增长率（%）	劳动力投入增长率（%）	TFP增长率贡献（%）	劳动劳动力投入贡献（%）
2005	14. 2521	13. 3127	− 0. 3697	93. 4081	− 2. 5942
2006	14. 6919	12. 4736	− 3. 0525	84. 9013	− 20. 7764
2007	15. 7448	12. 6020	8. 4377	80. 0392	53. 5901
2008	20. 3660	11. 9346	8. 2846	58. 6005	40. 6784
2009	12. 6242	11. 0562	5. 0525	87. 5794	40. 0221
2010	8. 6754	10. 0458	− 0. 1020	115. 7969	− 1. 1756
2011	11. 3813	9. 4632	1. 0152	83. 1473	8. 9202
2012	10. 5655	11. 1465	35. 3167	105. 4996	334. 2652
2013	6. 6220	9. 6957	23. 7421	146. 4168	358. 5364
2014	− 1. 8293	5. 5546	− 27. 2074	− 303. 6555	1487. 3464
2015	− 21. 6326	6. 4836	− 3. 9201	− 29. 9713	18. 1214
2016	3. 1991	6. 2674	2. 6139	195. 9123	81. 7064

资料来源：作者计算整理得到。

表6 辽宁物流业全要素生产率增长率和劳动力投入增长率及其贡献

年份	产出（增加值）增长率（%）	TFP增长率（%）	劳动力投入增长率（%）	TFP增长率贡献（%）	劳动劳动力投入贡献（%）
2005	11. 9490	13. 4421	1. 5805	112. 4954	13. 2273
2006	10. 9886	12. 4681	− 3. 0755	113. 4649	− 27. 9884
2007	8. 1623	13. 2987	18. 6957	162. 9277	229. 0476
2008	5. 4478	11. 1105	− 3. 7203	203. 9466	− 68. 2912
2009	9. 8077	12. 3769	24. 4489	126. 1956	249. 2830
2010	12. 1494	8. 6126	− 21. 0223	70. 8893	− 173. 0310
2011	15. 1540	9. 6800	4. 2525	63. 8773	28. 0621
2012	10. 1296	8. 6357	− 1. 3776	85. 2526	− 13. 5993
2013	4. 6219	8. 1924	1. 7999	177. 2507	38. 9424
2014	3. 6736	7. 7384	4. 8309	210. 6457	131. 5027
2015	10. 7007	6. 3385	− 5. 9744	59. 2346	− 55. 8315
2016	− 32. 9969	5. 8869	− 2. 8865	− 17. 8408	8. 7478

资料来源：作者计算整理得到。

表 7　吉林物流业全要素生产率增长率和劳动力投入增长率及其贡献

年份	产出（增加值）增长率（%）	TFP 增长率（%）	劳动力投入增长率（%）	TFP 增长率贡献（%）	劳动劳动力投入贡献（%）
2005	4.8720	11.0497	−14.7793	226.8002	−303.3522
2006	9.1603	11.7604	5.6300	128.3840	61.4608
2007	8.2714	10.6432	−0.7043	128.6753	−8.5155
2008	9.6086	10.1427	2.0082	105.5594	20.8997
2009	9.9039	9.0227	−4.3312	91.1028	−43.7320
2010	5.2447	8.2856	−5.0474	157.9797	−96.2371
2011	6.0245	8.4339	7.2191	139.9922	119.8279
2012	6.8169	7.4620	3.1045	109.4620	45.5405
2013	4.8111	7.2819	10.6032	151.3550	220.3884
2014	1.1205	5.9318	0.9920	529.4045	88.5381
2015	−0.4800	5.1095	−0.8713	−1064.4339	181.5064
2016	3.5511	5.5001	15.0437	154.8831	423.6317

资料来源：作者计算整理得到。

表 8　黑龙江物流业全要素生产率增长率和劳动力投入增长率及其贡献

年份	产出（增加值）增长率（%）	TFP 增长率（%）	劳动力投入增长率（%）	TFP 增长率贡献（%）	劳动劳动力投入贡献（%）
2005	6.4426	11.9854	−6.9684	186.0344	−108.1615
2006	2.2288	11.8790	1.3522	532.9896	60.6695
2007	8.8004	11.3028	2.8078	128.4348	31.9048
2008	0.8373	9.9827	−6.6123	1192.2327	−789.7035
2009	2.2915	9.7190	−0.5497	424.1339	−23.9888
2010	7.6709	8.5665	−7.4850	111.6747	−97.5765
2011	9.9046	9.0764	9.9352	91.6388	100.3095
2012	2.6256	8.9104	17.4748	339.3628	665.5483
2013	−2.3187	6.5665	−6.8536	−283.1966	295.5796
2014	10.0054	5.6898	−9.6843	56.8671	−96.7908
2015	0.7193	3.8200	−27.0367	531.0398	−3758.5359
2016	5.2576	5.2173	3.4600	99.2335	65.8092

资料来源：作者计算整理得到。

表9　上海物流业全要素生产率增长率和劳动力投入增长率及其贡献

年份	产出（增加值）增长率（%）	TFP增长率（%）	劳动力投入增长率（%）	TFP增长率贡献（%）	劳动劳动力投入贡献（%）
2005	11.6211	13.5411	5.5246	116.5215	47.5389
2006	8.1509	12.6621	2.3111	155.3458	28.3540
2007	-1.0831	12.1278	4.1557	-1119.7379	-383.6875
2008	-0.0268	12.0119	12.1346	-44870.6069	-45328.8501
2009	-9.1805	10.7734	3.6885	-117.3504	-40.1771
2010	23.5559	10.0834	3.2841	42.8062	13.9418
2011	-1.8436	9.7958	8.7823	-531.3574	-476.3798
2012	0.5530	8.4590	-1.0704	1529.7542	-193.5694
2013	1.6663	9.1971	19.4668	551.9405	1168.2444
2014	8.2513	7.8087	8.8812	94.6362	107.6341
2015	5.4310	6.9235	5.6761	127.4819	104.5133
2016	7.0881	5.9589	1.3201	84.0697	18.6239

资料来源：作者计算整理得到。

表10　江苏物流业全要素生产率增长率和劳动力投入增长率及其贡献

年份	产出（增加值）增长率（%）	TFP增长率（%）	劳动力投入增长率（%）	TFP增长率贡献（%）	劳动劳动力投入贡献（%）
2005	24.8619	14.8803	7.6189	59.8517	30.6447
2006	14.0288	13.9435	3.1826	99.3920	22.6861
2007	7.4408	13.2219	1.8999	177.6959	25.5332
2008	15.7474	13.2059	10.9483	83.8613	69.5246
2009	7.9634	12.0529	3.3519	151.3533	42.0916
2010	17.9563	11.6208	6.3132	64.7174	35.1589
2011	12.6860	10.6249	1.0216	83.7535	8.0528
2012	7.5195	16.1707	91.5048	215.0507	1216.9026
2013	0.2755	5.3562	-57.5314	1944.3173	-20884.1039
2014	3.9002	8.9865	4.9125	230.4132	125.9569
2015	1.5954	8.1531	2.0082	511.0470	125.8782
2016	3.0491	7.9294	8.0338	260.0569	263.4814

资料来源：作者计算整理得到。

表 11　浙江物流业全要素生产率增长率和劳动力投入增长率及其贡献

年份	产出（增加值）增长率（%）	TFP 增长率（%）	劳动力投入增长率（%）	TFP 增长率贡献（%）	劳动劳动力投入贡献（%）
2005	11.3980	13.5388	0.7246	118.7823	6.3573
2006	17.4481	13.0445	3.0421	74.7618	17.4352
2007	9.4824	12.3333	2.1915	130.0654	23.1116
2008	7.5511	11.6638	1.9575	154.4633	25.9232
2009	7.5812	11.0879	3.1042	146.2562	40.9459
2010	15.5121	10.5032	4.1294	67.7097	26.6205
2011	5.5952	10.1215	8.1349	180.8955	145.3899
2012	3.2820	9.2333	4.7342	281.3316	144.2466
2013	8.2245	8.6716	6.1221	105.4370	74.4375
2014	3.9442	8.0484	6.6179	204.0556	167.7871
2015	3.9920	7.5107	8.3757	188.1458	209.8154
2016	6.6665	6.6375	5.2315	99.5658	78.4748

资料来源：作者计算整理得到。

表 12　安徽物流业全要素生产率增长率和劳动力投入增长率及其贡献

年份	产出（增加值）增长率（%）	TFP 增长率（%）	劳动力投入增长率（%）	TFP 增长率贡献（%）	劳动劳动力投入贡献（%）
2005	2.0156	12.6029	-1.0219	625.2553	-50.7003
2006	3.8784	12.3381	4.9131	318.1281	126.6812
2007	4.7825	10.7744	-8.1572	225.2858	-170.5633
2008	3.9846	9.5704	-15.9460	240.1826	-400.1885
2009	7.6922	8.6038	-20.2456	111.8508	-263.1958
2010	8.1428	8.9806	-4.8642	110.2878	-59.7357
2011	5.4308	9.0081	5.4190	165.8718	99.7840
2012	7.2386	8.0943	1.9361	111.8210	26.7472
2013	8.8556	8.7198	21.0033	98.4661	237.1753
2014	4.4209	6.9471	4.9767	157.1426	112.5722
2015	-1.7971	6.4101	7.0554	-356.6818	-392.5904
2016	2.6428	5.9383	10.1061	224.6973	382.4001

资料来源：作者计算整理得到。

表 13　福建物流业全要素生产率增长率和劳动力投入增长率及其贡献

年份	产出（增加值）增长率（%）	TFP 增长率（%）	劳动力投入增长率（%）	TFP 增长率贡献（%）	劳动劳动力投入贡献（%）
2005	6.4013	13.5650	-0.8090	211.9112	-12.6378
2006	11.5373	13.2760	4.4712	115.0703	38.7546
2007	11.4287	12.3940	1.0775	108.4457	9.4283
2008	7.3045	12.2998	9.2245	168.3871	126.2857
2009	8.9606	11.4351	6.0986	127.6158	68.0605
2010	11.0348	10.9351	8.3186	99.0961	75.3849
2011	4.2839	10.4508	10.7773	243.9584	251.5782
2012	9.7970	9.5535	7.1953	97.5145	73.4440
2013	4.8352	9.6933	18.8062	200.4724	388.9397
2014	8.8393	8.0690	4.5966	91.2853	52.0018
2015	13.1405	7.7290	9.1983	58.8178	69.9995
2016	7.1063	6.7508	4.4656	94.9981	62.8398

资料来源：作者计算整理得到。

表 14　江西物流业全要素生产率增长率和劳动力投入增长率及其贡献

年份	产出（增加值）增长率（%）	TFP 增长率（%）	劳动力投入增长率（%）	TFP 增长率贡献（%）	劳动劳动力投入贡献（%）
2005	-9.4552	12.8937	6.0961	-136.3665	-64.4733
2006	8.2777	12.0865	4.1504	146.0131	50.1401
2007	2.2065	11.0836	-0.6451	502.3204	-29.2366
2008	0.0795	10.7920	4.9870	13580.0227	6275.3163
2009	4.0567	9.8542	1.1741	242.9122	28.9413
2010	8.4667	9.1791	1.2228	108.4139	14.4422
2011	7.0295	8.8290	6.0460	125.5988	86.0085
2012	19.2138	7.4301	-4.4692	38.6705	-23.2602
2013	4.5767	8.6891	23.9452	189.8555	523.1970
2014	1.8093	6.9399	8.3343	383.5688	460.6379
2015	0.8847	6.0080	4.7075	679.0957	532.0963
2016	6.1708	4.9269	-1.0866	79.8431	-17.6091

资料来源：作者计算整理得到。

表 15　山东物流业全要素生产率增长率和劳动力投入增长率及其贡献

年份	产出（增加值）增长率（％）	TFP 增长率（％）	劳动力投入增长率（％）	TFP 增长率贡献（％）	劳动劳动力投入贡献（％）
2005	18.7107	14.5060	−0.6297	77.5280	−3.3653
2006	16.6586	14.2575	4.9510	85.5861	29.7201
2007	4.2390	13.6090	4.6771	321.0405	110.3345
2008	21.0924	12.5666	−1.3636	59.5787	−6.4648
2009	3.6200	12.9055	12.8204	356.5081	354.1572
2010	8.5805	11.9170	7.5696	138.8846	88.2191
2011	10.8360	11.3515	8.5130	104.7568	78.5617
2012	5.2482	10.5576	6.1130	201.1674	116.4787
2013	−22.5224	10.8059	18.9721	−47.9783	−84.2367
2014	9.1826	9.0713	2.8012	98.7870	30.5059
2015	4.6283	8.0093	−3.5214	173.0501	−76.0846
2016	6.7821	8.0310	6.0229	118.4143	88.8046

资料来源：作者计算整理得到。

表 16　河南物流业全要素生产率增长率和劳动力投入增长率及其贡献

年份	产出（增加值）增长率（％）	TFP 增长率（％）	劳动力投入增长率（％）	TFP 增长率贡献（％）	劳动劳动力投入贡献（％）
2005	8.0131	13.2847	−4.7619	165.7871	−59.4267
2006	12.8869	12.6623	−4.3580	98.2571	−33.8177
2007	8.9520	12.2580	−0.7548	136.9300	−8.4318
2008	−12.0782	10.9009	−11.0936	−90.2530	91.8487
2009	5.0250	10.7063	−4.4064	213.0614	−87.6896
2010	2.1118	10.2262	−1.8911	484.2441	−89.5497
2011	3.7944	9.9887	4.1840	263.2488	110.2668
2012	15.5591	9.1564	1.5571	58.8490	10.0078
2013	21.9001	9.4974	16.1177	43.3669	73.5963
2014	10.1352	8.0629	4.6918	79.5536	46.2924
2015	4.9096	7.4235	4.9139	151.2034	100.0865
2016	5.1650	6.8183	5.6448	132.0095	109.2906

资料来源：作者计算整理得到。

表 17　湖北物流业全要素生产率增长率和劳动力投入增长率及其贡献

年份	产出（增加值）增长率（%）	TFP 增长率（%）	劳动力投入增长率（%）	TFP 增长率贡献（%）	劳动劳动力投入贡献（%）
2005	3.5075	12.7271	-4.0341	362.8513	-115.0131
2006	11.4696	12.1081	-3.3888	105.5669	-29.5456
2007	4.9574	11.9522	4.0466	241.0994	81.6270
2008	10.2904	11.2283	3.1768	109.1135	30.8709
2009	15.7411	10.6531	4.4963	67.6768	28.5638
2010	12.1653	9.2074	-6.9159	75.6859	-56.8493
2011	8.4749	9.5942	8.5107	113.2068	100.4225
2012	4.7517	8.6866	5.0006	182.8111	105.2380
2013	11.4775	9.8370	31.6325	85.7069	275.6044
2014	6.4420	7.1956	2.7631	111.6985	42.8924
2015	2.2935	6.4263	1.3154	280.1941	57.3528
2016	2.6379	5.5822	-1.2126	211.6139	-45.9678

资料来源：作者计算整理得到。

表 18　湖南物流业全要素生产率增长率和劳动力投入增长率及其贡献

年份	产出（增加值）增长率（%）	TFP 增长率（%）	劳动力投入增长率（%）	TFP 增长率贡献（%）	劳动劳动力投入贡献（%）
2005	11.7928	12.9886	-4.5433	110.1394	-38.5263
2006	9.2954	12.7064	0.9397	136.6956	10.1096
2007	9.0867	11.9084	-1.1217	131.0532	-12.3440
2008	14.4427	10.9532	-5.4746	75.8388	-37.9060
2009	14.4739	10.6624	-0.0898	73.6669	-0.6203
2010	12.8700	10.7619	11.0169	83.6202	85.6019
2011	7.2779	9.3017	-0.6997	127.8082	-9.6138
2012	10.2227	8.9655	4.0487	87.7017	39.6049
2013	5.6507	8.0929	0.9550	143.2190	16.8999
2014	4.3037	7.8972	7.7807	183.4959	180.7901
2015	-0.1006	6.5587	-2.1134	-6521.1884	2101.3534
2016	3.2464	5.3089	-10.6980	163.5311	-329.5354

资料来源：作者计算整理得到。

表 19　广东物流业全要素生产率增长率和劳动力投入增长率及其贡献

年份	产出（增加值）增长率（%）	TFP 增长率（%）	劳动力投入增长率（%）	TFP 增长率贡献（%）	劳动劳动力投入贡献（%）
2005	15.2129	14.8166	4.5406	97.3951	29.8473
2006	12.0535	14.9683	15.9945	124.1822	132.6957
2007	9.0488	13.4342	2.7680	148.4646	30.5894
2008	9.8183	12.9685	5.1839	132.0853	52.7987
2009	-0.0198	12.3196	4.9198	-62231.0313	-24852.0153
2010	9.7139	11.4846	1.9308	118.2277	19.8766
2011	7.7326	11.3670	9.4473	147.0010	122.1752
2012	9.9390	10.1910	1.4681	102.5355	14.7709
2013	0.6793	11.0037	22.6054	1619.9691	3327.9902
2014	8.4716	9.2852	6.6865	109.6039	78.9288
2015	3.9183	8.5220	4.7541	217.4938	121.3313
2016	7.4509	7.9600	5.7692	106.8328	77.4296

资料来源：作者计算整理得到。

表 20　广西物流业全要素生产率增长率和劳动力投入增长率及其贡献

年份	产出（增加值）增长率（%）	TFP 增长率（%）	劳动力投入增长率（%）	TFP 增长率贡献（%）	劳动劳动力投入贡献（%）
2005	-1.7090	12.5994	4.6730	-737.2482	-273.4354
2006	5.9037	11.9894	5.6756	203.0829	96.1368
2007	5.4712	11.3096	5.6747	206.7109	103.7182
2008	19.0624	10.3046	0.9270	54.0571	4.8628
2009	13.9925	10.1339	8.4109	72.4235	60.1100
2010	19.9751	8.3364	-7.9039	41.7341	-39.5687
2011	14.4655	8.1866	-0.0799	56.5937	-0.5522
2012	3.6505	11.8121	63.0348	323.5780	1726.7607
2013	5.2459	3.4052	-49.9918	64.9124	-952.9727
2014	5.1973	6.2459	1.6694	120.1750	32.1204
2015	6.3265	4.9070	-7.8415	77.5624	-123.9468
2016	4.6358	4.3497	-5.8901	93.8293	-127.0572

资料来源：作者计算整理得到。

表21　海南物流业全要素生产率增长率和劳动力投入增长率及其贡献

年份	产出（增加值）增长率（%）	TFP增长率（%）	劳动力投入增长率（%）	TFP增长率贡献（%）	劳动劳动力投入贡献（%）
2005	4.0542	10.9089	1.2748	269.0789	31.4432
2006	9.1195	10.0068	-1.5387	109.7298	-16.8721
2007	1.8169	9.2222	-2.6063	507.5771	-143.4476
2008	2.8819	9.3888	10.2797	325.7867	356.6983
2009	9.5167	8.4386	6.8413	88.6711	71.8871
2010	10.1445	7.6016	5.0887	74.9336	50.1624
2011	10.3059	6.6023	0.9874	64.0632	9.5808
2012	8.2938	8.9132	45.3770	107.4679	547.1206
2013	7.8536	2.9561	-31.2490	37.6405	-397.8933
2014	19.4369	4.6940	4.8113	24.1500	24.7534
2015	-1.2998	4.2231	8.5655	-324.9097	-658.9951
2016	4.5342	2.6017	-4.4942	57.3791	-99.1180

资料来源：作者计算整理得到。

表22　重庆物流业全要素生产率增长率和劳动力投入增长率及其贡献

年份	产出（增加值）增长率（%）	TFP增长率（%）	劳动力投入增长率（%）	TFP增长率贡献（%）	劳动劳动力投入贡献（%）
2005	10.8202	11.9121	-6.1088	110.0911	-56.4568
2006	13.2490	11.8639	3.1044	89.5458	23.4315
2007	-4.6102	11.1006	1.8630	-240.7821	-40.4114
2008	10.9256	10.7142	6.1569	98.0650	56.3528
2009	14.0918	9.6894	1.1198	68.7590	7.9467
2010	7.5334	9.1200	2.7676	121.0600	36.7373
2011	9.9777	8.9075	9.6570	89.2736	96.7854
2012	9.6326	7.9982	6.3628	83.0330	66.0555
2013	21.9565	9.2665	34.9674	42.2040	159.2573
2014	4.0442	6.7311	7.9021	166.4409	195.3959
2015	4.8457	5.8555	5.1546	120.8387	106.3740
2016	9.1052	5.2243	6.0047	57.3771	65.9482

资料来源：作者计算整理得到。

表 23　四川物流业全要素生产率增长率和劳动力投入增长率及其贡献

年份	产出（增加值）增长率（%）	TFP 增长率（%）	劳动力投入增长率（%）	TFP 增长率贡献（%）	劳动劳动力投入贡献（%）
2005	9.7794	13.1874	5.6576	134.8485	57.8523
2006	14.4305	12.2295	1.4035	84.7472	9.7258
2007	4.4945	11.8745	5.9890	264.1979	133.2508
2008	3.0351	10.6892	-1.5684	352.1831	-51.6758
2009	-3.1939	10.6008	6.9448	-331.9051	-217.4386
2010	5.9488	9.5933	2.0177	161.2660	33.9183
2011	4.9064	8.2134	-8.3499	167.4032	-170.1855
2012	7.6679	8.5363	6.2260	111.3247	81.1955
2013	3.3152	9.5431	30.8297	287.8559	929.9398
2014	32.4163	6.1411	-9.0994	18.9445	-28.0705
2015	10.5684	6.4730	5.6522	61.2486	53.4816
2016	17.1299	5.4102	0.0000	31.5835	0.0000

资料来源：作者计算整理得到。

表 24　贵州物流业全要素生产率增长率和劳动力投入增长率及其贡献

年份	产出（增加值）增长率（%）	TFP 增长率（%）	劳动力投入增长率（%）	TFP 增长率贡献（%）	劳动劳动力投入贡献（%）
2005	32.9889	12.7923	0.5369	38.7775	1.6275
2006	29.2800	11.9056	-2.6597	40.6613	-9.0837
2007	31.0101	11.6960	4.0688	37.7168	13.1210
2008	22.9735	11.1388	5.7223	48.4857	24.9081
2009	9.9653	10.3259	3.6443	103.6190	36.5697
2010	14.6050	9.7688	5.3250	66.8864	36.4597
2011	14.8940	8.6574	-1.0943	58.1272	-7.3474
2012	12.6234	8.1418	1.2223	64.4981	9.6826
2013	8.8879	9.0220	23.9882	101.5087	269.8971
2014	4.3068	6.7008	-0.1007	155.5850	-2.3371
2015	7.7710	6.2040	2.5356	79.8356	32.6286
2016	5.3333	5.7343	5.5848	107.5189	104.7158

资料来源：作者计算整理得到。

表 25　云南物流业全要素生产率增长率和劳动力投入增长率及其贡献

年份	产出（增加值）增长率（%）	TFP 增长率（%）	劳动力投入增长率（%）	TFP 增长率贡献（%）	劳动劳动力投入贡献（%）
2005	−16.0288	11.7595	10.6694	−73.3645	−66.5640
2006	24.4783	9.6357	−10.0953	39.3642	−41.2417
2007	4.2685	9.4821	−1.9910	222.1400	−46.6429
2008	−21.1777	9.3749	6.8164	−44.2675	−32.1865
2009	10.8094	8.4910	4.2787	78.5516	39.5834
2010	3.6627	7.4982	0.1744	204.7188	4.7606
2011	5.8603	7.1371	5.3425	121.7872	91.1648
2012	10.5530	6.1625	1.5568	58.3956	14.7520
2013	7.0840	6.5603	17.8928	92.6080	252.5812
2014	2.7310	4.9536	4.9081	181.3828	179.7196
2015	2.6838	3.4865	−6.0018	129.9100	−223.6307
2016	5.8577	3.4351	3.8427	58.6423	65.6018

资料来源：作者计算整理得到。

表 26　陕西物流业全要素生产率增长率和劳动力投入增长率及其贡献

年份	产出（增加值）增长率（%）	TFP 增长率（%）	劳动力投入增长率（%）	TFP 增长率贡献（%）	劳动劳动力投入贡献（%）
2005	15.4406	11.4784	−13.3602	74.3390	−86.5264
2006	13.0972	11.2512	−6.7870	85.9052	−51.8202
2007	4.4481	11.2811	3.5655	253.6157	80.1581
2008	10.3155	9.8982	−6.7506	95.9540	−65.4413
2009	13.5401	13.7468	59.5407	101.5260	439.7344
2010	7.7020	5.4807	−51.5150	71.1598	−668.8501
2011	9.3782	8.1374	−2.6420	86.7688	−28.1718
2012	8.5884	7.4391	−2.8688	86.6185	−33.4036
2013	−3.7910	9.0010	30.0119	−237.4322	−791.6629
2014	7.3190	6.3421	1.1148	86.6530	15.2313
2015	2.6610	5.5054	−1.0860	206.8895	−40.8125
2016	6.2129	5.1216	3.3624	82.4346	54.1190

资料来源：作者计算整理得到。

表 27　甘肃物流业全要素生产率增长率和劳动力投入增长率及其贡献

年份	产出（增加值）增长率（%）	TFP 增长率（%）	劳动力投入增长率（%）	TFP 增长率贡献（%）	劳动劳动力投入贡献（%）
2005	14.0929	11.3163	-4.9508	80.2978	-35.1295
2006	12.0984	10.7593	-2.9736	88.9322	-24.5786
2007	-0.3020	9.7472	-7.6393	-3227.8683	2529.8220
2008	10.9083	9.7206	2.1428	89.1119	19.6438
2009	3.5935	9.1930	4.6120	255.8249	128.3443
2010	2.3938	8.0644	-1.6950	336.8943	-70.8074
2011	15.1953	7.8276	5.0749	51.5131	33.3979
2012	10.6199	7.0667	4.1944	66.5419	39.4957
2013	-20.7021	7.3175	18.1495	-35.3467	-87.6697
2014	2.2247	5.5844	3.0825	251.0151	138.5571
2015	-4.9105	4.9706	4.4253	-101.2232	-90.1183
2016	-2.9505	4.3537	5.7493	-147.5618	-194.8624

资料来源：作者计算整理得到。

表 28　青海物流业全要素生产率增长率和劳动力投入增长率及其贡献

年份	产出（增加值）增长率（%）	TFP 增长率（%）	劳动力投入增长率（%）	TFP 增长率贡献（%）	劳动劳动力投入贡献（%）
2005	3.0331	9.0142	-15.2525	297.1937	-502.8644
2006	5.3402	10.2770	13.8699	192.4442	259.7252
2007	8.0945	8.3913	-3.0704	103.6668	-37.9321
2008	1.3506	7.3927	-6.9928	547.3635	-517.7564
2009	16.1849	7.3238	2.7292	45.2506	16.8627
2010	17.9285	6.0656	-4.9271	33.8322	-27.4820
2011	3.9173	5.4687	-2.8690	139.6012	-73.2396
2012	3.7195	4.6347	-4.2469	124.6033	-114.1787
2013	0.4623	5.3882	17.6520	1165.4020	3817.9396
2014	6.8662	2.6208	-11.9603	38.1692	-174.1901
2015	7.5639	3.0184	4.8009	39.9050	63.4715
2016	3.0822	2.4544	7.5223	79.6333	244.0609

资料来源：作者计算整理得到。

表 29　宁夏物流业全要素生产率增长率和劳动力投入增长率及其贡献

年份	产出（增加值）增长率（%）	TFP 增长率（%）	劳动力投入增长率（%）	TFP 增长率贡献（%）	劳动劳动力投入贡献（%）
2005	13.5801	11.2233	−5.9420	82.6451	−43.7551
2006	13.0411	10.4841	−6.6236	80.3931	−50.7902
2007	11.3604	10.0740	−2.4674	88.6764	−21.7192
2008	27.9666	10.1064	8.1875	36.1374	29.2760
2009	23.1239	9.2693	6.1340	40.0855	26.5267
2010	19.7463	8.5024	5.1293	43.0581	25.9762
2011	12.3453	7.9668	7.5349	64.5332	61.0349
2012	9.5890	7.4690	10.5159	77.8916	109.6660
2013	−1.8063	6.4451	5.8166	−356.8157	−322.0227
2014	−2.4555	5.6070	3.8628	−228.3416	−157.3087
2015	−1.8500	4.8365	2.9223	−261.4353	−157.9618
2016	0.8002	3.9071	−0.3205	488.2641	−40.0539

资料来源：作者计算整理得到。

表 30　新疆物流业全要素生产率增长率和劳动力投入增长率及其贡献

年份	产出（增加值）增长率（%）	TFP 增长率（%）	劳动力投入增长率（%）	TFP 增长率贡献（%）	劳动劳动力投入贡献（%）
2005	3.6216	11.7928	1.1541	325.6280	31.8679
2006	6.3731	10.8695	−2.2505	170.5533	−35.3129
2007	−0.1362	10.1995	−1.9272	−7489.3186	1415.0990
2008	3.5457	9.5507	−1.2739	269.3609	−35.9272
2009	11.0172	8.3333	−8.9224	75.6391	−80.9857
2010	2.4467	8.4335	2.7383	344.6889	111.9186
2011	8.4922	7.7953	3.6121	91.7938	42.5345
2012	30.7176	7.1565	4.4982	23.2979	14.6437
2013	5.0408	7.9763	26.7609	158.2366	530.8910
2014	18.9132	5.3652	−1.1830	28.3676	−6.2547
2015	8.2335	4.6772	−0.9483	56.8073	−11.5172
2016	4.0017	4.1486	1.6434	103.6692	41.0678

资料来源：作者计算整理得到。

附录 3　中国五大城市群物流业发展水平测度结果

表 1　2003～2015 年中国五大城市群物流业发展水平测度结果

城市群	城市	2003 年	2004 年	2005 年	2006 年	2007 年	2008 年	2009 年	2010 年	2011 年	2012 年	2013 年	2014 年	2015 年
长三角	上海	1.387	1.423	1.461	1.541	1.601	1.577	1.562	1.540	1.323	1.158	1.268	1.338	1.139
	南京	0.566	0.591	0.604	0.554	0.578	0.595	0.638	0.591	0.668	0.650	0.674	0.724	0.678
	无锡	0.493	0.531	0.549	0.555	0.580	0.605	0.633	0.561	0.640	0.634	0.662	0.706	0.683
	常州	0.321	0.375	0.390	0.385	0.431	0.459	0.488	0.438	0.491	0.528	0.536	0.533	0.547
	苏州	0.514	0.555	0.593	0.572	0.627	0.678	0.701	0.616	0.711	0.707	0.741	0.826	0.783
	南通	0.272	0.313	0.329	0.304	0.322	0.320	0.341	0.340	0.366	0.411	0.408	0.337	0.352
	扬州	0.223	0.265	0.271	0.269	0.281	0.277	0.291	0.261	0.283	0.305	0.320	0.303	0.316
	镇江	0.277	0.330	0.341	0.333	0.373	0.384	0.398	0.364	0.398	0.430	0.429	0.414	0.438
	泰州	0.175	0.225	0.236	0.217	0.228	0.238	0.234	0.232	0.228	0.273	0.293	0.270	0.281
	杭州	0.468	0.492	0.558	0.562	0.581	0.585	0.625	0.573	0.648	0.618	0.648	0.692	0.688
	宁波	0.458	0.488	0.516	0.512	0.589	0.645	0.605	0.548	0.642	0.597	0.623	0.684	0.615
	嘉兴	0.308	0.334	0.379	0.363	0.457	0.457	0.470	0.434	0.460	0.513	0.535	0.522	0.523
	湖州	0.265	0.289	0.295	0.334	0.342	0.344	0.366	0.330	0.363	0.370	0.389	0.375	0.369
	绍兴	0.304	0.322	0.399	0.346	0.366	0.367	0.377	0.327	0.386	0.390	0.398	0.421	0.403

续表

城市群	城市	2003年	2004年	2005年	2006年	2007年	2008年	2009年	2010年	2011年	2012年	2013年	2014年	2015年
长三角	舟山	0.277	0.305	0.305	0.279	0.322	0.342	0.369	0.330	0.391	0.398	0.414	0.575	0.493
	台州	0.246	0.257	0.265	0.314	0.325	0.323	0.339	0.315	0.343	0.350	0.361	0.360	0.337
珠三角	广州	0.920	0.960	0.962	1.035	1.046	1.074	1.147	1.047	1.223	1.133	1.254	1.342	1.040
	深圳	1.561	1.662	1.632	1.579	1.599	1.661	1.728	1.473	1.819	1.587	1.611	1.914	1.685
	珠海	0.644	0.675	0.684	0.654	0.665	0.677	0.719	0.629	0.788	0.728	0.763	0.879	0.791
	佛山	0.644	0.657	0.675	0.639	0.677	0.696	0.708	0.636	0.766	0.751	0.800	0.898	0.787
	江门	0.233	0.252	0.236	0.274	0.301	0.286	0.292	0.258	0.287	0.316	0.322	0.366	0.332
	肇庆	0.177	0.167	0.179	0.169	0.165	0.153	0.140	0.123	0.162	0.194	0.228	0.243	0.223
	惠州	0.303	0.333	0.344	0.333	0.379	0.321	0.340	0.295	0.349	0.354	0.376	0.413	0.376
	东莞	0.882	1.029	1.070	1.055	1.136	1.189	1.275	1.076	1.364	1.307	1.340	1.458	1.332
	中山	0.468	0.526	0.588	0.583	0.592	0.610	0.609	0.534	0.681	0.699	0.721	0.787	0.716
京津冀	北京	1.221	1.208	1.252	1.272	1.249	1.217	1.272	1.175	1.246	1.134	1.119	1.289	1.120
	天津	0.694	0.710	0.708	0.707	0.754	0.836	0.854	0.693	0.741	0.747	0.794	0.993	0.859
	石家庄	0.283	0.458	0.328	0.350	0.349	0.318	0.333	0.317	0.349	0.354	0.369	0.369	0.350
	唐山	0.305	0.305	0.315	0.316	0.312	0.330	0.357	0.348	0.375	0.379	0.422	0.420	0.344
	秦皇岛	0.195	0.253	0.219	0.263	0.265	0.256	0.255	0.218	0.246	0.254	0.252	0.246	0.241
	保定	0.150	0.282	0.186	0.208	0.202	0.195	0.208	0.204	0.217	0.227	0.244	0.247	0.219
	张家口	0.113	0.163	0.121	0.134	0.126	0.109	0.112	0.100	0.114	0.110	0.106	0.105	0.092

续表

城市群	城市	2003年	2004年	2005年	2006年	2007年	2008年	2009年	2010年	2011年	2012年	2013年	2014年	2015年
京津冀	承德	0.063	0.095	0.076	0.100	0.096	0.088	0.087	0.078	0.089	0.086	0.089	0.091	0.074
	沧州	0.146	0.268	0.181	0.226	0.225	0.213	0.228	0.214	0.224	0.243	0.257	0.221	0.188
	廊坊	0.192	0.291	0.218	0.248	0.259	0.253	0.257	0.230	0.255	0.283	0.295	0.254	0.268
	南昌	0.214	0.219	0.227	0.327	0.331	0.319	0.323	0.293	0.386	0.320	0.336	0.316	0.331
	景德镇	0.117	0.116	0.117	0.113	0.107	0.106	0.117	0.094	0.117	0.129	0.134	0.133	0.141
	萍乡	0.138	0.156	0.145	0.162	0.161	0.162	0.175	0.158	0.150	0.211	0.209	0.159	0.213
	九江	0.087	0.087	0.109	0.143	0.116	0.111	0.125	0.117	0.114	0.137	0.148	0.134	0.129
	新余	0.148	0.147	0.138	0.174	0.175	0.155	0.162	0.153	0.160	0.198	0.204	0.181	0.189
	鹰潭	0.088	0.089	0.096	0.121	0.111	0.106	0.100	0.094	0.096	0.126	0.140	0.114	0.127
	吉安	0.059	0.059	0.065	0.092	0.071	0.079	0.083	0.081	0.228	0.093	0.100	0.088	0.084
长江中游	宜春	0.092	0.090	0.101	0.112	0.110	0.094	0.112	0.102	0.097	0.121	0.141	0.124	0.115
	抚州	0.073	0.075	0.072	0.079	0.108	0.069	0.080	0.073	0.066	0.083	0.095	0.087	0.079
	上饶	0.064	0.057	0.069	0.090	0.080	0.091	0.093	0.102	0.082	0.102	0.116	0.093	0.091
	长沙	0.274	0.311	0.313	0.332	0.336	0.359	0.399	0.394	0.439	0.449	0.472	0.507	0.467
	株洲	0.133	0.175	0.181	0.189	0.188	0.213	0.216	0.224	0.228	0.254	0.266	0.241	0.237
	湘潭	0.152	0.182	0.184	0.187	0.189	0.224	0.209	0.197	0.182	0.235	0.242	0.254	0.277
	衡阳	0.132	0.157	0.167	0.141	0.138	0.159	0.189	0.190	0.169	0.206	0.216	0.169	0.172
	岳阳	0.145	0.169	0.173	0.164	0.169	0.230	0.252	0.253	0.231	0.235	0.250	0.236	0.229

续表

城市群	城市	2003 年	2004 年	2005 年	2006 年	2007 年	2008 年	2009 年	2010 年	2011 年	2012 年	2013 年	2014 年	2015 年
长江中游	常德	0.117	0.147	0.161	0.145	0.141	0.174	0.175	0.176	0.168	0.191	0.199	0.191	0.195
	益阳	0.070	0.089	0.099	0.116	0.113	0.126	0.129	0.136	0.122	0.157	0.165	0.135	0.152
	娄底	0.128	0.145	0.151	0.161	0.164	0.165	0.198	0.206	0.167	0.230	0.239	0.177	0.212
	武汉	0.429	0.448	0.474	0.542	0.529	0.570	0.657	0.629	0.672	0.664	0.673	0.729	0.668
	黄石	0.177	0.179	0.186	0.174	0.175	0.172	0.184	0.156	0.172	0.203	0.221	0.205	0.234
	宜昌	0.172	0.170	0.175	0.207	0.209	0.203	0.220	0.211	0.219	0.252	0.276	0.261	0.270
	襄阳	0.177	0.174	0.178	0.157	0.217	0.203	0.173	0.161	0.157	0.199	0.213	0.203	0.216
	鄂州	0.254	0.260	0.290	0.231	0.227	0.211	0.212	0.189	0.188	0.248	0.274	0.231	0.303
	荆门	0.125	0.126	0.129	0.132	0.154	0.121	0.132	0.129	0.140	0.161	0.181	0.159	0.176
	孝感	0.115	0.121	0.125	0.152	0.164	0.156	0.197	0.144	0.101	0.164	0.175	0.155	0.192
	荆州	0.104	0.100	0.107	0.148	0.143	0.128	0.135	0.126	0.118	0.171	0.188	0.164	0.200
	黄冈	0.226	0.216	0.227	0.127	0.122	0.094	0.109	0.100	0.081	0.136	0.150	0.122	0.166
	咸宁	0.088	0.088	0.091	0.159	0.154	0.142	0.124	0.107	0.113	0.144	0.156	0.136	0.178
成渝	重庆	0.464	0.449	0.624	0.596	0.594	0.612	0.655	0.731	0.795	0.798	0.800	0.840	0.681
	成都	0.552	0.493	0.542	0.557	0.569	0.551	0.723	0.655	0.567	0.598	0.735	0.732	0.737
	自贡	0.100	0.096	0.110	0.120	0.111	0.123	0.124	0.109	0.108	0.147	0.156	0.118	0.153
	泸州	0.104	0.099	0.109	0.088	0.086	0.088	0.089	0.082	0.080	0.110	0.115	0.098	0.113
	德阳	0.154	0.148	0.153	0.164	0.166	0.155	0.169	0.158	0.163	0.270	0.208	0.191	0.210

续表

城市群	城市	2003 年	2004 年	2005 年	2006 年	2007 年	2008 年	2009 年	2010 年	2011 年	2012 年	2013 年	2014 年	2015 年
	绵阳	0.086	0.090	0.092	0.105	0.110	0.108	0.112	0.108	0.125	0.149	0.153	0.142	0.157
	遂宁	0.064	0.059	0.062	0.074	0.091	0.107	0.105	0.096	0.087	0.141	0.142	0.095	0.150
	内江	0.105	0.097	0.102	0.163	0.131	0.158	0.147	0.133	0.115	0.168	0.176	0.113	0.182
	乐山	0.087	0.083	0.088	0.096	0.090	0.096	0.114	0.111	0.125	0.131	0.153	0.142	0.139
	南充	0.070	0.068	0.072	0.094	0.094	0.106	0.126	0.111	0.101	0.149	0.165	0.114	0.171
	眉山	0.083	0.077	0.081	0.061	0.067	0.078	0.094	0.080	0.077	0.103	0.110	0.091	0.107
成渝	宜宾	0.069	0.074	0.076	0.104	0.094	0.099	0.105	0.097	0.105	0.146	0.151	0.115	0.156
	广安	0.051	0.045	0.052	0.107	0.109	0.102	0.099	0.082	0.066	0.122	0.129	0.079	0.144
	达州	0.082	0.079	0.083	0.065	0.072	0.078	0.100	0.103	0.092	0.121	0.129	0.083	0.100
	雅安	0.054	0.054	0.041	0.051	0.055	0.058	0.061	0.056	0.075	0.092	0.069	0.090	0.077
	资阳	0.064	0.059	0.065	0.091	0.097	0.090	0.087	0.091	0.085	0.150	0.157	0.090	0.154

附录4 物流企业战略联盟调查问卷

问卷编号_____

尊敬的先生/女士：

首先非常感谢您能支持我们的调查研究！本次调查旨在研究我国物流企业战略联盟企业间关系质量与联盟绩效的相关关系。该研究能够为物流企业战略联盟改善合作关系和联盟绩效提供依据与参考。

我们很乐意与您分享此次研究成果。因此，希望您能根据本公司的真实情况来回答下面的问题，您的回答真实性对我们研究的准确性十分重要。在回答过程中，如果您发现问卷中题目没有完全反映贵公司的实际情况，也请您稍做备注，以便我们及时对问卷进行调整。

在此我们郑重承诺：问卷所收集的信息只用于相关学术研究，绝不向外泄露企业任何信息，更不会影响到贵公司的业务发展。

再次感谢贵公司的合作与支持！

一 公司基本信息

1. 公司名称_____

2. 公司所在地_____省_____市

3. 企业性质：□国有企业　□民营企业　□外商独资企业
　　　　　　□中外合资企业　□其他

4. 企业员工数量：□50 人以下　□50～200 人　□201～500 人
　　　　　　　　□501～1000 人　□1001～2000 人
　　　　　　　　□2000 人以上

5. 贵公司是否有战略联盟的经历（如果选择有，请您继续回答下面的问题；如果没有，回答结束）：□有　　□没有

6. 联盟持续时间：□1 年以下　□1～3 年　□4～6 年
　　　　　　　　□7～9 年　□10 年以上

二　关于联盟关系质量

根据贵公司实际情况，请您对下述问题做出合适的评价（请您在评分值 1～7 中，选择恰当的分值，并在相应分值上打"√"）

为方便您做出准确的评价，我们将评价分值 1～7 代表的含义罗列如下。

极不赞同	不赞同	不太赞同	既不反对也不赞同	轻微赞同	赞同	非常赞同
1	2	3	4	5	6	7

信任	极不赞同——不赞同也不反对——非常赞同
1. 合作伙伴员工很诚实。	1——2——3——4——5——6——7
2. 合作伙伴间相互维护公司声誉。	1——2——3——4——5——6——7
3. 我们感到合作伙伴在联盟的过程中公正地对待我们。	1——2——3——4——5——6——7
4. 我们相信在合作过程中，伙伴的决策不会损害我方的利益。	1——2——3——4——5——6——7

承诺	极不赞同——不赞同也不反对——非常赞同
1. 我方投入了专用性很强的生产设备或工具。	1——2——3——4——5——6——7
2. 伙伴企业间做出了公开的承诺，并保证承担相应的义务。	1——2——3——4——5——6——7
3. 为了进行合作，伙伴企业都投入了其他大量的资源。	1——2——3——4——5——6——7
4. 伙伴企业高层非常重视该联盟关系，并提供大量支持。	1——2——3——4——5——6——7
5. 伙伴企业均打算将联盟关系继续下去。	1——2——3——4——5——6——7

沟通	极不赞同——不赞同也不反对——非常赞同
1. 公司与合作伙伴的交流时间很充足。	1——2——3——4——5——6——7
2. 公司与合作伙伴的交流内容很全面。	1——2——3——4——5——6——7
3. 公司通过交流所获得的信息质量很可靠。	1——2——3——4——5——6——7

合作	极不赞同——不赞同也不反对——非常赞同
1. 伙伴企业都愿意进行合作。	1——2——3——4——5——6——7
2. 联盟各方一起工作很成功。	1——2——3——4——5——6——7
3. 对可能影响到彼此利益的决策，伙伴企业间能够相互协商调节。	1——2——3——4——5——6——7
4. 一次合作结束后，各方会寻求新的合作机会。	1——2——3——4——5——6——7

三 关于联盟能力

协控能力	极不赞同——不赞同也不反对——非常赞同
1. 公司的活动和行为与联盟伙伴的活动和行为是相协调和同步的。	1——2——3——4——5——6——7
2. 公司在进行大多数决策时与联盟伙伴进行了很好的沟通互动。	1——2——3——4——5——6——7
3. 公司有专门的联盟部门管理联盟的相关事务。	1——2——3——4——5——6——7
4. 公司有专门的领导处理联盟相关事务。	1——2——3——4——5——6——7

学习能力	极不赞同——不赞同也不反对——非常赞同
1. 公司能够从联盟伙伴获得新的知识或信息。	1——2——3——4——5——6——7
2. 联盟伙伴间经常交流联盟相关信息和经验。	1——2——3——4——5——6——7
3. 联盟伙伴间采用会议、面对面交流等方式来讨论和分析技术或经验。	1——2——3——4——5——6——7
4. 公司定期收集和整理联盟过程中获取的相关知识和信息。	1——2——3——4——5——6——7
5. 公司能够通过联盟提高现有的能力或技术。	1——2——3——4——5——6——7

运营能力	极不赞同——不赞同也不反对——非常赞同
1. 公司有很好的联盟战略规划并能有效地实施。	1——2——3——4——5——6——7
2. 公司能够很好掌控联盟发展情况并及时调整。	1——2——3——4——5——6——7
3. 公司在联盟过程中能够很好地互动交流，且冲突较少。	1——2——3——4——5——6——7
4. 公司能在恰当时期通过合理的方式结束联盟。	1——2——3——4——5——6——7

四　关于环境动态性

环境动态性	极不赞同——不赞同也不反对——非常赞同
1. 竞争对手的行为很难预测。	1——2——3——4——5——6——7
2. 行业竞争格局变化速度非常快。	1——2——3——4——5——6——7
3. 顾客要求越来越高。	1——2——3——4——5——6——7
4. 公司面临的政策和经济环境经常发生变化。	1——2——3——4——5——6——7

五　关于联盟绩效

联盟绩效	极不赞同——不赞同也不反对——非常赞同
1. 通过战略联盟，公司的营业利润得到了明显的提高。	1——2——3——4——5——6——7
2. 通过战略联盟，公司扩大了市场份额。	1——2——3——4——5——6——7
3. 公司对战略合作过程很满意。	1——2——3——4——5——6——7
4. 联盟实现了公司预期的战略目标。	1——2——3——4——5——6——7

图书在版编目（CIP）数据

中国物流业发展：动力机制与路径选择／梁红艳著
. -- 北京：社会科学文献出版社，2018.12
ISBN 978 - 7 - 5201 - 3863 - 5

Ⅰ.①中…　Ⅱ.①梁…　Ⅲ.①物流 - 经济发展 - 研究
- 中国　Ⅳ.①F259.22

中国版本图书馆 CIP 数据核字（2018）第 252542 号

中国物流业发展：动力机制与路径选择

著　　者／梁红艳

出 版 人／谢寿光
责任编辑／陈凤玲　田　康
文稿编辑／陈凤玲　田　康

出　　版／社会科学文献出版社·经济与管理分社（010）59367226
　　　　　　地址：北京市北三环中路甲 29 号院华龙大厦　邮编：100029
　　　　　　网址：www.ssap.com.cn
发　　行／市场营销中心（010）59367081　59367083
印　　装／三河市龙林印务有限公司

规　　格／开　本：787mm×1092mm　1/16
　　　　　　印　张：29.25　字　数：420 千字
版　　次／2018 年 12 月第 1 版　2018 年 12 月第 1 次印刷
书　　号／ISBN 978 - 7 - 5201 - 3863 - 5
定　　价／168.00 元

本书如有印装质量问题，请与读者服务中心（010 - 59367028）联系